3rd edition

Human Resource Development and Management

Applications to Public Organization

人力资源开发与管理
在公共组织中的应用（第三版）

萧鸣政 主编

北京大学出版社
PEKING UNIVERSITY PRESS

图书在版编目(CIP)数据

人力资源开发与管理:在公共组织中的应用/萧鸣政主编.—3版.—北京:北京大学出版社,2022.10

21世纪公共管理学规划教材

ISBN 978-7-301-33396-9

Ⅰ.①人… Ⅱ.①萧… Ⅲ.①人力资源开发—高等学校—教材②人力资源管理—高等学校—教材 Ⅳ.①F241②F243

中国版本图书馆CIP数据核字(2022)第176852号

书 名	人力资源开发与管理——在公共组织中的应用(第三版)
	RENLI ZIYUAN KAIFA YU GUANLI——ZAI GONGGONG ZUZHI ZHONG DE YINGYONG(DI-SAN BAN)
著作责任者	萧鸣政 主编
责任编辑	韩月明 陈相宜
标准书号	ISBN 978-7-301-33396-9
出版发行	北京大学出版社
地 址	北京市海淀区成府路205号 100871
网 址	http://www.pup.cn
新浪微博	@北京大学出版社 @未名社科-北大图书
微信公众号	ss_book
电子信箱	ss@pup.pku.edu.cn
电 话	邮购部 010-62752015 发行部 010-62750672
	编辑部 010-62753121
印 刷 者	北京圣夫亚美印刷有限公司
经 销 者	新华书店
	730毫米×980毫米 16开本 20.75印张 373千字
	2005年9月第1版 2009年8月第2版
	2022年10月第3版 2022年10月第1次印刷
定 价	59.00元

未经许可,不得以任何方式复制或抄袭本书之部分或全部内容。
版权所有,侵权必究
举报电话: 010-62752024 电子信箱: fd@pup.pku.edu.cn
图书如有印装质量问题,请与出版部联系,电话: 010-62756370

本书资源

◎ 学生资源

◇ 在线测评

◇ 延伸阅读

资源获取方法：

第一步，关注"博雅学与练"微信公众号。

第二步，扫描右侧二维码标签，获取上述资源。

一书一码，相关资源仅供一人使用。

读者在使用过程中如遇到技术问题，可发邮件至 hanyueming@pup.cn。

◎ 教辅资源

◇ 教学课件

资源获取方法：

选用本教材的老师可填写书末的"教师反馈及教辅申请表"获取电子教学课件。

第三版前言

人的生活与发展是一切社会经济活动的源泉与归宿。任何社会的存在与发展,都离不开人口;任何组织的存在与发展,都离不开人员;任何经济的存在与发展,都离不开人力;任何技术的创造与发明,都离不开人才;任何社会组织的进步与改革,都离不开人物。人口、人员、人力、人才与人物,是人力资源形成与发展过程中的不同形态,是人力资源学科领域中研究的基本对象。

组织管理,人事为本;创造财富,人才为先。然而,人力资源对于一个组织的贡献与作用,不是自发产生的,需要通过科学的管理;同样的人才,在不同的组织中与管理方式下,其实际的价值与绩效大不一样,需要科学地开发。当今的时代,是知识经济的时代。人力资源在社会经济发展中的作用大幅度提高,而物力资源与财力资源的作用相对缩小。土地、矿产等自然资源以及物质资金等在经济中的首要性正逐渐让位于人力资源,因此,物资流的管理与资金流的管理逐渐让位于人力资源的管理。当今的时代,是后工业时代与人本时代。自然资源在大量被开采转化为财金资源后已日益短缺,而人力资源随着人口大幅度的增长与教育水平的提高却日益丰富。自然资源的开发必然被人力资源的优先开发所取代。当今的时代,是发展创新与组织变革的时代,特别需要的是员工的先进知识、创新能力与创新意识,而不是他们的体力与一般的劳务,特别需要的是前瞻性、全局性、系统性与开放性的管理,而不是机械性、短视性与封闭性的管理。因此,传统的人事管理必然为现代的人力资源开发与管理所取代。

一、内容说明

人力资源作为现代社会的第一资源,如何有效管理与开发是一个关键性问题。在人力资源开发与管理问题上,存在科学与经验之差、合理与不合理之分、优化与习惯之别。本书主要论述组织人力资源的开发与管理问题,从心理学、教育学、经济学与管理学等多学科角度,全面总结人力资源开发与管理的基本理论和方法及其在公共组织中的应用。学科交叉,综合发力。全书共十章,包括理论基础、核心内容与基本方法技术。

第一章和第二章为理论基础部分，主要阐述人力资源开发与管理的理论基础，侧重回答什么是人力资源，什么是人力资源管理，什么是人力资源开发，以及人力资源开发与管理有哪些原理与思想等问题。

第一章说明了什么是人力资源，什么是人力资源管理，人力资源与人才资源、人力资本有什么异同，人力资源有什么特点，人力资源管理具有什么功能，人力资源管理的目标与任务是什么，战略人力资源管理与职能人力资源管理相互之间的联系与区别，战略人力资源管理的特征与目标，以及公共部门人力资源管理与企业人力资源管理的异同。

当我们对人力资源及其管理有了一个大致的了解之后，很重要的一点就是应该正确把握人力资源开发的相关理论与方法。第二章的具体内容包括：人力资源开发的概念、类型与特点是什么，人力资源开发战略及其价值是什么，人力资源开发的原理有哪些，人力资源开发的方法有哪些，以及当前我国政府人力资源开发面临的问题与对策是什么等。

第三章至第十章为核心内容与基本方法技术部分，全面阐述了人力资源开发与管理过程中的核心内容与操作实践，包括：工作分析、评价与分类，人力资源规划，人员招聘与素质测评，人员培训，绩效考评与管理，薪酬管理，聘用合同管理，以及社会保障等。每一章都通过具体操作方法与技术来阐述相关的核心内容，同时说明这些方法与技术在公共组织中的应用。

第三章主要阐述了什么是工作分析、工作评价和工作分类，工作分析、评价与分类有哪些方法，以及这些方法如何操作、如何在公共部门中应用。

第四章主要阐述了什么是人力资源规划，它与人力资源战略关系如何；人力资源规划有哪些方法，这些方法如何操作；公共部门人力资源规划的现状与改进。

第五章主要阐述了什么是人员招聘和素质测评；人员招聘与素质测评的操作程序如何；人员招聘与素质测评有哪些方法与技术；在公共部门的领导干部选拔中如何应用相关的方法与技术。

第六章主要阐述了什么是人员培训，目前存在哪些培训形式和培训内容；培训应按什么程序操作；培训包括哪些基本方法；如何改进人员培训中的低效问题；我国公共部门培训存在的问题及发展方向。

第七章主要阐述了什么是绩效考评与管理，绩效考评及绩效管理的含义以及两者的区别；组织绩效考评与管理的方法、个人绩效考评与管理的方法、绩效考评在现实中面临的挑战及易出现的问题，以及公共部门的绩效考评与管理等内容。

第八章主要阐述了什么是薪酬管理,薪酬的含义、形式与功能以及薪酬的基本构成;薪酬管理的含义、理念、目标、内容与原则以及影响薪酬管理的相关因素;薪酬设计的目的与依据以及职位评价的主要方法,如何确定薪酬结构;公共部门薪酬的特点、设计原则、内容、确定程序以及改革与成绩;我国公共部门薪酬制度中存在的问题和发展方向。

第九章主要阐述了什么是聘用合同管理,聘用合同具有什么特点;什么是聘用合同管理,聘用合同管理的作用与特点是什么;国外公共部门改革的实践及对我国的借鉴,以及我国公共部门引入聘用合同管理做法的利弊等。

第十章主要阐述了什么是社会保障,我国目前社会保障的基本体系及其管理;养老保险、医疗保险、失业保险、工伤保险与补充保险等基本内容;现行公共部门社会保障制度的主要内容及目前存在的主要问题,以及改革的必要性、可行性;公共组织社会保障管理的内容与方法。这一章时代性与政策性较强,具有较直接的参考意义。

二、使用建议

本书编写的基本思想是,立足于当前各类组织管理的现实需要,总结各种组织人力资源开发与管理的方法,汲取国内外优秀教材与相关专著的精华,面向未来人力资源学科的发展趋向,按照理论基础与方法技术,对人力资源开发与管理的核心内容进行阐述,在突出一般原理与方法的基础上,最大限度地满足我国工商管理与公共管理中人力资源课程的教学需要,满足广大人力资源管理实践工作者的操作需要。本书适合用作管理专业人力资源课程的教材与经济管理专业人力资源培训的教材;对于广大企事业管理人员与人力资源研究的专业人士,也具有积极的参考价值。

对于本书的教学内容选择、课时分配与教学方法选择,我们提出如下建议:

第一,整个教学内容划分为以下四个单元:第一单元(第一、二章)是人力资源开发与管理概述,包括人力资源管理、战略人力资源管理与人力资源开发的相关理论;第二单元(第三、四章)是人力资源开发与管理的基本方法,包括工作分析、工作评价、职位分类与人力资源规划;第三单元(第五至八章)是人力资源开发与管理的主干方法,包括人员招聘与素质测评、人员培训、绩效考评与管理、薪酬管理;第四单元(第九、十章)是人力资源法律管理与保障管理的相关方法,包括聘用合同管理与社会保障。每章最后一节内容,可以作为公共管理专业人力资源管理课程的讲解内容。工商管理与公共管理等本科生,全部教学内容需40—60课时,其中第一单元6—9课时,第二单元6—9课时,第三单元

22—32课时,第四单元6—10课时。

第二,MBA/MPA与干部培训班的教学,讲授内容可以在上述基础上适当进行精简,同时适当扩大案例与课后阅读材料。第一章可以删减第二节与第四节的内容,工商管理专业还可以删减第五节的内容;第二章可以删减第二节与第五节的内容,其中第三节可以删减动力开发原理与行为开发原理的内容;第三章可以删减第四节内容;第四章可以不讲或者删减第三节的内容;第五章可以删减第三节的"其他测评方法"与第四节的内容;第六章可以删减第三节与第四节的内容;第七章可以删减第二节与第四节的内容;第八章可以删减第三节与第四节的内容;第九章可以删减第三节的内容;第十章可以删减第二节与第三节的内容。全部教学内容需30—36课时,其中第一单元6—9课时,第二单元6课时,第三单元12—15课时,第四单元6课时。

第三,教学方法的相关建议。人力资源开发与管理是一门以应用性为主、理论性与应用性兼而有之的管理学课程,因此,建议采取课堂讲授、案例分析、专题讨论、课中练习与课后实习相结合的形式。研究生与MPA/MBA学生应该多进行一些专题讨论或专题研究,本科生应该多安排一些课堂练习、案例分析与课后考察和实习的活动,提高自身理论分析和实践应用的能力。

三、修订说明

《人力资源开发与管理——在公共组织中的应用》一书于2005年出版,2009年再版,其系统性、前沿性的特征为读者进行人力资源相关领域的学习和工作注入强大能量,得到全国很多兄弟院校的选用,在此我们表示衷心的感谢!2016年,我们在此基础上出版了《公共部门人力资源开发与管理》一书。这次修订主要是根据我们在北京大学、中国人民大学、中央民族大学本科、MBA/MPA与研究生教学的经验、科研体会以及相关兄弟院校的教学要求进行的。具体来说,修订的地方主要体现在四个方面:一是"增"。根据最新法律政策、统计数据和社会发展的有关情况,每章都增加了一些新内容,其中第一至四章与第七章增加内容比较多;课后练习中增加了选择题,以巩固基础知识。二是"更"。更新相关章案例;更新每章后面列出的建议阅读的中外文献。三是"改"。对之前版本的疏漏之处进行修改,对部分语句的表述加以规范。四是"减"。这次修订最大的变化就是瘦身,把原来的57万字减至37万字左右,删除了过时的概念、政策规定、相关数据与原教材的"人员激励""合同管理"两章的内容,删减量达25%。

参加这次修订的人员主要是北京大学、中国人民大学、中央民族大学、中国政法大学与北京信息科技大学的教授与博士,他们是萧鸣政、仇雨临、句华、白智立、刘李豫、张满、吴新辉。其中萧鸣政负责第一章、第二章与第七章的修订,张满负责第三章的修改、参与第五章的修订,吴新辉参与第四章的修订,白智立参与第六章的修订,句华负责第八章的修订,刘李豫负责第九章的修订,仇雨临负责第十章的修订。全书最后由萧鸣政统稿与审定,张满协助主编萧鸣政做了大量工作。本书的编写和校对工作离不开以上各位的辛勤劳动,北京大学出版社对本书的出版也给予了大力支持。谨此表示衷心的感谢!

由于水平与时间有限,本书还存在不足之处,恳请专家与读者批评指正,以便我们进一步修订。您可以通过电子邮箱 xmingzh@pku.edu.cn 与我联系,衷心感谢您的帮助。

萧鸣政

2022 年 7 月 12 日于北京大学

目 录

第一章 人力资源管理及其价值 … 1
 教学目标与方法建议 … 1
 第一节 人力资源的概念与特点 … 1
 第二节 人力资源在不同经济形态中的地位与作用 … 13
 第三节 人力资源管理 … 17
 第四节 战略人力资源管理与职能人力资源管理 … 30
 第五节 公共部门人力资源管理 … 43
 本章小结 … 47

第二章 人力资源开发及其战略 … 49
 教学目标与方法建议 … 49
 第一节 人力资源开发概述 … 49
 第二节 人力资源开发战略及其价值 … 53
 第三节 人力资源开发原理 … 61
 第四节 人力资源开发方法 … 74
 第五节 当前我国政府人力资源开发的问题与对策 … 89
 本章小结 … 98

第三章 工作分析、评价与分类 … 100
 教学目标与方法建议 … 100
 第一节 工作分析概述 … 100
 第二节 工作分析的方法 … 107
 第三节 工作评价 … 117

第四节　工作分类及其在公共部门的应用　　123
　　本章小结　　136

第四章　人力资源规划　　137
　　教学目标与方法建议　　137
　　第一节　人力资源规划概述　　137
　　第二节　人力资源规划过程与方法　　143
　　第三节　公共部门的人力资源规划现状与改进　　154
　　本章小结　　160

第五章　人员招聘与素质测评　　161
　　教学目标与方法建议　　161
　　第一节　人员招聘与素质测评概述　　161
　　第二节　人员招聘程序　　166
　　第三节　素质测评方法　　171
　　第四节　公共部门的人员招聘与选拔应用案例　　181
　　本章小结　　189

第六章　人员培训　　190
　　教学目标与方法建议　　190
　　第一节　培训及其需求分析　　190
　　第二节　培训的类型、内容与方法　　199
　　第三节　培训效果的评估　　203
　　第四节　公共部门的人员培训与发展　　206
　　本章小结　　211

第七章　绩效考评与管理　　213
　　教学目标与方法建议　　213
　　第一节　绩效考评与管理概述　　213
　　第二节　组织绩效考评与管理方法　　217
　　第三节　个人绩效考评与管理方法　　225

| 第四节 我国公务员的绩效考评与管理 | 233 |
| 本章小结 | 243 |

第八章 薪酬管理 　　244

教学目标与方法建议	244
第一节 薪酬概述	244
第二节 薪酬管理	248
第三节 薪酬设计	254
第四节 公共部门的薪酬管理	258
本章小结	266

第九章 聘用合同管理 　　268

教学目标与方法建议	268
第一节 聘用合同管理及其作用与特点	268
第二节 聘用合同的内容结构与管理	273
第三节 我国公共部门的聘用合同管理	279
本章小结	288

第十章 社会保障 　　290

教学目标与方法建议	290
第一节 社会保障概述	290
第二节 我国公共部门社会保障的主要内容	296
第三节 公共部门社会保障的法制与管理	308
本章小结	316

第一章 人力资源管理及其价值

教学目标与方法建议

通过本章教学,应该掌握以下内容:
1. 人力资源的概念与特点;
2. 人力资源管理的价值、模式、目标与任务;
3. 战略人力资源管理的特征与目标;
4. 战略人力资源管理与职能人力资源管理的异同;
5. 公共部门人力资源管理与企业人力资源管理的异同。

教学方法建议:鉴于本章的内容比较多,建议在课堂讲授过程中进行适当的选择,并在开头或者核心内容中采用案例分析教学方法。

在任何时期的政治活动、经济活动和其他社会活动中,人力资源的作用都是至关重要的。没有人力资源驱动,物力资源、财力资源、信息资源等因素便毫无价值可言。在所有资源作用活动中,人力资源具有必要性、决定性、关键性与主导性。人力资源的这种特点决定了人力资源管理在工商管理与公共管理中的地位与作用。然而,人力资源管理的作用也并非无限的。为了正确认识与运用人力资源管理,本章主要就人力资源、人力资本与人才资源的关系,人力资源管理,尤其是日渐重要的战略性人力资源管理理论,以及人力资源管理在公共部门的价值与作用等内容进行探讨。

第一节 人力资源的概念与特点

人力资源是人力资源管理的对象。因此,本书首先必须回答人力资源是什么。在这一节,我们将阐述什么是人力资源,目前学术界对人力资源大致有哪些不同观点,人力资源具有什么特点,以及人力资源与人力资本、人才资源的关系等问题。

一、人力资源概念的形成

人力资源主要是对人的劳动能力及其劳动价值在财富或者产品中做出贡献的一种经济学观点,后来也成为一种资源管理学观点。英国古典经济学创始人之一威廉·配第(William Petty)在其代表作《政治算术》中提出了"土地是财富之母,劳动是财富之父"的著名命题,由此充分地肯定了人的劳动及其能力的经济作用。

第二次世界大战之后,人力资源的观念日渐形成,并逐渐深入人心,主要原因有以下几点。

首先,二战后,以苏联为首的东方国家经济蓬勃发展,特别是苏联的经济增长速度大大超过美国,引起了美国经济学家的高度重视。他们开始向美国政府呼吁,美国应该大幅度增加教育和科学研究的投入,培养高素质的人才,以增加经济实力与军事实力。

其次,马歇尔计划的成功实施与二战后西欧的迅速复兴的影响。二战后,美国为了组建和加强以本国为首的西方阵营,于1947年采纳了时任国务卿乔治·马歇尔(George Marshall)的建议,制订了一项帮助欧洲重建与复兴的经济援助计划,即著名的"马歇尔计划"。马歇尔计划实施后,西欧各国在短短的几年中就从战争的废墟中重新站立起来,连战败的德国也不例外。其成功的关键因素在于,这些国家都拥有一大批具有技术知识、基本技能和学习新技术能力的工人。

再次,"经济之谜"的解释导致了人们对人力资源的真正认识。"经济之谜"主要包括最为重要的"现代经济增长之谜"和"库兹涅茨之谜"。

"现代经济增长之谜"表现为,美国的产出增长率远远超出了生产要素的投入增长率,但是根据传统的增长理论,两者应该相等。换句话说,产出的增长数量应该等于资本与劳动投入数量的增加值。那么,是什么要素导致了产出增长率远远高于投入增长率呢?在经济增长之源的分析中究竟漏掉了什么呢?面对这种疑问,传统的经济学理论走入了困境。

"库兹涅茨之谜"表现为,随着美国总资本的不断增加,物力资本的投入却不断减少。这是美国的著名经济学家西蒙·史密斯·库兹涅茨(Simon Smith Kuznets)在1961年对美国的资本形成研究中发现的。例如,美国的资本与产出比在1869—1888年为3∶2,1909—1928年为3∶6,但到了1946—1955年却下降为2∶5。这一现象与传统经济学理论(认为美国的经济增长是得益于高度密集的国家储蓄与资本的作用)相矛盾,传统的物力资本理论再次受到挑战。

第一章 人力资源管理及其价值

1962年西奥多·舒尔茨(Theodore W. Schultz)研究认为,经济学家们一直面临着的一个谜团主要是由我们自己造成的,因为我们所使用的衡量资本和劳动的方法太狭窄了,没有把这些资本质量提高的因素考虑进去。如果我们把战后西欧特别是德国以及日本经济复苏与增长的幅度看作直角三角形的斜边,那么,它的"长边"条件是人力因素,"短边"条件是物力因素。在这种条件下,人力因素一旦注入物力因素的作用,就会获得很高的收益率。

虽然舒尔茨、库兹涅茨与爱德华·丹尼森(Edward F. Denison)当时提出的是人力资本的理论,但从历史的过程与全面的观点来看,与其说他们当时是为了探求人力资本理论,还不如说是为了探求人力资源理论,因为他们主要是针对来源不明的增长因素进行研究。他们要弄清楚为什么社会最后形成的实有资产量总是要大大超过原始投入的实物资本与货币资本总量,其增值部分来自何处。他们还想弄清楚为什么社会物质与货币形态资源投入日趋下降,而社会最终的实际资产财富却不断增长,其中介资源来自何处。

最后,这些经济学家找到的答案就是人力的作用,即人力因素。人力因素在这里成为社会财富中超额增长部分的唯一来源和唯一解释。显然,人力资源的概念至此不言而喻。

然而,为什么当时舒尔茨等经济学家没有提出"人力资源"(Human Resource, HR)的概念而是提出"人力资本"(Human Capital)的概念呢?一方面,可能是因为经济学家当时为了解释投入与产出守恒以及受数学思想影响的结果。"投入"一词与"资本"是相宜的,而与"资源"是不相宜的。"产出"与"数量"是相对应的,"资本"本身具有"数量"的含义,而"资源"本身没有"数量"的含义。另一方面,可能因为"资本"中的"本"与"资源"中的"源"在这里基本同义。"本",即"根本",即"源"。我们常说"你将来发达了可不要忘'本'",这里的"本"即"源"。由于"资本"与"资源"相比更符合经济学的学科称谓习惯,运用更方便些,因此在经济学中"人力资本"比"人力资源"的称谓更可取、更科学。

虽然有的研究资料表明"人力资源"这一概念1919年与1921年曾在约翰·科蒙斯(John R. Commons)的两本著作《产业信誉》与《产业政府》中使用过[1],因此认为科蒙斯是第一个使用"人力资源"概念的人,但是笔者认为,人力资源概念的真正形成与深入人心,应该是人力资本理论诞生之后。在这之前,

---

[1] 参见〔美〕布鲁斯·E. 考夫曼:《美国人力资源专业教育的发展历史及其现状》,曹立华译,《公共行政与人力资源》2000年第5期。

无论人们有意识还是无意识地应用"人力资源"这个词，它充其量是一种表面性的名词或称谓，而不是我们今天所指的"人力资源"概念。此外，"人力资源"与"人员""雇员""员工"等概念是不能等同的。这一点我们将在后面相关部分加以具体阐述。

二、人力资源概念在中国

如果说人力资源的概念是20世纪60年代初随着舒尔茨和加里·贝克尔（Gary S. Becker）等人的人力资本理论的创建而形成，那么人力资源概念在中国的形成是什么时间呢？从有关资料及笔者的分析来看，大约是在20世纪90年代。

人力资本理论自在美国提出后，持续发展了十多年，到20世纪70年代末影响开始减弱，80年代后期又再度涌起，并在90年代得到空前发展，1990年前后传入我国。这与国外的发展基本上是一致的。有关资料表明，美国人力资源管理及其专业教育（HRM）起源于第一次世界大战前，首次以明确的形式出现是1912年在波士顿召开的"雇佣经理联合会"的成立大会上。1915年达特茅斯学院开设了"雇员管理"的课程，但真正意义上的人力资源管理是在20世纪90年代才形成的。这一时期人们才把企业员工看成是企业资产或"人力资源"，从而使大量人事管理转变为"人力资源管理"。① "人力资源"一词，在中国的使用与出现，目前可以追溯到1955年。1955年，毛泽东在总结农村合作社经验时指出："中国的妇女是一种伟大的人力资源，必须发掘这种资源，为了建设一个伟大的社会主义国家而奋斗。"② 作为一个学科概念的提出与接受，是20世纪80年代；作为一门课程被社会人士所普遍接受，大约是在20世纪90年代。人力资源课程被列入MBA与MPA专业教育中，随着MBA与MPA教育的普及，其影响力逐渐扩大。从1995年起，我国先后在北京大学、清华大学等高校的MBA教育中开设了人力资源管理课程；从2001年起，在北京大学等部分高校的MPA教育中也开设了人力资源管理相关课程。由于人力资源管理是MBA和MPA的核心课程，有的学校规定为必修课程，因此人力资源管理方面的教材、杂志、文章不断出现。截至2021年7月，以《人力资源管理》或《人力资源开发与管理》为书名出现的中文著作，笔者见到过的大约有300多种。知名度较大的专

---

① 参见〔美〕布鲁斯·E.考夫曼：《美国人力资源专业教育的发展历史及其现状》，曹立华译，《公共行政与人力资源》2000年第5期。

② 参见马芳平：《社会主义革命和建设时期党的妇女工作方针》，《中国妇女报》2021年7月13日。

业性杂志和报纸,有中国人力资源开发研究会主办的《中国人力资源开发》、中国人事报刊社主办的《中国人才》和《中国组织人事报》、中国人民大学书报资料中心主办的《劳动经济与人力资源管理》(后改名为《人力资源开发与管理》)、上海公共行政与人力资源研究所主办的《公共行政与人力资源》,还有河南的《人才资源开发》、上海的《组织人事报》等,许多省市都有自己的专业报刊。开设人力资源管理本科专业的学校与院系,从20世纪90年代的一两所发展到2021年7月的400多所。许多与管理、心理、教育与经济等有关的机构专业、硕士点与博士点,都纷纷开始招收人力资源专业的学生,开始人力资源方向的研究与咨询服务。

人力资源的概念提出之初,仅限于企业,2000年以后随着MBA与MPA教育的出现,人们已把人力资源概念扩大到公共行政、政府机构,即所谓公共部门人力资源。人力资源在我国大约经历了四个发展阶段:1987—1991年,传播阶段;1992—1995年,专业化阶段;1996—1999年,扩展阶段;2000年开始进入全员化或公共化阶段,至今仍在不断深化。其中最值得一提的是,在1988—1998年的专业目录调整中,国务院学位办把人事管理(人力资源管理)从政治学领域调整到行政管理学领域,随后又调整到工商管理与公共管理中,实现了人力资源概念的实质性变革与发展。可以预见,随着高新技术经济或者知识经济的发展,人力资源的概念还将在我国深入地发展,为中国经济的发展与中华民族的复兴发挥重要作用。

三、关于人力资源概念的三大观点

人力资源与人力资本虽然在经济学中大同小异,而且人力资本的称谓更为可取,但是在管理学中,人力资源与人力资本却有一定的区别,而且人力资源的称谓更为科学可取。同样是企业经营行为,在经济学家看来,它主要是投入与产出的关系模式,即人、财、物三种生产要素的投入与企业经营效益的产出。人力因素被看作一种资本,与货币、股份、债券以及厂房、机器设备、原材料一样,是一种相对产出的资本投入。所以,员工在这里不是一般意义上的人,而是企业经营中三大经济要素之一。而在管理学家看来,企业经营行为(包括公共行政行为)则是一种规划、组织、控制与实现目标的过程。人力因素被看作是相对结果的一种原因,是相对企业效益(或者公共产品)的一种来源因素,即一种企业效益或者公共产品的资源。

人力资源是什么?有些著作对此并不专门解释,认为是不言而喻的事,其实不然。实践中,人们仁者见仁,智者见智。关于人力资源的解释,虽然众说纷坛,但概括起来似乎有三种比较有代表性的观点:第一种观点把人力看作具有劳动者能力的人,认为人力资源即具有劳动能力的全部人口,确切地说,是16岁以上的具有劳动能力的全部人口。[①] 第二种观点认为人力资源是目前正在从事社会劳动的全部人员。第三种观点把人力看作人员素质综合发挥的生产力,认为人力资源是劳动生产过程中可以直接投入的体力、脑力和心力的总和。[②]

在上述关于人力资源的三种解释中,第一种解释是持"成年人口观"。按照这种理解,国家与地区性的人力资源开发与管理的重点是扩大人口基数,加强卫生保健,提高人口质量;就企事业组织内部来说,人力资源管理与开发的重点是扩大人员队伍,增加人员储备。从中华人民共和国成立到1985年前后,基本上是在这种观点的支配下进行人力资源管理实践的。企事业组织与政府机关因此养着许多不该养的闲人。第二种解释是持"在岗人员观"。这种观点比第一种具有更为积极的意义,它已经认识到人口同时具有经济性与消费性的双面性。一个健康的成人如果不与生产资料相结合,就只具有消费性的一面而不能产生任何经济效益。健康的成人只具有人口学意义而不具有经济学意义。因此,一般人员不是人力。按照这种观点,人力资源管理的重点是扩大生产规模与开辟新的产业,增加就业机会,让每个健康的成年人都有事做。从20世纪60年代知识青年下乡从事生产劳动开始,直至90年代初期,我国劳动人事部门一直受着这种在岗人员观的影响,肩负着就业安排的巨大压力。在这种观点影响下的企业生产与经营,必然是劳动密集型的,是一种工作效率低下的大锅饭运营模式。第三种解释是持"人员素质观"。这种观点把人力资源管理的基本单位由个体观转变为素质观,由人员观转变为人力观。因为一个直接与生产资料相结合的在岗人员,很可能出工不出力,出力不出全力,出全力不出效益。按照这种观点,人力资源的管理是一个系统工程,是对员工的培养、促进、改进与作用发挥的过程。

四、人力资源概念及其与人力资本、人才资源的关系

(一) 人力资源与人力资本

在管理学中,人力资源与人力资本是不同的。在上述三种人力资源的解释中,成年人口观和在岗人员观中的人力资源与人力资本具有明显的区别,不会产生什么混淆。然而,人员素质观中的人力资源与人力资本,如果不加区别就

---

① 参见张晋、赵履宽主编:《劳动人事管理辞典》,四川科学技术出版社1987年版,第215页。
② 参见肖鸣政:《对人力资源开发问题的系统思考》,《中国人力资源开发》1994年第6期。

有可能混为一谈。因此,有必要对两个概念做一番具体分析。

"资本"一词,语义上有三种解释:一为掌握在资本家手里的生产资料和用来雇佣工人的货币;二为经营工商业的本钱;三比喻为谋取利益的凭借。而"资源"一词的语义,为生产资料或生活资料的天然来源。由此不难看出,"人力资本"更多地强调人力的经济性、依据性、功用性与利益性,而"人力资源"更多地强调人力的基础性、物理性与来源性等特点。

对于什么是人力资本,舒尔茨认为,人力资本是劳动者身上所具备的两种能力:一种能力是通过先天遗传获得的,是由个人与生俱来的基因所决定的;另一种是后天获得的,是由个人努力经过学习而形成的,读写能力是任何民族人口的人力资本质量的关键成分。[①] 由此可见,就内容与形式看,人力资源与人力资本在能力这一点上具有相似之处,但就其内涵与本质看,两者却具有明显的区别。人力资本是针对经济增值、经济贡献与收益分配来说的,而人力资源是针对经济管理、经济运营来说的。前者是由因索果,后者是由果溯因。人力资本是劳动者作为自己拥有的无形资产投入企业经营活动,并以此索取一定的劳动报酬与经济利益,而人力资源是作为劳动者自己拥有能力的一种基础直接投入劳动生产过程中,并以此产生出一定的工作能力,创造出一定的工作成果。也就是说,虽然同是劳动者身上具备的能力,但作为人力资本,它是一种经济效益分配的依据,是一种经济投资中的股份,而作为人力资源,它是一种经济运营中的力量基础,是一种工具,能够创造经济效益。

人力资源和人力资本并非同一概念,还表现在以下三个方面:

第一,人力资源和人力资本有着不同的研究视角,且两者关注的焦点也不相同。人力资本是所投入的物力资本在人身上的价值凝结,是从投入与产出的角度来研究人力在效益和经济增长中的作用,它所关注的焦点是收益问题(即投资是否划算以及收益率的高低)。人力资源是将人力作为财富(包括体力的和智力的)源泉来看待,是从人的潜能(包括体力的和智力的)与财富之间的关系角度来研究人力问题,是从更广泛意义上对人力问题的研究。

第二,人力资源与人力资本有着不同的计量形式。众所周知,资源是存量概念,而资本则兼有存量和流量概念的特点,人力资源和人力资本也有着与资源和资本分别一致的特征。也就是说,我们通常所讲的狭义人力资源劳动者概念,往往指一定时间、一定空间内劳动者所具有的现实的和潜在的体力、智力、技能和品性素质的总和,是劳动者质和量的统一,其存量表现为质和量两个因

---

① 参见陆红军主编:《人力资源发展跨文化学通论》,百家出版社1991年版,第8、219页。

素的乘积。就人力资本而言,若从生产活动的角度看,人力资本往往是与流量核算相联系,表现为产出量的变化(增加或减少)和劳动者体能的损耗,表现为经验的不断累积(即知识增进)和技能(主要表现为技术熟练程度)的不断增进。若从投资活动结果看,人力资本又与存量核算相关联,表现为投资活动的沉淀或积累,亦即知识健康状况的改善等。人力资本量的规定性,则表现为投入教育、培训和健康等活动中的资本在人身上凝结的多少;或者说,是指被投资者知识的多少、技能的高低、健康状况的优劣等。

第三,如前所述,人力资源概念的外延要宽于人力资本。一般来说,人力资源既包括自然人力资源(指未进行教育、培训、健康和迁移等投资而自然形成的体力、智力和技能等),又包括开发后的人力资源,是一个概括性的范畴;而人力资本则是一个反映价值量的概念,是指能够投入经济活动中并带来新价值的资本。人力资源问题可以从开发、配置(或利用)、管理和收益等角度来研究,人力资本则可以从投资和收益的角度去分析。

实际上,人员素质观的人力资源,除能力外,还包括品性、态度、经验、知识、技能等可以产生岗位工作所需能力的基本成分与素质。因此,对组织管理者来说,关心的重点应该是人力资源而不是人力资本。人力资本主要是经济学家做研究所关心的对象。

综上所述,我们认为,人力资源是在一定区域范围内,可以被管理者运用以产生经济效益和实现管理目标的体力、智能与心力等人力因素的总和及其形成基础(包括知识、技能、能力与品性素质等)。

在这里,"一定区域范围"是一个时间与空间的概念。大可以指一个地区、一个国家或全球,小可以指一个区域、学校、机关、医院或更小的班组、群体组织与个体。

"可以被管理者运用"是强调人力资源相对管理者的有效性。一个有能力的员工,对于管理者来说,是他所在区域的一种资源,一旦离开这个区域,就不再是资源了,因为管理者就无法使用这个员工了。

"产生经济效益"与"实现管理目标",强调的是人力资源的价值。人力资源必须能产生管理者所需要的东西,或者是经济效益,或者是完成某种任务与实现某个目标的中介效用。

"体力、智能与心力等人力因素的总和",在这里既指个体的,又指群体的或区域的,包括知识、技能、经验、智能、体力、品德、性格、精神等形成人力的因素。

(二) 人力资源与人才资源

1. 人才概念及其演变

"人才"这个概念是中国特有的,并且由来已久。《毛诗序》中说:"《菁菁者莪》,乐育材也。君子长育人材,则天下喜乐之矣。"在接下来的几千年里,人才一直被用来泛指在某方面素质或者能力突出的人,并没有一个确切的标准。近些年来,美国等西方国家的学者也在使用这个词。①

1982年,教育部与国家计委出于统计的需要,曾经将专门人才界定为"具有中专以上学历或初级以上专业技术职称者"。进入21世纪,学术界对于"人才"的讨论和认识不断深化。比较具有代表性的观点是王通讯先生的观点。他认为:"人才不仅指有才能的人,而且是才能高于一般人的人;除了才能外,还强调进行创造性劳动和为社会作出较大贡献。"人才的特点表现为"基础性、创造性、社会性、实践性、类别性、层次性、相对性和动态性"。② 其主要特点表现为基础素质的优越性、任职条件的难以替代性、工作过程的创新性、工作成果的创造性与社会贡献的超常性。

随着学术界对于人才理论研究的蓬勃兴起与知识经济的到来,人才工作受到了党和国家的高度重视。在中央层面上,对人才的界定也更加明确和深化。2003年,《中共中央、国务院关于进一步加强人才工作的决定》发布,提出了科学的人才观,对人才进行了更加具体和理论上的界定:"只要具有一定的知识或技能,能够进行创造性劳动,为推进社会主义物质文明、政治文明、精神文明建设,在建设中国特色社会主义伟大事业中作出积极贡献,都是党和国家需要的人才。"③同时,提出了"品德、知识、能力和业绩"四维人才评价标准观与"不唯学历、不唯职称、不唯资历、不唯身份"的四不唯人才选拔观,不拘一格选人才。对人才概念进行了扩充,提供了一个比较系统全面的人才概念。有关人才概念的权威界定,是2010年6月中共中央、国务院发布的《国家中长期人才发展规划纲要(2010—2020年)》。其中明确指出:"人才是指具有一定的专业知识和专门技能,进行创造性劳动并对社会作出贡献的人,是人力资源中能力和素质

---

① 参见 Peter Cappelli, *Talent on Demand: Managing Talent in an Age of Uncertainty*, Harvard Business Press, 2008, p.1.
② 参见王通讯主编:《人才学新论》,蓝天出版社2005年版,第21页。
③ 参见《中共中央、国务院关于进一步加强人才工作的决定》,http://www.gov.cn/test/2005-07/01/content_11547.htm,2021年9月15日访问。

较高的劳动者。"①这里关于人才的解释,不但突出了人才创新性劳动、创造性成果和社会贡献的本质属性,而且说明了人才与人力资源之间的关系。

2. 人才资源及其与人力资源的联系和区别

人才资源是指人力资源中能力较强与素质较高的那部分在岗人员。人才资源属于人力资源,但又不等同于人力资源。在人口资源中,人才资源比人力资源的结构层次更高、素质更优、价值更高。

人才资源区别于人力资源的特征,在于其工作的创新性、成果的创造性和价值贡献的高超性。工作的创新性,是指在其工作岗位或者过程中,需要进行创新性的劳动。创新性劳动是指一种产生前所未有的、需要运用劳动者创新力的劳动方式。创新性劳动是相对于"再现性劳动"而言的,再现性劳动是一种只需要按照一定的程序和方法进行的劳动方式,以继承性劳动为基础和前提,其本质是一种机械的重复,因而在结果上并不会实现质的飞跃,对于生产力的发展起到的作用不大。而创新性劳动则建立在开放性思维和挑战性实践的基础之上,继承了前人的劳动成果,并且运用自己的创新型思维进行创新突破,因而创新性劳动对劳动者素质的要求更高,也更能取得更高的成就。成果的创造性,是指其工作成果与产品,具有一定的新奇与独特之处,具有某些发明与发现的内容与特征。价值贡献的高超性,是指其工作成果对于所组织产生的效果、效率与效益,高出同等人员平均水平的50%以上。

人才资源与人力资源均来自人口资源。人才资源的开发依赖于人力资源的开发,离开了人力资源开发谈人才资源开发并不能实现人才资源的开发。为了深入实施新时代的人才强国战略,应该以第二个百年奋斗目标与国家的总体发展战略为指导,以人力资源开发为途径进行人力资源开发的需求评估,在开发需求评估基础上,拟定人力资源开发战略规划,这样才能实现人才强国战略对于各地方人才资源开发工作的正确引导,才能保证人才资源的保值与增值。需要充分发挥各主体在人才工作中的作用,积极推动培育人才成长与发展的良好社会环境的建设,激发人才创新创造活力,把人才优势转化为高质量发展动力为新时代更好实施人才强国战略夯实基础。②

---

① 参见《国家中长期人才发展规划纲要(2010—2020年)》,http://www.gov.cn/jrzg/2010-06/06/content_1621777.htm,2021年9月15日访问。

② 参见萧鸣政:《关于更好实施人才强国战略的思考》,《中国人才》2008年第1期。

五、人力资源的特点

与其他资源相比,人力资源具有生活性、开发性、控制性、个体独立性、群体组织性、社会性、内涵性、无形性、变化性与不稳定性、能动性、作用的不确定性、系统协调性、主导性、资本性、时效性、再生性与开发的持续性、增值性、稀缺性与难以模仿性等特点。其主要特点具体阐述如下:

(1) 生活性。人力资源以人身为天然载体,蕴藏在一个个活生生的生命个体之中,是一种"活"的资源,并与人的自然生理特征相联系,具有生活性。因此,要维持发展现有的人力资源,必须保证人力资源拥有者的生活条件与费用,人力资源将随着拥有者个体生活的结束而消失,随着拥有者的转移而转移。而自然资源却不同,它是相对固定的,也不需要更多的维持条件与费用。生活性还表现为其源源不断的流动性。一般来说,煤、石油等自然资源会在利用过程中消耗掉,而人力资源不但不会在开发与利用中消耗掉,而且能在利用中再生,在利用中增值。人力资源的消耗可以通过个体或总体的不断替换、更新与恢复得到及时的补充与再生,是一种可充分开发的资源。人力资源的使用过程也是开发的过程,因此人力资源具有终身开发的持续性。人力资源由于它的再生性,具有无限开发的潜能与价值。而自然资源与物质资源一般只有一次开发与二次开发,形成产品使用后就不能再继续开发了。

(2) 开发性。自然资源的生成相对来说缺乏可控性,而人力资源的生成是可控的。美国著名教育家、心理学家约翰·华生(John Watson)说:"请给我一打强健而没有缺陷的婴儿,放在我自己的特殊的环境中教养,那么,我可以担保,在这十几个婴儿中,我随便拿一个来,都可以训练其成为任何专家——无论他的能力、嗜好、趋向、才能、职业及种族是怎样的,我都能任意训练他成为一位医生,或一位律师,或一位艺术家,或一位商界精英,或可以训练他成为一个乞丐或窃贼。"[1]人力资源的生成不是自然而然的过程,需要人们有组织有计划地去培养与开发。

(3) 个体独立性。自然资源的存在形式一般是成块成群地联结在一起,散在形式较少;而人力资源则不然,它是以个体为单位,独立存在于每个活着的个体身上,而且受着各自不同的生理状况、思想与价值观念的影响。这种存在的个体独立性与散在性,使人力资源的管理工作显得相当复杂与艰难,管理得

---

[1] 转引自白学军、王敬欣等编著:《发展心理学》,南开大学出版社2013年版,第12页。

好则能够形成系统优势,否则会出现内耗。因此,需要按照一定的结构形式进行系统组织与组合,需要按照效益共享、风险分担、职权利一体化的原则进行内调。缺乏系统协调的个体人力资源将会相互抵消,总和为零,甚至出现负面效应。

(4)变化性与不稳定性。金融资源与自然资源是相对稳定的,但人力资源却会因个人、环境的变化而变化。人力资源的作用发挥,不仅受制约于个体的生理心理状态,而且受制于不同组织的管理水平、文化水平与物质基础,受制于它所存在的社会环境。某人在甲单位是人才,到乙单位可能就不是人才了。这种变化性还表现在不同的时间上。人的劳动能力会随着时间而变化,在青年、壮年、老年各个年龄阶段,其人力资源的实际效用是不同的。

(5)能动性。人力资源的开发与利用,是通过拥有者自身的活动来完成的,它具有主体发挥性。它的形成与利用是通过载体自身来完成的,可以创造出超过自身价值数倍的经济效益;而自然资源、物力资源与财力资源则不同,它们是被动的和有限的。因此,衡量人力资源开发程度如何,要看开发者对人力资源能动性发挥得如何。能动性的另一个表现是它的创造性。人力资源开发得好,就能创造出更多效益。

(6)主导性。人力资源不同于其他资源之处在于,人在一切经济活动中总是处于主导地位。一方面,个人通过自己的努力,大脑得到进一步开发,智力不断提高,认识世界与改造世界的能力不断增强;另一方面,个人可以通过其劳动能力的提高,更加有效地利用机器设备与物质资本,在技术指数、物质指数与资本投入不变的情况下,增加有效劳动的投入和物质资本的利用。此外,人力资源还可以通过载体——人的努力,物化为新工具、新设备与新技术,提高对物质资源与财力资源的开发利用率。①

(7)时效性。人力资源不但具有生活性,而且还有时效性。就个体人力资源来说,因为一个人的生命周期是有限的,人力使用的有效期限大约在16—60岁之间,最佳期为30—50岁。在这段时间内,如果人力资源得不到及时与适当的利用,个体所拥有的人力资源就会随着时间的流逝而降低,甚至丧失作用。这与金融资源和自然资源有所不同。金融资源长期储蓄,其价值变化不大;矿产资源不开发,其流失不大。然而,人力资源长期闲置或学非所用,就会造成极大的人力资源浪费。因此,人力资源的开发、配置与使用要适时、及时。

---

① 参见徐颂陶、徐理明、迟耀春主编:《中国人才资源开发全书》,中国人事出版社1998年版,第38页。

第二节　人力资源在不同经济形态中的地位与作用

人类社会经历了不同的发展阶段,出现了不同的经济形态。从人力资源的角度来说,这也是人力资源的地位逐渐得到承认并不断提升,人力资源的作用逐渐被认识并得到更多重视的过程。

人类社会发展至今,经历了不同的经济形态。根据各阶段经济发展的核心生产要素或经济中占主导地位的生产部门,可以简单划分为农业经济时代、工业经济时代和知识经济时代。人力资源在不同的经济形态中的地位和作用是不同的,这取决于各个经济形态特殊的时代背景和经济发展的特点。

一、土地资源主导的农业经济时代

在农业经济时代,土地和土地所有权具有至高无上的地位,是经济发展中的核心要素,人力资源尚没有被认识。人始终依附于土地,甚至被"物化"为"生产工具",主动性、创造性长期受到压抑。人力资源在农业经济时代的依附地位和作用,在古希腊、古罗马和中世纪西欧的经济思想分析中得到了一定的揭示。古希腊的色诺芬认为,在一切技艺中,农业是最重要的,"农业是其他技艺的母亲和保姆",农业的兴衰影响着其他技艺。手工业是一种"粗俗的技艺"。在柏拉图的理想国中,劳动者被等级化,农民、手工业者和商人是专门从事经济活动的、没有思考和参与政治的能力的第三等级,而奴隶处在三个等级之外,只是"会说话的工具"。可以说,在农业经济时代,对劳动者的主观能动性的蔑视达到了极致。同时,由于土地的非流动性,劳动者对土地的过度依附,阻碍了劳动者人员的流动。对劳动者的漠视以及严格的等级制度,使普及教育成为奢望。因此,人力资源的开发仅限于体力的补充,素质开发和教育成为少数人的特权。

二、金融资源主导的工业经济时代

工业经济时代,人的发展最大的特点就是人身自由的实现。尽管劳动者由对土地的依附转为对资本的依附,但随着现代工业的发展,以及科学技术应用于生产,人的因素越来越得到重视。但在工业经济时代,社会经济的发展主要依托的是资本与能源的利用。资本是社会生产的核心要素,资本所有权决定社会财富的分配。这一点通过经济增长理论中对资本的强调可以得到论证。(1)以斯密理论为代表的古典经济增长理论认为,资本积累是财富增长的主要源泉,资本积累量的大小是经济增长率高低的关键。(2)哈罗德-多马模型中储蓄率成为决定经济增长的唯一因素。在这个模型中,因为资本可以全部转化为投资,所以储蓄率就是投资率或资本积累率。(3)罗斯托"起飞"理论中将资本积累作为不发达国家实现经济"起飞"的三个先决条件中的首要条件(即要将净投资率提高到10%以上)。(4)诺克斯"贫困的恶性循环论"强调资本积累是克服"瓶颈"约束、打破恶性循环、摆脱贫困的唯一途径。(5)早期发展经济学中资本积累的突出作用。西方早期发展经济学说的三大特点——唯资本论、唯工业化论和唯计划化论,本质上都是围绕资本形成而展开分析的,特别是唯资本论以资本稀缺作为分析经济发展的核心,以如何促进资本形成作为经济发展的途径。刘易斯这样归纳:"经济发展的中心问题,就是要理解一个社会由原先储蓄和投资还不足国民收入的4%—5%转变为自愿储蓄达到国民收入的12%—15%甚至更多这个过程。它之所以成为中心问题,是因为经济发展的中心事实是迅速的资本积累(包括运用资本的知识和技术)。如果不能说明储蓄相对于国民收入增长的原因,也就不能说明任何'工业'革命。"[①]

但不可否认,工业经济时代的几次工业革命是现代大工业形成的根本动力。也正是因此,人力资源逐渐得到重视。许多经济学家开始用人力资本的概念来解释传统经济学越来越无法解释的经济发展之谜,由此产生了人力资本理论。可以说,尽管工业经济时代是由资本驱动和发展的时代,但不可否认,人力资源通过科技应用于生产,推动了工业社会文明的进步,特别是战后科技革命兴起,推动了知识和信息产业的形成和发展,形成了经济发展中的信息化。

三、人力资源主导的知识经济时代

知识经济时代萌芽于20世纪中后叶,在90年代开始表现出了迅猛的发展势头。可以说,知识经济的真正开始和蓬勃发展在21世纪。知识经济时代是以人力资源为核心生产要素的时代,信息产业、人工智能成为社会经济的主导产业。在这个时代,人力资源作为第一资源得到了充分的认识和承认。这也是知识经济时代的特征之一。

21世纪是知识经济的世纪,21世纪的经济是以人力资源为主导的经济。创新和创新能力成为一个国家和组织发展的根本动力和基本保障。

---

① 参见 W. A. Lewis," Economic Development with Unlimited Supplies of Labour," *The Manchester School*, Vol. 22, No. 2, 1954, pp. 139-191。

（一）人力资源的独特性成为组织的核心能力，人才质量成为衡量组织整体竞争力的标志

21世纪是以信息产业与人工智能为主导的时代，这是一个飞速变化的时代。创新与创新产品成为组织的生命源泉，而人力资源正是创新的基础。因此，组织无不将人力资源战略作为组织发展的核心战略。组织的发展根系于人的发展，人才质量成为衡量组织整体竞争力的标志。那些拥有丰富人力资源并不断发掘人力资源潜力的组织拥有最坚实的发展基础和发展空间。世界经济的一体化使人才竞争和人才流动国际化，而由于全球对人力资源的共同关注，人才竞争特别是对企业家人才和科技创新人才的竞争白热化。同时，人才自我选择的空间拓展、选择权加大，只有那些能够吸纳、留住、开发、激励一流人才的组织才能成为市场竞争的真正赢家。这已经为无数企业的发展之路所验证。

（二）人力资源的贡献改变了资本所有者与知识所有者之间的博弈关系

由于人力资源对社会经济的特殊贡献，知识经济时代成为人才主权时代。所谓人才主权时代，就是人才具有更多的就业选择权与工作的自主权，而不是被动地适应组织或工作的要求。组织要尊重人才的选择权和工作自主权，并站在人才内在需求的角度，去为人才提供人力资源的产品和服务，去赢得人才的满意与忠诚。

例如，企业经营管理人才不是简单地通过劳动获得工资性收入，而是要与资本所有者共享价值创造成果。具体表现在：

（1）知识创新者与职业企业家成为企业价值创造的主导因素，企业必须承认知识创新者和职业企业家的贡献和价值，资本单方面参与利润分享的历史已经结束，知识创新者和职业企业家具有对剩余价值的索取权。这改变了资本所有者和知识所有者之间的博弈关系。

（2）21世纪，社会对知识和智力资本的需求比以往任何一个时代都更为强烈，这导致知识创新者和企业家等人才短缺现象加剧。人才的稀缺性、巨大的增值空间和人力资本的高回报性，使得：第一，资本疯狂追逐人才。正如美国思科（CISCO）公司前总裁约翰·汤玛士·钱伯斯（John Thomas Chambers）所言，"与其说我们是在并购企业，不如说我们是在并购人才"[①]。第二，人才选择资本，人才拥有能力选票就拥有了众多的工作选择权。第三，知识与人才雇佣资本。在知识创新型企业，人才引入风险资本，就是用知识雇佣资本，通过知识转

[①] 转引自彭剑锋：《21世纪人力资源管理的十大特点》，《中国人才》2000年第11期。

化为资本的方式,来实现知识的资本化。

(三)人力资源的开发和使用将彻底改变人类社会的生产、生活方式

伴随人力资源的开发和利用,信息与知识不断积累,并应用于生产,将使人类社会的生产和生活方式具有明显的知识化特征。具体表现在以下三个方面:

第一,产业结构"软化",使服务业(包括第四产业,即知识产业)在国民经济中的比重不断上升,并且占主导地位。服务活动在现代企业生产、生活中所发挥的作用越来越大,会计、管理、计划、咨询、决策、研究和开发、职工培训等活动已成为企业活动的中心。同时,由于高新科技不断涌现,电脑、通信、航空、航天、医药等新型产业群的迅速崛起带动了一大批与其相关的服务性产业的蓬勃发展,包括数字经济的崛起。经济合作与发展组织(OECD)在其报告中指出,其成员国的经济比以往任何时候都更加依赖于知识的生产、扩散和应用。

第二,人工智能技术向社会经济各个领域全方位渗透,生产方法的知识密集程度越来越高。在这样的前提下,传统农业和传统工业部门向自动化、智能化和知识化的方向发展,计算机控制的自动化生产系统使人们日益从繁重的、重复性的体力劳动中解脱出来,由此对高度熟练技能的工作人员的需求越来越大。此外,许多在工业经济社会以资源和劳动的消耗为主要特征的生产过程也朝着以智能化、知识化和集约化为特征的方向转变,生产过程和整个经济活动由主要依靠资源和劳动的投入转变为主要依靠人工智能和技术,实现对现有资源开发与利用的节约。

第三,科学技术的发展使人类不断发现或创造出地球上可以利用的各种资源。以信息科技为主导的高新技术使人类不断扩展其活动范围,人工智能的领域向宇宙空间、海洋空间、南北极地以及地球表层以下的巨大资源宝库扩展。太阳能、风能、生物能、海洋能等各种可再生新能源的开发和利用将从根本上扭转人类生态环境不断恶化的局面,各种新功能、高素质的材料的合成以及基因再造工程创造出新的动植物品种,将解决人类所面临的资源枯竭问题。正是人类社会的生产和生活方式越来越明显的人工智能化特征,使人力资源成为社会生产的核心资源,人力资源的开发和利用成为社会生产的核心要求,并最终为社会生产的发展提供创造性的动力。

21世纪是充分体现人本精神的世纪,人力资源及体现人力资源价值的科学技术知识驱动着社会经济的发展。毫无疑问,这是一个充满机遇的时代,而机遇属于那些人力资源充裕并不断重视、开发管理人力资源的国家和政府。

人力资源,通过管理,对其他资源具有弥补作用、放大作用、驱动作用、活化作用与整合作用,对组织战略目标的实现具有关键作用,在组织因素结构中具有统领作用。

第三节　人力资源管理

什么是人力资源管理?目前主要有哪些观点,有哪些类型?人力资源管理具有什么价值?人力资源管理有哪些模式?人力资源管理的主要目标与任务是什么?这些问题即为本节所论述的主题。

一、人力资源管理的不同观点与比较

一谈到管理,也许人们自然就会想起计划、组织、协调、领导、决策与控制六大环节。的确,人力资源管理的内容也表现为这几个方面。然而,人力资源的特点决定了人力资源的管理具有不同于一般管理的地方,决定了人力资源的管理不能过于刚硬而要软化,不能过于严密而要弹性化,不能机械而要人性化。

什么是人力资源管理,目前人们已有众多的解释,笔者翻阅了我国人力资源学科发展初期十多本相关著作,找到以下几种不同的解释:

(1) 人力资源管理即现代人事管理,它是在传统人事管理的基础上发展起来的一种新型人事管理。[1]

(2) 人力资源管理,主要指对人力这一资源进行有效的开发、合理利用和科学管理。[2]

(3) 人力资源开发与管理,即指运用现代化的科学方法,对与一定物力相结合的人力进行合理的培训、组织与调配,使人力、物力经常保持最佳比例,同时对人的思想、心理和行为进行恰当的诱导、控制和协调,充分发挥人的主观能动性,使人尽其才、事得其人、人事相宜,以实现组织目标。[3]

(4) 人力资源管理,即指那些专门的人力资源管理职能部门中的专职的人力资源管理专门人员所做的工作。[4]

(5) 人力资源管理,即包括一切对组织中的员工构成直接影响的管理决策

---

[1] 参见陆国泰主编:《人力资源管理》,高等教育出版社2000年版,第7页。
[2] 参见赵曙明:《人力资源管理研究》,中国人民大学出版社2001年版,第15页。
[3] 参见张德编著:《人力资源开发与管理》,清华大学出版社1996年版,第5页。
[4] 参见余凯成、陈维政主编:《人力资源开发与管理》,企业管理出版社1997年版,第15—16页。

及其实践活动。[①]

（6）人力资源管理，指对全社会或一个组织的各阶层、各类型的从业人员招工、录取、培训、使用、升迁、调动，直至退休的全过程的管理。[②]

（7）人力资源管理，是通过各种技术与方法，有效地运用人力资源来达成组织目标的活动。[③]

（8）人力资源管理，即通过各种管理功能，促使人力资源的有效运用，以达成组织的目标。[④]

（9）人力资源管理，是组织对于其内部人力资源未来和现状进行预测、规划、投资、培训、配置、使用、研究与开发等一系列组织、决策的行为。[⑤]

上述九种对人力资源的解释与定义，仅仅是笔者所见到的众多学者意见中的一小部分代表，表现了众多学者对人力资源管理学科研究的探索与不懈努力。他们对人力资源管理这一概念已做出了较为全面的解释，其中有过程揭示论、目的揭示论、现象揭示论与综合揭示论。例如，（3）、（6）这两种解释属于过程揭示论，主要通过对人力资源管理过程及其内容的揭示来解释什么是人力资源管理；（7）、（8）这两种解释属于目的揭示论，主要通过对人力资源管理的目的与作用的揭示来解释什么是人力资源管理；（4）、（5）、（9）这三种解释属于现象揭示论，主要通过直接说明人力资源管理本身是什么来解释人力资源管理；（1）、（2）这两种解释属于综合揭示论，主要通过对人力资源管理的过程、目的与现象多方面的说明，来解释人力资源管理是什么。

二、人力资源管理的价值

所谓价值，从哲学的角度看，是现实的人与满足其某种需要的客体属性之间的一种关系。价值与人的需要有关，但它不是由人的需要决定的。价值有其客观基础，这种客观基础就是各种物质的、精神的现象所固有的属性，但价值不仅是这种属性的反映，而且标志着这种属性对个人、组织和社会的一种积极意

---

① 参见张一驰编著：《人力资源管理教程》，北京大学出版社1999年版，第1页。
② 参见陈远敦、陈全明主编：《人力资源开发与管理》，中国统计出版社1995年版，第14页。
③ 参见 George Bohlander, Arthur Sherman and Scott Snell, *Managing Human Resources*, 11th ed., Cincinnati, Ohio: South-Western College Pub., 2001, p. 4。
④ 参见 Randall S. Schuler, *Personnel and Human Resource Management*, 3rd ed., New York: West Publishing Co., 1987, p. 5。
⑤ 参见《公共部门人力资源管理》编写组：《公共部门人力资源管理》，中国国际广播出版社2002年版，第5页。

义,即满足人们对某种属性的需要,成为人们的兴趣、目的所追求的对象。

那么,什么是人力资源管理的价值呢? 人力资源管理的价值就是它对个人、组织、国家、政府与社会的功能与作用。

管理功能在这里是指人力资源管理相对组织管理与发展的基本作用。人力资源管理的功能是多方面、多层次的,主要表现在以下几个方面。

(1) 政治功能。政治功能有广义与狭义两种。广义的政治相对于国家社会而言;狭义的政治则相对于比较具体的组织而言,指组织中的方针政策、政令、行政活动等。人力资源管理包括对组织的高层、中层、基层所有人才人力资源的管理。方针政策的制定大权往往掌握在组织高层人员手中;政令的维护和传递往往取决于中层人员的作用;行政活动是否有效既取决于中层管理人员,也取决于基层管理人员。因此,人力资源管理对于一个组织的政治具有决定性的影响,对中高层管理人员的选拔、配置与管理的好坏,直接决定了该组织的政治前途与命运。我们的人力资源管理部门,包括公共组织的组织部、人事部或人力资源部、党群部与教育培训部门,要自觉主动地担负起对组织政治理念的维护与促进职责,把那些自觉自愿与组织目标要求保持一致、能力强、得到群众拥护的人员选拔到组织的关键岗位上,对那些有能力但思想认识上与组织目标要求有差距的人进行教育和培训,保证组织目标的最终实现。

(2) 经济功能。人力资源管理的经济功能主要体现在两个方面:一是通过选拔、培训、考评与薪酬等人力资源管理形式,满足最终经济增长对人力资源的需要;二是人力资源管理过程本身对组织可以做出一定的经济贡献。

例如,目前某国有中小企业从人才市场招聘一位现成的人力资源部经理,年薪大约需要40万—45万元,并且还有流失的风险。如果改为招聘一名人力资源管理专业刚毕业的素质较高的研究生,估计年薪只需要20万元左右,再另请一位顾问指导或略加培训就可以满足工作要求。这就可以直接为组织节省人工成本。此类的事情国外早已有之。

美国海军部估计,培训一个合格的预备军官大约需要 30 000 美元。假设总部下达 1000 名新军官的招聘指标,如果进入海军部后的培训合格率为 80%,那么最后将有 20%×1000＝200 名不合格,损失的培训费为 200×30 000＝600 万(美元)。如果培训方案设计与实施都比较科学,培训合格率由 80% 提高到 85%,那么不合格的人数就由 200 人下降为 150 人,海军部最后就节省了(200－150)×30 000＝150 万(美元)。

(3) 稳定功能。人力资源管理对稳定组织内员工的功能,主要表现在薪酬福利管理与劳资关系的协调两方面。稳定功能还表现为对组织稳定与社会稳定的影响。我国20世纪90年代国企改革中的薪酬与劳资关系问题,曾一度引起群众对于企业与政府的不满情绪与不少上访事件。

薪酬管理的稳定功能的发挥,要求人力资源管理人员在进行薪酬设计时要客观公正。岗位与岗位之间、类别与类别之间、个人与个人之间、现在与过去之间或与将来之间的薪酬要公平合理。福利管理和人员保障的稳定功能发挥,要求人力资源管理人员对福利与保障种类的设计要有针对性,满足员工日常生活与工作的基本需要,福利水平与保障水平要高于行业或社会的平均水平,使员工有良好的安全感与满足感。

劳资关系调解的稳定功能的发挥,要求人力资源管理人员熟练掌握劳动法律与法规,掌握人际关系处理的科学方法与方式,热心为员工服务,为组织服务,站在公正的立场,正确处理组织内外的各种劳动争议与纠纷。

除上述三种功能外,人力资源管理还有资源配置与效能促进功能。组织需要有一定的目标任务,需要有一定的资金财产和机器设备;然而,光有目标、物质与财产还不足以构成组织,还需要人力资源的支撑与导向。当人力资源、物力资源与财力资源三者处于分离状态时,组织实际还没有正式成立,此时的组织形有实无,不具有任何组织功能。只有通过人力资源管理,把不同特点与能力的人员配置到合适的岗位上,让他们拥有一定的权力与财力,此时的组织才具有灵魂与活力,才具有现实目标的功能。因此从某种程度上来说,人力资源的配置功能,对于组织的建构与生产要素的整合,具有画龙点睛的作用。

人力资源管理对组织的促进功能,在一定的程度上,是通过人力资源的管理机制与工作对人力资源的激励与开发来实现的。

三、人力资源管理的模式

人力资源管理模式大体可以分为以任务为中心的管理模式、以人为中心的管理模式、以开发为中心的管理模式和以优化为中心的管理模式。

(一) 以任务为中心的管理模式

以任务为中心的管理模式即任务管理。任务管理是建立在经济人的假设基础之上的,该管理模式在弗雷德里克·泰勒(Frederick Taylor)的思想体系中相当丰满,它是科学管理原理的核心,任务管理的理论贯穿于泰勒思想发展的全过程。

1. 特点

任务管理模式的主要特点如下:

（1）管理工作的重点在于提高劳动生产率和完成任务，而不注重满足员工的心理需要和感情。

（2）使用"胡萝卜加大棒"的政策，运用工资、奖金来提高员工的士气，同时对消极怠工者予以严惩。

（3）管理是少数人的事，与一般的员工没有关系。员工的任务就是听从指挥、努力工作、提高绩效。员工没有决策权与参与权。

（4）组织通过等级森严的控制体系和严格的工作规范、纪律来控制员工、引导员工。

2. 思想依据

人力资源管理的思想建立在人性假设的基础之上，自19世纪晚期以来，随着管理科学的形成与发展，先后产生了四种"人性假设"，同时也相应地产生了不同的人力资源管理思想与方法。

"经济人"（rational-economic man）假设是管理界对于人性的最早认识，持这种观点的典型代表是"科学管理之父"泰勒，此后道格拉斯·麦格雷戈（Douglas M. McGregor）以X理论对经济人的假设进行了总结。这种观点认为人是以一种合乎理性的、精打细算的方式行事，人的行为是由经济因素推动和激发的，个人在组织中处于被动的、受控制的地位。这是对人性的一种早期的、传统的认识。

该观点认为：人的本性是不喜欢工作的，只要有可能，人就会逃避工作；由于人天性不喜欢工作，对于绝大多数人必须加以强迫、控制、指挥，才能迫使他们为组织目标而去工作；一般人宁愿受人指挥，希望逃避责任，较少野心，对安全的需要高于一切；人是非理性的，本质上不能自律，易受他人影响；一般人都是为了满足自己的生理需要和安全需要才来参加工作的，只有金钱和其他物质利益才能激励他们去努力工作。

（二）以人为中心的管理模式

以人为中心的管理模式主要建立在社会人与自我实现人的假设基础之上，是人力资源管理发展到新阶段的产物，体现了人力资源管理以人为本的思想。以人为中心的人力资源管理模式是根据人的心理需要，通过尊重人、关心人、激励人、改善人际关系等方法，充分发挥人的积极性和创造性，从而提高组织工作效率和效益的方法。

1. 特点

以人为中心的管理模式具有以下特点：

（1）视人力资源为组织第一资源。

农业经济时代,土地成为主导要素;工业经济时代前期,矿产资源成为主导要素,工业经济时代后期,财金资源成为主导资源;知识经济时代,资源的主要形态是知识技能、思想谋略、发明专利、技术等,它蕴藏在人体之中,人力资源成为主导资源,谁拥有优秀的人才资源,谁就有了财富。① 组织正是将人看作组织的第一资源,通过人本管理,调动员工的积极性、主动性和创造性,进行物力资源的配置,达到组织的目的。

（2）以激励为主要方式。

激励是人力资源管理的关键环节,如何管理人力资源,归根结底,是如何调动人的积极性的问题。激励就是利用某种外部诱因调动人的积极性和创造性,使人有一股内在的动力,提高工作绩效,朝向所期望的目标前进的心理过程。②

人的需要有很多种,亚伯拉罕·马斯洛(Abraham H. Maslow)认为:人的需要有五种,分别是生理需要、安全需要、归属需要、尊重需要、自我实现的需要,人们实现了低层次的需要,便会产生更高层次的需要。克雷顿·奥尔德弗(Clayton Alderfer)提出了存在、关系和成长的ERG理论,他认为生存、人际关系和自我成长可以同时具有激励因素,当较高层次的需要得不到满足时,低层次的需要就更加强烈。弗雷德里克·赫茨伯格(Frederick Herzberg)认为:员工的薪水、与组织上下级的关系、地位、安全这些"保健因素"如果得到改善,只能消除员工的不满,但不能使员工非常满意,也不能激发其工作积极性;而成就、认可、工作本身等"激励因素"的改善能够调动员工的积极性,如果处理不好,影响也不大。戴维·麦克利兰(David C. McClelland)则将人的高级需要分为权力需要、交往需要和成就需要。公平理论的观点是,人们总是习惯于将组织赋予员工的薪水、福利、晋升等进行纵向比较和横向比较,如若觉得不公平,就会挫伤他们的积极性。强化理论则认为,行为的结果对行为本身有强化作用,当人做出某种行为后,若出现了所希望的结果,这种结果就会成为促进行为的强化物,强化刚才的行为。

众多的激励理论使组织得以利用不同的诱因刺激人们的需要,使得组织目标与个人目标一致,让员工自觉地朝组织既定的管理目标而努力工作。

---

① 参见萧鸣政:《人力资源开发学:开发组织内人力资源的理论与方法》,高等教育出版社2002年版,第2页。

② 参见萧鸣政主编:《人力资源管理》,中央广播电视大学出版社2001年版,第27页。

（3）建立和谐的人际关系。

作为社会人，人们在组织中必然会同其他人发生一定的关系，人际关系能够直接影响到组织的凝聚力、工作效率以及个人的身心健康和行为。每个人都需要拥有幸福美满的家庭，得到一定社会与团体的认同、接受并与同事建立良好和谐的人际关系。实行以人为中心的人力资源管理，就是将组织内的矛盾与冲突最小化，增加人与人之间的信任感，达成组织成员之间的目标一致性，以实现组织成员之间的目标相容性，进而建立和维持和谐的人际关系。

2. 思想依据

（1）"社会人"假设。

梅奥在著名的霍桑实验的基础上提出了"社会人"（social man）的假设。这种观点假设人是一种高级的社会动物，得到物质利益固然可喜，但除了物质利益，良好的人际关系对其工作积极性的提高也有很大的帮助。其核心思想是：驱使人们工作的最大动机不是物质需要，而是来自社会的、心理的各方面的需求。

社会人假设的主要内容包括：组织中的员工不是单纯追求经济利益的经济动物，也不是为了获取最大的经济利益便可按照管理者的命令行事，如同机器或机器的附属物为管理者服务；管理人员应当将目标由任务的完成转移到员工的需要上；主张集体奖励，不主张个人奖励；组织中员工之间良好的人际关系有利于员工心理的满足，有利于员工归属感的形成，从而提高生产效率，也即管理者通过社会的、心理的手段使员工的需要得到满足，而员工则通过提高工作绩效的方式给予组织回报；管理人员应在员工与管理当局之间发挥沟通与协调作用。

（2）"自我实现人"假设。

管理理论发展到后期，开始把追求自我实现看成是人们工作的最根本目的。这种观点认为，人是自我激励、自我指导和自我控制的，人们要求提高和发展自己，期望获取个人的成功。从这一观点出发，组织就应该把人作为宝贵的资源来看待，通过提供富有挑战性的工作，使人的个性不断成熟并体验到工作的内在激励。而一旦工作被设计得富有意义、具有吸引力，足以引起人们的成就感，那么按照"自我实现人"（self-actualizing man）的假设，人就可以在高强度的自我激励之下，不需要借助其他外来的激励，就能自动、自愿地将自己的才能发挥出来，为组织做出贡献。

这一人性假设与麦格雷戈的Y理论及马斯洛需求层次论中的最高级需要——自我实现的需要相对应。自我实现人假设的主要观点是：一般来说，人运用体力和脑力进行工作是很自然的一件事;逃避责任、缺乏雄心不是人的天性,实际上大多数人在恰当的条件下不但能接受责任,而且会提升责任感;管理者的主要任务是寻找什么工作对什么人最具有挑战性,最能满足人自我实现的需求;管理者应该放下权力,建立决策参与制度、提案制度等,让员工充分施展才能,发挥员工的积极性与创造性。

（三）以开发为中心的管理模式

以开发为中心的管理模式是建立在"自我实现人"与"社会人"的假设基础之上的,是以人为中心的管理方法的一种发展形式,主张以人为中心,不但要关心人、爱护人与尊重人,更要促进人的发展,开发人的潜能,真正把人的能力与价值做大,体现了人力资源开发的思想。以开发为中心的人力资源管理模式是根据人的心理需要与能力发展规律,通过心理激励、环境改善、工作设计与再设计,通过引导机制、竞争机制与晋升发展机制等方法,充分发挥人的积极性和创造性,促进人的发展与人力资本的提升,从而提高组织核心竞争力与保持组织持续发展。

这种管理模式具有以下特点:

(1) 强调员工的积极参与。

组织吸引每一个成员为组织决策提供某一方面的可靠信息和判断,甚至制定决策,而这些决策传统上是管理者制定的,员工不再一味地服从命令,将与管理者共同工作以提高工作效益。

以开发为中心的管理将员工视为自我实现人,管理者强调尊重员工,通过参与管理的方式培养员工对组织的忠诚感、归属感,尽可能发挥员工的潜能,满足员工希望成为组织"主人翁"的愿望。如果说过去组织对员工素质的要求是体能、经验和服从,现在随着组织外部环境中竞争的日趋激烈,组织领导者意识到管理者在知识、才能和精力方面的能力是有限的,不可能掌握所有的信息资源和各种实际具体的情况,那么组织日益需要也必须为员工提供各种施展才华的舞台,让员工运用他们的创造性、责任感为组织做出贡献。例如,日本的目标管理小组都是自治的,美国的质量管理小组都是由员工直接参与管理的基层组织,对组织效益的提高与促进员工发展都起着重要的作用。

(2) 重视对员工的开发。

与单纯"使用人"与"关心人"的人力资源管理模式相比,以开发为中心的人力资源管理模式不但善于利用人,更善于激发员工的学习动机,开发员工的潜能,增加员工的能力,满足员工自我发展的高层次的需要。

人力资源开发,是指开发者通过学习、教育、培训、管理等有效方式,为实现一定的经济目标与发展战略,对既定的人力资源进行利用、塑造、改造与发展的活动。[①] 它是一个系统工程,贯穿人力资源管理过程的始终,预测规划、教育培训、配置使用、考核评价、激励和维护,都是人力资源开发系统中不可缺少的环节。

(3) 重视环境建设。

环境建设包括心理环境、工作环境与社会环境的建设。以开发为中心的管理,还强调让培训、职业生涯管理的设计与实施更加人性化、趣味化、科学化,把开发活动发展为让员工感到身心愉悦的享受。因此,开发活动不仅要注重教室、教学设备等硬件条件的先进性,还要关注团队氛围的营造、集体主义的培养、凝聚力的增加等软件条件的科学性。

(四) 以优化为中心的管理模式

从某种意义上可以说,从经济人、社会人、自我实现人到复杂人这四种假设体现了管理学史的发展,也就是对人的认识以及相应的管理模式发展的一种历史演变。从今天的角度看,泰勒采用"胡萝卜加大棒"的管理方法,虽然我们难以完全认同,但是,毕竟它使管理成为一种科学,推动了当时资本主义工业的发展。随后,社会人、自我实现人、复杂人等人性假设的产生,促进了人们对于人性的全面认识,丰富了管理学科的理论,使得人力资源管理以人为本,更加关怀人、尊重人,人力资源管理也由此进入了一个全新的领域。

按照权变的观点,没有一种适合于任何时代、任何人的固化不变的管理方式。作为管理者,就得适时、适地、适人地选择合适的管理模式,提出相应的管理措施。一种人力资源管理模式是否科学,是否进步,关键看其是否与当时特定历史时期的"现实人性背景"一致,是否与特定的组织、特定的岗位和特定人的需求一致。只要它们是一致、适宜的,便是最优的人力资源管理模式。这种管理模式与国外的人力资源管理最佳实践模式类似,但是它们提出的思想依据不一样。

因此,以优化为中心的管理,是一种基于人性假设的动态观与综合观的管理方法,合适的也就是最优的。以优化为中心的人力资源管理,就是要在充分了解组织战略、需求与员工素质的基础上,按照科学方法与程序,不断优化我们的管理工作,保证员工的作用与价值得到最大限度的发挥。

---

① 参见萧鸣政编著:《人力资源开发的理论与方法》,高等教育出版社2004年版,第9页。

该模式提出的思想依据,我们认为是中国哲学中的"中庸"思想,以及下面的"复杂人"的假设。

复杂人(complex man)即权变人,假设人的需要不是一成不变的,而是随着人的发展、生活条件及所在组织的变化,会因人、因时、因地的变化而发生变化。多种需要互相结合,动机行为具有多样性,形成善与恶互相掺杂的人性观。

这种观点是20世纪60年代末70年代初由美国心理学家埃德加·薛恩(Edgar Schein)提出的一种体现权变思想的人性观。这一观点认为,一方面由于人与人之间存在着较大的个体差异,另一方面由于同一个人在不同的时间、地点和环境中会有不同的动机、表现和需要,因此现实组织中存在各种各样的人,人既不一定是只追求经济利益的"经济人",也不一定是只追求心理和社会需求的"社会人",同时也不一定只是追求事业发展的"自我实现人",不能把所有的人都简单化和一般化地归类为前述的某一种假设之下。

复杂人假设的主要观点是:人的需要多种多样,需要的层次也因人而异;人们在同一时期会有多种需要和动机,这些需要会相互作用,并成为一个整体,导致人们复杂的动机模式;人们是抱着各种各样的愿望和需要加入组织的,有的人不愿意参与决策和承担责任,而有的人却希望拥有更多的自治权,愿意有充分发挥个人创造性的机会;人们会随着工作和生活条件的变化而不断产生新的需要和动机;由于人的需要不同,能力各异,因此并没有一套适合任何组织和个人的普遍的行之有效的方法,管理者对人的管理方法也就应该力图灵活多样,做到因人、因问题和因环境等的不同而采取相应的管理方法。

四、人力资源管理的目标与任务

人力资源管理的目标与任务,包括全体管理人员在人力资源管理方面的目标任务和专门的人力资源部门的目标与任务。显然两者有所不同,属于专门的人力资源部门的目标与任务不一定是全体管理人员的人力资源管理目标与任务,而属于全体管理人员承担的人力资源管理目标与任务,一般都是专业的人力资源部门应该完成的目标与任务。

美国学者特里·利普(Terry L. leap)和米歇尔·克里诺(Michael D. Crino)提出人力资源管理的四大目标是:第一,建立员工招聘和选择系统,以便能够雇用到最符合组织需要的员工;第二,使每个员工的潜质得到最大化的发挥,既服务于组织目标,也确保员工的事业发展和个人尊严;第三,保留那些通过自己的工作绩效帮助组织实现目标的员工,同时排除那些无法对组织提供帮助的员工;第四,确保组织遵守政府关于人力资源管理方面的法令和政策。[①]

显然,美国学者的四大目标主要是针对专门的人力资源管理部门提出的,除第二个目标外,其余三个目标都是人力资源管理的中介目标而非终极目标。

组织中的人力资源管理,无论采取什么形式,最终都必须看达到的效果是否保证了组织对人力资源管理的需求。如果人力资源管理保证不了组织对人力资源的基本要求,那么我们的工作即使发挥了每个人的积极性,也是无效的。因此,保证组织对人力资源需求的满足,是人力资源管理的最基本的目标。

但是,我们的人力资源管理并不能停留在保证组织对人力资源的需求上,还要更进一步朝两个方向努力:一是要通过我们的人力资源管理改善与主导其他物力与财力资源的管理,从而促进组织整体资源的持续发展;二是我们的人力资源管理要在开发员工潜能、促进组织发展的同时,促进个人的人力资本得到应有的提升与扩充,对人才不能光用不补,而要用养并重,使组织与个人最终得到双赢发展。

因此,无论是专门的人力资源管理部门还是其他部门,人力资源管理的目标与任务主要包括以下三个方面:

(1)保证组织对人力资源的需求得到最大限度的满足;

(2)最大限度地开发与管理组织内外的人力资源,促进组织的持续发展;

(3)维护与激励组织内部人力资源,使其潜能得到最大限度的发挥,使其人力资本得到应有的提升与扩充。

对专门的人力资源管理部门来说,其任务主要有以下几项:

(1)规划。人力资源部门要认真分析与研究组织的战略与发展规划,主动向有关领导提出相应的人力资源发展规划与建议,并积极落实。应积极配合有关部门做好组织设计工作,协同基层单位做好岗位设置与设计工作,而不是被动等待。

(2)分析。人力资源部门要对组织的工作进行分析,包括对组织目标与特点的分析和对组织内每个岗位工作的分析,以及对现有工作人员的素质的测评分析。要全面把握组织内每个岗位的要求与人员素质匹配的情况,并及时向有关部门与人员提供信息。

(3)配置。人力资源部门在全面了解组织内工作要求与员工素质状况的前提下,应该及时对那些不相适应的岗位与人员进行适当的调配,达到人适其

[①] 参见 Terry L. Leap and Michael D. Crino, *Personal, Human Resource Management*, London: Macmillan Publishers Ltd., 1989, p. 5.

岗,能尽其用,用显其效。

（4）招聘。招聘包括吸引与录用,对于那些一时找不到合适人选的空缺岗位,人力资源部门要认真分析岗位工作说明书,选择合适的广告媒体,积极宣传,尽量吸引那些符合岗位要求的人前来应聘,尽量给每个应聘人提供均等的雇用机会。录用时,除考虑人员的应聘条件外,还应考虑组织的承受能力与特点。确定合适的人选是一个双向比较权衡的过程,绝非单方面对应聘人条件的衡量。

（5）维护。在组织全部岗位人员到位、形成优化配置后,如何维护与维持配置初始的优化状态,是人力资源管理的核心任务。这里的维护包括积极性的维护、能力的维护、健康的维护、工作条件与安全的维护。这些任务主要通过激励机制、制约机制与保障机制的建立与实施来完成,包括进行薪酬、福利、奖惩、绩效考评与辅导等管理工作。

（6）开发。人力资源的潜能巨大,有关研究表明,当员工经过一定的努力并适合目前的岗位工作要求后,只要发挥40%左右的能量,就足以保证日常任务的完成。换句话说,组织的人力资源在维护状态下一般只发挥了40%的作用,还有60%的潜力空间有待我们去开发。我们利用的只是员工身上被我们发现了的人力资源,实际上每个员工还有许多隐蔽的与未知的人力资源;我们利用的只是员工现有的人力资源,实际上员工在现有的人力资源基础上还可以再生出许多新的人力资源。因此,维护现有的人力资源不是我们的目的,开发未知的与新生的人力资源才是我们追求的目的。维护是有限的,开发是无限的;维护是保证组织对人力资源需求的基础,开发是促进组织持续发展的根本。因此,开发人力资源是人力资源管理永恒的任务。

五、人力资源管理与人事管理的比较及其概念界定

（一）人事管理及其类型

人事管理是指对人与事的管理,一般是指人事部门作为组织内的职能部门所从事的行政事务性工作。人事管理具有传统与现代之分,有狭义与广义之别。

传统的人事管理,是在一定管理思想和原则的指导下,以从事社会劳动的人和相关的事为对象,运用组织、协调、控制、监督等手段,形成人与人之间、人与事之间某种关系状态,实现一定组织目标的一系列行政管理行为的总和。传统的人事管理强调单方面静态的制度控制和管理,人才结构处于相对固定、静

止和封闭状态,管理的形式和目的是控制人,员工只能被动接受工作安排,没有选择余地,不能实现有序流动。此外,传统的人事管理基本上是照章办事,按计划办事,缺乏科学性和创新性,只重视数量而忽视质量,故不能满足现代组织管理的需要。现代的人事管理,是与人力资源管理思想比较接近的一种管理,一方面倡导人的主体性与能动性,另一方面又强调人的服从性与组织目标与任务的首要性,在管理工作过程中表现出高度的政治性与行政色彩。

狭义的人事管理,主要指组织内部关于人与事的管理的总称,属于行政管理范畴,因此在行政管理学中也被称为人事行政。广义的人事管理,是一切组织机构(即单位、部门、团体等)对组织内人群的管理,体现以"事"为中心的一种管理模式。它把人视为一种成本,将人当作一种工具,只注重投入、使用和控制。

(二)人力资源管理的概念及其类型

当前,人们在对人力资源管理是什么的理解过程中,似乎陷入了一个两难的局面。一方面,我们想把今天谈论的人力资源管理与过去所说的人事管理相区别,否则不足以让人接受;但另一方面,却又看不出人力资源管理的学科体系与过去的人事管理学科体系有多大区别,以至于有人说今天的人力资源管理就是昨天的人事管理,换汤不换药,是一回事。实际上,我们也很难从现有的国内外人力资源管理的著作中找出一套与过去人事管理完全不同的理论体系与内容。甚至有不少学者在著作中一会儿说人事管理,一会儿又改口说人力资源管理,使读者感到混淆不清。

我们认为,今天的人力资源管理是超越昨天人事管理的一种新思想与新观点。人力资源管理是从经济学与人本思想的角度,来指导和进行的一种人事管理活动。人力资源管理是在经济学与人本思想的指导下,通过招聘、甄选、培训、绩效考评、合同管理与薪酬管理等形式,对组织内外相关人力资源进行有效运用,满足组织当前及未来发展的需要,保证组织目标实现与成员发展的最大化的管理。

人力资源管理根据对象范围,可以划分为个体、群体、组织、国家与国际等不同的类型。

(三)人力资源管理的特点

1. 以人为中心

人力资源管理,也是各组织机构为了实现既定目标,运用现代管理措施和手段,对具有智力、心力和体力劳动能力的人们在获得、开发、保持和运用等方面进行管理的一系列活动的总和,是以"人"为中心的一种管理模式。

2. 基于人本追求双赢

人力资源管理是将人作为一种资源,注重其产出与开发,强调"以人为本",把人看作是一种宝贵的资源,其管理的出发点是"人性发展与发挥",管理的归宿点也是实现人与事的优化配置,使企业或组织达到最佳的经济效益和社会效益。它表现为不断探求"人"与"岗位"的相互匹配,把人的发展与组织的发展有机联系起来。

3. 基于能动性的利用与开发

从现代管理的角度来看,现代人力资源管理是一种较为人性化的管理,不再把人当作被动接受管理的对象,更不会把人当作工具,而是把人看作具有能动和潜质的资源,在实践管理中,注重对人的能力的开发和利用。

第四节 战略人力资源管理与职能人力资源管理

继传统的人事管理转变为人力资源管理之后,美国的 E.怀特·巴克(E.Wight Bakke)又提出了人力资源管理职能的概念。他认为,对于组织的成功而言,人力资源管理职能与会计、生产、营销等其他管理职能一样重要。在此基础上,萧鸣政提出了职能性人力资源管理(也称职能人力资源管理)的概念。这一概念的提出十分必要,既丰富了现代人力资源管理的内涵,又为战略性人力资源管理(也称战略人力资源管理)的提出补充了学理基础,也由此对人力资源管理实践进行了应有的分类。当然,也许有人会认为战略人力资源管理是属于组织战略管理的一个分支,但是这并不影响我们提出职能人力资源管理的概念并将其与战略人力资源管理相比较,因为这些研究开辟了从另外的视角来理解与把握战略人力资源管理的路径。

进入 21 世纪以来,战略人力资源管理(Strategic Human Resource Management)成为被理论界和社会广泛接受的概念。组织在不断变化的环境中要获得竞争优势,必须将组织战略与人力资源管理实践结合起来,战略人力资源管理定位于支持在组织的战略中重视人力资源的职能和角色,帮助组织实现其战略目标。在这一节,我们将分别论述战略人力资源管理的概念、特征和目标,以及与职能人力资源管理的比较等内容。

一、战略人力资源管理的概念与特征

20 世纪 80 年代初期,学术界出现了战略人力资源管理术语应用。有学者

认为,组织需要一种战略人力资源管理过程,去帮助它们适应对柔性和创新的需求。① 战略人力资源管理公认的定义有两个:一个是兰德尔·舒勒(Randall S. Schuler)所下的定义,即人力资源管理哲学、实践与组织战略需要的系统结合(systematically linking)②;另一个是莱特(Wright)和麦克马汉(McMahan)的定义,这也是被广泛采用的定义,即确保实现组织战略目标所进行的一系列有计划的人力资源部署和管理行为③。以上两个定义突出了四个主要含义:一是人力资源的重要性,组织的人力资源是组织获得竞争优势的主要资源;二是系统性,为了获得竞争优势而部署的人力资源的政策、实践以及手段等管理行为是系统的;三是战略性,也即契合性,包括纵向的契合即人力资源管理要与组织的战略相契合,以及横向的契合即整个人力资源管理系统之间的契合;四是目标性,人力资源管理是目标指向的,即组织绩效最大化。战略人力资源管理的基本任务就是通过有效的人力资源管理和开发,帮助组织迎接全球经济的挑战,创造价值,并确保获取持续竞争优势。

在发达国家,从20世纪50年代至今,人力资源管理经历了三个发展阶段。

第一阶段:人事管理。人事管理的主要内容是进行人事档案的日常管理,员工在组织中不被看作资源。

第二阶段:人力资源管理。组织中开始出现人力资源部,负责组织的人事政策制定,根据上级要求进行人员招聘及管理,并参与组织战略规划的实施。但在组织战略目标的形成过程中,往往把对人力资源问题的考虑排除在外。组织虽然意识到人力也是一种资源,但并不认为它是重要的战略性资源,而人力资源部门的工作也往往处于一种被动状态。

第三阶段:人力资源战略与战略人力资源管理。组织战略目标的实现越来越依赖于其快速应变能力和团队合作精神,人力资源成为竞争力的关键,人力资源部门以前是组织战略的被动接受者,现在已成为组织战略的制定者和推行者。组织开始制定人力资源战略并实施战略人力资源管理,即组织为实现其目标而制定具体的人力资源行动,同时还将人力资源管理与组织战略目标联系起

---

① 参见 M. K. Rosabeth, *The Change Masters*, New York: Simon & Schuster, 1983; L. Baird and I. Meshoulam, "Managing Two Fits of Strategic Human Resource Management," *Academy of Management Review*, Vol. 13, No. 1, 1988, pp. 116-128。

② 参见 P. J. Dowling and D. E. Welch, "The Strategic Adaptation Process in International Human Resource Management: A Case Study," *Human Resource Planning*, 1992, pp. 137-145。

③ 参见〔美〕杰弗里·A. 梅洛:《战略人力资源管理》,吴雯芳译,中国劳动社会保障出版社2004年版,第51页。

来,以改进员工绩效与组织绩效。

战略人力资源管理在这里是指,为实现组织愿景目标,基于组织战略指导所采取的一系列有计划的、具有前瞻性、全局性、统一性、适应性的人力资源管理部署和管理行为。

战略人力资源管理具有以下六个基本特征:

(1) 人本性。首先,从管理的目的方面来看,战略人力资源管理的目的包括经济目的和社会目的两个方面,是二者的有机统一。它一方面通过人力资源管理提升企业绩效,获得持续的竞争优势,另一方面将人力资源的开发与发展本身作为其重要的甚至是终极的目的。其次,在对待"人"的态度方面,管理者在人力资源管理过程中不再将员工看作工具,而是把员工当作客户。组织在管理中不再单纯依靠劳动契约来约束员工的行为,而是更加重视与员工的沟通,注重通过向员工持续提供客户化的人力资源产品与服务来建立组织与员工之间的心理契约,并以此促进组织与员工的共同发展。

(2) 战略性。这主要体现在人力资源战略与组织总体战略的匹配。人力资源管理不再局限于人力资源管理系统本身,而是自觉地将人力资源管理与组织的发展战略结合起来,让人力资源管理为组织总体战略目标的实现服务。在这种观念下,人力资源管理者更加着眼未来,对组织内外环境的变化保持着高度的敏感,时刻关注着环境变化对组织发展的影响,并能主动地分析组织的人力资源管理工作应该如何应对这些变化以保证组织战略目标的实现。同时,人力资源管理的目标不仅包括满足组织近期的发展需要,而且注重让组织从人力资源的角度构建核心竞争力,保证其持续、稳健的发展。

(3) 系统性。这主要体现在以系统论的观点看待人力资源管理。战略人力资源管理特别强调纵向和横向的匹配。纵向的匹配主要是指人力资源管理战略与组织战略的匹配,以及人力资源子系统战略与人力资源管理战略的匹配;横向匹配则主要是指人力资源管理职能与组织其他管理职能的匹配,以及人力资源管理系统内部各职能间的相互匹配。战略人力资源管理的系统性既要求人力资源管理决策的系统性,更强调人力资源管理者的整体思想和协作意识。

(4) 动态性。这主要是指人力资源管理的柔性和灵活性,亦即人力资源管理对组织内外部环境的适应性。在人力资源管理过程中,组织追求的不是某种最佳的人力资源管理实践,而是人力资源管理实践与组织内外部环境的不断适应。人力资源管理的动态性对组织和管理者都提出了全新的要求,它要求组织的系统保持柔性、人员保持柔性。更重要的是,组织的文化必须具备创新求变的活力,组织学习能力的获取成为人力资源管理的一个重要目标。

(5)导向性。这是指人力资源管理紧紧围绕组织的战略目标展开工作,更加突出人力资源管理对组织战略目标实现的贡献。对于那些对组织战略目标实现必不可少、至关重要的环节将予以强化,而对于那些对组织战略目标实现贡献不大的工作则实行外包或以计算机代替甚至取消。贡献度分析成为人力资源战略制定不可或缺的环节,人力资源管理成为组织战略目标实现的重要途径。

(6)知识性。这是指知识成为人力资源管理最重要的一个影响因素,知识型员工成为人力资源管理的重要对象,知识管理成为人力资源管理重要的工作内容。知识型员工具有独立性、自主性、高创造性和高流动性等特征,这给人力资源管理带来了新的问题。组织必须加强授权赋能与人才风险管理,必须关注员工的成长与成就需求。人力资源管理模式也必须随之改变,要根据员工个性化的需求实行柔性化的管理。

二、战略人力资源管理的目标

(一)获取组织竞争优势

目前,战略人力资源管理领域正经历着快速发展的时期,从根本上讲,战略人力资源管理着眼于提升组织竞争力,并主要回答三个方面的问题:一是人力资源管理能否给组织带来竞争优势,即竞争优势的来源问题,以及能否使组织获取持久竞争优势;二是人力资源管理与组织绩效的关系,即人力资源管理对于组织绩效的影响侧重于人力资源管理对于绩效的影响有多大,通过什么样的中间机制发生作用,这方面的研究在近几年非常热门,有大量的理论模型和实证研究涌现;三是人力资源管理系统内部以及人力资源管理系统与组织战略的契合,这种契合的协同作用是否存在,以及对于组织的经营业绩是否有影响等。

获取竞争优势是战略研究的核心。如果组织能利用独特的资源、能力和核心竞争力为组织带来价值,就会创造出持久性竞争优势。今天,人的因素以及组织管理员工的方式正变得越来越重要。人们必须看到,竞争优势的基础已经改变并且还在发生变化。战略管理大师迈克尔·波特(Michael E. Porter)提出:人力资源管理可以通过降低成本、增加产品和服务的差别为组织获得竞争优势,因此通过人力资源管理获得竞争优势必须以战略的眼光进行。事实上,组织竞争力的外部表现形式是具有竞争力的产品或服务,而组织竞争力的创造源是组织内部的员工。美国学者杰弗里·菲佛(Jeffrey Pfeffer)认为,随着时间的推移,竞争优势源泉已经变化。成功组织的共同之处,主要不是依靠技术、专利或战略地位,与人有关的部分才更重要。例如,组织管理中的组织文化和组织能力正变得日益重要,组织正是通过独特的员工管理方式来获取持久的竞争优势。他还发现,共有就业保障、挑选录用、具竞争力的薪酬政策、员工所有权、信息分享、参与和授权、工作团队、培训和技能开发、内部提升、长期规划、及时评价、系统哲学等16种人力资源管理实践可以提升组织竞争优势。[1]

战略人力资源管理正是通过"人力资源管理实践——以员工为中心的结果——以组织为中心的结果——竞争优势"的方式直接或间接地为组织获取竞争优势。很多学者从竞争优势和核心竞争力出发,阐明激发人的潜力是形成组织核心竞争力、较长时间保持竞争优势的源泉之一。有学者对美国的医药行业做了实证研究,验证了组织资源、组织能力、组织可持续竞争优势三者之间的关系。[2] 还有学者通过追踪考察英国工程咨询业发现:人力资源战略管理作为组织资源,是组织可持续竞争优势的来源,因为它是其他组织不可模仿的。[3] 1994年英国人事标准领导体(Personnel Standards Lead Body)对案例研究组的431位人力资源工作者和1076位组织高级管理者、中层直线经理的调查显示,人力资源对组织的长期成功非常重要,这些被调查者对人力资源对组织总体战略的贡献持积极的肯定态度。他们还对"形成有效的组织机构和工作流程""促进组织价值和文化发展以支持组织战略"等方面给予高度评价,而这些都是与有效的人力资源管理密不可分的。[4]

(二)提升组织绩效

人力资源管理绩效作为人力资源管理与组织绩效关系的中介因素,一直被学者们所忽视。美国学者曾发现,人力资源管理能力与人力资源管理绩效之间存在正相关关系,人力资源管理绩效对组织绩效又有着积极的影响作用。如良

---

[1] 参见 Jeffrey Pfeffer, *Competitive Advantage Through People*, Boston: Harvard Business School Press, 1994, p. 113。

[2] 参见 P. L. Yeoh and K. Roth, "An Empirical Analysis of Sustained Competitive Advantage in the U.S. PharmaceuticalIndustry: Impact of Firm Resources and Capabilities," *Strategic Management Journal*, Vol. 20, No. 7, 1999, pp. 637-653。

[3] 参见 P. Boxall and M. Steeneveld, "Human Resource Strategy and Competitive Advantage: A Longitudinal Study of Engineering Consultancies," *Journal of Management Studies*, Vol. 36, No. 4, 1999, pp. 443-463。

[4] 参见〔英〕乔纳森·斯迈兰斯基:《新人力资源管理》,孙晓梅译,东北财经大学出版社2003年版,第38—39页。

好的人力资源管理实践和组织财务业绩有很强的联系。人力资源管理方式通过对员工的生产率和流动率产生作用,进而对组织利润率和经济价值产生积极作用。①

在最新的战略人力资源的研究中,一些研究试图超越人力资源管理与组织价值的简单、直接联系,深入挖掘二者之间的中间机制。一些中间变量被引入,标志着战略人力资源管理领域的研究向前迈进了一大步。这主要体现在两个方面:一个是智力资本的引入,另一个是员工认知态度以及组织气候的分析研究。马克·尤特(Mark A. Youndt)等学者将智力资本(intellectual capital)作为中间变量研究了人力资源管理实践对于组织绩效的影响,发现特定的人力资源管理实践与特定的智力资本的维度之间有很强的关系,而且人力资源管理、智力资本与组织绩效之间均有很强的直接关系,显示了智力资本作为中间变量确实影响着人力资源管理与组织绩效之间的关系。② 莱特等学者基于员工的认知和态度是其行为的关键前因,将集体的态度(用工作满意度和承诺度来表示)作为中间变量,研究结果证实了态度确实部分地扮演着人力资源管理与组织绩效之间的中介角色。③ 有学者在研究中假设在服务型组织中雇员的态度、行为会极大地影响服务的质量,人力资源管理可以通过影响雇员的组织承诺度对顾客满意度发生影响,结果验证了人力资源管理、组织承诺度和顾客满意度之间的关系,证实了组织承诺度确实是人力资源管理与组织绩效之间的中间变量。④

人力资源管理状况已经成为识别组织实力高低和质量优劣的重要指标。在美国,有些机构对组织做出各种各样的排名,如《财富》杂志每年评选出美国适合人们工作的组织等。评选这些组织的主要根据往往就是这些组织的人力资源活动,所选参数通常为工作场所、员工待遇、组织所有权等。德瓦纳(Devanna)把战略人力资源管理当作解决工人生产力下降和产业创新力下降问题的方法之一,并相信"更有效地管理人力资源的系统……将导致提高组织的效率"⑤。国际人力资源管理顾问组织华信惠悦集团公布的一项涉及亚太地区内

---

① 参见 Edward L. Gubman, *The Talent Solution*: *Aligning Strategy & People to Achieve Extraordinary Results*, New York: McGraw-Hill Trade, 1998, p. 136。
② 参见 M. A. Youndt, et al., "Human Resource Management, Manufacturing Strategy, and Firm Performance," *Academy of Management Journal*, Vol. 39, No. 4, 1996, pp. 836-866。
③ 参见 P. M. Wright, et al., "Comparing Line and HR Executives' Perceptions of HR Effectiveness: Services, Roles, and Contributions," *Human Resource Management*, Vol. 40, No. 2, 2001, pp. 111-123。
④ 参见颜士梅:《国外战略性人力资源管理研究综述》,《外国经济与管理》2003 年第 9 期。
⑤ 参见谢奇志、贾怀京、汪群:《简述战略人力资源管理》,《科学学研究》2000 年第 4 期。

的12个国家500多家上市组织的研究报告清楚地显示:"如果人力资源管理适当,组织的股东收益将会增加。"研究结果显示,有效的人力资源管理和创造股东价值两者间是密不可分的。部分案例更显示那些重视人力资源管理的组织的股东收益较其忽略人力资源管理的对手们的股东收益高出2倍以上。

(三) 服务组织战略

从战略高度看,组织如果能有效地利用人力资源,就能提高组织的竞争优势,这一点也是人力资源日益受到组织重视的原因所在。这些年来,越来越多的组织已经认识到,组织战略成功与否在很大程度上取决于人力资源职能的参与程度。在任何一个组织中,组织成功的先决条件是有一个清晰支持组织使命和战略的人员管理系统。① 有学者提出,人力资源管理必须配合组织的三个策略——低成本、高品质和创新,每一个战略所应配合的人力资源管理行为和制度是不同的。② 还有学者认为,人力资源管理与战略配合应达到四个目标——整合、员工承诺、弹性与适应、品质③;人力资源管理与战略必须是内外配合的,内部指的是人力资源管理的组成和支援,外部指的是人力资源管理和组织生命周期的配合,人力资源管理必须内外配合才能发挥效用④。对于人力资源来说,发挥在战略管理上的作用就必须把目标确定在人力资源对组织战略的长期影响上,人力资源管理将从组织战略的反应者转变为战略制定者和执行者,并进而成为组织战略贡献者。

在组织不同的战略前提下,人力资源管理所做出的相应反应(如在组织成长的不同阶段采用不同的战略)、所对应的人力资源管理战略也是不同的。一般认为目前有三种基本假设:第一种为一般性或普遍性的观点,其基本假设是不管组织的战略如何,都存在着一种最好的人力资源管理内部系统,这种人力资源管理内部系统总是优于其他的系统,采纳这种系统的组织会提高绩效。尽管这种方法得到了很多研究者的认同,也得到了实证的支持,但是,关于何种人力资源管理实践应该包括在这个最好的人力资源管理内部系统之中,还没有一

---

① 参见〔美〕杰弗里·A. 梅洛:《战略人力资源管理》,吴雯芳译,中国劳动社会保障出版社2004年版,第44页。

② 参见 R. S. Schuler and S. E. Jackson, "Linking Competitive Strategies with Human Resource Management Practices," *Academy of Management Executive*, Vol. 1, No. 3, 1987, pp. 207-219。

③ 参见 David E. Guest, "Human Resource Management and Industrial Relations," *Journal of Management Studies*, Vol. 24, No. 5, 1987, pp. 503-521。

④ 参见 L. Baird and I. Meshoulam, "Managing Two Fits of Strategic Human Resource Management," *Academy of Management Review*, Vol.13, No. 1, 1988, pp. 116-128。

致的结论。第二种为权变观点,即组织采取何种人力资源管理内部系统应该根据组织的战略而定,如果不与战略相契合,不但不会对绩效做出贡献,反而会对组织的绩效造成损害。这种人力资源管理内部系统以及与组织战略的配合是不是有效果的和必要的,还没有得到证实。第三种为结构性观点,其基本假设是所有员工都是同质的且为一种人力资源系统所管理。这种观点过于简单化了。在现实组织中,针对不同特征的员工,管理有很大的差异。不同特征的员工通过不同的方式对组织做出贡献,因此也应该用不同的方式进行管理。

基于人力资源必须落实组织战略这一观点,戴维·沃尔里奇(Dave Ulrich)指出,战略必须与人力资源一致。战略与人力资源联合有三个优点:一是能使组织执行的能力增强;二是能使组织适应变化的能力增强;三是能产生战略的一致性,从而使组织更能符合顾客的要求。战略的一致性通常存在三种状况:垂直的一致性(从高层到基层的全体人员都能有共识)、水平的一致性(不同部门之间员工的共识)和外部的一致性(组织外部顾客与组织员工有共识)。当这三种一致性存在时,组织就更容易产生竞争优势。他还提出了战略与人力资源管理制度的关系模型,认为只有人力资源管理制度与战略相联结,才能有效地将顾客的期望通过战略的能力转换成组织的能力,使顾客与员工了解组织的运作过程而达到战略的一致性,进而创造组织的竞争优势。[1] 有学者探讨了组织战略和人力资源的配合。防御者(defenders)精于狭窄但较为稳定的专一产品市场,因此强调建立自己的人力资源;勘探者(prospectors)不断寻找新的商机,因此强调取得人力资源;分析者(analyzers)则重视人力资源的配置,其措施介于防御者和勘探者之间。[2] 从研究文献和实证研究分析中可以发现,要实现组织的有效运行,人力资源管理系统还必须与组织文化、组织结构、组织环境及组织发展阶段等相互配合,这也是人力资源管理与组织战略整合的必然要求。只有当人力资源与组织战略相适应时,才能充分发挥人力资源管理在组织战略中的独特作用,从而最终达到提高组织绩效的目的。

三、战略人力资源管理与职能人力资源管理的比较

为了准确把握战略人力资源管理的特征,我们先介绍职能人力资源管理,

---

[1] 参见 D. Ulrich, "Large-Scale Organizational Change: Paradigm, Process, and Practice," *Contemporary Psychology: APA Review of Books*, Vol. 37, No. 2, 1992, pp. 131–132。

[2] 参见 R. E. Miles and C. C. Snow, "Fit Failure and the Hall of Fame," *California Management Review*, Vol. 26, No. 3, 1984, pp. 10–28。

然后把战略人力资源管理与之进行分析比较。

职能人力资源管理，即根据组织的任务目标按照既定的人力资源配置职能进行的管理活动，其特点在于它的规范性、专业性与从属性。这种人力资源管理要求所有的人力资源管理活动从属于既定的管理目标与职能，缺乏灵活性、前瞻性与系统性。管理活动主要是围绕其各种职能而进行，即人员的规划、招募、挑选、评估、薪酬、培训等实践上完全围绕组织当前的需求而工作，表现为一种片面的、分割的人力资源管理方式。例如，某组织本月获得大量订单，人力资源管理部门便立即去市场上招聘员工。公务员缺乏计算机知识，马上就组织培训。这种头痛医头、脚痛医脚的做法，缺乏战略性的考虑，是一种职能人力资源管理的不良表现。

进入知识经济时代以来，以知识为基础并以知识增长为驱动力，用先进技术和最新知识武装起来的人力资源取代了土地、资金等物质资源，成为组织的决定性生产要素。与此相对应的是，人力资源管理部门已逐渐由原来的非主流的功能性部门成为组织管理战略伙伴。这样，人力资源管理活动便顺应历史潮流，由职能人力资源管理向战略人力资源管理转化。

（一）职能人力资源管理与战略人力资源管理的联系

1. 两者的管理理念一致

从经济人、社会人、自我实现人直至复杂人的人性假设，人们对人性的认识逐渐从片面向完整转化，管理方式也相应地由物本管理过渡到人本管理。无论是职能人力资源管理还是战略人力资源管理，都把人视为组织的一种能动性的资源，都主张在工作中以人为中心，注重通过诸如员工参与管理制度、员工合理化建议制度、工作再设计、新员工导师制、灵活工作制度等各种人道主义色彩的手段和方法来发挥员工的潜能，调动员工的积极性，提高工作效率。

2. 两者的管理方式一致

早期的人事管理部门属于行政性的部门，人力资源管理人员无须具备专业知识便可胜任。到了职能人力资源管理阶段，组织的管理者开始认识到人力资源管理的重要性，意识到人力资源管理工作的专业性，要求人力资源部门的工作人员具备专业化的知识，遵守人力资源相关法律法规（如我国的《劳动法》等），能设计新的活动和方案，例如组织发展、薪酬与激励方案设计、人事研究与职业计划方案等。战略人力资源管理仍然主张人力资源管理的职业化与专业化，因此两者在管理方式上是一致的。

3. 两者最终目标一致

职能人力资源管理与战略人力资源管理都致力于保障组织人力资源的需

求得到最大限度的满足。任何组织的生存、发展都离不开人与物这两种要素的支持。物力资源是"死"的资源,而人力资源是"活"的资源,人力资源管理部门的目标就在于,通过多种渠道的招聘、诱人的薪金、公正合理的晋升制度、有效的激励措施、人性化的管理,把这种"活"的人力资源吸引到组织中来,并将他们保留在组织中,调动其积极性,有效地发挥其潜能。总之,职能人力资源管理与战略人力资源管理的终极目标都是适时、适质、适量地保障组织的人力资源需求得到最大限度的满足。

（二）职能人力资源管理与战略人力资源管理的区别

1. 两者的理论背景不同

职能人力资源管理的产生得益于相关领域理论的发展,它是建立在科学管理理论、行为科学理论、劳动经济学与社会学理论的基础之上的:泰勒的科学管理理论研究如何提高员工的工作效率,奠定了工作分析的基础;行为科学探讨人的需要、欲望、动机、情绪与人的关系以及人与组织和组织目标的关系等,这促使职能人力资源管理注重满足员工的需要,管理更加人性化;劳动经济学与社会学倡导改善雇佣关系、提高员工地位、强化就业保障、促进民主管理等,这对现代职能人力资源管理的形成和发展都起到了重要作用。

而战略人力资源管理则是在知识经济的大背景下出现的,它的出现固然离不开上述学科的理论支持,但更主要的是源于资源基础论的不断发展。资源基础论把资源定义为"各种各样能为组织所控制并改善绩效与执行策略的元素"。支持资源基础论的学者认为,组织资源是由各种有形的和无形的资源构成的,组织的资源和能力是异质的,正是这种异质性的资源导致不同组织的绩效不同。不提供价值的资源只能成为竞争劣势,必须摒弃;提供价值却不稀缺的资源是必不可少的,但由于其易获得性,也不能成为竞争优势的源泉;提供价值又稀缺的资源可以为组织带来暂时性的优势;唯有当组织提供具有价值性、稀缺性、难以模仿性的资源时,组织才能保持长久的竞争优势。基于这一理论,具备以上三个特征的人力资源是组织的战略性资源,组织应该从战略的高度进行人力资源管理,人力资源管理便由此上升到一个新的台阶,从职能人力资源管理走向战略人力资源管理。

2. 两者支持组织总体战略的程度不同

如前所述,职能人力资源管理把人力资源管理活动看作一项职能,因而职能人力资源管理只是组织的总体战略的一个被动反应者,充当"棋子"的作用。而战略人力资源管理则高度支持组织的总体战略,这体现在组织人力资源管理战略必须与其总体战略相互整合:通过人力资源部门和直线管理部门的共同努力来实现组织的战略目标,并以此来提高组织目前和未来的绩效及维持组织竞争优势。一个高度支持组织总体战略的战略人力资源管理需具有外部匹配与内部匹配两个特征。外部匹配是指人力资源管理和组织战略完全一致,和组织的发展阶段完全一致,考虑组织的动态性,并与组织的特点完全吻合。内部匹配是通过发展和配合人力资源的各种政策与实践之间的内在一致性而完成的。① 总之,组织的总体战略目标的实现依赖于战略人力资源管理,而战略人力资源管理又以组织的总体战略为前提和依据,并在组织总体战略的形成过程中施加一定的影响。

3. 两者中人力资源管理部门的角色不同

随着职能人力资源管理向战略人力资源管理的逐步转变,人力资源管理部门的定位也随之改变。职能人力资源管理工作只是片面地执行组织管理者所下达的任务,进行职能管理,把人力资源管理工作看成是消除麻烦的工作,待组织出现具体问题时,人力资源管理部门才进行事后的补救工作。因此,人力资源部门更多的是充当职能"专家"和"救火队"的角色。

而在将人力资源视为战略资产的思想指导下,人力资源管理部门更加重视如何通过人力资源管理活动提高员工的满意度,提高组织的绩效,为股东创造利润,为顾客创造价值。由此,人力资源管理部门的角色也发生了全新的转变。沃尔里奇依据人、工作流程、日常运作、未来/战略四个维度将人力资源管理的角色做了形象的比喻并分为四种:战略伙伴、职能专家、员工支持者、变革推动者(见图1-1、表1-1)。作为战略伙伴,人力资源管理者应该为组织的总体战略提供必要的支持;作为职能专家,人力资源管理者应该通晓人力资源管理职能活动的方法、措施;作为员工的支持者,人力资源管理者应该能够倾听员工的心声,关注员工的需求,成为员工的代言人;作为变革的推动者,人力资源管理者应该在组织的转型过程中,在组织内部催化一种积极接受变革的风气,确保组织转型的成功。

图1-1 人力资源管理者的不同角色分析图

---

① 参见许庆瑞、刘景江、周赵丹:《21世纪的战略性人力资源管理》,《科学学研究》2002年第1期。

表 1-1　人力资源管理的多种角色分析表

角色扮演	运作结果	形象化比喻	管理行为
战略人力资源管理	实施战略	战略伙伴	结合人力资源与组织战略
组织的系统结构再造	建立一个有效的机制架构	职能专家	再造组织流程"共享的服务"
员工贡献管理	提高员工的能力和参与度	员工支持者	倾听和对员工做出反应:提供员工所需资源
组织转型与变革	创建一个崭新的组织	变革推动者	组织转型与变革:确保变革能力

资料来源:〔美〕戴维·沃尔里奇:《人力资源教程》,刘磊译,新华出版社 2000 年版,第 27—28 页。有改动。

4. 两者的结果不同

职能人力资源管理视人力资源为成本和消耗,希望通过有效的管理方式降低组织的人力成本,结果并不完全指向组织绩效的提升。而战略人力资源管理把人力资源视为组织的战略资产,对这种资产的投资会带来比物质资源更高的利润回报。进行战略人力资源管理的目的在于,通过与组织战略的整合、前瞻性的人力资源规划、系统化的人力资源管理、立体多维度的人力资源开发来取得满意的组织绩效,其结果直接指向组织的绩效及长久竞争优势的获取,如图 1-2 所示。

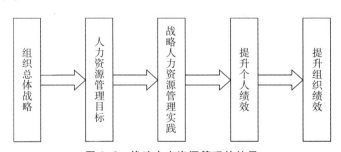

图 1-2　战略人力资源管理的结果

5. 两者的管理主体和工作范围不同

传统的职能人力资源管理的管理主体仅涉及人力资源管理部门人员,管理主体单一化往往容易使人力资源管理人员与普通员工处于对立态度。而战略人力资源管理的全局性意味着它需要组织上下全体员工的共同积极参与。在这一管理方式下,管理主体由多方面的人员组成:(1)组织高层领导。由于人力资源管理工作上升到战略的高度,在一些宏观和战略层面上,高层领导需要直接参与工作的决策。(2)人力资源管理部门。这是不言而喻的,人力资源管理的专业人员应该从事积极的人力资源开发与管理工作,并应具备分析能力、判断能力、执行能力、控制能力、人际关系能力、决策能力、领导能力、团队合作能力等能力。(3)直线经理。直线经理与员工直接接触,他们担负着共同进行人力资源管理活动的职责。(4)普通员工。在实施战略人力资源管理的过程中,普通员工被赋予了更多的使命和权力,他们不但以主人翁的姿态参与自主管理,而且还可以积极参加管理,如在360度绩效考评中为同级人员与上级人员打分等。

从工作范围来看,职能人力资源管理局限于招聘、选择、配置、绩效考评、薪酬等职能工作,而战略人力资源管理的工作范围则更为广泛,不但包括这些传统的职能工作,而且还肩负着"战略理念、组织文化的缔造,组织设计以及创造竞争优势,强化员工满意度"等使命。

总之,为应对充满不确定性的竞争环境的挑战,职能人力资源管理日益向战略人力资源管理转变,即从只注重个别员工工作绩效和满意程度等微观问题,向协助组织经营管理者获取组织持续竞争优势,实现员工和组织共同发展这样一种全新的职能转变(见表1-2)。人力资源的开发与管理部门不再被看作与组织战略没有任何联系的辅助部门,而是被看作能够创造价值与维持组织核心竞争能力的战略性部门。

表1-2 职能人力资源管理与战略人力资源管理特点比较

比较项目	职能人力资源管理	战略人力资源管理
导向(orientation)	职能导向	战略导向
关注焦点(focus)	员工关系	利益相关者
职责权限(responsibility)	人力资源部管理人员	全体经营管理者
行为方式(initiatives)	被动反应	主动进取
时限(time horizon)	短期,视野狭小	短期、中期与长期相结合,视野开阔
监控(control)	机械	权变管理
关键资源(key investments)	资本、产品	人员、知识
职能地位(accountability)	成本中心(cost center)	投资中心(investment center)

第五节　公共部门人力资源管理

人力资源管理也是关于社会组织中的人如何进行科学管理的学问,它是一个独立且完整的学科体系。在现代社会中,公共领域和非公共领域成为社会管理的两大基本领域。在公共领域,代表社会公共利益、承担社会公共事务的政府和非政府组织是主要组织形式,其运行遵循着公共生活的制度和规则。在非公共领域,企业构成了其主要组织形式,作为市场的主体,企业运行遵循着市场的规则和规律。按照这两大领域及其主体组织形式,我们可以把人力资源管理划分为公共部门人力资源管理和企业人力资源管理两大类型。公共部门人力资源管理是关于公共部门中的人如何进行科学管理的学问,它与企业人力资源管理大同小异。

一、公共部门人力资源管理与企业人力资源管理的相同之处

人力资源管理学是一门具有独立体系的学科,其存在价值就是研究人力资源管理过程中的规律和方法,以便对与组织管理中相关的人力资源进行科学合理的使用、充分有效的发挥与最大限度的开发,从而实现组织的目标与人力资源的发展。因此,公共人力资源管理与企业人力资源管理有着基本的相同之处。

(一)两者的基本理念相同

从理念上讲,无论企业人力资源管理还是公共部门人力资源管理,都是把员工作为组织中目标实现的第一资源。习近平总书记在党的十九大报告中特别强调了人力资源中的人才开发对于党和国家发展的关键性与决定性作用,强调了党管人才的原则。2021年9月,中央人才工作会议在北京召开。这是继中共中央、国务院2010年召开全国人才工作会议之后,在人才工作领域举行的重要会议。习近平总书记在会上发表重要讲话,明确了新时代人才工作的指导思想、战略目标、重点任务、政策举措,也发出了加快建设人才强国的动员令。在这次中央人才工作会议上,习近平总书记进一步强调,综合国力竞争说到底是人才竞争。人才是衡量一个国家综合国力的重要指标。要深入实施新时代人才强国战略,加快建设世界重要人才中心和创新高地,为2035年基本实现社会

主义现代化提供人才支撑,为 2050 年全面建成社会主义现代化强国打好人才基础。①

由此可见,公共部门与企业的人力资源管理理念都是把人力资源作为实现组织目标的关键性与战略性的第一资源进行管理。两者都把人力资源管理作为组织管理中的一项基本职能,都是以提高劳动生产率、工作生活质量和取得社会的或经济的效益为目的而对人力资源进行获取、保持、评价、发展和调整等一系列管理的过程。

(二)两者的目标相同

公共部门人力资源管理和企业人力资源管理在目标上是基本相同的。公共部门承担着提供公共产品、维持社会公共秩序的重要职能。公共部门人力资源是公共社会生产力发展的重要基础,是公共部门的关键性要素。公共部门人力资源管理的目标与企业人力资源管理的目标都是使员工通过有价值的工作能力与工作活动最终实现组织的目标与个人的目标,把促进组织的发展与个人的成功当作每一个人力资源管理者的义务与其他员工的自觉行为,以提高员工个人和组织整体的业绩。

(三)两者的基本职能相同

公共部门人力资源管理和企业人力资源管理的基本活动均可概括为获取、保持、发展、评价和调整。其中,获取包括工作分析、计划、招聘、选拔和委派。保持包括两个方面的活动:一是保持员工的工作积极性,如公平的奖励、员工的沟通与参与、劳工关系的改善等;二是保持健康安全的工作环境。发展包括员工的开发、培训、职业的发展管理等。评价包括人员素质测评、工作分析与评价、绩效考评、士气调查等。调整包括人员调配、晋升及各项法律和制度的调整等。这些活动是任何类型组织的人员管理工作都应包含的基本内容,与组织类型无关。

(四)两者的主要理论与方法相同

公共部门人力资源管理还是企业人力资源管理在人力资源开发与管理的原理与方法上基本一致。它们都是通过工作分析、工作评价、工作分类、人员规划、招聘与测评、选拔与晋升、培训与开发、绩效考评与管理、薪酬设计与管理、人员激励、合同管理、社会保障、人员流动与离退等方式方法,进行具体的人力

---

① 《加快建设人才强国,习近平在中央人才工作会议上这样布局》,http://politics.people.com.cn/n1/2021/0929/c1001-32241449.html,2021 年 10 月 1 日访问。

资源管理工作,以满足组织发展与个人发展的需要。因此,从原理方法上说,人力资源开发与管理没有公共部门与企业之分,就像组织行为学在企业与公共部门中一样。因此,我们主张建立统一的组织人力资源学,用于专门研究不同组织中人力资源开发与管理的共同现象、共同规律、共同理论和共同方法。

二、公共部门人力资源管理与企业人力资源管理的不同之处

公共部门人力资源管理和企业人力资源管理的不同主要体现在对于相关理论与方法应用的具体方式上,这是由公共部门和企业的不同性质、组织活动的不同目标以及对人员素质的不同要求决定的。虽然这些差异并非本质与主流的,但是对于它们的区分认识,有助于提高我们在管理实践中的针对性与有效性。

(一) 价值取向不同

组织管理中的价值观主要体现在公平与效率两方面。首先,很显然,公共部门由于其公共性,由于掌握着绝大部分资源的分配权,在处理各种公共事务中首先必须公平和公正,通过手段上的公平和公正,实现整个社会资源分配、获取资源的机会分配方面的公平和公正。一个不公平和不公正的社会,将导致混乱和竞争无序,社会也难以获得真正的发展。其次,公共部门的工作应该有效率,通过自身的效率,为企业和其他组织创造良好的发展条件,实现社会整体发展的效率。作为社会资源的获得者,企业考虑的是如何利用所获得的社会资源创造更大的资源,它主要关注的是效率,它所管理和利用的人力资源也服务于这一目的。

价值观的差别还体现在组织与政治的关联度。公共部门所追求的价值与组织的政治目标有极大的联系。公共部门的一切活动首先必须服从最高的政治立场,企业的人力资源管理与政治的关联度则远不如公共部门高,而是与经济和市场的关联度更为密切。

(二) 服务理念和强调的重点不同

公共组织的管理活动称之为公共管理,它是以公共组织为依托,运用公共权力,为有效实现公共利益而进行的管理活动。政府是典型的公共组织,在社会生活中负有承担公共服务的主要责任,政府进行的行政化管理是公共管理的主要形式,非政府的公共组织也是公共管理的重要形式。企业是以营利为目的而进行生产和服务的经济组织,在市场经济条件下,企业作为市场的主体,基本是以企业的个体身份进行活动的,相对于社会公共利益来讲,企业的利益是个

体利益,企业的管理也是为实现单个个体利益进行的管理活动。

公共管理部门以实现公共利益为目标,以提供公共服务(包括管理公共事务)、供给公共产品为基本职能,其使命是提供稳定的社会环境,确保社会公平。公共组织关注的重点在社会效益而非经济效益,公共管理具有垄断性;而企业的目标是在实现产品价值的同时获取最大的利润,企业管理具竞争性和典型的经济理性。

由于以上区别,公共部门人力资源管理和企业人力资源管理在对员工的价值取向和服务理念上强调的重点内容是有较大不同的。公共部门要求员工以维护和促进公共利益为己任,强调要依法运用公共权力,并接受公共监督;而企业的人力资源管理则要求员工以提高经济效益和企业盈利水平为责任,强调要处处以市场为导向,以经济性为最大原则,其对公共利益和公民个人合法权利的着眼点是"不损害"。

(三)对人员素质的要求不同,基本职能的具体实现方式不同

首先,公共部门和企业在人员的工作分析、招聘、选拔和培训、发展等方面存在不同。两种类型的组织对人员素质的要求不同。公共部门行使公权,面对的是公共利益,因此要求有较高的政治素养和道德水准,其活动对全社会有示范性和导向性,一般要求"讲政治";企业人员行使的是私权,其活动从本企业的要求出发,更看重的是经营能力和市场开拓能力。对公共部门人员的要求相对稳定,由于严格的层级制、指挥与服从的关系,人员个性的发挥会受到一定的限制;企业人员具有更大的主动性和不稳定性,个性发挥的空间比较大。

其次,工资收入来源不同,这使公共部门和企业在对员工物质激励方面的依赖程度不同。公共部门人员的工资来源于国家财政支出,是国家征收税款的二次分配,刚性极强,不经法定程序不能增减;企业人员的工资和工资外收入来源于企业自身的利润,企业可以自由决定分配比例,刚性弱,在物质激励方面灵活性强。

最后,绩效考评存在差异。公共部门人员工作的绩效多表现为社会公共效益,涉及众多因素,评价标准较主观,考评评估难度较大;企业人员的绩效可以直接或间接地以利润形式衡量,考评相对较容易。

(四)管理者的差别

管理者的差别源于上述几个差别。由于组织的价值观、目的、管理方法的不同,管理者在观念、行为方面也有所不同。企业管理者比公共部门管理者具

有更大的主动性和不稳定性。如果不能创造利润,或其创造的利润不能达到组织预定的目标,企业管理者就可能主动辞职或被辞退。但是,一个业绩平平的公共部门管理者往往不是简单地被撤职或辞退,因为决定公共部门管理者绩效的因素是多方面的,并非只有业绩一项。

三、公共部门人力资源管理发展的趋势

20世纪80年代以来,"新公共管理"理论在西方国家盛行,在该理论的指导下,西方国家相继开展了大规模的行政改革运动,并取得了明显成效。这场改革的指导思想是在政府管理中引入市场理念和竞争机制,引入公共责任、公共产品、行政成本等新的概念和主题,特别是将企业的管理方式引入公共部门,提出"以企业家精神重塑政府"的口号。于是,公共部门人力资源管理开始借鉴企业人力资源管理方面的先进理念和技术做法,这使得企业人力资源管理和公共部门人力资源管理开始互相借鉴和融合。

在改革运动中,美国、英国、新西兰等国家把市场中的竞争和激励机制引入政府部门,以企业的管理技术取代传统的公共部门管理方法,以此打破传统公共部门的垄断地位,提高效率。结构上,采取分散政策制定和政策执行的权力,利用私人组织或半私人组织提供公共服务,将大的部门分解成若干小的机构或将职权下放给较低层的政府机关,这些机关目标单一,因而比以前的部委机关更能够对市场压力以及其他直接评估工作成绩的方法做出反应。同时,以市场为导向进行人事和财政的管理,把公众定位为"消费者"或"顾客"。新公共管理理论为公共部门人力资源管理和企业人力资源管理的互相借鉴和融合奠定了科学的基础。

公共部门人力资源管理的发展趋势表现为以下具体特点:(1)管理理念现代化与人本化;(2)管理方式企业化;(3)管理手段现代化;(4)管理人员资格化;(5)管理制度规范化;(6)管理成本简约化;(7)管理责任明晰化;(8)管理绩效客观化。

本章小结

本章主要介绍了人力资源及其在不同经济形态中的地位与作用,人力资源管理的价值模式、目标与任务,以及公共部门人力资源管理的特点。同时,对战略人力资源管理进行了重点阐述。

第一,人力资源是在一定区域范围内,可以被管理者运用以产生经济效益和实现管理目标的体力、智能与心力等人力因素的总和及其形成基础(包括知识、技能、能力与品性素质等)。它具有生活性、开发性、个体独立性等特点。人才资源是指人力资源中能力较强与素质较高的那部分在岗人员。人才资源属于人力资源,但又不等同于人力资源。

第二,从农业经济时代、工业经济时代到知识经济时代,人力资源的地位逐渐得到承认并不断提升,人力资源的作用也逐渐被认识并日益受到人们的重视。尤其是到了知识经济时代,人力资源的独特性成为组织的核心能力,人才质量成为衡量组织整体竞争力的标志,人力资源的贡献改变了资本所有者与知识所有者之间的博弈关系,人力资源的开发和使用将彻底改变人类社会的生产、生活方式。

第三,人力资源管理是在经济学与人本思想的指导下,通过招聘、甄选、培训、绩效考评、合同管理与薪资报酬等形式,对组织内外相关人力资源进行有效运用,满足组织当前及未来发展的需要,保证组织目标实现与成员发展的最大化的管理。

第四,战略人力资源管理,是指为实现组织愿景目标,基于组织战略指导所采取的一系列有计划的、具有前瞻性、全局性、统一性、适应性的人力资源管理部署和管理行为。

第五,公共部门人力资源管理,是人力资源管理的分支领域,主要是关于公共组织中的人如何进行科学管理的理论与方法,它与企业人力资源管理大同小异。在管理目标、基本职能与主要理论与方法方面基本相同;但是在价值取向、服务理念、员工素质与管理具体标准、对管理者的任职要求等方面,相互存在差异。

第二章 人力资源开发及其战略

教学目标与方法建议

通过本章教学,应该掌握以下内容:
1. 人力资源开发的概念、类型与特点;
2. 人力资源开发战略及其价值;
3. 人力资源开发的原理;
4. 人力资源开发的方法;
5. 当前我国政府人力资源开发面临的问题与对策。

教学方法建议:鉴于本章的内容比较多,建议在课堂讲授过程中适当进行选择,可以重点讲授人力资源开发的原理与方法,并且适当进行案例分析教学。

人力资源开发是一个与人力资源管理有所不同的领域,它在战略人力资源管理中具有十分重要的作用。本章所讨论的内容主要包括:人力资源开发是什么,人力资源开发战略及其价值是什么,人力资源开发有哪些原理与方法,当前我国政府人力资源开发面临的问题与对策是什么。

第一节 人力资源开发概述

一、人力资源开发的概念

人力资源开发是指,开发者通过学习、教育、培训、管理、文化、政策与制度建设等有效方式,为实现一定的组织目标与发展战略,对既定的人力资源进行利用、塑造、改造与发展的活动。在这里,开发者可以是政府、机关、学校、团体、协会、私有机构、公共组织等,也可以是企业雇主、主管、个人、被开发者自我等。

当开发者为被开发者本身时,开发方式即为学习,开发的目的是为求发展;当开发者为企业时,开发方式一般是培训、管理与文化制度建设等,开发的目的是促进企业竞争力、生产力,提高经营利润,实现经营目标;当开发者是机关团体事业单位时,开发方式一般是培训、管理与文化制度建设,开发的目的是提高工作效率与质量,实现组织目标;当开发者为学校、教育机构与家庭时,开发的方式是教育、教学、转化、宣传,开发的目的是提高人的素质,促进个人发展与社会的发展;当开发者为政府与社会主权者时,开发方式一般是教育、医疗、保障制度建设、人口发展政策制定等,开发的目的是提高全民素质,使人具备各种有效参与国民经济发展所必需的体力、智力、技能及正确的价值观与劳动态度,满足国家与社会经济的持续发展的需要。

在这里我们认为,任何一种人力资源开发活动,都有开发主体、开发客体、开发对象、开发方式、开发手段、开发计划、开发目的、开发时间等要素。

开发主体即从事开发活动的领导者、计划者与组织实施者。

开发客体即接受人力资源活动的组织或个人,是开发活动的承受者。

开发对象是指人力资源开发活动所指向的素质与能力,包括体质、品性、智力、技能、知识等。

开发方式是指人力资源开发活动中对各种要素的组织方式。

开发手段是指人力资源开发活动中所采用的工具支持行为。

开发计划是指人力资源开发活动实施前的准备工作与实施过程的书面描述。

二、人力资源开发的类型

人力资源开发的类型划分多种多样。首先,从空间形式上划分,有行为开发、素质开发、个体开发、群体开发、组织开发、区域开发、国家开发、国际开发等不同形式。

所谓行为开发即为改变某一种行为方式而进行的训练或激励活动。

所谓素质开发,即为培养、提高与改进某一素质的教育、教学、培训、学习与管理的活动,如不良遗传基因控制与改进,防止近亲结婚并提倡不同民族、不同种族的人通婚,接种疫苗等。技能开发、品德开发、能力开发均属于素质开发的范畴。

所谓个体开发,是从既定的个人特点出发,对其人力资源进行合理的使用、充分的发挥以及科学的促进与发展的活动。因材施教、人尽其才、才尽其用等均体现了个体开发的思想。

所谓群体开发,是指从既定的群体特点出发,采取优化组合、优势互补等人力资源配置手段进行结构上的调整,以实现群体人力资源结构优化和功能的提高。

所谓组织开发,即指在组织范围内所进行的一切人力资源开发的活动,其主要手段是文化建设、组织建设、制度建设与管理活动。

所谓区域开发,是为提高一定区域内人力资源的数量、质量与功效而进行的活动,如西部人力资源开发、移民等活动。

所谓国家开发,是指一个国家为提高其人力资源的数量与功效而进行的活动,如中国的计划生育政策、普及九年制义务教育、劳动人事制度改革、医疗卫生保障制度等。

所谓国际开发,即指世界各国为全球经济发展有组织、有计划地进行的人力资源开发活动,例如联合国开发计划署进行的人力资源开发活动。

其次,从时间形式上划分,有前期开发、使用期开发与后期开发。所谓前期开发,是指人力资源形成期间与就业前的开发活动,包括生育、养育与教育(包括家庭教育、学校教育、就业培训等阶段)。所谓使用期开发,是指在就业过程中的开发活动,以在职培训与脱产培训为主。所谓后期开发,是指法定退休年龄后的人力资源开发活动。

最后,从对象上划分,有品德开发、潜能开发、技能开发、知识开发、体能开发、能力开发、智力开发、人才开发、管理者开发、技术人员开发、普通职员开发等。

三、人力资源开发的特点

人力资源开发具有多方面的特点,下面对其主要特点加以阐述。

(一) 特定的目的性与效益中心性

无论哪一种类型的人力资源开发,都有其特定的目的。国际性的人力资源开发的目的是,保持世界各国人力资源对整个世界经济发展与需要的持续促进作用;国家性的人力资源开发的目的是,实现充分就业,高效合理地利用现有人力资源,实现社会经济效益与社会稳定的最大化,提高全民素质,包括健康卫生水平与文化教育水平,造就各种专业技术与创新性人才,促进国民经济健康持续地发展,提高国家竞争力;教育部门与学校的开发目的是,面向当前及未来社会的需要,培养与提高学生的基础素质,使每个人的优势得到最大发展,每个人的缺点与不足得到有效控制与改进,成为自己满意与社会欢迎的各种人才;体育、卫生医疗部门与机构的开发目的是,通过组织宣传动员与提供各种医疗保健服务、体育运动指导,增强人的身体素质,使人具有旺盛的精力与健康的体质,使现有的人力资源得到顺利的发挥与进一步发展;企事业组织开发的目的是,提高员工整体的战斗力、竞争力,提高工作效率与效益,实现组织的经营目标和战略发展目标。人力资源开发特定的目的性最终都体现在为实现组织一定的经济目标与价值目标的服务性上,都是以经济效益、人员素质、社会效益与政治效益的提升为中心。综合效益最大化是人力资源开发追求的最终目的。

(二) 长远的战略性

培训是实现开发目标的一种手段,是人力资源开发的一种方式,但培训本身绝不是人力资源开发。培训是针对现实工作需要而进行的活动。当人力资源开发方案实施到近期目标时,往往需要培训活动的支持。而我们在制定人力资源开发方案的时候,我们的目标一定是面向未来改革的需求,面向我们战略规划与发展的需要。如果人力资源开发缺乏战略眼光与战略措施,那么这样的人力资源开发活动是没有价值的。从这个意义上来说,人力资源开发是人力资源中长期规划实现的手段与途径。我们国家面临着知识经济到来与加入WTO后的双重机遇与挑战,为了保证中国经济与政治稳定及持续的发展,免受不良影响的冲击,中国必须制定切实可行的人力资源开发战略规划并进行全方位的人力资源开发活动。

(三) 基础的存在性

任何开发都是建立在一定对象的基础上,毫无基础的对象,是无法进行开发的。人力资源开发也不例外,它必须在开发的客体或对象具有一定的人力资源数量或质量时,才有可能对他们进行有效的开发,这时的开发才有意义。而前期性人力资源开发的基础存在形式具有不明显性,例如,胎儿开发的生理基础是父母,中学生开发的基础是小学期间所形成的兴趣爱好、知识技能与思想品德,用人单位开发的基础是员工既有的知识、能力、经验、品性与职业倾向等,老年人开发的基础是他在工作期间所积累的知识、经验、能力、品性与职业兴趣。

(四) 开发的系统性

人力资源本身就是一个系统,包括要素结构子系统、数量分布子系统、要素作用相互影响子系统、要素相互生存与发展子系统等。就一个企业内人力资源系统来说,它有年龄结构子系统、学历结构子系统、职务职称结构子系统、性别结构子系统、工龄结构子系统、工资类别结构子系统、品性结构子系统。就个体内人力资源系统来说,它有知识结构子系统、技能结构子系统、品性素质结构子系统、年龄结构子系统,有岗位、部门、家庭、社会环境活动子系统,还有素质模型结构平衡发展子系统。我们如果只注意对其中一个子系统或子系统中某一个要素的开发,那么最后所取得的开发效果就十分有限。

例如,如果要对某一科研人员的创新能力进行开发,那么我们应该首先分析一下与创新能力有关的因素系统,包括相关知识、相关方法、相关意识、相关障碍、相关品性素质与相关环境支持、相关条件支持的分析,抓住其中的主导因素与子系统进行重点开发,同时对其他辅助系统进行全面性相关开发,这样我们对创新能力的开发才能取得明显的成效。当然,这里有一个投入与产出的效益问题,需要具体情况具体分析。

人力资源系统的特点决定了人力资源的开发必须具有系统性,否则将事倍功半,甚至有劳无功。

(五) 主客体的双重性

除个体自我开发外,任何人力资源开发都具有主客体的双重性,这是人力资源开发区别于其他资源开发的重要特点之一。开发的主体是个人或组织,开发的客体也是个人或组织,在人力资源开发活动中,人力资源开发的客体具有主观能动性,开发主体的目的性必须通过被开发客体的能动接受性,才能产生预期的效果。

人力资源开发的主客体双重性决定了人力资源开发活动的互动性,因此开发主体要注意与开发客体沟通,在开发目的、开发计划与开发措施上达成一定的共识,不能进行强制性开发,要激发开发客体在人力资源开发中进行积极配合,发挥其主观能动性,达到开发主体与客体双赢的目的。

(六) 开发的动态性

人力资源开发客体的主观能动性、开发过程的长期性和开发活动的互动性,决定了人力资源开发的动态性。人力资源开发必须根据开发过程中出现的各种不确定因素及其变化,不断调整开发的阶段性目标、内容与措施;根据人力资源个体的差异性,因人而异,采取不同的开发方式与方法;根据开发取得的阶段性成果与问题,调整与优化下一阶段的开发计划与方案。由于人力资源具有可塑性,不进则退,因此人力资源开发还必须具有持续性与坚持性。

第二节 人力资源开发战略及其价值

进入 21 世纪以来,组织面临的日益激烈的竞争导致其对人力资源管理的需求不断提高。与此同时,资源基础论的兴起使得人们从战略的视角上认识人力资源的价值,意识到人力资源开发是一个长期的、动态的、系统的过程,并且应该为组织的战略服务。

一、人力资源开发战略的理论基础

人力资源开发战略的理论基础,来自资源基础理论。组织要生存、要发展,必须拥有独特的竞争优势。竞争优势源于何处?如何获取竞争优势?……这一系列问题成为理论界和组织界关注的焦点。

1984年,伯格·沃纳菲尔特(Birger Wernerfelt)在美国《战略管理杂志》上发表了《公司资源学说》一文,提出了公司内部的资源对公司获利并维持竞争优势的重要意义。此后,戴维·科利斯(David J. Collis)、塞西尔·蒙哥马利(Cynthin A. Montgomery)等人又将该理论加以拓展,形成了资源学派。

有别于波特从组织外部的结构来探讨组织的竞争优势源泉,资源学派将探究的目光投向组织内部。资源学派的核心思想是:组织的资源差异会导致竞争优势的差异,组织的竞争优势取决于其拥有的资源的价值。而只有组织拥有的资源与预期业务和战略相匹配,该资源才具有价值。

资源是组织在向社会提供产品或服务的过程中能够实现组织战略目标的各种要素的组合。它是组织所控制的所有资产、能力、组织过程、组织特质、信息、知识等,是组织为了提升自身的效率和效益而用来创造并实施战略的基础。[①] 这些资源可以分为三类,分别是物力资本资源、人力资本资源和组织资本资源。当然,并非所有的资源都对组织的可持续发展有所贡献,只有"那些有助于组织创造并实施战略以提高效率和效益的资源"以及"不能完全模仿和不能替代的资源"才有助于组织获得持续的竞争优势。

简而言之,组织的发展必须构建在一系列资源组合的基础上。当然,组织的可持续发展必须依赖于那些具有"有价值的、稀缺的、难以模仿的"特点的资源,唯有具备上述特点的资源,才不易被竞争对手所模仿和复制,组织才能克服成长过程中的危机或衰老、死亡阶段,成为长寿的组织。

人力资源是专门知识和技能的"承载者",是组织发展的核心资源,可以让组织拥有长久的竞争优势。因此,人力资源开发战略必须使得组织所拥有的人力资源始终具有高价值性、稀缺性与难以模仿性的特点。

进入21世纪以来,组织面临着有别于以往的"非连贯"的竞争环境:

---

① 参见 J. Barney, "Firm Resources and Sustained Competitive Advantage," *Journal of Management*, Vol. 17, No. 1, 1991, pp. 99-120。

（1）经济的全球化及市场的发育使得市场保护和控制的市场壁垒状况明显衰弱，组织难以依靠以往的特定产业的定位来获取竞争优势。

（2）资本市场的发达及各种金融衍生工具的创新使得资金、资源的灵活性和流动性已经不再是一个抑制组织发展的重要因素。

（3）新技术以几何级数的速度涌现，要求人力资源不断掌握新的技术。

除了前述的资源基础理论外，一些相关领域的理论研究也不断地发展起来：

（1）学习理论。学习理论主要是从组织的层面上探讨如何通过组织的学习来提高人力资源的能力。彼得·圣吉（Peter M. Senge）于20世纪90年代提出了学习型组织（learning organization）的五个要素，即系统思考、思维模式、共同愿景、团队学习和个人进取，丰富了人力资源开发理论。

（2）绩效理论。理查德·斯旺森（Richard A. Swanson）认为人力资源开发就是一个不断通过员工能力的改进提高组织绩效的过程。绩效理论的出现，标志着人力资源开发从以"学习"为中心转移到以"绩效"为中心。

综上所述，当前知识经济下的竞争环境，迫切要求人力资源开发实践过程以人力资源开发战略为指导，而资源基础理论、学习理论、绩效理论等相关理论的完善更加奠定了人力资源开发战略的理论基础，标志着人力资源开发实践中确立人力资源开发战略必要性。

二、人力资源开发战略的概念与特点

人力资源开发战略帮助组织获取竞争优势的价值意味着组织应该基于组织战略设计人力资源开发战略，继而对人力资源进行战略性开发，开发组织人力资源的潜能，增强组织的核心能力。

（一）人力资源开发战略的概念

对于人力资源开发战略的研究，最早可以追溯到20世纪80年代，但那时对人力资源开发战略的研究只是零星的、分散的，研究的方向主要是集中于强调基于组织战略系统规划的学习对于组织绩效的作用分析。

到了20世纪90年代，人们日益认识到拥有高技能、高技术、高能力的人力资源对于组织长期可持续发展的重要性。人力资源开发战略对于组织的战略贡献的重新认识使得人力资源开发战略一跃而上，成为组织中管理者最为关注的战略议题。

人力资源开发战略是指对整个组织人力资源开发活动与过程发挥引领、指导与统一作用的目标与策略。这些有关人力资源开发的目标与策略,与组织战略高度一致并且服务于组织战略目标。

(二)人力资源开发战略的特点

1. 前瞻性

人力资源开发战略不但支持组织的总体战略,而且还在组织战略的制定过程中起着至关重要的参与作用,是组织战略体系与战略人力资源管理的一部分,其设计方向与目标要求配合愿景的实现,具有前瞻性。

2. 服务性

人力资源开发战略的目标、内容、方式必须为组织的可持续发展战略与战略人力资源管理服务。

3. 全局性

人力资源开发战略的服务性决定了其涵盖内容范围的全局性,参与人力资源开发战略制定与实施的涉及面广泛,不仅包括人力资源开发部门,还涵盖组织的高层经营决策层、一线管理者及基层员工。

4. 系统性

人力资源开发战略是一个系统,作为组织战略体系的子系统,它在支持人力资源竞争优势提升子系统运行的同时,也需要组织文化等其他子系统的支持。人力资源开发战略包括战略总目标、阶段目标、任务举措、组织体系与资源保障等。

5. 动态性

人力资源开发战略必须具有动态性,它应该能够与时俱进,随时根据知识的发展、技术的变革调整开发的内容与方式。人力资源开发战略必须具有适应性,随时根据环境及组织战略的变化做出调整。

三、人力资源开发战略的价值

(一)引领组织竞争力提升

组织竞争力的主要来源是自身的资源和能力,并不是组织所有的资源都能形成持续的竞争优势,只有成为具有价值的、稀缺的、难以被当前和潜在的竞争对手所替代的资源,才是其竞争优势的重要来源。如前所述,人力资源具备的这三个特征,是组织竞争优势的源泉。系统化的人力资源开发战略则更加强化了人力资源所具备的三个特征:价值性、稀缺性与难以模仿性。这是由于它是由一整套相互补充和相互依赖的实践构成的,在提升组织能力方面具有因果模糊和协同效果,因而难以模仿。

人力资源开发战略明确了组织希望员工所具备的各种技能与能力标准与要求,可以引导员工提高自己的产出水平与服务能力,进而为顾客提供差异化的产品、个性化的服务,为顾客带来价值、通过选择合适的开发内容与方式,结合组织战略目标与员工实际能力所制定的人力资源开发战略,可以引领与促进员工形成积累性学识,这种学识是一种特别面向该组织的专用性战略资源,具有稀缺性。系统化的人力资源开发战略,各组成部分之间相互作用、相互影响、相互协调、相互补充。它们之间的非线性关系决定了竞争者很难深入组织了解其实质。对于竞争对手而言,要挖走几个有竞争价值的员工并不难,而要模仿整个人力资源开发战略系统就不容易了。因此,人力资源开发战略具有难以模仿性。

(二)促进个人绩效与组织绩效提高

行为科学研究显示,在其他条件一定的情况下,工作绩效是由员工的个人能力和组织的激励两个变量决定的,即工作绩效 $=f(能力×激励)$。一方面,以发挥潜在能力和增加新知识为目的的开发和教育能够提高员工现有的能力,达到组织所期望要求的能力;另一方面,精心设计、组织与实施的战略人力资源开发对于员工而言还是一项激励,因为在知识经济时代,员工不满足于吃饱穿暖等低层次的需求,他们追求自身价值的实现,追求自我能力的提高,由组织所进行的战略人力资源开发无疑还可以从另一个角度激励员工,充分调动员工的积极性,提高潜能。人力资源开发战略对于组织绩效提高的作用如图 2-1 所示。

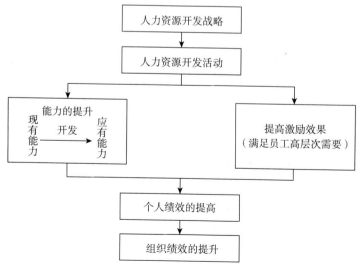

图 2-1 人力资源开发战略对提高组织绩效分析图

(三) 有助于组织的可持续发展

农业经济时代,关键要素是土地资源;工业经济时代,关键要素是资本资源;而在知识经济时代,关键要素是人力资源。组织中的人力资源包括员工的个人知识水平、员工总体的知识结构与素质,人力资源是组织可持续发展的基础。

知识经济给我们带来的既有挑战又有机遇。机遇告诉我们,组织有了更为广袤的用武之地和发展空间;而挑战则警示我们,组织已告别过去相对静态的竞争不足的环境,迎来了高度激烈的竞争。在高度动荡的环境下,组织的生存、发展乃至可持续发展成为目前组织亟待解决的问题。比尔·盖茨曾直截了当地说:"微软离破产只有18个月。"在此情况下,不少组织力求通过人才市场招聘或猎头公司广聚贤才,来获得持续竞争优势,获得组织的可持续发展。这种"拿来主义"可以在一定程度上缓解组织对于优秀人才的饥渴,但这毕竟不是长久之计。因为在信息爆炸时代,知识的更新之快难以想象,任何人在进入组织之后停滞不前,都会落在时代的后面,唯有通过有计划、有目标的系统的人力资源开发战略,把员工变为不断前进的"学习人",方能与时俱进、不断创新,促进组织的可持续发展。

四、人力资源开发战略的内容与实施

人力资源对于组织持续发展的重要性与关键性,决定了人力资源开发战略的制定与实施将成为整个组织战略人力资源管理工作的轴心。

如图2-2所示,制定人力资源开发战略时,应将人力资源开发的诸要素建立在由组织管理层共同确定的、符合组织内外利益相关者的利益且得到组织所有员工一致认同的组织发展战略目标及组织远景规划的基础上。在实施过程中,应考虑到其系统性,应保持内部与外部一致。外部一致是指人力资源开发战略需与组织的外部环境协调、契合、一致。外部环境的范围很广,包括一切与组织的经营有关的外部因素,如政府的法令法规、科技的发展、市场的竞争、社会的文化等。内部一致包括纵向一致和横向一致。纵向一致是指人力资源开发战略应符合组织的特点,与组织的总体战略一致,它有助于组织的人力资源开发战略目标集中于组织的总体战略。而横向一致则是指人力资源开发战略系统所有的内在因素互相进行补充和支持的情况,这意味着组织的人力资源哲学、组织学习、组织文化、人力资源管理系统都能彼此协调配合。下面分别对人力资源开发战略的内容与实施加以阐述。

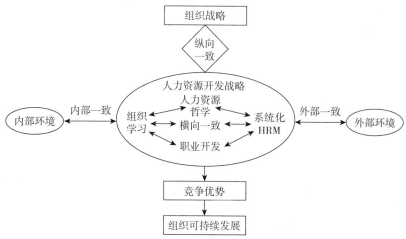

图 2-2　人力资源开发战略在战略人力资源管理中的轴心作用分析图

（一）树立以人为本的人力资源哲学理念

思想是行动的先导，人力资源开发战略的制定与实施离不开人力资源哲学，人力资源哲学是指组织如何看待它的人力资源，人力资源在组织成功中的作用，以及如何对待和管理人力资源。如前所述，人力资源是组织的战略贡献者，能够为组织带来增值效益，因而组织的管理者应该树立以人为本的人力资源哲学理念。

首先，组织的管理者应了解组织内人力资源的价值及在获取竞争优势中的作用，了解人力资源的经济价值是树立以人为本的人力资源哲学理念的一个前提条件。这需要人力资源管理者分析以下问题：(1)本组织的竞争策略是什么，即组织在什么基础上优先于竞争对手？(2)在整个组织的价值链中，获得竞争优势差别最大的杠杆来自哪里？(3)是研发人员还是其他员工提供了组织竞争优势的最大潜力？

其次，管理者应通过各种有形的和无形的方式向每一员工清晰地表达组织对人力资源高度重视的态度，把这种人力资源哲学贯彻于具体的人力资源开发与管理的政策、制度与实践之中。

（二）建立积极主动的学习机制

在高度动荡的环境下，变化已成为常态。组织如果不能够大量地、不间断地进行知识的更新积累，就会惨遭淘汰。为了适应环境的变化，组织只有对环境的变化做出即时反应，不断地吸收、处理外界信息，保持高度的弹性和柔性，才能更好地迎接挑战。而早期的单纯的培训观和教育观的人力资源开发理念已不适合时代的发展,这就要求组织建立学习型组织,由以往员工的被动个人学习转变为主动的组织学习。

圣吉认为,学习型组织是通过培养弥漫于整个组织的学习气氛、充分发挥员工的创造性思维能力而建立起来的一种有机的、高度柔性的、扁平的、符合人性的、能持续发展的组织学习机制。从思维方式上看,组织学习机制具有以下特点:

(1) 有一个人人赞同的共同构想;
(2) 在解决问题和人事工作时,摒弃旧的思维方式;
(3) 作为相互关系系统的一部分,成员对所有的组织过程、活动、功能与环境的相互作用进行思考;
(4) 人们之间坦率地相互沟通(跨越纵向和横向界线),不必担心受到批评或惩罚;
(5) 人们摒弃个人利益和部门利益,为实现组织的共同构想而一起工作。

学习型组织最本质的特征就是具有比较完整的组织学习机制。一个完整的组织学习系统包括获取、处理、储存、增补这四个过程,通过组织学习能够提升组织的核心专长,从而使得组织保持长期的竞争优势。(见图2-3)

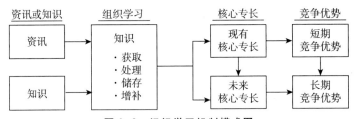

图 2-3 组织学习机制模式图

资料来源:李汉雄:《人力资源策略管理》,南方日报出版社2002年版,第280页。有改动。

为了将组织学习纳入组织人力资源开发战略体系中,使其有利于组织的长期发展,在实践中,我们还应该注意以下几点:

一是个人学习的目的性。个人学习是组织学习的必要条件,而不是充要条件,个人学习的目的需与组织学习的目的保持一致。

二是应重视创新性学习。学习分为四种类型:(1)照搬式学习(copy);(2)知识累计型学习(accumulate);(3)研究型学习(learn);(4)探索型研究(research)。四种层次的学习程度由表及里,由浅至深。前一层次学习是后一层次学习的基础。然而,要真正"发展和创造知识",必须依赖于后两种学习,因而我们应该把组织学习的重点放在后两种层次的学习上。

三是应鼓励员工分享错误。组织不但应该鼓励员工不断贡献出自己的创意,而且应该鼓励员工贡献自己的错误,在管理制度上允许失败的发生,给予员工改正的机会。有了这种坦诚的交流,可以促使员工从过去的经验中学习,而且可以把失败的教训上升为知识经验,让组织内其他员工汲取教训。

(三)进行立体多维的职业开发

人力资源开发包括职业开发与非职业开发。职业开发是指通过职业活动本身提高与培养员工能力与绩效的开发形式。之所以将职业开发与人力资源开发战略联系起来,一是因为它的开发方式灵活多样,包括工作设计、工作专业化、工作轮换、工作扩大化和工作丰富化等形式,能从全方位提高员工学习的积极性,培养他们的能力,取得满意的开发效果。二是因为一般竞争对手很少接触一个组织的工作设计、工作专业化等工作,也就是说这些工作并不为外来竞争者所掌握。即使这些工作可以被竞争者识别,也未必能取得一样的效果,因为任何一种职业开发方式都是与具体的工作岗位和相应的员工相联系的,如果照搬该模式,反而会起到"东施效颦"的效果。所以,职业开发是组织获得可持续发展的主要方式与手段。

第三节　人力资源开发原理

人力资源开发原理在这里是指人力资源开发活动中应该遵循的基本规律、基本原则与基本理论。

一、发展动力原理

人力资源开发实际上是通过开发者有组织有计划的开发活动促进个体与群体人力资源发展的过程,是开发者积极推动与被开发者主动发展的过程。然而,无论是开发者的积极推动还是被开发者的主动发展,都必须借助于一定的内外动力。当开发者分析并把握了被开发者的内在与外在发展动力时,我们对人力资源的开发就能够取得事半功倍的效果。

所谓动力,是指所有引起、推动和激励人们向着既定目标行动的因素,包括心理学中的动机与欲望在内。

(一)欲望动力原理

德国作家托马斯·曼在小说《布登勃洛克一家》中描述了布登勃洛克祖孙

三代人的发展动力:

第一代人追求金钱,拼命积聚钱财,成为当地的首富;

第二代人出身富豪,对追求金钱不感兴趣,转向追求社会地位,当上了议员;

第三代人出生在既有钱财又有社会地位的家庭,他们一味追求精神生活。

上述发展动力简称为布登勃洛克式发展动力模式,说明下一代人总是不会满足前代人追求的目标,而是不断寻找新的方式来满足新的欲望。它们依次更替,各自代表不同时代的人的欲望。正是在原有的欲望得到满足、新的欲望又产生的运动中,不断产生新的行为动力,推动人力资源的不断发展。

同时,布登勃洛克式动力模式也告诉我们,如果欲望缺乏正确的引导,任凭其自由发展,那么很可能出现"富不出三代,仕不出三代"的现象,这就要求我们在人力资源开发过程中要主动积极与及时地去引导人们的欲望向正确方向发展,使之成为引导并促进能力与绩效提升的驱动力。

(二) 情欲动力原理

法国思想家夏尔·傅立叶(Charles Fourier)认为,情欲引力是先于思想能力的一种原动力,虽然这种原动力受到理性、义务、偏见等的阻碍,但是仍然是一种持续而顽强的力量。他认为可以通过12种根本情欲(刺激)来推动人们追求并达到三个目的。这12种根本情欲是5种感觉情欲、4种依恋情欲、3种起杠杆作用的情欲。5种感觉情欲包括味觉、触觉、视觉、听觉与嗅觉,这5种感觉构成5种感官动力;4种依恋情欲包括友爱——对朋友的依恋,雄心——对自我的依恋,爱情——对爱人的依恋,父子——对亲情的依恋;3种起杠杆作用的情欲包括计谋情欲、轻浮情欲与组合情欲。三个目的分别是:(1)追求奢侈或某种感觉的满足。"奢侈"是指一切感性的愉快,包括"内部的奢侈"与"外部的奢侈"。"内部的奢侈"指身体强健以及感觉精细灵敏,"外部的奢侈"指货币财富。(2)追求成为亲密的联系。(3)追求情欲、性格、本能结构的平衡。情欲是人的本性,它包括物质情欲、依恋情欲和高尚情欲。物质情欲要求劳动成果必须按资本、劳动与才能的比例进行分配;依恋情欲要求劳动者的组合要进行自由结合、双向选择;高尚情欲要求在劳动过程中进行精神鼓励与理想建构。

情欲动力论告诉我们,进行人力资源开发时,要注意激发被开发者的内在情欲动力,贯彻按劳分配原则,开展优化组合、自由选择,实行有序与合理的人员流动,改善流动条件,丰富与扩大流动内容与形式。

（三）生存动力原理

L. 罗恩·哈伯德（L. Ron Hubbard）认为，人作为一种生命形态，其所有行为和目的的实现背后的动力都是"生存"二字。[①] 生存动力包括为自身利益的文化扩展以及姓氏的不朽追求，为子女利益的文化扩展以及未来生活保障的追求，为周围群体最佳生存的强烈追求，为整个人类最佳生存的强烈追求。这种动力由追求自我生存与发展转向家庭、集体的生存与发展。在人力资源开发过程中，应该把组织发展的战略目标与被开发者的生存动力进行有机结合。

（四）需要动力原理

马克思主义认为，人的需要包括生存需要、发展需要与享受需要。马斯洛认为，人有生存、安全、交往、尊重与自我价值实现的五种需要，人的需要是驱使人们行动的最终原因，是一切行为与活动的目的与内在动机。因此，只有当人力资源开发的目的与被开发者的需要相一致时，所进行的人力资源开发才会取得预期的效果。无视被开发者的人性，忽视被开发者的自身需要，就无法调动被开发者在人力资源开发过程中的积极性与创造性。因此，我们在进行人力资源开发实践中，要重视被开发者的需求，分析并满足其需求。

（五）自主动力原理

一个人在自主意识下进行工作时，将会释放出最大的潜能。在奴隶社会，奴隶被当作"会说话的牲口"，不得不在皮鞭下出卖苦力，连人身自由都没有；到了资本主义社会，劳动者虽然有了人身自由，但却是一无所有，没有生产资料，不得不把自己的劳动力出卖给占有生产资料的资本家，在"饥饿纪律"的约束下从事劳动。因此，这是一种被迫的异化劳动，没有内在的动力。只有当劳动者成了生产资料的主人，对生产资料有支配权，成为自身劳动力的主人，可以自由支配自己的劳动力并自主地进行劳动，同时成为劳动成果支配的主人，可以自由自主支配应有的劳动成果时，劳动者在劳动过程中才会产生一种内在的动力。

由此，不难理解为什么实行家庭联产承包责任制的中国农村改革能够成功，为什么有些国有企业的经营者不如私有经营者的积极性高。因此，人力资源开发必须让被开发者自主自动自由，具有主人翁地位，形成主人翁意识，承担主人翁责任，享受主人翁权利与产生主人翁行为。

---

① 参见萧鸣政：《人力资源开发学》，高等教育出版社2002年版，第56页。

（六）目标动力原理

人们在进行任何活动之前,对活动所要产生的结果基本已经在头脑中形成了,并且努力使自己的行为服从这样的目的。因此,人与动物最本质的区别是其意识性与目标性。伟大的毅力只为伟大的目标而产生,强大的发展动力源于明确的奋斗目标。当代许多管理学研究者都对目标动力原理有过精辟论述。

美国心理学家维克多·弗鲁姆（Victor H. Vroom）在 1964 年出版的《工作和激励》一书中认为,动力即推动人进行活动的力量,是由活动结果所能取得的效果价值大小及其可能性共同决定的,即 $F = V \times E$,其中 F 表示动力大小,V 表示效果价值的大小,E 表示取得所期望的效果价值可能性的大小。

美国管理学家埃德温·洛克（Edwin Locke）认为,个人的行为动力首先来自目标难度的适当性与明确性。个人在明确目标要求及其效果价值并认为经过自己的努力目标能够达到之后,就会产生接受目标的意愿,树立实现目标的责任心并形成指向目标的努力行为。其次,个人的行为动力形成后,受制于组织支持、个人的能力及其特性的维护。如果个人的行为受到组织与领导的大力支持,得到自己能力与特性的有力帮助,那么最初形成的行为动力就会得到保持与发挥;否则,就会受阻减弱。最后,个人的行为动力受制于行为结束后所取得的绩效以及对薪酬的满足感。如果行为活动结束后业绩明显并对所得到的薪酬满意,那么个人的行为动力就会进一步增强;否则,就会减弱。具体如图 2-4 所示。

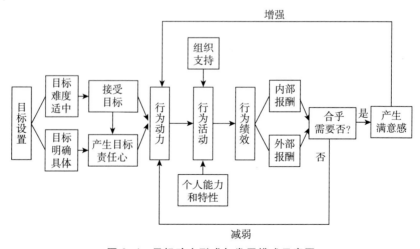

图 2-4　目标动力形成与发展模式示意图

研究表明,人们的生活态度10%取决于外部力量,90%取决于人们自己的理想。

目标动力原理告诉我们,当我们把时间与精力集中于一个特定方向时,我们能成功地达到目标。为了取得最大可能的成功,我们应该科学地设定组织的目标,使组织的效益目标与员工的利益目标结合在一起,并表述为集中的、明确的与易于员工理解与记忆的总目标;然后把总目标逐步分解,形成一系列由整体目标(overall objective)、部门目标(departmental objective)、小组目标(group objective)、基层单位目标(unite objective)与个人工作目标(individual objective)组成的目标网络体系;目标网络体系建立后,也就形成了相应的责任网络体系与工作动力体系。因此,我们在人力资源开发实践中,要注意设置合适的目标体系,使之成为驱动素质提升与行为发展的动力。

(七) 压力原理

当一个人面临压力时,会产生一定的动力;然而,如果压力过大,就会成为绊脚石,甚至会把一个人压垮。适度的压力来自一定的竞争机制与考评机制。

竞争与考评出效率,竞争与考评促使每个人鼓足干劲,力争上游。有关研究表明,适度的压力与竞争能促使员工精神焕发、情绪饱满,并能考验和锻炼人的意志。竞争与考评能增强人的智力效能,促使人的注意力集中,感知觉敏锐准确,记忆力状态良好,想象力丰富,思维敏捷灵活,操作能力提高,创造力增加。实验结果表明,在竞争条件下进行滑雪、游泳等训练,有82.2%的人提高了自己的原有成绩;在体操竞赛中,运动员肌肉用力的精确度提高了30%—50%。因此,竞争机制有利于充分发挥与调动人的积极性与创造性,有利于人力资源开发。

在引入竞争机制后,要使其发挥作用,必须辅之以严格科学的人事考评。人事考评是机制动力的加油站,人力资源开发中竞争与考评机制是必不可少的。我们应该在人力资源开发实践中增加一定的压力,建立竞争与考评机制。

(八) 群体动力原理

美国心理学家库尔特·勒温(Kurt Lewin)提出了群体动力理论。勒温的"群体动力论"援引场论与数学中的向量概念来说明群体中各成员之间各种动力作用相互依存、相互影响的关系,说明群体中的个人行为现象。他认为,一个人的行为动力是个体与群体环境中各种有关影响相互作用的结果,即 $B=f(P,E)$,其中 B 表示个人行为的方向与强度,P 是个人的内部特征与动力,而 E 表示个体所处的群体的环境影响与强度。当群体内各个体的动力方向与强度既非完全一致又非完全相反,而是遵循平行四边形的法则时,其合力最大,即 1+1>2,部分之间的最佳组合超越了总和。

群体动力原理告诉我们,两个以上的员工协同活动时,其合动力会超越每个人单独活动时动力的总和,而且在某些条件下,还能引起质的变化。例如,氯和钠单独存在时,都是有毒的元素,但两者化合后,却成了氯化钠,是我们生活中必不可少的食盐。因此,我们进行人力资源开发时要注意团队开发与把个人置于团队中进行开发。单个员工的行为动力置于合适的团队中,其动力强度会得到大幅度提高。

二、素质开发原理

素质开发原理在这里指在运用与促进素质发展的实践过程中应该遵循的基本规律。

(一) 用进废退原理

达尔文在考察人类进化过程中发现,在劳动过程或生活中得到有效使用的身体器官会得到进一步的发展与分化,反之就会衰退与萎缩。例如,经常用右手的人,其右手总比左手粗一些,更有力量一些。用进废退同样适用于人员素质的开发。我们不难发现,菜市场中的零售人员的心算能力通常比我们一般人强,纺织厂染色工人对颜色的辨别能力比我们普通人要高出许多倍。其实并非卖菜人的智商比我们高,主要是他们每天都要进行大量的价钱结算;也并非纺织厂染色工人天生辨色能力就比我们强,他们刚进厂时的辨色能力与我们差不多,只是后来在工作中经常要辨别各种颜色,所以辨色能力得到了充分的开发,而我们的颜色辨别能力却很少使用,没有得到充分的开发。

用进废退原理是指人力资源通过使用开发会得到进一步发展,闲置不用,则会退化与贬值,丧失其使用价值与经济价值。用进废退原理告诉我们,在人力资源开发过程中,我们要尽可能让每个员工的每种素质得到有效使用。

(二) 扬长避短原理

人无完人,金无足赤,人的素质是多方面的。任何人都有他的优势与不足,有他的长处与短处,我们在对人力资源的使用与开发过程中,应该针对工作需要取其长避其短,用其优控其劣。当工作处于紧急与非常时期,我们甚至要只取其长,不计其短,只问其优,不问其劣。

例如,20 世纪 40 年代中期,斯大林为了尽早扭转苏联在试制原子弹方面落后于美国的被动局面,"被迫"起用了一位持不同政见的核物理专家,给予他优越的工作条件和生活条件,让他组建科研班子,着手试制原子弹。后来这位核物理专家果真为苏联的核武器的研制做出了卓越的贡献。又如早年受过"胯下之辱"的韩信投靠刘邦后因不被重视而出走,被丞相萧何追回。公元前203年,刘邦与项羽战于荥阳,不幸中箭受伤,处于危难之际,韩信这时在山东不但不出来救援,反而野心十足,欲独立称王。这些行为表现,刘邦一清二楚。然而,为了维护本集团的最高利益,刘邦顾全大局,善用人才,对提出"汉中对策"的韩信委以重任,使他为自己的统一大业做出了重要贡献。

由此可见,在特殊情况下,取其所长不计其短起用人才,确实很有必要。所谓"特殊情况",通常是指以下几种情况:(1)事关国家、民族的根本利益和长远利益;(2)决定整体和全局的命运的关键时刻;(3)两军对垒、拼死搏杀的危急关头;(4)权衡利弊,利大于弊;(5)在可供选择者中,无人能够取代;(6)其他可以理解的复杂情况。这一原理告诉我们,在人力资源开发实践中,要注意扬长避短与用长不计短。

(三)用人适中原理

在人力资源配置过程中,要注意把合适的人员配置在合适的岗位上,做到这两个"合适"即为"适中"。二流岗位配备一流人才或把二流人才配备到一流岗位都与用人适中原理相违背。小材大用会误事,大材小用同样会误事。一流的人才虽然可以造就一流的企业,但如果配置不当,一流的人才甚至还不如三流人才的效用。任何的职务与岗位都有其客观的任职要求,任何一个求职应聘人员都有其任职条件,只有当求职人的任职条件与招聘职务的任职资格相互适合时,才能产生最佳的配置效果,配置之后才能继续相互促进,相互发展,产生最大的经济效益——最佳的人力资源开发效益。

用人适中原理告诉我们,在进行人才招聘与人才配置时,不要盲目追求一流人才,而要对每一个岗位进行科学的工作分析,确定所需要的任职资格条件,然后根据任职资格要求去招聘适合的人才。最优的人才不一定是最适合的人才,而只有适合的人才才是我们最需要的人才。

(四)生态限制因子改变原理

1840年,尤斯图斯·冯·李比希(Justus von Liebig)研究了各种化学物质对植物的影响,他发现,各种作物的产量通常不受它所需要的大量营养元素的限制,反而受到那些只是微量需要的原料产生的限制,如微量元素硼(B)、镁(Mg)、铁(Fe)等,只要稍微加入所缺的微量元素,产量马上明显地提高。据此,李比希认为,当植物所需要的营养物质降低到该植物最小需要量以下的时候,这种营养物质就会限制该种植物的生长,这被称为李比希最小定律。后来泰勒将这个定律扩充到营养以外的温度和时间等生态因子领域;1954 年奥德姆(Odum)又把泰勒的限制因子概念进一步扩大,认为限制因子是达到或超过生物耐受限度的那些因子。

生态限制因子虽然存在于生物系统之中,但是人力资源的因素系统本身也存在限制因子,这些限制因子严重地影响着人力资源的开发及其效用的发挥。一个非常有能力与实绩的国内著名专家之所以难以成为世界级的著名专家,并非其知识、能力和水平与国外专家有差距,而主要是受英语听说能力的影响;某企业研制的产品之所以不如另一个企业的好,其差距并非在研究人员的结构与水平上,也不在手段与技术方面,而是在于该企业的研发部门的实验人员比较粗心,实验数据有差错。

生态限制因子改变原理告诉我们:(1)在人力资源开发与管理实践中,我们要注意借助科学的人员素质测评手段,确定个人或组织人力资源开发系统中的限制因子,针对限制因子进行开发;(2)在工作分析的基础上建立组织、部门、职务与岗位配置条件的最低限制标准,招聘与配置时宁缺毋滥,严把进人质量关;(3)实行人员动态考评制度,定期对工作人员进行工作考评,对于那些低于最低限制标准的人员进行及时培训或淘汰。

(五)适合环境的整体性原理

1911 年,维克多·谢尔福德(Victor E. Shelford)认为,一个生物能够出现并且成功地生存下来必然要依赖一种复杂的环境系统,而且这种复杂的环境系统必须全盘地存在。

适合环境的整体性原理同样存在于人力资源开发系统中。一个人之所以能够在某一个组织中做出杰出的贡献,成为人才,显然有着适合他成长的环境。当我们引进一个人才时,我们应该同时引进他所适应的环境,否则我们所引进的人才很可能无法正常发挥作用。任何人力资源的形成与发挥,都有他生存的合适环境,当人力资源主体生存的合适环境不够完备时,所形成的人力资源也难以完全有效地得到发挥。

这一原理启示我们,当我们花高价位猎取了一个重要人才后,应该尽量分析与把握他所生存的合适环境,并在此基础上为他营造一种有利于他发挥人力资源效用的优良环境。

(六)富集原理

1974 年,本顿(Benton)和维尔纳(Werner)根据生物放大作用,绘制了 DDT

在生态系统中的富集过程图,发现了生物系统的富集现象。例如,DDT 在海水中含量甚微,只有 $5×10^{-11}$,被浮游植物吸收富集,放大 800 倍增加到 $4×10^{-8}$,后被螺类所食,又一次吸收富集,再放大 15 倍变成 $6×10^{-7}$,再通过几个食物链环节到银鸥时已富集到 $7.55×10^{-5}$。至此,从海水中的 DDT 含量到银鸥中的 DDT 含量,通过几次生物的富集作用,增加了 151 万倍。在人力资源开发系统中,这种富集现象同样存在。例如,幼儿园老师教给的用 10 个手指进行 10 以内加法的经验,到了小学一年级便富集为 10 以上的加法运算经验与能力,这些经验到了小学二年级便又富集为乘法运算的经验与能力,再后来乘法的经验与能力又富集为乘方开方运算的经验与能力。有些管理经验能力的形成,也是一个富集过程。

富集原理告诉我们,进行人力资源开发之前,我们应该对知识、技能、品性、与经验富集的过程及其内在机制进行分析,准确把握各种人力资源因素的富集链,然后在人力资源开发过程中,致力于建设各种富集链。有了富集链,人力资源主体在各种途径与渠道中获得知识、技能、品性、行为与经验的能力才能有效地得到富集。

（七）结构优化原理

结构是系统中各要素之间的关系和联系的形式。结构形成了系统的组织特征,决定着组织的功能。结构不同,组织的功能也不同;同样,结构不同又影响着组织系统中不同要素发挥不同的作用,决定着要素之间的关系和联系。许多有才华、有能力的人,在不适合的人事结构系统中,能力得不到正常发挥。许多人表现出的某一特长,因为知识结构、能力结构与品性结构不合适,后来该特长不但没有发挥与增长,反而逐渐衰弱。这些现象都说明,人力资源开发必须遵循结构优化的原理。

结构现象在自然界表现得最为明显,结构化学是专门研究同物异构体现象与同素异构物质的学科。例如,乙醇和甲醚：

乙醇的结构式是
$$H-\underset{\underset{H}{|}}{\overset{\overset{H}{|}}{C}}-\underset{\underset{H}{|}}{\overset{\overset{H}{|}}{C}}-OH$$

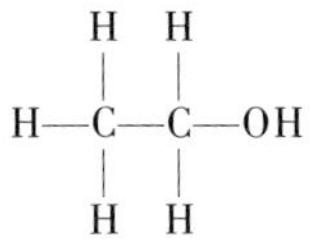

甲醚的结构式是
$$H-\underset{\underset{H}{|}}{\overset{\overset{H}{|}}{C}}-O-\underset{\underset{H}{|}}{\overset{\overset{H}{|}}{C}}-H$$

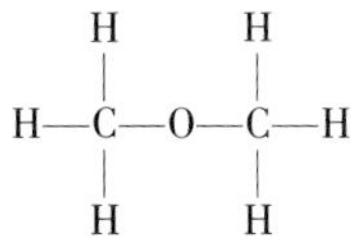

图 2-5　乙醇与甲醚结构分析图

上述两种物质中的元素相同,都是1个氧原子,2个碳原子,6个氢原子,但因为结构不同,乙醇是一种溶于水的液体,而甲醚却是不溶于水的气体,二者的物质性质与表现完全两样。

结构现象在人力资源开发与管理实践中也同样存在。一个企业,同样的人员与原材料、同样的设备,按不同的体制组织,所得到的产出效益大不一样。

结构优化原理是,指在人力资源开发过程中,首先要注意从不同的组织结构中选择最为优秀的一种,然后针对所选定的组织结构,从众多的人员或人力资源要素的配置中选择最为有效的一种,即达到结构优化与配置优化的"双优标准"。

人力资源开发涉及四种结构:组织结构、人员结构、职责权力结构与智能素质结构等。客观的组织结构表现为纵向的层次与横向的幅度。幅度一般是部门数或职务数、岗位数。微观的组织结构是指岗位在组织中所处的地位以及一个岗位与其他岗位的相互作用与相互关系。它们之间有从属、协作、协同、配合等关系。人员结构是指所有人员在年龄、性别、学历、意愿、职称、人际关系等方面形成的个性、兴趣、爱好等的不同,造成人与人之间的心理上的关系不同,产生人与人之间情感上的亲疏、远近、交往与认同态度的不同,这种人际关系直接影响组织中的每个人的工作水平与工作效果。因此,人员结构的存在是客观的,对它的分析与把握是必要的。

职责权力结构指职务或岗位内有关职责、权力规定的关系,智能素质结构是个人内部的素质结构。

结构优化原理启示我们:在人力资源开发过程中,首先,要注意进行工作分析与组织设计工作,根据行政效率、人员特点预估市场环境,设计出最优秀的组织结构,形成科学的责权利结构、协作关系、制约机制与激励机制;其次,要注意同素异构,进行优化配置、动态配置;最后,对于个体内的人力资源,要注意知识结构、技能结构、能力结构、品性结构与经验结构的塑造、改造与调整,使人力资源主体形成对应职务与岗位的最优素质结构,适当地满足任职资格的各种要求。

砖头、钢筋、水泥、沙子堆在一起并不是建筑物,大量知识、技能、品性与信息的堆积同样不是人力资源,人员素质结构测评与分析问题不容忽视。

(八)层序能级对应原理

物理学中原子的电子层结构分析表明,在不同电子层上的电子具有不同的势能,如果具有高能量的电子处于低位电子层上或低能量的电子处于高位电子层上,那么相应的物质结构就不稳定,只有具有不同能量的电子各在其位,才能形成稳定的物质结构。这种现象告诉我们,电子能量必须与其所处的电子层级相对应,整个的物质结构才会稳定。能量按其大小形成的结构、秩序、层次叫作能级或能位,而电子层按其不同的距离形成的位置势能关系叫作层序。这种能级与层序关系在人力资源开发关系中同样存在,我国古代的韩非提出了法术势相结合的君主集权的学说。君王之所以具有君王的作用,是因为他处在君王的地位;如果他不是处在君王的地位上,他就不具有君王的作用。无论君王聪明与否,只要处在君王的地位上,就可以发号施令。如果他是一位聪明贤君,就能做许多利国安邦的大事;如果是个昏君,则会败坏这个国家,导致生灵涂炭。

层序能级对应原理,是指具有不同人力资源能量水平的人员应配置到组织内不同的部门与职位上,给予不同的责任、权力与待遇,实行能量与职责的对应、品性与权位的对应。

层序能级对应原理告诉我们:

(1)任何组织都应该根据组织目标、外部环境与组织规模,划分为上、中、下的不同层序。一般来说,组织结构的高层负责决策,其管理职责关系到全局;中层负责贯彻,对上负有执行、协助和参谋的责任,对下要发挥指导、服务和监督责任;基层也叫操作层,是组织行为的终端,负责把中、高层决策与要求落实到具体的产品与服务上来,具有基础性、群众性与效果性的特点。

(2)根据所确定的层序建立部门与岗位责任制度。

(3)根据所建立的层序职责权力,配置具备相应能量与水平的人力资源。

(4)定期对任职人员职务与能量的变化进行考评,及时调整层序与职级的对应关系,以保证具有合适德能的人员配置在合适的层序职位上,实现组织系统结构的稳定性。

(九)互补增值原理

每个人都不可能十全十美,都各有所长,各有其短。就单个人来说,短就是短,难以取长补短,但我们的人力资源开发往往是在群体中进行的,我们的人力资源配置也是相对群体进行的,因此就整个人力资源群体来说,单个人的长与短可以在群体中得到协调平衡,取长补短实现整体优势,对应层序要求,这就是互补增值现象。互补增值的科学依据是系统理论,其数学表示即 $1+1>2$。如果 $1+1=2$,则没有增值;$1+1<2$,则说明发生内耗。

互补的维度包括:知识上的专与博、广与深的互补;能力上的强与弱、全面与专长的互补;年龄上的大小互补、老少互补;性别上的男女互补;经验上的多少互补;性格上的内外互补;品德上的结构互补或者制约平衡。例如,日本松下幸之助在人员配置方面一般都遵循三个1/3原则,即任何一个部门的人员配置保持1/3的人员为善于思考的"文人型",1/3的人员为勇于拼搏的"运动员型",1/3的人员为富于进取的"武士型"。在这里,文人代表智者,武士代表勇者,运动员代表韧者,智勇韧者,无往而不胜,这种1/3原则的配置实际上是一种性格互补的增值现象。

(十) 持续开发原理

人力资源开发的出发点与目标是解决人与事的矛盾,使人适其事,事用其人,人尽其才。然而,人与事的矛盾是永远存在的。因为人与事的适应是暂时的、相对的,而不适应是长期的、绝对的。随着社会的发展,科学技术的创新与转化,以及人员的素质系统的变化,人与事之间的关系总是由适应到不适应,由不适应再到适应,由此循环往复以至无穷。因此,人力资源开发工作永远没有完结,无论对于个体的人力资源,还是组织的人力资源,必须进行持续开发。人力资源一旦形成,其稳定性也是有条件的,如果形成的人力资源得不到外界环境的支持与促进,就会出现不进则退的现象,尤其在当今知识体系与科技不断创新的今天。因此,必须适应新要求、新形势,适时开发,持续开发,以保持人力资源对不断变化着的组织需求的适用性,保持人力资源对不断变化的市场环境要求的竞争力。

(十一) 文化凝聚原理

组织文化是指一个组织在长期发展过程中把组织内部全体成员结合在一起的行为方式、价值观念和道德规范。组织文化建设追求的是一种组织的整体优势和组织成员的良好集体感受。

文化凝聚原理是指,在人力资源开发过程中,要重视与发挥组织文化建设的作用,增大组织的凝聚力、吸引力与影响力。工资、奖金、住房、良好的工资条件、福利待遇等都是组织的物质条件,是进行人力资源开发的物质基础。没有这些物质条件,一切都是空谈,持久不了;然而,光有这些条件,缺乏正确的组织目标、良好的职业道德、组织氛围与文化建设,则无法满足员工社交、自我实现、超越自我等精神层次的需要。事实表明,随着组织物质条件建设的改善,人们的物质生活不断得到满足,精神生活与组织文化的渴求却越来越强烈。因此,如何加强组织文化建设、提高员工的思想意识、形成共同的组织价值观,是摆在每个人力资源开发工作者面前的重要任务。

实际上,每个人生长在不同的环境中,受教于不同的学校与家庭,因此思想、品性、能力、知识、价值观都不尽相同,要把这些价值观不同的人统一起来,形成组织所需要的价值观念与行为,靠制度与强制是不行的,靠纪律压抑也是难以长久的,人的价值观形成于文化教育,也只能靠文化教育来改造、再造与创造。因此,在人力资源开发实践中,要注意发挥文化建设的作用。

三、行为开发原理

行为开发原理主要指用于对被开发者的行为进行激发与改变的相关理论。

(一)需求导向原理

需求导向原理是指,在人力资源开发过程中,首先要注意组织的需求与岗位的需求,有针对性地进行开发,针对不同的职业、职务、职位与个人确定不同的开发方向、开发内容与开发形式;其次要注意被开发者的需求,把个体的需求科学地引导到组织的需求上来,使两者相互结合,相互统一。组织没有需求,开发就没有价值;被开发者没有需求,开发就没有动力。

需求导向原理告诉我们,在人力资源开发过程中,首先要对需求进行调查、分析与评估,发现并把握组织与个人需求的关系,把握相同点与不同点;其次要根据未来发展的情况进行需求预测;最后要因势利导,进行需求创造与引导,让被开发者产生正确与适当的需求,并且基于这些需求进行人力资源开发战略与方法的选择与设计。

(二)利益对称原理

利益对称原理是指,在人力资源开发过程中,应该首先注意投入与收益的平衡,充分考虑开发者与被开发者在开发过程中的直接投入与间接投入,在薪酬系统中确立人力资源的合理收益;其次要注意人力资源开发过程中开发主体与开发客体双方的利益,保证双赢。

利益对称原理告诉我们:人力资源薪酬体系不能忽视人力资本的价值,要对人力资源开发过程中客体方的投入予以合理的考虑;不能过于强调岗位工资,见事不见人。同时,在人力资源开发过程中,不能光要求被开发者对组织需要的绝对服从、对集体利益的绝对奉献,也要考虑被开发者客体的需要的适当满足,考虑被开发者的正当权益与收获。

(三)信息催化原理

信息催化原理是指,在人力资源开发过程中,要注意给员工不断地注入新信息,激活、改造与促进原有的人力资源。

信息是人才成长的营养液,是人们发展智力与培养品性的基本条件,它对人力资源的形成、发展与发挥具有催化作用。任何一个人才,不论原有素质结构有多好,原有知识基础有多厚实,如果没有适宜的信息刺激与催化,那么最好的素质、最厚的基础,也无法发挥出他应有的作用。只有不断地用最新的科学技术知识、最新的生产工艺操作方法、最先进的管理理论与思想去武装员工、开发员工,才能保持人力资源的优势性、先进性与竞争力。

(四)同位竞争开发原理

在人力资源系统中,不同的人力资源主体存在于不同的位置。当人力资源主体 A 处于人力资源主体 B 之前,则 A 为 B 的前位,而 B 为 A 的后位;当人力资源主体 A 处于人力资源主体 B 之上时,则 A 为 B 的上位,而 B 为 A 的下位。同位之间才存在竞争关系,也只有同位之间的竞争才是平等的竞争,才是有开发意义的竞争;上下位与前后位的竞争是不平等的竞争,不平等的竞争是一种无意义的竞争。同位之间的人力资源主体通过竞争获得发展,通过发展产生进一步的竞争。同位之间的竞争也必须注意公道善意、适度有序,以有利于组织达成目标为宗旨。在人力资源开发实践中,我们应该注意在同位之间进行竞争开发,不同位之间的竞争开发是不平等的。

第四节 人力资源开发方法

前一节对人力资源开发的原理做了一个较为系统的概述,明确了原理之后,重要的是如何进行人力资源开发的方法问题了。这一节将从个体进入组织开始,从宏观的个体开发到行为开发,逐一介绍有关的人力资源开发方法。

一、自我开发

人力资源的能动性决定了人力资源开发的主体核心是被开发者自我。外在主体的开发只有通过内在主体的开发才能发挥效用。实际上,自我开发是建构人力资源开发系统的出发点与目标点。自我开发是被开发者向开发目标自我努力的过程,也是被开发者自我学习与自我发展的过程。自我开发的形式在目前的组织中主要是自我学习与自我申报制度。

(一)自我学习

自我学习是指,学习者为了实现自我发展或满足自我变化的需要,主动地获取信息、改变行为、适应环境与开发目标的活动。人们总是通过各种经验与经历,通过观察模仿与思考,改变自我的行为与发展,通过知识、技能与品德的学习,获得个人的成长。如果一个人不会学习,就难以在社会中生存,难以适应现代经济社会与市场环境的飞速变化,因此联合国教科文组织提倡个人终身学习与组织终身教育的理念。

自我学习在这里是指工作的经验与体验、新知识、新技术、新技能、新思想、新行为与新资格的获得与发展等。

自我学习的形式多样,其中操作学习、积累学习、发现学习、观察学习、邻近联想学习、结构学习、范例学习与试探学习等理论与方式值得我们借鉴。

(二) 自我申报

自我申报是指,员工对自己的工作内容和适应性进行分析、自我评价,同时定期申报轮岗与能力开发愿望与计划的过程。

在日本,自我申报开始是一种收集员工人事信息的方法,是一种辅助性的人事考评制度,所以这种制度一直是作为人事考评的相关制度得以实施。近些年来,随着人们对职业发展管理的重视与关注,这种制度逐渐与职业发展管理配套使用,成为职业发展中员工自我开发的一种方法。

目前,自我申报表的格式和提交的方法都有很成熟的做法。申报表中的项目一般包括对品德、性格、资格、技术、特长、技能、业务能力、适应性等的自我分析与评价,同时还包括自己现在或将来想承担的业务、想要参加的培训、家庭状况以及对组织的意见等。

自我申报为任职者创造了一种最大限度发挥现有能力的氛围。按照行为科学的理论,人只有在做他喜好的事情时,才会激发出最大的主观能动性;工作适合他的个性素质,才有可能最充分地发挥出他所具有的潜能;任职者具有工作选择权,员工意识到自己对工作的自主性,才会产生对于组织的责任感与主人翁意识。

二、职业开发

所谓职业开发,是指通过职业活动本身提高与培养员工素质能力的开发形式。就目前组织内部的活动来看,职业开发主要包括工作设计、工作专业化、工作轮换化、工作扩大化、工作丰富化等。

(一) 工作设计及其人力资源开发功效分析

工作设计一般指根据组织目标要求与工作者个人需要而采取的对工作特

点、工作方式、工作关系与工作职能进行规划与界定的过程。工作再设计是指,根据组织目标要求与工作者个人需求,对已有工作中的特点、任务、方式、关系与职能进行一方面或多方面的改变过程。

工作设计包括激励型、机械型、生物型与知觉型四种。[①] 不同的类型对员工的影响与开发的效果不尽相同,根据我国实际,可以把工作设计归纳为以下四种:

1. 拔高型工作设计及其人力资源开发功效

拔高型工作设计的理论根据是赫茨伯格的双因素理论。双因素理论认为组织中影响人的积极性的因素主要有两大类:一类是激励因素,另一类是保健因素。激励因素的发挥可以使人得到满意,而保健因素的缺乏或不足将使人产生不满与消极情绪。然而,无论是激励因素还是保健因素,都往往与工作本身的特点和内容直接相关,如工作的多样性、完整性、自主性、重要性、反馈性、责任性等。因此,这种类型的工作设计主张让员工跳起来吃桃子,让工作要求适当高于任职员工的现有水平,通过增加工作的多样性、完整性、自主性、重要性、成就感、责任感、人际性来开发与提高任职员工的相关知识、技能、能力与品性素质,提高员工的工作满意度,促进员工的创造性与个性的全面发展。但是,这种工作设计可能会给一部分员工带来身心压力,损害其身心健康。

2. 优化型工作设计及其人力资源开发功效

优化型工作设计的理论依据是古典工业工程学与泰勒的科学管理思想。这种设计类型的操作,首先通过工作分析中的方法分析手段,寻找完成某一工作的最好方法,使工作效率最大化与工作方式最简化,减少工作的复杂性,让工作方式变得尽可能简单,降低培训成本与任职资格要求,从而使任何人只要经过简单而快速的培训就能胜任工作。例如,随着高科技的转化与应用、人工智能的出现与生产自动化程度的提高,员工的操作方式变得具有重复性、操作技能更为简单,这既有利于任职员工的个性解放,也有助于任职员工态度认真、一丝不苟、细心、耐心、静心等品性的开发与提高,但这种工作设计可能造成部分员工智能退化。

3. 卫生型工作设计及其人力资源开发功效

卫生型工作设计的理论依据是人类工程学。它所关注的是个体心理生理

---

① 参见〔美〕雷蒙德·A. 诺伊等:《人力资源管理:赢得竞争优势(第7版)》,刘昕译,中国人民大学出版社 2013 年版,第 161 页。

特征与物理工作环境之间的交互作用与影响。这种设计以保护任职员工的生理与心理不受伤害、有利于身心健康为目的,以任职员工个体的生理与心理活动特征要求为中心,对岗位周边物理环境、工作条件进行布局性安排与改善,从而将员工的身心紧张度降到最低,将工作中对人体身心的负面影响控制到最低点,减少身心疲劳、痛苦以及健康损害等不良影响。例如,办公室座位的布置、环境的布置、座椅与桌面高低调节的设计、计算机键盘高度、颜色及标码的设计等,都是这种设计的代表。这种工作设计有助于任职员工的健康素质的提高与开发,但可能带来身体对工作环境适应能力的退化。

4. 心理型工作设计及其人力资源开发功效

心理型工作设计的理论依据是人本主义。工作对人类来说是一种生活手段,是一种快乐的生活方式,而不是一种谋生的痛苦经历。因此,要让工作适应人类本身而不是让人类适应工作,要以人为中心,而不是以工作为中心。

上述卫生型工作设计也是人本主义工作设计的一部分。它所关注的是人的身体能力和身体的局限性,而心理型工作设计所关注的是人的心理能力与心理局限。

心理型工作设计是以人的心理能力及心理的最低限值为依据,对相关的岗位工作的内容及其方式进行设计,使能力最差的员工也能胜任工作要求,完成工作任务而不出什么差错。因此,这种工作设计通常是降低工作对心理能力的要求来改善工作的可靠性、合理性以及任职员工的反应性。例如,"傻瓜"照相机、计算器、翻译机都是心理型工作设计的一种成果。这种工作设计的优点是可以让任职员工从繁重的工作中解放出来,有利于个性爱好与兴趣的发展,但是却像机械性设计一样,不利于工作能力的提高,限制了任职员工个体对相关岗位技能的进一步探索与对极限的突破。

(二)工作专业化及其人力资源开发功效分析

随着社会化大生产的出现,工作分析的复杂性日益增加,工作量日益增多,一个人往往难以从头至尾完成整个流程的工作,因此有必要对整体的工作进行分解,把整体的划为部分的,复杂的划为简单的,让每个员工从事很小的一部分工作,使工作操作得以专业化与标准化。

工作专业化可以降低任职要求与工资成本,减少培训时间与费用,尤其是与机械化相结合的专业化工作,不需要有关人员进行管理监督,降低了管理成本。更为重要的是,工作专业化大大提高了工作的效率。

工作专业化可以大大提高培训开发员工的效率和与工作专业相关的知识、技能、品性等人力资源的效率与效果,使任职员工的人力资源向专业所要求的方向发展。这种单向与定向的人力资源开发将促进人力资源的专门化开发,有利于实现人力资源的新发展,达到人力资源的新水平。然而,正如马克思当年所指出的那样,这种专业化的分工将导致员工的片面发展。在这种专业化分工生产体系下,每个员工都只能隶属于一个生产部门,受它束缚,压抑了员工多种多样的生产兴趣和生产才能,员工的技能被人为地碎片化,个体本身也被分割开来,成为某种局部劳动的自动工具。

（三）工作轮换及其人力资源开发功效分析

工作轮换是让员工从一个工作岗位流动到另一个工作岗位,保证工作流程不受重大损失。

工作轮换的目的在于,让员工的工作在一定时段中多样化,降低员工的厌倦情绪。然而,如果所有的工作岗位都相似而且是机械化的,工作轮换也就达不到效果;如果轮换的工作岗位之间差距过大,则每个员工轮换一次就得从头学起,那么将带来工作效率与效果上的降低。因此,轮换必须适度,既相异又不能跨度太大,一般应该在同类范围内进行。

工作轮换有助于对员工的人力资源进行螺旋式的逐步开发,最终达到全面发展的目的。但这种开发方式是分开独立进行的,时间上前后不统一,因此总体的开发效率与效果次于工作丰富化与扩大化。

"台阶巡回"实习法是实践中常用的一种工作轮换方法。其适用的对象是高级职员与领导干部。"台阶巡回"实习法是对领导类人员实行逐级工作岗位锻炼,并在某一领导层次台阶上陆续担任几项不同的工作,把学习、培训、进修和工作实践结合起来,通过这种方法开发与培养的人员,基础扎实,知识丰富,见多识广,适应性强。[①]

（四）工作扩大化及其人力资源开发功效分析

与上面的工作轮换相比,工作扩大化是扩大原有工作岗位的职责范围与任务,是工作任务与职责数量上的增加。例如,一个原来只负责打字的行政文员,后来既要求她打字又要求她校对与排版,工作职责与范围就比原来扩大了。再比如,原来只负责送货与取款的销售人员,现在让他参与谈判与签订合同,他的

---

① 参见陈昌文主编：《公共部门人力资源开发与管理》,四川人民出版社2000年版,第275页。

职责范围也扩大了。这种工作职责范围的扩大,就要求行政文员由原来只注意打字技能扩大到对核对知识、核对技能的掌握,再扩大到对排版知识与排版技能的掌握;销售人员也由原来只专于送货与催取款的经验能力扩大到既会送货催款又能与人谈判签约的复合发展型人才。

然而,我们进行工作扩大化的同时,要注意扩大的职责和任务与原有岗位的关联性,要注意扩大后的工作量与任职能力的适应性,如果把一些不尽相关或机械重复的职责任务增加到原有的岗位,很可能就会遭到任职员工的抵制。因为他们会认为只不过增加了一些令人厌倦的重复性劳动或毫不相干的额外工作,这些职责任务的增加不但没有使他们的工作变得多样化与有趣,反而让他们付出更多的劳动时间,减少了过去的轻松与自由感,达不到复合发展的人力资源开发目的。

(五)工作丰富化及其人力资源开发功效分析

如果说工作扩大化让岗位的工作向横向扩展、向量的方面增加的话,那么工作丰富化则是让岗位的工作向纵深渗透、向质的方面提高。工作丰富化表现在对原有岗位工作六个方面的改变。①

工作丰富化模式及其人力资源开发功效分析如图2-6所示:

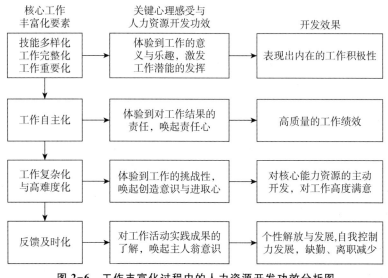

图2-6 工作丰富化过程中的人力资源开发功效分析图

---

① 参见孙彤主编:《组织行为学》,高等教育出版社2000年版,第318—319页。

工作丰富化设计要遵循一些原则:(1)给员工增加工作要求;(2)赋予员工更多的责任;(3)赋予员工工作的自主权;(4)不断和员工进行沟通反馈;(5)对员工进行相应的培训。

在工作丰富化方法的实践中,常用的有这样一些方法:(1)实行任务合并与深化,让员工从头至尾完成一项工作,而不只是承担其中的某一部分。(2)延长原有工作环节的上下端流程。例如,让产品销售人员有同客户交往的机会。(3)扩大原有工作的自主权与决策权。例如,让员工自己而不是别人来规划和控制他的工作,自己安排上下班时间和工作进度。

(六) 实践锻炼法

实践锻炼法是通过把被开发者派到特定工作环境与岗位中,接受某种影响与见识,进而达到提高思想觉悟、能力素质或者经验的目的。例如,公共部门干部的挂职锻炼与基层任职。

基层任职的适用对象是刚出校门和缺乏工作经验的年轻干部或者选调生。刚刚进入组织的年轻员工一般有较高的文化水平和较强的理论水平,但缺乏实践经验,到基层担任一定的实际职务,在实践中体会、感悟组织的工作性质、工作职责,能够增加其工作经验,在工作中得到锻炼,从而提高他们处理和解决实际问题的工作能力,这是培养年轻员工的重要途径之一。

挂职锻炼是一种行政机关或企事业管理人员交流的形式,指行政机关或者企事业单位有计划地选派管理人员在一定时间内到下级机关或者上级机关、其他地区机关以及国有企业事业单位担任一定职务,经受锻炼,丰富经验,增长才干。他们在挂职锻炼期间不改变与原机关的人事隶属关系。

挂职锻炼带有一定的指令性和计划性,在什么时候选派什么人到什么地方和单位去挂职锻炼以及让他们挂什么职、锻炼的时间多长等问题,都是由行政机关决定并与接受挂职人员的单位事先协商做好计划而组织实施的。挂职锻炼的时间一般是一至两年,时间过长会影响原单位的工作安排,时间过短则有可能达不到锻炼的目的。对挂职锻炼的去向范围做出规定的是下级机关或者上级机关、其他地区机关以及国有企业事业单位。

三、管理开发

所谓管理开发,就是指通过管理活动来开发人力资源,把人力资源开发的思想、原则与目的渗透到日常的管理活动之中。下面我们将讨论管理开发的必要性、重要性与管理过程中的开发作用分析。

(一) 管理开发的必要性与重要性

管理活动是任何组织的重要特征之一。管理开发的必要性与重要性主要体现在以下几点：

第一，管理本身要求进行人力资源开发。众所周知，人力资源是一种活性的资源，要管好管活，就要实行人性化管理、人本化管理，充分调动员工的积极性。泰勒的"科学管理"是使劳动者"机器化"与"零件化"的经典的能力主义管理，只注意员工是否有能力，不考虑员工是否喜欢自己的工作，个性是否与现有的工作相适应，因而被称为"非人性的管理"。如果组织不注意挖掘员工的潜能，不注意调动员工的工作热情与积极性，就等于在浪费人力资源。因此，要进行人性化管理，以人为本。组织通过人性化管理，让员工多发挥一分能力，意味着在没有增加任何费用的情况下就为组织增加了一份经营效益。这正是组织管理的最终目的，即以尽可能少的投入获得尽可能多的收益。人性化管理还要求组织最终与员工个人实现"双赢"，即在组织获得发展的同时，员工个人也要获得发展。这就要求我们在人力资源管理的过程中进行人力资源开发，在发挥消耗员工个人的人力资源的同时，也让他们的人力资本得到应有的升值与增值。

第二，组织的持续发展与竞争力提高，要求管理中进行人力资源开发。组织之间的竞争，实际是产品质量的竞争，产品质量的竞争归根到底是技术与人才质量的竞争，而人才质量的竞争实质又是人力资源开发策略、效率与效果的竞争。因此，组织能否保持自己的竞争优势，保持发展的持续性，关键在于组织管理中的人力资源开发工作做得如何。一个组织如果具有健全的人力资源开发机制与动力，那么这个组织就能始终往前发展，保持自己的竞争力与持续发展的优势。人力资源对于组织竞争力的作用大小，取决于它所处的管理阶段与模式。在科学管理、能力主义管理与人性化管理的不同阶段与模式中，组织竞争力可以通过以下三个数学模式进行计算[①]：

在科学管理模式中，

$$组织竞争力 = (财力 + 物力) \times [人力 \times (管理 + 开发)]$$

在能力主义管理模式中，

$$组织竞争力 = (财力 + 物力) \times [人力 \times (管理 \times 开发)]$$

---

① 参见萧鸣政：《人力资源开发学：开发组织内人力资源的理论与方法》，高等教育出版社 2002 年版，第 142 页。

在人性化管理模式中,

$$组织竞争力 = (财力 + 物力) \times 人力 \times 管理^{开发}$$

上述第一个式子表明,组织中的人力经过管理与开发的各自作用,得到提升,提升后人力对有限的财力、物力将产生放大作用。在这里,开发与管理对人力以及物力、财力的放大效用是相互独立发挥的。第二个式子表明,开发与管理对人力以及物力、财力的放大效用并非相互独立,开发先对管理进行乘积式的放大,然后再对物力、财力进行放大。而在第三个式子中,开发先对管理进行乘方式的放大,然后再作用于物力、财力。因此,在不同管理模式中,人力资源开发对于组织竞争力的作用是不尽相同的,其中人性化管理模式中的开发效能最大。

第三,任何人力资源管理都需要进行人力资源开发。任何组织的人力资源管理都必须保证最大限度地满足当前及未来组织发展对人力资源的需求,保持人力资本的价值并实现增值。然而,没有人力资源开发战略的人力资源管理是难以保证组织内人力资源不贬值的。实际上,任何组织的人力资源管理既要通过培训对个体的人力资源进行持续开发,又要通过招聘与流动、退休等方式对群体的人力资源进行常态开发与动态维护。在有限度的人力资源管理中,没有开发作用的人力资源管理是不存在的,也是任何组织管理不允许的。

第四,人力资源管理活动本身具有对员工进行人力资源开发的可行性与现实性。在组织管理中,人力资源管理活动所占的时间最多,是组织管理的中心工作。它在管理体系中的核心地位与时间上的优势,有助于保证人力资源开发工作的落实。在组织管理活动中,人力资源管理覆盖面最广,对员工的影响最深,有利于人力资源各种活动的进行。

要使人力资源管理获得良好的开发效果,必须强化管理者进行人力资源开发理论与方法方面的教育与培训。要使全体人员明确,人力资源开发不仅是人力资源部门的事,还是全体管理者的共同责任。

(二) 管理过程中的开发作用分析

人力资源管理本身就可以成为一个开发过程。组织中的人力资源管理过程包括人力资源规划、人员招聘与选拔、人员配置、人员培训、人员激励、绩效考评、人员薪酬等。

人力资源规划是人力资源管理战略与开发战略的具体体现,是人力资源开发与管理的起点与目标,是人力资源开发的设想与计划。人力资源规划在人力资源开发与管理中的作用表现为前瞻性、预测性与预防性。它通过对组织人力资源开发战略、目标、步骤、时间、措施的制定来实现对整个人力资源管理过程的开发价值导向。因此,人力资源规划的编制要以组织的总体发展战略为指导,以人力资源开发为导向进行人力资源的需求评估,在人力资源需求评估基础上拟订人力资源开发计划,这样才能实现人力资源规划对人力资源管理者的正确引导,才能保证管理期人力资源的保值与增值。

人员招聘与选拔是针对组织的管理需要,从组织内外招募、甄选与聘用所需要人员的活动。它是一种把与生产资料相脱离的人转化为直接与生产资料相结合的人,把低职位的人提拔到高职位上来的活动,是一种识别人才、发现才、举荐人才的过程,因此,人员招聘与选拔本身既是人力资源管理过程中的一个环节,又是一种人力资源开发活动。

人员配置是把所聘人员与相关职位相互对应与安排的活动,它是对人员直接使用与发挥的活动,因此人员配置也具有人力资源开发的作用与特点,我们可以把人员配置看作人力资源开发过程中最为关键的一个环节。因为只有通过人员配置,人力资源才能与物力资源实现真正意义上的结合。人员真正获得了人力资源的价值与作用,人力资源的前期开发与后续开发才因此变得更有意义。

人员培训是针对所配置职位的任职需要,对人员进行培养与训练。无论是新员工还是老员工,完成人员配置后,人员与职位之间并非完全匹配,需要我们通过一定的人员培训来解决两者之间的相互适应性问题。人员培训实际上是把任职基础能力、基本条件转化为当前职位管理所需要的具体能力与具体条件的过程,把不相关的能力与素质开发为直接需要的能力与素质的过程,把可能的劳动者转化为现实的劳动者的过程。

人员激励即激发员工内在动机和相关思想需要,使之产生实现组织管理目标与职位管理所需要的特定行为的过程。它是把相关思想与需要变为直接行为能力的过程,是维持与保持职位管理所需要的思想行为。因此从某种程度来说,培训是一种能力开发,而激励是一种行为开发。

绩效考评是依据职位的管理要求对任职员工进行素质、行为与结果的全面考查与评价活动,它是对员工管理行为的一种检查与反馈,具有激励作用,达到标准要求的员工会有一种成就感。更为具体的绩效考评对每个员工的行为会具体指明,哪些行为达到或超出了既定的标准要求,哪些行为未达到或距离标准要求差多少,哪些行为得到了肯定与鼓励,哪些行为得到了否定与批评。绩效考评本身对员工的行为具有一种导向性、激励性与鞭策性,本身就是一种开发手段。

人员薪酬是依据人员考评结果与任职员工的实际价值和贡献所进行的一种薪金待遇分配活动,包括奖励与惩处,它是对员工管理行为的总体强化或消退。当员工所表现的管理行为及其结果得到了较高的劳动报酬,员工的相应管理行为就会进一步得到强化与发展,否则就会消退,出现员工调动或流动现象。由此可见,人员薪酬对员工的管理行为具有激励或调整作用,本身也是一种开发手段。

综上所述,人力资源的管理过程本身有开发的作用和功能,关键在于我们正确去把握、积极去发挥。开发作用如图2-7所示:

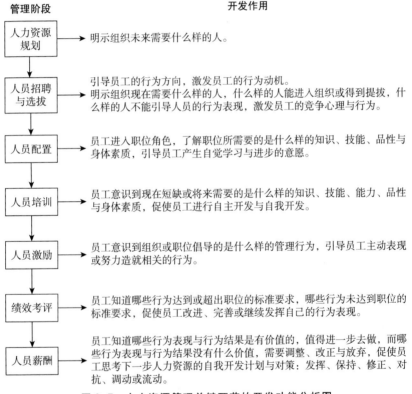

图2-7 人力资源管理关键环节的开发功能分析图

(三) 团队活动

团队活动是指通过一定的项目与任务把具有不同人力资源特点的人员组合在一起进行生产经营活动的一种管理形式,也叫项目管理。国外最早见于TQC小组活动。TQC是英文"Total Quality Control"(全面质量管理)的简写。全面质量管理并不等同于质量管理,它是质量管理的更高境界。全面质量管理是将组织的所有管理职能纳入质量管理的范畴,强调一个组织以质量为中心、以全员参与为基础,强调全员的教育和培训。全面质量管理从过去的就事论事、分散管理转变为以系统观念为指导的全面的综合治理,它不仅强调各方面工作各自的重要性,而且更加强调各方面工作共同发挥作用时的协同效应。概括地讲,全面质量管理具有以下特点:以适用性为标准、以人为本的管理,以及突出改进的动态性管理。

所谓 TQC 小组,是企业员工围绕生产活动中的问题自由结合、自愿组织起来,主动进行质量管理活动的小组。TQC 小组活动是企业职工参加现场质量管理的核心。质量管理的思想及基本方法,主要是通过 TQC 小组活动方式,运用到各种业务工作中去的。企业质量管理工作的改进和产品质量的提高,一个很重要的环节就是开展 TQC 小组活动。TQC 小组是推广 TQC 的基础之一。

TQC 小组活动对于员工的团队合作、创新精神与创新能力等具有重要而不可替代的作用,对于解放员工的个性、调动工作积极性与培养自我开发的热情具有重要的意义。

此外,组织管理中的提案奖励活动、体制改革与创新活动,对于唤起广大员工的创新意识与热情,对于创造能力的培养与开发,也具有重要的作用。

四、组织开发

组织开发在这里不是指对组织本身的开发,而是指通过组织这个中介对组织中的成员进行开发的一种形式与活动。具体地说,是通过创设或控制一定的组织因素、组织行为进行组织内人力资源开发的活动与形式。组织不是开发的目标而只是开发的手段。例如,通过组织文化改变员工的态度、价值观以及信念,以适应组织内的各种变化,包括组织设计、组织重组与变革带来的变化与影响。

在人力资源开发活动中可以发挥重要作用的组织因素包括组织性质、组织体制、组织结构、组织文化、组织动机、组织发展的阶段。

组织性质是指组织的所有制形式。一般来说,不同的组织性质决定着不同的组织与领导风格,会对员工产生不同的行为导向与影响,从而也就会产生不同的人力资源开发效果。尤其目前我国还处于转型变革时期,部分人还受着长期计划经济时代公有制组织的影响,当一个员工从国有企业进入私有企业或外资企业工作时,心态是不同的。在公有制企业,员工的民主意识与主人翁意识会得到较好的开发与培养,而在私有企业与外资企业中,相对就要差一些。

组织体制是指组织中各层次、各部门之间组织管理关系制度化的表现形式,一般有首长制、委员会制、等级制、职能制、集权制与分权制等形式,最近又有股份制、股权制与联合协作制。每个组织都可以采取适合本身特点的组织体制。衡量一个组织的体制是否科学合理,主要是看它是否有利于提高工作效率、经济效益与社会效益,是否切合本组织当时的实际情况。然而,不同的组织体制对员工的行为导向与影响也是不同的,因而会产生不同的人力资源开发效果。例如,员工的参与意识、民主意识、创新意识在首长制、等级制与集权制的组织中相对来说被开发的程度要低一些,而在委员会制、职能制、分权制中被开发的程度要高一些;但合作精神、相互意识在首长制、集权制、股份制中被开发的程度高一些,而在职能制、等级制、分权制中被开发的程度要差一些。

组织结构是指组织内各构成要素以及它们相互之间的关系形式。一般来说,这种关系形式包括存在目的的职能结构、纵向关系的层次结构、横向关系的部门结构以及职务岗位之间的职权结构。

组织结构的传统形式大致有直线制、职能制、直线职能制、事业部制、矩阵结构制、多维立体制与董事会制等,近年又出现了扁平化、柔性化、网络化与变幻化的项目制、团队活动制、虚拟公司制、网络制与自由型等结构形式。我们不难发现,不同的组织结构具有不同的管理特点与不同的管理效应,从而会产生不同的人力资源开发效果。部分组织结构形式及其开发效果分析见表2-1。

表 2-1 不同组织结构形式及其开发效果分析一览表

组织结构形式	组织管理特点	人力资源开发效果
直线职能制	既按命令统一原则设立直线指挥系统,又按专业化原则设立职能管理系统,职能人员是直线指挥人员的参谋与助手,对下级机构只有业务指导权,没有行政命令权	有助于效率意识、责任意识与纪律服从意识的培养与开发; 有助于专业管理人员的培养与开发; 不利于下级部门与人员之间的团队合作意识的培养; 不利于积极性与创造性意识的发挥; 不利于员工的全面发展

（续表）

组织结构形式	组织管理特点	人力资源开发效果
事业部制	集中决策与关键职权,分散经营与独立核算	有利于高层领导人员综合管理能力的开发,有利于高层管理干部的个性解放与创造能力的开发; 有利于对基层负责人员管理能力的全面开发,并建立赛马式选拔集团高层干部的机制,通过观察比较把能人提拔到最高部门; 不利于不同事业部之间团队意识、协作精神的培养与开发
矩阵结构制	员工接受双重领导,具有双重责任;项目经理没有完全的职权	有利于员工团队意识、民主意识、创造性的培养与开发; 不利于纪律与服从意识的培养与开发
团队活动制	对组织的上层与基层之间的职能部门进行分解与弱化,决策权分散到工作团队	有利于员工从专才向通才方向全面发展; 有利于高层管理人员全面提升自己的管理技能与素质,适应不同工作团队问题解决的需要; 决策员工缺乏纵向提升的机会,不利于人力资源的深度开发
变形制	结构无定式,利润为中心,分权运营,以结构变化应对环境变化	有利于民主性、创新性、灵活应变能力、自我控制能力与团结协作意识的培养与开发; 有利于个性、独立自主性的培养与开发; 不利于纪律性、服从性与忠诚度意识的培养与开发
虚拟公司制	战略联盟、松散管理、利润为中心	有利于组织及其内部员工多元化意识、竞争意识、风险意识与发散性思维的培养与开发; 不利于纪律性、服从性与忠诚度意识的培养与开发

(续表)

组织结构形式	组织管理特点	人力资源开发效果
网络制	中心层由单个领导人或多个领导人组成,直接管理一个规模较小、支付薪酬较低的办事员队伍,但办事员队伍保持高度的流动性与最大限度的精干性; 外围层由若干自主单位/组织构成,分别承担不同的管理职责与生产职责;外围层组织与中心层是一种合同管理关系,呈现极大的结构变化与不稳定性,管理主要是通过网络等现代通信手段进行	有利于组织及其内部员工团结协作意识、多文化意识、竞争意识、风险意识、开拓意识与法律意识的培养与开发; 不利于纪律性、权威服从性与忠诚度的培养与开发

组织文化是指组织在长期管理与开发中逐步形成的、为大多数人所认同的基本信念、价值标准、行为规范、行为习惯与精神风貌等。它一般包括四个层面,即物质层面、行为层面、制度层面与精神层面,对应这四个层面存在四种文化,即表层的物质文化、浅层的行为文化、中层的制度文化与深层的精神文化。物质文化,如企业形象、产品形象、厂区内的建筑风格、厂旗、厂服等都会对员工的行为产生视觉上的影响与感觉体验;宣传教育活动、文娱体育活动及伙伴间的行为习惯等行为文化会对员工的行为产生直接的引导与影响;岗位责任制、领导负责制等制度文化有助于培养员工的责任心,但也容易滋长官僚作风;企业经营理念、企业战略、价值标准、管理传统、道德风气等精神文化则会给员工以深远影响。例如,"踏踏实实做好本职工作,就是对组织最大的贡献"与"冒一定风险是事业成功的必要的代价,创新改革是我们的出路"等就是组织的精神文化。组织内的员工正是在这种组织文化的牵引与约束下,调节个人与组织、个人与团队、个人与个人之间的思想行为,认可组织的战略与目标要求,并将自身的职业生活与组织的战略辅助结合起来,积极主动地进行自我开发。

除上面组织的性质、体制、结构与文化外,组织发展的动机与阶段也对人力资源开发有着重要的影响。

组织发展的动机大致有三个,即自我发展和追求个性实现、保住优秀人才与追求经济效益。当组织追求自我发展与自我个性实现时,有利于员工自主意识、个性意识与开拓意识的培养与开发;当组织追求保住优秀人才时,有利于员工专业能力的全面开发与意识的提高;当组织追求经济效益时,有利于员工经济意识、竞争意识的培养与开发。

组织发展的阶段及其对人力资源开发的效果分析见表2-2。

表2-2 组织不同发展阶段的人力资源开发效果分析一览表

发展阶段	组织特征	人力资源开发效果
创业阶段	组织处于幼年期,规模小,个人决策指挥,面面俱到,产品服务比较单一	有利于高层的实干能力与责任感、使命感的培养与开发； 有利于员工开拓性、创造性、吃苦耐劳、坚忍不拔精神的培养与开发
发展阶段	组织处于迅速发展期,不稳定,信息沟通非正式化,流动权威化	有利于员工使命感与归属感的培养与开发； 有利于团结性、服从性的培养与开发
规范化阶段	组织开始实行制度化与规范化管理	有利于员工纪律性、责任心与业务能力的培养与开发； 限制了创新性、效率意识与开拓性的进一步发展
膨胀阶段	组织过于庞大,严格的制度化管理	有利于责任心、纪律性与业务能力的培养与发展； 限制了竞争意识、风险意识、效率意识的发展
衰退阶段	产品市场占有率下降,人浮于事	有利于员工危机意识、团队协作精神、开拓意识的培养与开发； 不利于员工忠诚度、归属感的培养与开发

第五节 当前我国政府人力资源开发的问题与对策

人力资源实质上是一种特殊的资本性资源,对这一资源的有效开发和充分利用,是增加社会财富的真正源泉,是社会经济良性运行与协调发展的起点和归宿,也是人类自身发展的目的和重要组成部分。人力资源开发战略和人力资源的开发,正日益受到各国包括政府、社会和学术界等各方面的普遍重视。前面我们是从一般的角度介绍人力资源开发的理论与方法,在这一节,我们主要论述中国最大的公共组织——中国政府人力资源开发面临的问题与对策。

一、中国政府人力资源开发面临的问题

在制约一个国家发展的自然资源、物力资源和人力资源这三大战略资源中,我国前两项资源都明显地相对不足,仅在人力资源方面具有潜在的比较优势。因此,要把沉重的人口负担和潜在优势变为巨大的现实优势,就必须科学地审视和谋划我国的人力资源开发工作,通过人力资源开发来提高人力资源质量。

我国政府一直都非常重视人力资源开发工作。新中国成立后,党和国家就把提高民族素质、普及义务教育和扫除文盲作为重要的大事来抓。改革开放以来特别是近十年来,在习近平新时代中国特色社会主义思想指导下,我国政府积极深入实施新时代人才强国战略,大力发展教育事业,通过人力资源市场建设与体制机制改革,努力开发人力资源,取得了一系列重大成就。但是目前仍然存在一些问题与不合理的地方。

(一) 人力资源开发的任务繁重艰巨

根据我国第七次全国人口普查①结果,2020 年全国总人口为 1 443 497 378 人。其中,普查登记的大陆 31 个省、自治区、直辖市和现役军人的人口共 1 411 778 724 人;香港特别行政区人口为 7 474 200 人;澳门特别行政区人口为 683 218 人;台湾地区人口为 23 561 236 人。全国人口中,汉族人口为 1 286 311 334 人,占 91.11%;各少数民族人口为 125 467 390 人,占 8.89%。与 2010 年第六次全国人口普查相比,汉族人口增加 60 378 693 人,增长 4.93%;各少数民族人口增加 11 675 179 人,增长 10.26%。② 2020 年我国的文盲率为 2.67%,文盲人口(15 岁及以上不识字的人)为 37 750 200 人。15 岁及以上人口平均受教育年限为 9.91 年。全国人口中,拥有大学(指大专及以上)文化程度的人口为 218 360 767 人;拥有高中(含中专)文化程度的人口为 213 005 258 人;拥有初中文化程度的人口为 487 163 489 人;拥有小学文化程度的人口为 349 658 828 人(以上各种受教育程度的人包括各类学校的毕业生、肄业生和在校生)。③ 由此可见,我国

---

① 第七次全国人口普查统计的是 2020 年 11 月 1 日零时中国人口的基本情况。
② 参见国家统计局:《第七次全国人口普查公报(第二号)》,http://www.stats.gov.cn/tjsj/tjgb/rkpcgb/qgrkpcgb/202106/t20210628_1818821.html,2021 年 9 月 15 日访问。
③ 参见国家统计局:《第七次全国人口普查公报(第六号)》,http://www.stats.gov.cn/xxgk/sjfb/zxfb2020/202105/t20210511_1817201.html,2021 年 9 月 15 日访问。

劳动者整体受教育水平偏低,受过高等教育的人口比例依然较小,人力资源文化程度结构重心低,中高层次人才短缺,科技人员数量和比例小,从业人员以初中及以下文化程度为主,高层次人才不足,人口整体文化素质与发达国家相比差距明显。全国人口中,60 岁及以上人口为 264 018 766 人,占 18.70%,其中 65 岁及以上人口为 190 635 280 人,占 13.50%①,社会的老龄化程度日益加深。另外,我国大学生毕业人数庞大,每年新增就业机会难以满足新增就业人口的就业需求,导致人力资源过剩,造成人力资源的大量闲置和浪费。综上所述,我国人力资源的现状难以适应我国经济快速发展的要求,而且随着社会发展和科学技术的进步,现代知识不断更新,劳动者知识的折旧速度也大大加快,庞大的老龄人口将给年轻人的就业、社会保障等社会制度带来严峻考验,对人力资源开发也提出了新要求。因此,我国人力资源开发的任务极其繁重和艰巨。

(二)人力资源开发的水平不高、手段单一

我国目前的人力资源开发还是在低层次、低水平上进行,开发的效率不高。随着知识更新速度的加快,知识老化的速度也大大加快,而我国目前的开发内容明显滞后,难以跟上时代发展的要求。培训开发的内容针对性不强,导致出现培训开发后的劳动者依然无法胜任工作的情况。人力资源开发的范围狭窄,大量农民工得不到培训开发的机会。人力资源的开发手段也很单一。人力资源开发的手段有很多种,如教育、职业培训、流动、合理配置和使用人员等。但是,我国目前的开发手段主要注重课程教育,其次是职业培训,而其他手段应用得较少。同时,人力资源开发的手段与效果难以满足人们灵活就业与充分就业期望的需要。2020 年全国年均城镇调查失业率超过 5%②,富余人力资源数量较大,得不到合理的开发利用。这些都影响了人力资源开发和利用的效果。

(三)人力资源开发的结构不合理

我国人力资源开发的结构不合理问题比较严重,极大影响了我国人力资源的有效充分利用。主要表现在以下几个方面:

(1)人力资源整体文化素质较低。第一产业接近半数从业人员受教育程度为初中及以下,严重影响第一产业人口的顺利转移以及技术水平和生产效率的提高。第二产业中受过高等教育的比例偏低,不利于结构调整和产业升级。

---

① 参见国家统计局:《第七次全国人口普查公报(第五号)》,http://www.stats.gov.cn/xxgk/sjfb/zxfb2020/202105/t20210511_1817200.html,2021 年 9 月 15 日访问。

② 参见张毅:《就业形势总体改善 重点群体保障有力》,《中国信息报》2021 年 1 月 21 日,第 2 版。

第三产业特别是高层次服务业,如技术服务业,受过高等教育比例不到70%,人力结构偏低,难以实现知识创新的重大突破。长期以来,我国技术人才总量严重不足,水平较低,结构不合理,成为制约我国工业经济发展和产业结构调整的瓶颈。① 国家统计局网站发布的《2019年农民工监测调查报告》显示,超过72%的农民工学历在初中及以下。② 大学生就业问题严重,城镇失业率居高不下,这些都反映了我国经济发展和人力资源素质和结构存在严重的匹配矛盾问题。

(2)城乡之间从业人员文化程度差距明显。大量素质不高的人口积淀在农村,特别是西部农村。根据中国人力资本与劳动经济研究中心发布的《中国人力资本指数报告2020年摘要》,2018年全国劳动力人口中高中及以上受教育程度人口占比是39.8%,其中农村占比为20.7%,城市占比为52.7%;全国劳动力人口中大专及以上受教育程度人口占比是19.2%,其中农村占比为5.4%,城市占比为28.6%。③ 劳动力总体素质水平偏低,城乡教育水平存在较大差距,严重影响我国城镇化和经济转型进程。

(3)东西部地区之间从业人员文化素质存在强烈反差。西部12个省份(四川、云南、贵州、西藏、重庆、陕西、甘肃、青海、新疆、宁夏、内蒙古、广西)15岁以上人口受教育平均年限为9.26,比全国的9.91低0.65。平均教育程度最高点前五个省份是北京、上海、天津、山西、广东,大部分位于东部沿海地区;平均教育程度最低的五个省份是甘肃、贵州、云南、青海、西藏,均位为西部地区。④ 西部地区人力资源开发的任务更加繁重,如果不能有效处理,将会直接影响我国西部大开发的方略,进而影响我国经济的协调发展。

(4)不同层次的人员结构失衡。我国目前的从业人员以中低层次人才为主,高层次人才稀缺。2019年,6岁及以上人口中,文盲人口比例为5.1%,具有本科学历和研究生学历的高层次人才仅占6.9%。⑤ 信息技术和科学研究行业中具有本科学历和研究生学历的不超过半数。高层次人才匮乏严重影响我国的创新能力和研发能力,高层次、高水平的研究成果少,将大大减弱我国在国际

---

① 参见杨玉华:《我国人力资源开发问题探析》,《理论探索》2007年第4期。
② 参见国家统计局:《2019年农民工监测调查报告》,http://www.stats.gov.cn/xxgk/sjfb/zxfb2020/202004/t20200430_1767704.html,2021年9月15日访问。
③ 中国人力资本与劳动经济研究中心:《中国人力资本指数报告2020年摘要》,http://humancapital.cufe.edu.cn/rlzbzsxm/zgrlzbzsxm2020/zgrlzbzsbgzy_zw_.htm,2021年9月15日访问。
④ 参见国家统计局:《第七次全国人口普查公报(第六号)》,https://www.sohu.com/a/465714781_162522,2021年9月15日访问。
⑤ 同上。

上的科技竞争力。

（四）人力资源开发的投入不足

人力资源开发从本质上讲就是对人力资本进行投资,这种投资主要包括教育投资、培训投资、保健投资、劳动力流动迁移的费用投资、为提高劳动生产率而支付的利息和技术推广费用,其中教育和培训投资是人力资本投资的主要部分。① 而我国教育投资主体单一和教育投资不足,将给教育事业发展和公民受教育水平提高带来较大阻碍。就我国目前而言,政府和全社会的教育经费投入力度不够,2019年教育总经费、财政性教育经费占GDP的比例分别只有5.06%、4.04%,后者低于当年国际平均水平4.487%,与发达国家差距明显,不足以支撑14亿人口大国的教育。② 义务教育经费中政府承担比例依旧不足,各级政府教育经费负担责任划分不明晰不合理。教育投资结构严重失衡,对高等教育的过多投入挤占了基础教育经费,农村义务教育公用经费不足仍然存在。优质教育资源严重匮乏,义务教育发展的基础相当薄弱,高中阶段教育严重滞后,高等教育入学率总体依然不高,农民工子女难以得到平等的基本教育条件。许多劳动密集型产业缺乏专业培训,更多采取"干中学"等非正规培训。部分职业培训忽视应用场景的重要性,难以实现学以致用,培训模式和内容不适应需要,实际结果和预期存在较大差距。企业的培训费用投入也远远不能适应生产和工作的实际需要。大量农民工缺乏必要的职业培训,严重影响了这些转移人口的就业能力,无法为经济发展提供足够的人力资本,还造成了很多不良后果。

（五）人力资源开发存在很多制度障碍

我国人力资源开发存在很多制度障碍,主要体现在：

（1）人员流动方面的制度障碍。人员的合理流动和有效配置是人力资源开发的一个重要手段。但是就我国目前的情况而言,人员仍然不能完全地自由流动,户籍制度、医疗保险制度、档案制度等有关的人口管理制度和地方的保护主义限制了人员的合理流动,从而无法实现人力资源的市场配置与开发。

（2）就业政策方面的制度阻碍。公共就业服务体系针对性不强,就业信息服务和职业指导的有效性有待提高,农村公共就业服务体系不发达,就业援助、职业培训和技能鉴定等就业政策覆盖范围较为狭窄。就业政策系统性不足,更

---

① 参见刘铁明：《中国人力资源开发战略与政策》,湘潭大学出版社2017年版,第87页。
② 参见国家统计局：《第七次全国人口普查公报（第六号）》,https://www.sohu.com/a/465714781_162522,2021年9月15日访问。

多关注就业信息,而对就业稳定、技能培训、就业后的跟踪服务、职业可持续发展和就业质量与满意度等问题,政府关注度不够。

(3) 教育方面的制度障碍。长期以来,我国教育制度主要强调正规的学历教育,轻视职业技术教育。学校教育重学历、轻培训,重知识、轻能力,重学术、轻技术,非财政性教育的融资渠道不畅,给社会资本参与教育投资带来不小阻碍。这些都影响了教育作为人力资源开发的主要手段所应发挥的作用。

(4) 用人方面的制度障碍。首先,人力资源市场存在明显的壁垒,户籍制度人为地将劳动者分为本地劳动者和外来务工者两类人,身份制度将员工划分为编制内与编制外人员,同工不同酬,严重削弱了企事业单位的用人权与人才潜力的有效发挥。其次,人力资源市场上存在就业歧视和就业不公平现象,如性别歧视、年龄歧视、身份歧视、学历歧视、地域歧视、工作经验歧视、残疾人歧视等。最后,我国在出租车、配送等行业的用人方面,还存在着行业垄断与地域垄断现象。行业垄断阻断了劳动者的就业和创业机会,限制了良性的市场竞争,限制了人力资源的有效利用和开发,也人为地限制了本行业的发展,给个人和行业都带来负面影响。

(5) 薪酬与绩效制度方面的制度障碍。人力资本是对人力资源进行开发性投资形成的,作为一种资本,投资要求有所回报。人力资本的回报率低将会严重影响人力资源可持续开发动力。因此,薪酬绩效制度是人员协调配置的重要标准和人力资源合理利用的有效途径,对于人力资源开发具有重要影响。就我国目前的情况而言,许多企事业单位绩效考评手段单一,缺乏科学性和激励性,没有形成一套较为科学与客观的绩效考评指标体系,难以有效地对人员的产出和贡献做出有效评估,从而导致薪酬分配的结果缺乏足够的激励性,极大挫伤了劳动者学习和自我提高的积极性和主动性,同时造成大量优秀人才外流,给我国人力资源利用和开发带来许多不良后果。

二、中国政府人力资源开发的对策

目前在人力资源开发实践中存在的上述问题,是我们无法回避的现实。我们必须正视这个现实,找出解决矛盾和问题的办法,研究对策,提出相应的人力资源开发战略,从而探索出开发人力资源的有效途径,深入实施新时代的人才强国战略,更好地促进我国的经济和社会发展。

(一) 转变观念,把"人力资源是第一资源"的战略落在实处

长期以来,党和国家非常重视人力资源开发和利用。毛泽东同志认为,人

力资源是取得革命战争胜利的关键资源和社会主义建设中的伟大资源;邓小平同志1985年在全国教育工作会议上第一次使用"人才资源"的概念,认为人力资源是中国的优势资源;江泽民同志在2001年指出,人力资源是第一资源,并且提出了人力资源开发的紧迫性;胡锦涛同志在2003年指出,人才资源是强国资源;习近平同志在2017年指出,人才资源是民族振兴与赢得国际竞争主动的战略性资源。

转变观念,首先要求各级党委与政府领导高度重视党和国家领导人关于人力资源及其开发的政治战略思想,真正理解我国当前进行人力资源开发、提高人力资源质量的重要性,从而把开发人力资源作为中国最基本的战略和国策并落实到行动中去。中国人均自然资源的相对贫乏决定了中国必须走资源集约型的经济发展道路,走可持续发展之路。然而,中国能否实现可持续发展,既取决于人力资源、自然资源和物质资源的相互协调与利用,又取决于人力资源、自然资源与物质资源本身的可持续发展状况。在这三大资源中,人力资源处在主导性与决定性的地位。而对于中国而言,人力资源恰恰是我国唯一在世界上具有比较优势的资源。因此,不论从长期角度看,还是从当前的发展角度看,我国都只能走优先开发人力资源的道路,通过对人力资源的开发和利用来发展经济、转换经济增长模式,实现可持续发展。

其次还要树立起人的全面发展既是手段更是目的的观念。从根本上来说,仅仅把人力资源看作参与生产过程的简单生产要素、把人力资源的开发看作发展经济的手段还是远远不够的,应该把人的全面发展作为最高和最后的目的,更自觉、更主动地进行人力资源开发。

(二)继续实行"科教兴国"战略,建设学习型社会

教育是人力资源开发的基础工程与主要手段。要坚持"科教兴国"战略,大力加强基础教育,注重对学生思维能力的培养,使其向智能化方向发展。着力推进素质教育,重视培养学生的创新精神和实践能力,促进学生德智体美全面发展。扩大高中阶段教育和高等教育规模,加强职业教育,鼓励民办教育,促使教育投资主体多元化,扩大教育的覆盖范围。

党的十九大指出,建设教育强国是实现中华民族伟大复兴的基础工程,必须把教育事业放在优先位置,深化教育改革,加快教育现代化,加快建设学习型社会。从人力资源开发的实践来看,教育确实是开发人力资源、富国强民的有力手段。众所周知,美国战后经济一直保持领先地位,究其原因,并非在于战争的拉动与推动,而在于军备竞赛以及军火与技术的输出。这些表面的现象背后

的实质乃是他们通过教育,大力开发人力资源的结果。研究表明,假如视文盲劳动者的生产率为100%,那么受过小学教育的劳动者的生产率将上升为143%,受过中学教育的劳动者的生产率可达208%,而受过大学教育的劳动者的生产率将是400%。[①] 要大力提倡和宣传终身学习的观念,努力使我国的劳动者具有终身学习的能力和习惯;要利用现代网络技术,大力发展远程教育和网络教育,使教育进入企业和社区,使我国社会各个组成"细胞"——各种组织都建成"学习型组织"。让人们的学习从单纯的求知变为一种生活方式,让教育与学习贯穿于社会的任何领域、任何时候和任何过程之中,从而把我国构建成全体公民热爱学习、终身学习的学习型社会。

(三)加大对人力资源开发的投资力度,采用多种手段进行人力资源开发

人力资源开发,教育需先行。长期以来,我国教育经费投入水平低,要加大对人力资源的开发力度,就必须加大对教育的资金投入。在加强政府投资的同时,应广泛开辟企业、民间投资、国外投资等多种融资渠道,调动各方面投资教育的积极性,进一步增强人力资源的开发力度。同时应改善投资结构,把资金主要投向成人教育、中小学教育和职业教育,投向西部贫困地区和少数民族地区,投向广大的农村。

除了教育外,还要注重采用多种形式来开发人力资源,比如企事业单位的在职培训,加大培训费用的支出。合理地利用人,把合适的人用到合适的位置上,通过管理进行开发,通过工作设计进行开发,通过组织文化建设进行开发。

(四)通过人力资源开发优化人力资源的配置结构

实现人力资源的合理配置,有利于产业结构的升级和优化,有利于促进地区之间经济的协调发展。随着我国经济新常态的到来,人力资源开发的重点应面向农村,提高广大农民的科学文化素质,促进农村剩余劳动者向非农产业转移。应面向金融、通信、旅游等第三产业,以促进产业结构升级和增加就业,培养造就一批懂业务、会管理的新型人才。应面向西部贫困地区和少数民族地区,抓紧培养经济发展急需的各类人才,搞好各级各类职业培训,做好少数民族科技骨干培训,充分发掘人力资源的巨大潜力。应面向国际,响应全球人力资源竞争的态势,着力培养具有创新精神和国际意识的高层次的通用型和开放型人才。

---

① 参见肖鸣政:《对人力资源开发问题的系统思考》,《中国人力资源开发》1994年第6期。

（五）改革不合理制度，完善人力资源市场体系，为人力资源开发和利用提供良好的环境

要保证人力资源开发的效果和效率，必须对现存的不合理制度进行改革，大力完善人力资源市场体系。人力资源市场体系的建立与完善，是提高我国人力资源开发利用水平的基础条件。应该重点加强以下三个方面的制度建设：

(1) 人力资本投资与回报制度。市场经济运行中一个最基本的规则是投资主体与受益主体的一致性和排他性。要调动人力资本投资主体的积极性，就必须构建人力资本投资与回报的合理机制。要确保劳动者提高其素质的投资在收益上体现出来，强化提高劳动技能的激励机制，从根本上调动劳动者投资自身素质的积极性，从而提高其整体素质。这就要求在考评分配制度上做出必要的改进，考评能够评估出这种提高，分配能够体现出对这种提高的收益上的回报。

(2) 人力资源流动制度。在市场经济条件下，人力资源的流动实际上是寻求"私有财产"投资的行为，是开发其人力资源的一种手段。因此，人力资源流动制度必须要以保护这种投资行为为出发点，使其通过市场这个中介体，得以寻找最佳归宿。这就要求相应的失业制度、社会保障制度、户籍制度、所有制身份制度、档案制度等必须做出必要的改革，以与之配套。

(3) 人力资源使用制度。人力资源的有效使用和合理配置也是人力资源开发的一个重要方面。必须打破人力资源市场的就业壁垒，消除就业歧视，确保劳动者有平等自由的就业权和择业权。同时，也要确保企事业单位作为法人主体拥有完全的用人权和辞退权。企业依据利润最大化原则也要求人力资源的最优配置，这样劳动者在失业风险和职业竞争的压力下，会激发其自身不断提高素质的积极性，从而更有效地开发人力资源。

（六）建立人力资源开发管理机构，制定相关的法律法规，为人力资源开发提供组织支持和政治保障

政府要大力鼓励和支持人力资源开发机构的建设，促进其快速实现与国际的接轨。政府部门应加快制定相应的市场准入和运作规范，大力促进中国人力资源开发机构的建设，确保其健康快速发展。要努力把人力资源开发机构建设成为"所有的求学者均有理想之处"，尤其要注意利用好网络信息技术，为社会大众创造学习知识提升能力的便利条件。政府要提倡和鼓励对人力资源开发的相关理论研究，鼓励结合我国人力资源现状提出有战略价值和指导意义的人

力资源开发理论,鼓励针对我国的实际情况提出切实可行的人力资源开发形式,以此来提高我国人力资源开发的水平。

现在越来越多的国家认识到,推动人力资源服务业发展的制度化、体系化、法制化是人力资源开发的重要手段,是社会发展战略的有机组成部分。如果没有法律和制度保证,人力资源服务业的发展就不可能有效落实。例如,美国教育培训的特点就是立法领先。早在1938年6月24日,总统颁布7916号行政命令就规定联邦文官委员会掌管联邦政府雇员训练事宜。此后,美国便不间断地出台各种有关教育培训的法案,使教育培训成为建立学习型组织的观念基础。[①]我国也应该借鉴发达国家的做法,尽早进行人力资源服务业发展法治环境的建设,把人力资源开发纳入法制化和制度化的轨道上,为人力资源开发提供有力的支持和保证。

可以预见,在党中央的领导下,经过全党和全国人民的共同努力和开拓,我国人力资源开发的水平和效率一定会不断提高,人力资源的巨大潜能也必将得到充分发挥。

本章小结

本章主要介绍了人力资源开发的概念、原理与方法,介绍了人力资源开发战略及其在组织管理中的价值与作用、人力资源开发战略的内容与实施,介绍了当前我国政府人力资源开发实践中面临的问题与对策。

第一,人力资源开发是一个与人力资源管理有所不同的领域,它在战略人力资源管理中具有十分重要的作用。人力资源开发是指,开发者通过学习、教育、培训、管理、文化、政策与制度建设等有效方式,为实现一定的组织目标与发展战略,对既定的人力资源进行利用、塑造、改造与发展的活动。在这里,开发者可以是政府、机关、学校、团体、协会、私有机构、公共组织等,也可以是企业雇主、主管、个人、被开发者自我等。

第二,所谓人力资源开发战略,与战略人力资源开发不一样,是指对整个组织人力资源开发活动与过程,发挥引领、指导与统一作用的目标与策略。这些有关人力资源开发的目标与策略,与组织战略高度一致并且服务于组织战略目标。

[①] 参见李中斌:《论面向21世纪及知识经济条件下的人力资源开发》,《中国人力资源开发》2000年增刊。

人力资源开发战略具有前瞻性、服务性、系统性、动态性等特点。人力资源开发战略的制定,有助于组织竞争力的增强、绩效的提高与可持续发展。

第三,人力资源开发原理是指人力资源开发活动中应该遵循的基本规律、基本原则与基本理论,包括发展动力原理、素质开发原理与行为开发原理。

第四,人力资源开发的方法包括自我开发、职业开发、管理开发与组织开发等。

第五,本章比较系统地分析了当前我国政府人力资源开发实践中面临的各种问题,并且提出了相应的对策:

(1) 转变观念,把"人力资源是第一资源"的战略落在实处。树立起人的全面发展既是手段更是目的的观念。

(2) 继续实行"科教兴国"战略,建设学习型社会。

(3) 加大对人力资源开发的投资力度,采用多种手段进行人力资源开发。

(4) 通过人力资源开发优化人力资源的配置结构。

(5) 改革不合理制度,完善人力资源市场体系,为人力资源开发和利用提供良好的环境。

(6) 建立人力资源开发管理机构,制定相关的法律法规,为人力资源开发提供组织支持和政治保障。

第三章 工作分析、评价与分类

教学目标与方法建议

通过本章教学,应该掌握以下内容:
1. 正确理解工作分析与评价的基本概念;
2. 重点掌握工作分析与评价的基本方法;
3. 掌握任务分类和人员分析方法;
4. 了解我国公共部门的人员分类内容与方法。

教学方法建议:鉴于本章的内容比较具体,建议在课堂讲授过程中适当进行课堂练习和案例分析教学法。

工作分析、评价与分类是人力资源管理的基础,也人力资源管理中的基本方法与技术。在这一章,我们将介绍工作分析、工作评价与工作分类的基本概念、基本方法以及在公共部门中的应用。

第一节 工作分析概述

工作分析是工作评价与分类的基础,也是整个人力资源管理与开发工作的基础。在这一节,我们主要介绍工作分析的概念、类型与流程。

一、基本概念

分析即把对象加以分解认识,并对其中一系列因素分门别类加以认识的过程。例如,化学分析用于了解物质的结构及其组成要素。工作分析有广义与狭义两种。广义的工作分析,是相对整个国家与社会范围内职位工作的分析。狭义的工作分析,又称职务分析,指分析者采用科学的手段或技术,全面了解特定职位的职责、责任和权限、与其他职位的关系及任职者的资格条件的系统过程。本书所述的工作分析主要指后一种。

工作分析作为一种活动,其主体是工作分析者,客体是工作职位,对象是职位中的工作内容、工作责任、工作技能、工作强度、工作环境、工作心理以及职位在组织中的运作关系。分析的结果是职务说明书。

工作的具体形式是要素、任务、职责、职位、职务与职业,分析的具体行为形式是调查、研究、分解、比较、综合、分类、排序、评价、记录、说明与描述。工作分析活动的实质,就是要从不同个人职业生涯和职业活动的调查入手,顺次找出要素、任务、职责、职位、职务与职业,并由此确定工作的内容范围、属性关系、繁简难易与所需的资格条件。

要素是指工作活动中不便再继续分解的最小单位。例如,速记人员速记时能正确书写各种速记符号、木工锯木头前从工具箱中拿出一把锯子等行为。

任务即工作活动中达到某一工作目的的要素集合。例如,打印一封英文信,打字员必须能够系统地操作以下四个要素:(1)看清每个英文单词;(2)在电脑中拼出相应的单词;(3)检查与修改拼写错误;(4)把电脑中拼写好的英文打印在纸上。换句话说,打印一封英文信这一任务是上述四个工作要素的集合。

职责是指某人在某一方面承担的一项或多项相互联系的任务集合。例如,薪酬管理人员的职责之一是进行薪酬调查。这一职责由下列四个任务组成:设计调查问卷;把问卷发给调查对象;将结果表格化并加以解释;把调查结果反馈给调查对象。

职位是指一定时期内某人所承担的一项或多项相互联系的职责集合。例如,办公室主任同时担负单位的人力调配、文书管理、日常行政事务处理等职责。在行政管理部门中,职位一般与职员对应,一个职位即一个人员,职位的数量就等于其成员的数量。但在企事业单位中,职位不一定与人员对应,一个职位可能包括数个人员。职位与职务、职能也不同。一般来说,一个职务下设一个或者数个职位,一项职能下设一个或者数个职务。例如,县政府中的副县长是一个职务,这个职务下设分管工业、农业、文化教育、卫生健康等多个不同的副县长职位。

职务是指主要职责在重要性与数量上相当的一组职位的集合或统称。例如,某学院下设两个领导职位,一位分管教学,另一位负责科研。显然,就其工作内容来说,两个职位的职责不尽相同。但就整个学院的管理来说,职责相当,少了谁也不行。因此,这两个职位可以统称为"副院长"(职务)。

职业是指在不同时间、不同组织中,工作要求相似或职责平行(相近、相当)的职位集合。例如,会计、工程师等,虽然各单位基层的会计与工程师的具体工作内容与数量不尽相同,但他们彼此所担负的职责和对他们的任职要求却是相似的。所谓职业生涯是指一个人在其生活中所经历的一系列职位、职务或职业的集合或总称。

在后面的工作评价与工作分类中,我们还会涉及职系、职组、职门、职级与职等等术语,在此一并进行解释。

职系,又叫职种,是指职责繁简难易、轻重大小和所需资格条件并不相同,但工作性质充分相似的所有职位的集合。例如,人事行政、社会行政、财税行政、保险行政等均各属于不同的职系。每个职系中的所有职位性质充分相似,而工作繁简难易、责任轻重以及任职资格要求并不相同。每个职系都是一个职位升迁的系统。

职组,又叫职群,是指若干工作性质相近的所有职系的集合。前面提到的人事行政与社会行政可以并入普通行政职组,而财税行政与保险行政可以并入专业行政职组。职组是工作分类中的一个辅助划分,并非工作评价中不可缺少的因素。

职门是指若干工作性质大致相近的所有职组的集合。例如,前面的人事行政、社会行政、财税行政与保险行政均可以并入同一个行政职门之下。职门、职组与职系是对工作的横向划分。

职级是指同一职系中职责繁简、难易、轻重和任职条件十分相似的所有职位的集合。例如,中教一级的数学教师与小教高级的数学教师属于同一职级,中学一级语文教师与中学一级英语教师也属同一职级。

职等是指不同职系之间职责的繁简、难易、轻重和任职条件要求充分相似的所有职位的集合。例如,大学讲师、研究所的助理研究员和工厂的工程师属于同一职等。

职级和职等是对工作的纵向划分。职级的划分在于同一性质工作职责要求程度差异的区分,形成职级系列。而职等的划分则是在于比较不同性质工作职责要求之间的程度差异的共同点。不同职系系列之间的职级个数不一定相等,而且不同的职级序列中的最高职级的困难程度也可能不等,职等的概念有助于这一问题的解决。

从人力资源管理中测评的角度来看,既要有对人的测评,又要有对事的测评。"就人论人"有时难以奏效,因而通过结合对事的分析来测评人。换言之,无论是人员素质测评还是工作绩效考评,均离不开工作分析。我们往往需要通过工作分析来确定人员素质测评的内容与要求,通过工作分析与评价来确定工作绩效考评的内容与标准。

二、工作分析的类型与流程

从目的上划分,工作分析有单一目的型与多重目的型两种。二者的主要区别在于细节和记录,而获取、分析资料的手段与过程本质上是相同的。

比如,如果工作分析的目的只是提高甄选技能,则工作信息可以直接记录到一张简单设计的表格中;如果工作分析还想用于其他目的,如培训、安全计划等,工作分析表格就要设计得详细些,以便囊括与其他目的相关的工作信息。

即使工作分析只有一个目的,记下所有的细节也是较为经济的,可以避免日后研究的重复工作。这一点在设计工作分析程序时就应予以考虑。

整个工作分析过程一般包括计划、设计、信息分析、结果表述与运用指导五个环节,具体见图3-1。

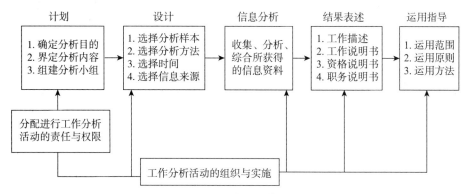

图3-1 工作分析活动流程图

其中,计划与设计是基础,信息分析是关键,结果表述与运用指导是目的。

工作分析中的计划主要包括:

(1)确定工作分析的目的以及结果使用的范围,明确所分析的资料的具体用途和解决的具体管理问题;

(2)界定所要分析信息的内容与方式,预算分析的时间、费用与人力;

(3)组建工作分析小组,分配任务与权限。

工作分析中的设计主要包括:

(1)明确分析客体,选择分析样本,以保证样本的代表性与典型性;

(2)选择分析方法与人员,人员的选择主要由经验、专业知识与个性品质等因素来决定;

(3)做好时间安排与制定分析标准;

(4) 选择信息来源。

工作分析中的信息分析是对所获得的信息资料的收集、分析和综合,具体包括对工作信息的调查收集、记录、描述、分析、比较、衡量、综合归纳与分类。

工作分析结果的表述有四种形式:

(1) 工作描述,主要是对工作环境、工作要素及其结构关系的说明;

(2) 工作说明书,主要是对某一职位或职位的工作职责任务的说明;

(3) 资格说明书,主要是对某一职位或职位的任职资格的说明;

(4) 职务说明书,主要是对某一职务或某一职务的工作职责权限及其任职资格等其他内容的全面说明。

工作分析结果的运用指导主要包括对运用范围、原则与方法的规定。工作分析结果的运用中,职位分类具有特别的重要性与基础性。所谓职位分类,就是将各职位按工作性质、责任轻重、繁简难易和所需人员的资格条件等因素划分为不同的类别和等级,为进行人力资源管理各项工作提供基础与依据。在工作分析结果的基础上,职位分类包括横向分类与纵向分类。横向分类就是根据职位工作性质的相似程度,将职位划分为不同职门、职组与职系的过程。纵向分类就是根据职位工作程度的差异,将职位划分到不同职级与职等的过程。

三、工作分析的内容

(一) 职位责任

职位责任一般通过对不同任务进行简洁、明了与直观的描述来揭示,是工作分析内容的主要部分。

职位责任要对员工所做的每件事都有所反映,并力求准确,而不是模棱两可或想当然。最关键的是让任何一个人,即使是没有见过或做过该工作的人,都可以看懂并知道应该做什么和如何做。

(二) 资格条件

资格条件分析的内容包括任职者所应具备的知识、工作经验、智力水平、技巧和准确性、体力要求以及其他素质要求。

1. 知识

知识包括职位工作过程中涉及的基础知识、专业知识与相关知识。知识是任职者开展工作、胜任职务的基础。

2. 工作经验

工作经验,表现为对于设备操作的工作技能、熟练程度以及相关资源储备的掌握情况,这些经验是圆满完成工作所必需的。

3. 智力水平

智力水平涉及头脑反应、注意力集中程度与计划水平等方面。这种条件是工作调整和工作中可能遇到的紧急情况所需要的。智力水平大致有四种类型:

(1)独创能力,即独立开创工作、独立做出判断、独立制订工作计划和创造新的工作方式的能力。

(2)判断能力,即根据一系列原始材料做出决策的能力。

(3)应变能力,这是处理突发事件所必备的能力,要求工作人员在工作过程中能根据面临形势的变化做出适当的调整。

(4)敏感能力,这要求工作人员精力集中、避免工作失误或发生意外。

4. 技巧和准确性

技巧和准确性涉及工作要求的速度和精确程度所需要的手工或操作能力。这两个相关的因素有更为细致的区别:

(1)技巧和所要求的速度、及时性、敏捷程度等与其他器官的反应有关。速度可有多种表达方式,如一分钟可打 50 个字。技巧的其他测量方法并不直接用数量表示,而是对工作者的敏捷行动的种类和程度进行描述。

(2)准确性指工作成果或者调配设备的精确程度,通常用允许范围内的误差的明确术语来表达,如 1% 的错别字、±0.005 cm。

5. 体力要求

体力要求是指工作本身对工作人员的体力方面的要求。这与工作本身相联系,而不包括个人出于自愿的表现,也不包括偶然性的指派,如替人值班等。

体力要求由体力活动的频率和剧烈程度来衡量。频率可表述为一天或一小时几次、一天几小时;剧烈程度可由提、举、推、拉的最大重量或某一器官需要付出的数量,或跳、跑、爬等身体运动程度来衡量。

体力要求可用语言简单表述,或者根据一个或多个参数体系来表述。一种观点认为,体力要求要用什么标准的参数可以、什么标准的参数不可以来表述。另一种观点则认为,工作的体力要求应通过观察予以客观的描述,而什么样的人可以雇用应通过医学评价来确定。

分析体力时应当考虑下列活动的要求:

行走	下跪	手触
平衡	坐	感觉
爬行	传递	手势

攀岩	举起	谈话
站立	携带	听取
转身	投掷	观察
弯曲	推进	闻
伸展	拉回	休息

6. 其他素质要求

任何人要完成工作,仅有知识、智力、体力等方面的条件还不够,必须有相关的品德、兴趣与情趣做后盾。能力因素只决定能否做,而相应的品德与心理素质则决定着能否做好,是否愿意做,能力因素是否能够得到发挥。例如,责任心、认真、仔细、严谨、虚心等,都是对相关心理素质的描述。

(三) 工作环境与危险性

工作环境与危险性是指完成工作任务时所处的特定环境以及可能受到的危害与威胁性。这两个因素有密切联系,但要分别予以考虑。

1. 工作环境

工作环境不能由工作人员自由支配,但会影响到工作人员的体力或脑力健康,工作环境的特定性将会决定工作所需要的人员条件。

在工作评价中,工作环境作为可补偿因素来考虑。分析工作环境时,应当首先分析环境的性质及其对工作人员的影响。信息记录应当采用简单的语言、叙事的体裁和方便的检查表的方式。

分析工作环境时可以从空间、气温、物体、人际等方面考虑以下因素:

室内	整洁程度	位置高低
室外	气味	日晒
炎热	噪音	刺激性危险
寒冷	充足的阳光	爆炸
温度骤变	通风良好	紫外线辐射
湿度	动态变化	与其他人合作
干旱	机器损伤	尘埃
阴冷	移动物品	
时间限制	单独工作	

2. 危险性

危险性是指体力活动或工作环境对工作人员可能产生的危害,包括身体损伤和职业病。我们应当首先分析工作人员会受到什么损伤,然后分析发生损伤的可能性和严重程度。损伤要用叙事体来记录或检查表方式来记录。

分析危险性时要考虑下列因素：

  砍伤   摔伤   烧伤
  扭伤   疝气   骨折
  残废   听力失真 视力衰弱
  职业病   心理压力 过度刺激
  突然死亡

第二节 工作分析的方法

工作分析的内容确定之后,应该选择适当的方法。

工作分析的方法分类,依照不同的标准有不同的形式。按照分析功能,可以分为基本分析方法与非基本分析方法;按照分析内容的确定程度,可以分为结构分析方法与非结构分析方法;根据分析对象,可以分为任务分析、人员分析与方法分析。这里介绍的工作分析方法先按照功能分为基本分析方法与非基本分析方法两大类别。基本分析方法包括观察分析法、主管人员分析法、访谈分析法、纪实分析法与问卷调查分析法。非基本分析方法按照分析对象划分为任务分析、人员分析与方法分析。

一、观察分析法

所谓观察分析法,一般是由有经验的人,通过直接观察的方法,记录某一时期内工作的内容、形式和方法,并在此基础上分析有关的工作因素、达到分析目的的一种活动。这种观察通常是一种隐蔽性的观察。为了提高观察分析的效率,所有重要的工作内容与形式都要记录下来,而且应选择多个对象在不同的时间内进行观察。因为对于同样的工作任务,不同的工作者会表现出不同的行为方式,比较平衡后,有助于消除分析者对工作行为方式上的偏见。对于同一工作者在不同时间与空间的观察分析,也有助于消除工作情景与时间上的偏差。

一般来说,观察分析法适用于对短时期的外显行为特征的分析,并不适合于对长时间的心理素质的分析。

观察分析法一般是以标准格式记录观察到的结果。

二、主管人员分析法

主管人员分析法是由主管人员通过日常的管理权限来记录与分析所管辖

人员的工作的任务、责任与要求等因素的方法。

这种方法的理论依据是,主管人员对这些工作有相当深刻的了解。许多主管人员以前也曾做过这些工作,因此他们对被分析的工作有双重的理解,对职位所要求的工作技能的鉴别与确定非常专业。但主管人员的分析中也许存在一些偏见,尤其是那些只做过其中部分工作而非全面了解工作的人。一般来说,主管人员往往偏重于他所做过的那部分工作。如果将主管人员分析法与纪实分析法中的工作者自我记录法相结合,这种偏差就可以得到有效的修正。

三、访谈分析法

对于许多工作,分析者不可能实际去做(如省长的工作),或者不可能去现场观察,或难以观察到(如计算机编程师的工作)。在这种情况下,就必须访问工作者,了解他们所做的工作内容、怎样做与为什么这样做,由此获得工作分析的资料。访谈的对象可以是工作者,也可以是主管人员或工作者的同级与下级。

访谈分析法既适用于分析短时间可以把握的生理特征,又适用于分析长时间可以把握的心理特征。访谈者必须精心准备访谈大纲。一般来说,记录应采取标准的形式,这样便于归纳与比较,并限制在与工作有关的范围内。

四、纪实分析法

纪实分析法是通过对实际工作内容与过程的如实记录,达到工作分析目的的一种方法,如表3-1所示。

表3-1 纪实性工作分析表实例

机构名称:办公室 职位:办公室主任
编制:3人,主任1人,打字员1人,办事员1人

花费时间(分钟)		工作活动内容	任务完成量	备注
开始	延续时间			
8:00	5	打电话到销售科	1次	
8:05	2	接电话	1次	
8:07	4	帮办事员登记材料	2份	
8:11	4	帮办事员校对材料	5页	

(续表)

花费时间(分钟)		工作活动内容	任务完成量	备注
开始	延续时间			
8:15	4	准备广告材料	1页	
8:19	1	接张厂长电话	1次	
8:20	1	接李厂长电话,要一信件	1次	
8:21	6	和办事员商议工作	1次	
8:27	5	找李厂长要的信	1次	
8:32	5	安排当天的工作	1次	
8:37	3	找王科长	1次	
8:40	4	找肖工程师	1次	
8:44	1	送李厂长所要的信	1次	
8:45	2	为张厂长打文件	1次	
8:47	13	同张厂长商量,布置简报	1次	
9:00	2	开始复印李厂长的材料	0次	
9:02	10	把张厂长材料归档	3次	
9:12	4	继续复印材料	0次	
9:16	5	同李厂长商议工作	1次	
9:21	2	给办事员布置复印任务	1次	
9:23	9	继续复印	2次	
9:32	8	分发信件	5次	
9:40	15	继续复印	2次	
9:55	10	整理档案材料	4份	
10:05	11	印完复印品	200份	
10:16	2	将复印材料交办事员装订	1次	
10:18	9	打电话和协作厂联系	1次	
10:27	2	接张厂长电话	1次	
10:29	3	欢迎参观者,并把他们送到张厂长处	2人	
10:32	2	打电话到车间	1次	
10:34		略		

注:这是一个小型工厂办公室主任的工作写实片断。

在大量的事情记录下来之后,就可以按照它们所描述的内容进行归类(如表 3-2 所示),最后就会对实际工作的要求有一个非常清楚的了解,从而有助于我们对工作的全面理解。

表 3-2 纪实分析汇总表

事件类别	花费时间(分钟)	发生次数
打字、复印、装订等	41	5
电话	22	8
寻找档案等	28	5
接受指令等	18	2
发出指令和计划	13	4
处理来信、文件	8	1
帮办事员工作	8	2
找人	7	2
写材料	4	1
欢迎参观者	3	1
总　计	152	31

当记录者与被记录者合二为一时,观察或者自我反省记录的过程就成为工作者自我记录分析法。这种方法一般由工作者本人按标准格式,及时详细地记录自己的工作内容与感受,然后在此基础上进行综合分析。现实中多采取"工作日志"的形式。[①]

五、问卷调查分析法

问卷调查分析法是工作分析中最通用和形式多样的一种方法,通过采用问卷来获取工作分析的信息,实现工作分析的目的。运用问卷调查分析法收集工作信息,其质量取决于问卷本身的设计是否科学合理,同时受到被调查者文化水平的高低以及填写时的诚意、兴趣、态度等因素的影响。问卷可分为通信问卷与非通信的集体问卷、检核表问卷与非检核表问卷、标准化问卷与非标准化问卷、封闭式问卷与开放式问卷等。

问卷调查分析法可以快速从被调查者那里获取信息,但设计问卷可能需要

---

① 参见萧鸣政编著:《工作分析的方法与技术(第 5 版)》,中国人民大学出版社 2018 年版,第 81 页。

花费较多时间,所以是否采用问卷调查分析法取决于其潜在使用成本与所能节约的时间和费用的对比。

六、任务分析

所谓任务,是工作活动中一组具有特定目标的行为组合,如发动汽车、联系客户、会议记录撰写等。这些工作活动具有以下特点:

(1) 与自身职责直接相关;

(2) 有开始与结束以及完整而独立的活动过程;

(3) 不宜再做分解,否则无实际工作意义。

任务分析指工作分析者借助一定的手段、方法和工具,对整个职位的各种工作任务进行分析分解,寻找出构成整个职位工作的各种要素及其关系与工作要求,达成工作分析目的的相关活动。

任务分析的基本方法与工具有以下五种:

(1) 决策表。一般是先把工作活动中的条件与行动相互区分开来,然后根据不同条件选择相应的行动对策,并且以表格的方式揭示出来。①

(2) 流程图,又称为逻辑树。以工作活动流程图的形式来揭示工作任务的操作要素与流向。

(3) 语句描述。通过语言形式来揭示工作任务中的要素、关系及其运作要求。

语句描述要注意以下三点:

第一,尽量用主动句式。

主动句式结构为:行动者—行为—行为目标

例1:复印结束后工具被工作员清洁。(错)

例2:复印后再清洁工具。(正)

第二,一项任务叙述中只能包含一个行动和一个目标。

例3:检查信件、包裹。(错)

例4:检查信件,检查包裹。(正)

第三,尽量用定量化语句。

例5:推走装载好的车。(差)

例6:推走载有50—250千克货的手推车。(好)

---

① 具体表格形式可以参考萧鸣政编著:《工作分析的方法与技术(第5版)》,中国人民大学出版社2018年版,第115页。

(4) 时间列形式。依据工作时间长短与顺序来揭示整个工作过程中各种任务的轻重与关系的形式。

(5) 任务清单。把职位工作活动中所有的任务逐个列出,让被调查的人选择并标明前后顺序、重要程度或困难程度等。

一般来说,上述五种方法中前两种方法比较适合那些任务之间存在前后顺序或逻辑关系的流水作业职位任务分析,而后三种方法比较适合那些缺乏逻辑关系与顺序关系的职位任务分析。

七、人员分析

这里的人员是指从事一定工作的人,是工作中的"人"。

人员分析即任职资格分析,就是通过一定的方法寻求那些足以保证人们成功地从事某项工作的知识、技能、能力和其他个性特征因素,通过工作中"人"的工作行为,把握工作任务流程与要求,达成工作分析目的的相关活动。

其中,知识一般指可直接应用于完成工作任务的信息体系;技能一般指从事某项工作表现出的熟练技艺;能力一般指从事某项工作的能量、经验与水平;其他个性特征因素一般指从事某项工作所表现出的品性、态度与兴趣等。

(一) 人员分析途径与步骤

人员分析的途径大致有两个:一是职位定位,即通过对职位工作任务的要求分析来确定任职资格;二是人员定位,即通过对任职者行为活动及其成效的分析概括出任职资格。两者的模式如图3-2与图3-3所示。

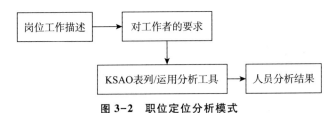

图3-2 职位定位分析模式

注:KSAO是人力资源管理中对员工职业岗位资质的描述模型。其中,K(knowledge)是指执行某项工作任务需要的具体信息、专业知识、岗位知识;S(skill)是指在工作中运用某种工具或操作某种设备以及完成某项具体工作任务的熟练程度,包括实际的工作技巧和经验;A(ability)包括人的能力和素质,如空间感、反应速度、耐久力、逻辑思维能力、学习能力、观察能力、解决问题的能力、基本的表达能力等内容;O(others)主要是指有效完成某一工作需要的其他个性特质,包括对员工的工作要求、工作态度、人格个性以及其他特殊要求。KSAO四个内容一般通过正规的学校教育、在职培训或者工作实践积累获得。

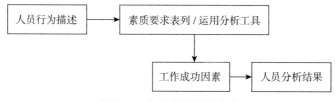

图 3-3 人员定位分析模式

职位定位分析步骤大致如下：

(1) 分析职位工作描述中的框架要求；

(2) 把这些要求与知识、技能、能力及其他个性特征因素加以对照与比较；

(3) 在综合(1)(2)两项工作的基础上，确定任职资格要求；

(4) 考虑工作中所运用的工具、信息采集量、数据分析方法等因素，对(3)获得的结果进行修正。

人员定位分析步骤大致如下：

(1) 分析职位任职者的工作行为特征；

(2) 寻找各职位工作的公共素质要求；

(3) 分析特定职位工作成功的因素；

(4) 根据(2)(3)确定任职资格。

3. 实例

下面是有关旅馆、宾馆接待员分析的示例。

(1) 工作任务：处理客人到达时的问题。

(2) 任务要素：

开、关车门；

帮助旅客上下车；

问候客人；

开、关宾馆门；

把行李运到前厅；

随客人到服务台；

标明行李运到的房间号；

储存较贵重的物品或行李。

(3) 素质要求：

理解、读写、计算和表达的能力；

快速有效的搬运能力；

处理较大的旅游团体相关事务的能力；

表示敬意的问候态度与常识；

宾馆及其环境分布与功能知识；

宾馆及房间设备的知识；

登记的程序知识；

团体到达的步骤(会打来电话,其中有旅游公司介绍)；

敏捷；

热情。

(二) 人员分析的具体方法

1. 职能工作分析法

职能工作分析法(Functional Job Analysis, FJA)又称为功能性职位分析法,它是美国培训与职业服务中心(U.S. Training and Employment Service)开发的一种以工作为中心的职位分析方法。它以员工所需发挥的功能与应尽的职责为核心,列出需要收集与分析的信息类别,使用标准化的陈述和术语来描述工作内容。

职能工作分析法依据的理论基础是共同的人与工作关系理论。简言之,这一理论认为所有工作都涉及任职者与信息、人、事三者的关系。通过职位任职者与信息、人、事发生关系时的工作行为,可以反映工作的特征、工作的任务和人员的职能。信息、人、事三个关键性要素是这样定义的:(1)信息,指与人、事相关的信息、知识、概念,可以通过观察、调查、想象、思考分析获得,具体包括数字、符号、思想、概念、口语等;(2)人,指人或者有独立意义的动作,这些动作在工作中的作用相当于人;(3)事,指人控制无生命物质的活动特征,这些活动的性质可以用物质本身的特征反映出来。

2. 关键事件技术

关键事件技术(Critical Incidents Technique, CIT)是用以识别各种工作环境下工作绩效的关键性因素的一种工作分析技术方法,是约翰·弗拉纳根(John Flanagan)1949年在《人事评价的一种新途径》一书中提到的方法。通过关键事件技术,可以从行为的角度系统地观察和描述实际职位的绩效和行为。这是20世纪40年代兴起的一种技术手段,目前在心理学、人力资源管理等许多领域得到广泛应用。关键事件技术集中关注关键的事件,来解释现象背后的深层次问题。不管是采用问卷调查还是深入访谈作为主要的资料收集工具,都是为了寻找激发重大事件的关键因素。关键事件技术要求以书面的形式至少描述出6个月或者12个月内能观察到的5个关键事件,并分别说明杰出的任职者和不称职的任职者在这些典型事件中是如何处理的。

这种工作分析方法主要是鉴别出可以用来区分业绩好(或满意)的员工和业绩差(或不满意)的员工的关键事件。这种方法的理论基础是,每种工作中都有一些关键事件,业绩好的员工在这些事件上表现出色,而业绩差的员工则正好相反。在使用这种方法时,工作分析专家采访目标岗位的任职者或其直接上级,鉴别出一系列的关键事件。在访谈过程中,通过询问关键事件的起因及任职者采用的解决方法,确定本项工作所需的知识、技能、能力。

3. 工作因素法

1935年,美国无线电公司中以奎克(Quick)和科勒(Kohler)为首的一组工业工程师在费城地区的许多工厂内从事广泛的研究与实验,研究创立了工作因素法(Work Factors),此法根据身体使用部位、运动距离、重量或阻力、人力控制四个要素,制定出细微准确的时间表,这是迄今为止最准确的测时方法。

具体而言,工作因素法就是把身体分为七部分,以各部分的运动为中心,分析到细小的单位,然后从工作因素动作时间标准表中查出相应的时间,据此算出作业时间的方法。

(三)人员分析与任务分析的比较

人员分析与任务分析相比,既有区别又有联系。两者的目的一致,但侧重点与出发点不同。两者的区别具体表现在以下几个方面:

(1)出发点不同。任务分析从职位工作描述出发,而人员分析是从工作者行为描述出发。

(2)依据不同。任务分析中工作活动的内容与职位工作要求相一致,而人员分析中人员工作行为与职位工作要求相一致。

(3)分析过程不同。任务分析是从定性描述到定量评价,而人员分析是从定量描述到定性描述。

(4)分析结果的内容与表述形式不同。任务分析的结果主要是有关工作职责、工作数量与工作质量要求的内容,而人员分析的结果主要是有关工作者任职资格的内容。

八、方法分析[①]

方法是指工作过程中所采用的各种方式、程序与手段。方法分析中的"方

---

① 参见萧鸣政编著:《工作分析的方法与技术(第5版)》,中国人民大学出版社2018年版,第172—205页。

法"与上述一般方法有所不同。

方法分析在这里指过程分析或程序分析,它是以整个工作过程为分析对象的,是在做静态的任务步骤等要素分析的基础上再做动态分析,以便寻求改进工作流程、提高工作效率与效果的优化方法,达成工作分析目的的相关活动。

方法分析的作用在于通过系统地观察、记录与分析现有的工作过程,发现存在的问题并提出最优的运作方式。方法分析主要包括以下几方面的内容:

(1) 工作过程中有没有不合理、不经济的行为与环节;

(2) 工作过程中有没有不合理、不经济的分工与协作;

(3) 工作过程中人、事、物三者之间有没有不合理、不经济与不均匀的现象;

(4) 工作过程中的人有没有充分发挥其主动性与创造性,在哪些环节上没有。

下面介绍几种常用的方法分析。

首先,是问题分析。问题分析常用于工作要素与流程分析,有五个操作步骤:

(1) 目的分析。这一步是消除工作中不必要的环节,一般分析以下几个问题:实际做了什么?为什么要做?该环节是否真的必要?应该做什么?

(2) 地点分析。这一步是尽可能合并相关的工作活动,需要分析的问题是:在什么地方做这项活动?为何在该处做?可否在别处做?应当在何处做?

(3) 顺序分析。这一步的目的是尽可能使工作活动的顺序更为合理有效,需要分析的问题是:何时做?为何在此时做?可否在其他时间做?应当在何时做?

(4) 人员分析。这一步的目的是分析人员匹配的合理性,需要分析的问题有:由谁做?为何由此人做?可否让其他人做?应当由谁来做?

(5) 方法分析。这一步需要分析的问题有:现在如何做?为何这样做?可否用其他方法做?应当用什么方法来做?

一般来说,通过上述五个方面的分析,可以消除工作过程中多余的工作环节,合并同类,使工作流程更为经济、合理和简捷,从而提高工作效率。

其次,是有效工时利用率分析。有效工时利用率,是指在工作日内完全用于实际工作并能创造出实际价值的工时与制度工时之比,或指工作日内净工作时间与制度工作日时间之比,以百分率表示,其计算公式为:

$$\text{有效工时利用率} = \frac{\text{制度工时} - \text{停工工时} - \text{非工作工时} - \text{休息与生理需要工时}}{\text{制度工时}} \times 100\%$$

制度工时是国家规定的工时;停工工时指职工在规定的工作小时内由于某种原因(如检修设备)未能工作的工时与职工停工后被调作其他非本职工作或非生产性工作的工时数;非工作工时指工作者用于做那些工作任务以外的工作所消耗的时间;休息与生理需要工时指午休、工间休、喝水、吃饭、上厕所等时间。有效工时利用率的分析揭示了整个工作过程组织的合理性与有效性,可以由此明确哪些工时消耗是必需的、有效的,哪些工时消耗是不合理与无效的,从而更加充分合理地利用工作时间,克服时间上的浪费现象,挖掘工作潜力,改进工作方法,提高工作效率。

有效工时利用率测定方法一般有推算工时法与工作日写实法两种。一般流动性较大的工作是根据月、季、年总工作量来推算,而稳定职位则采用工作日写实法。

最后,是优选法分析。优选法是通过对各项工作任务做不同的排列与组合,寻找最佳操作方式,是节约时间、提高效率的一种方法分析。其操作步骤如下:

(1)做好第一个流向图;

(2)检查所做的流向图是否最优;

(3)把流向图调整为最优。

第三节 工作评价

工作评价是指对工作的价值进行评价,其目的主要是建立组织内职位价值序列以及设计薪酬体系。管理实践中工作评价和工作分析紧密相关。工作分析活动中有工作评价,工作评价活动中也少不了工作分析。任何一种工作分析都是在一定价值观下的分析活动,脱离不了工作评价的影响;而任何一种工作评价都是针对一定事实的评价,离不开工作分析。关于寻求解决工作的职责是什么、权限是什么以及工作者任职资格是什么等问题的活动,属于工作分析的范畴;而关于寻求解决工作职责大小程度如何、工作重要程度如何等问题的活动,属于工作评价的范畴。

一、工作评价的作用

在人力资源管理体系中,工作评价起着较为重要的承上启下作用。首先,工作评价展示了组织、战略认可的薪酬因素,从而实现了组织战略与薪酬体系的有效衔接,对组织发展提供了明确的操作导向。其次,工作评价是组织建立内在职位序列和薪酬体系的基础性工具,是薪酬体系"内部一致性"的集中表现。最后,工作评价的操作过程本身就是组织和员工建立良好、明确的心理契约的途径,同时有效传导了组织对员工在工作职责、能力要求等方面的期望,见图3-4。

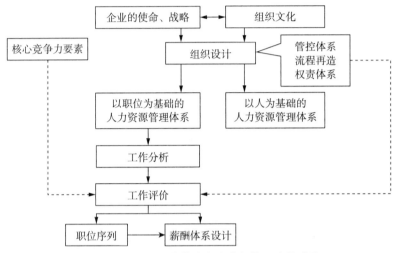

图3-4 工作评价在战略人力资源管理中的地位

资料来源:彭剑锋主编:《人力资源管理概论(第三版)》,复旦大学出版社2018年版,第205页。

二、工作评价的特点

工作评价具有以下几个特点:

(1)工作评价是对性质基本相同的工作职位进行评判,最后按评价结果,划分出不同的等级。

(2)工作评价的中心是客观存在的"事",而不是现有的工作人员。以"人"为对象的评比、衡量、评价,属于评价、测评的范畴,而工作评价虽然也会涉及工作者,但它是以工作职位为对象,即以工作者所担负的工作任务为对象所进行的客观评比和估价。

(3)工作评价是衡量组织内各类工作职位的相对价值的过程。在工作评价过程中,根据预先确定的评价标准,对工作的主要影响因素逐一进行评比、估价,由此得出各个工作职位的量值。

三、工作评价的方法

工作评价方法发展至今,有上百种的方法。在欧洲,被广泛使用的工作评价方法就超过了 100 种。① 下面简单介绍一些目前流行的工作评价方法。

(一) 排列法

排列法(Ranking)是一种最为简单、最易操作的工作评价方法,也是较早使用的非分析方法之一。排列法是采用非分析和非定量的方法,由评价人员凭借个人判断,从总体上评价每个职位,再根据工作职位的相对价值按高低次序进行排列,从而确定一个工作职位与其他工作职位的关系。

排列法的操作步骤如下:

(1) 职位分析。由相关人员,如管理人员、专家组成评价小组,对工作职位情况进行全面调查,收集有关职位方面的资料、数据,并写出调查报告,其中要特别说明基本的工作要素,如任务、责任、与其他工作职位的联系、工作条件、技能和能力要求等。

(2) 职位比较。从总体上对工作职位进行比较,并且确定排列顺序。

(3) 标记工作职位排列顺序数。按照评价后的职位排列顺序,标明每个职位的顺序数。

(4) 职位定级。把每个职位的顺序数汇总,所得序号数总和除以评价人数即得到每一职位的平均顺序数。最后,按平均顺序数的大小,由小到大评价出职位的相对价值的次序并且归入相应的等级中。

(二) 分类归级法

分类归级法(Classification)是对排列法的一种改进方式,又称分类法。它是在工作分析的基础上,采用一定的科学方法,按职位的工作性质、特征、繁简难易程度、工作责任大小和人员必须具备的资格条件,对全部职位所进行的多层次划分,即先确定等级结构,然后再根据工作内容对工作职位进行分类归级。

分类归级法的操作流程见图 3-5。

图 3-5 分类归级法操作流程

---

① 参见 Frans Poels, *Job Evaluation and Remuneration Strategies*: *How to Set up and Run an Effective System*, London: K. Page, 1997, p. 69。

(1) 收集职位资料。为了划分职位的等级,必须掌握每一职位的详细资料。每一个职位有关工作任务和责任的说明材料应事先准备出来。在评价要素确定之后,有关这些评价要素的职位说明材料也应该准备好。不同性质的组织,影响职位重要程度的因素也不同。美国联邦政府就以下八大因素来评价职位的重要程度:第一,工作的难度与多样性;第二,监督他人和被监督的程度;第三,判断力的运用程度;第四,需要创造力的程度;第五,工作关系类型;第六,职责;第七,经验;第八,所需知识。

(2) 进行职位分类。在收集必要的工作职位概要和其他有关资料的基础上,将各个职位划分为职务群,再将职务群划分为职务系列,然后将职务系列进一步划分为职位等级。当工作任务、工作要求、工作责任与工作贡献大致相当时,所有这些职位就可使用相同的等级序号,它们将被纳入同样的人事管理目标之中,包括支付大致相当的工资。

上述工作完成后,应该准备一套总体职位等级说明或者职位等级概要。对于每一个等级都应编写一个简要的说明,以便为具体决定把某一职位划入某一等级提供指导标准。

职位分类等级表的设计,要保证能容纳被评价的所有职位。一般来说,设置7—14个等级即可适应大多数组织的工作职位。当然,不同职务类别在等级数目上可能是不同的,如管理职务可设13个等级,专业技术职务可设11个等级。

(3) 编写职位等级说明。即对所分的等级进行概念性的明确描述,这是一项艰难复杂工作,职位等级说明书中应该包括工作的任务、类型和特点。例如,"直接监督之下从事办公室、经营或财务方面的简单例行工作","在一般监督之下,在经营或专业技术领域从事困难的、负有责任的工作,要求受过相当的训练,具有专业方面的广泛的工作知识和经验,在局部领域运用独立的判断从事工作"[①]。

(4) 划分职位等级。在职位等级数目和说明准备好之后,应把机构内部所有的职位划入适当等级之中。可以把职位工作概要与职位等级说明进行对比,以区分哪一个职位进入哪一个等级比较合适。为了公平起见,可以由专设的委员会监督这一划分等级的过程。或者由人事部门的工作职位分析专家把工作职位划入相应的等级,由委员会专门处理比较复杂的问题和划分过程中人们反映的不公平问题。

分类归级法在进行等级定义时,参考了指定的工作因素,因此比排列法更准确、客观。由于分类归级法相对简单,所需要的费用也相对较少,所以比较适

---

① 参见彭剑锋主编:《人力资源管理概论(第三版)》,复旦大学出版社2018年版,第210页。

用于职位内容变化不大的组织,特别是公共部门。如美国、加拿大等国的政府公共部门的职位评价用的就是分类归级法。

分类归级法的缺点是,在职位多样化的复杂组织中,很难建立起通用的职位等级说明和定义。首先,职位等级描述留下的自由发挥的空间太大,很容易出现范围过宽或者是范围过窄的情形,结果导致一些新的职位或者调整后的职位只能硬性塞入同一职位评价系统中去;其次,分类归级法也不能排除这样一种可能,即有人试图通过修改或者歪曲职位描述来达到操纵工作评价结果的目的;再次,分类归级法对工作要求的说明比较复杂,对组织变革的反应也不太敏感;最后,与排列法一样,分类归级法很难说明不同等级的工作之间的价值差距到底有多大。

（三）评分法

许多学者认为评分法(Point-factor System)是目前为止所有评价方法中最盛行的一种评价方法。简单而言,这种方法就是将职位评价内容细分为一系列的评价因素与分数,如工作知识、技能、责任、工作复杂度、工作环境等,再分别评价每一个职位,然后将各个因素得分予以加总,即获得该职位工作的价值。其操作步骤为:

(1) 准备一个评价方案。列出一系列界定清楚的评价因素和因素权数,确定用来划定职位等级的点数范围。这一步骤又可分为:选择和定义评价因素;将评价因素分为不同的等级;权衡不同因素的重要性;给每个因素等级确定分数;对评价方案进行验证。

(2) 参考上一步制订的方案来划定职位等级。评价人员参照评价方案的标准,对每个职位打分,加总出职位的总分。在所有的职位都已评价完毕,并且判定了分数后,就按分数的多少排列出来,得出一个职位等级结构。

（四）要素比较法

要素比较法(Factor Comparison Method)起初只是评分法的一个分支,当E. J. 本基(E. J. Benge)和他的助手们在1926年发明要素比较法的早期形式时,他们只是试图对评分法加以改进。[1] 在某种意义上可以说,它是兼具排列法和评分法特征的一种混合方法。基本做法是先选择若干标准职位,比较确定若干共有的基本评价要素,然后将其他职位与之比较,确定其价值与等级。操作步骤如下:

---

[1] 参见国际劳工组织编:《岗位评价》,芮立新、朱振国译,中国劳动出版社1993年版,第52页。

（1）取得工作资料。编写工作说明书与工作规范,并选定薪酬要素。

（2）选择较重要的标准职位。由专设的委员会选出15—25种工作职权与薪酬关系合理的职位作为标准职位,这些职位的等级应该是明显的,或按大家所公认的顺序排列。

（3）分析标准职位,找出它们的公共要素。

（4）把每个标准职位的薪酬数或所赋的总分分配到相应的公共要素上。

（5）将待评价的职位在各公共要素上的薪酬数或分数总量与标准职位工作的总量比较,并归入大致相当的标准职位工作等级中。

（6）确定最终的工作排名和工资水平。[①]

除了上述四种方法外,还有市场定位法。不同工作评价方法的比较见表3-3、表3-4。

从各种评价方法的操作步骤和定义可以粗略地比较出不同方法的优缺点,大量的文献显示,没有一种方法是完全具备优点或者毫无缺点的,比如有些方法易于操作,但评价结果很难令人信服。总体看来,评分法较其他方法考虑更为全面,评价程序和步骤虽繁多,但评价的结果比较科学和客观,也更易于让员工接受。

表3-3 不同工作评价方法的比较说明表

	定义	举例
排列法	根据工作职位的相对价值按高低次序进行排列	配对比较法、简单排列法
分类归级法	对组织全部(或规范范围内)职位所进行的多层次的划分,即先确定等级结构,再根据工作内容对工作职位进行归类	工作难度分类法
评分法	将工作细分为多个评价因素,如工作知识、技能、责任、工作复杂度、工作环境等,再分别评价每一个因素,然后将各个因素得分予以加总,即获得该职位工作的价值	薪点法
要素比较法	将构成各工作价值的各要素相比较	经济价值要素比较法
市场定位法	通过与不同职位市场平均工资的比较,确定其价值与等级	职位薪酬调查法

---

① 参见萧鸣政主编:《人力资源管理》,中央广播电视大学出版社2001年版,第96页。

表 3-4　不同工作评价方法的优缺点比较

类型	优点	缺点
排列法	容易排列出少量的职位	结果不易让人信服
分类归级法	易于对职位归类	工作类别的划分无法全面
评分法	评价较全面客观	工作量较大
要素比较法	评价较全面	难以解释结果
市场定位法	结果比较客观	市场数据存在较大误差

第四节　工作分类及其在公共部门的应用

工作分类是在工作分析的基础上,将职位依据工作性质、繁简程度、责任轻重和所需资格条件,区分若干具有共同特色的职位群体,加以分类,并以此作为组织内人力资源管理的一个重要依据和基础。职位分类最早产生于19世纪的美国,后来被许多国家所仿效,被认为是现代公共部门人力资源管理中比较成熟的管理制度。根据分类对象不同,一般而言,公共部门的工作分类可以分为两种,一种是按照任务进行分类,另一种是按照人员进行分类。

一、工作分类概述

(一) 工作分类的特点

工作分类具有以下特点:

(1) 以"事"为中心的分类体系。工作分类首先重视职位工作的性质、责任大小、繁简难易程度,其次才是人所具备的资格条件。工作分类的特点是事在人先。

(2) 注重人员的专业知识和技能。工作分类注重"专才",人员的任职调动、交流和晋升一般在同一职系,至多在同一职组范围内进行,跨职组、跨职门的流动和升迁较少。

(3) 分类方式先横后纵。即先进行横向的职系、职组、职门区分,再依工作的难易、繁简和责任大小的程度进行纵向等级划分。

(4) 品等和职等相重合。在工作分类中,品位和职位相连,不随人走,严格实行以职位定薪酬的规则,追求同工同酬。当职位发生变化,薪酬取决于新职位的工作性质。

(5)实行严格的功绩制。在工作分类制度中,功绩是升迁和薪酬增加的唯一标准。例如,美国一般职务类人员薪酬的增加有两种方式:一是工作年限增加自动提升等级,表现突出则奖励提升一级;二是职务提升,薪酬相应提高。并且规定,一个人每年只能提升一级,且必须多人同时竞争,最终只选出一人提升。

(二)工作分类的原则

在研究和实施工作分类方案时,既要考虑工作分类的发展趋势和国际经验,洋为中用,又要防止不切实际的照搬照抄;既要遵循工作分类的原理,保持工作分类的固有特征,又要从我国国情出发,继承和发扬我国传统人事管理制度的优秀经验,建立起适合中国国情、具有中国特色的工作分类制度。

在我国实施工作分类必须考虑以下实际情况:

(1)我国是一个实行品位等级制度历史悠久的国家,品位的观念在人们的头脑中根深蒂固。

(2)我国各地的自然条件、历史文化和社会经济发展水平差异很大,从中央到地方机构层次多。

(3)我国的行政体制还在不断完善中,人力资源管理需要适应其进程。机构、职位的设置及职能的配置可能不十分稳定。

(4)实行工作分类的基础薄弱。工作分类是从国外借鉴来的,有些人对其知之甚少,实行这种制度的理论基础不足,实践缺乏经验,专业队伍尚未形成。

因此,我们实行工作分类制度必须遵循以下基本原则:

(1)系统原则。任何一个完善的组织机构,都是一个相对独立的社会系统,因此,在判断一个职位分类是否合理时,应把它置于整个组织系统之中,从总体上分析它在这个组织系统中所发挥的作用,并以此为标准决定该职位是否应该被放置在该类别。

(2)渐进原则。实施工作分类制度,必须在标准、制度统一的前提下,统筹规划,循序渐进,分步到位,逐步完善,不能搞一刀切。

(3)兼顾原则。一是实行工作分类必须以事为中心,但同时要兼顾品位因素,这也完全符合当前国际上工作分类逐渐向重视人的因素方面发展的趋势;二是在坚持统一的工作分类标准的前提下,必须充分考虑到中央和地方以及不同地区之间的组织在工作性质、工作特征上的差异,兼顾统一性和特殊性。

(4)最低职数限定原则。任何一个组织,其职位的数量都是有一定限制的。这种限制通常是由这一组织在整个组织体系中的地位、作用、所承担的任务、职权范围、人员培训的需要以及经费预算等多种因素所决定。将这些因素所决定的职位数的总量,称作这一组织的编制。为了使一个组织以最少的经费获得较大的效益,其职位数量必须根据"最低职位数量原则"来确定。

(5)规范化、标准化和法制化原则。在实行工作分类制度的初期,要重点强调其规范化、标准化和法制化的特点,有关职位分类法规由国家统一颁布,组织人事部门对职位分类工作依法统一管理,并对职位分类程序、实施步骤和有关文件实行标准化管理。

(6)动态原则。实施工作分类制度必须实行动态管理,在职位分类构架相对稳定的前提下,分类结果要随着职位工作内容的变化而调整,以适应现实的需要。

(三)工作分类的步骤

工作分类一般遵循以下四个步骤。

1. 职位调查

职位调查也就是工作分析,这是实施职位分类的第一步。

2. 职位评价

职位评价(position evaluation),也称工作评价(job evaluation),就是根据各职位对组织目标的贡献,通过专门的技术和程序对组织中的各个职位的价值进行综合比较,确定组织中各个职位的相对价值差异。它是薪酬级别设计的基础。职位评价是一种职位价值的评价方法,它是在职位分析的基础上,对职位本身所具有的特性(如职位对组织的影响、职责范围、贡献大小、责任大小、任职条件)进行评价,以确定职位相对价值的过程,它的评价对象是职位,而非任职者,它反映的只是职位的相对价值,而不是职位的绝对价值(职位的绝对价值是无法衡量的)。

3. 职位归类

职位归类是在职位调查和职位评价的基础上,对职位进行横向分类和纵向分类。

(1)职位横向分类。

这是一个由粗到细的过程。凡是工作性质大致相近的职位列为同一职门;在每一职门中,工作性质更相近者,列为同一职组;在每一职组中,工作性质充分相似者列为同一职系。

在职系的区分中,要遵循以下原则:

第一,区分职系时,必须与社会各种职业的专业分工相配合,尤其需要同组织各种业务的发展情形相适应。

第二,职系的区分过细或过粗均不适宜。行政性的工作,区分职系宜较粗;技术性的工作,区分职系宜较细;规模大、分工较细的组织,对职系可做较细的区分;规模小、分工不明确的组织,对职系可做较粗的区分。

第三,当某一职系所处理的工作涉及几个职系时,可以根据以下三个原则,确定其应属职系。一是程度原则。当一个职位工作的性质分属于两个职系以上而职责程度不相当时,以程度较高的职系工作为准,确定其应属职系。二是时间原则。即以时间较多的职系工作为准,确定其应属职系。三是选择原则。当分属职务职责程度相当且时间亦相等时,依主管的选择,确定其应属职系。

(2)职位纵向分类。

这是在横向分类的基础上,根据工作的繁简难易程度、责任大小和所需人员资格条件等因素,将同一职系中的职位划分出不同的职级,以及将不同职系中的职位统一职等。

第一,对每一职系中的每个职位,按工作的繁简难易程度、责任大小和所需人员资格条件等因素,进行比较和评价,并把它们按照一定的顺序,如从"简""轻""低"到"繁""重""高",或者按相反顺序,将因素相似的职位划分为同一等级。由于各个职系工作特点不同,职位数目也不相同,所以各个职系里所划分的等级数量也是不等的。例如,大学教师这一职系可划分为初级、中级、副高级和正高级这四个职级;而在医疗卫生行业中,则将护理这一职系划分为主任护师、副主任护师、主管护师、护师和护士等五个职级。

第二,鉴于各个职系中的职级数是不等的,各个职系相同职级中的职位,其工作的繁简难易程度、责任大小和所需人员资格条件等因素也不尽相同,这就产生一个问题,即各职系的职级无法直接进行横向比较和联系,不利于对人力资源进行统一的管理。为此,必须对所有的职系划分统一的职等,即根据工作的繁简难易程度、责任大小和所需人员资格条件等因素,对各职系的职级进行比较和评价,将因素相似的职级归入同一职等。

4. 制定职位规范

根据上述分类结果,制定职位任职要求与标准,并以此作为人员录用、监督、考评的依据。

(四)工作分类的优缺点

工作分类具有以下优点:

(1)有利于贯彻专业化原则,可以避免学非所用、用非所长的现象发生,有利于合理使用人才。

（2）为各项人力资源活动提供了客观依据的具体标准，奠定了科学的基础。

（3）有利于人力资源的在职培训和开发。

（4）有利于合理定编定员，完善机构建设。

（5）官员职等和责任、薪酬相联系，进一步促进了分配上的同工同酬和官员的"能上能下"。

工作分类具有以下缺点：

（1）过于规范和过于强调量化，导致整个体系缺乏弹性，缺少应有的灵活性。

（2）职位分类工程庞大，成本高，推行困难。

（3）官等、工资随人的变动而变动，不利于对人力资源的激励。

（4）专业化精神限制了人员的流动，不利于综合管理人才即通才的培养。

二、工作分类的方法与发展趋势

（一）工作分类的方法

工作分类一般有任务分类与人员分类两种方法。

所谓任务分类，就是根据每个职位所包括任务的内容、数量与性质进行分类与分等的一种形式。前面介绍的工作分类是属于任务分类的一种方法。

所谓人员分类，又称品位分类，是指将组织中的人员按工作性质、责任轻重、资历条件及工作环境等因素分门别类，设定等级，为人力资源管理的其他环节提供相应管理依据的程序方法。

（二）工作分类的发展趋势

随着政治经济环境的变化，工作分类方法也在不断变革。纵观世界各国工作分类方法的发展，呈现出以下两大趋势：

1. 任务分类和人员分类出现融合、互补趋势

随着专业化分工的不断发展，许多专业性、技术性工作进入政府领域与公共部门。人员分类原有的注重通才的粗犷分类方法已不能适应现代社会的需要。因此，原来实行人员分类的国家纷纷吸收任务分类的先进方法，使分类管理更加系统化、规范化。典型的人员分类国家，如英国，于20世纪70年代对原有的公务员分类制度进行改革，引入任务分类方法，把公务员分为10个职类、26个职组、84个职系，提高了分类的科学化程度；日本则改革过去的人员分类，

实行了介于任务分类和人员分类之间的名义上的任务分类,人们称之为"工资分类"。①

任务分类管理制度不利于通才培养、不利于人员流动的缺点也随着经济的发展变得愈加突出。实行任务分类最早的美国也于20世纪70年代对其任务分类制度进行了改革,将一般职务类(GS)中的GS15至GS18职等改为人员分类,取消了职等,只设工资级别,实行级随人走,以便于高层官员的职位流动。同时,改变了原来人员只能在职系内流动的状况,允许公务人员像人员分类那样跨职系流动,竞争上岗。

2. 分类管理制度呈逐步简化趋势

当今世界的竞争是科技与管理的竞争,效率的高低越来越成为衡量政府的主要标准。因此,许多国家都着力于简化分类制度,以提高公共部门人力资源的管理效率。例如,加拿大的公务系统原有72个职组、102个分组,每个职组都有一套分类标准和工资标准,操作起来很烦琐,无法适应当今社会发展的需要。因此,加拿大政府1991年以来,本着通用、简化的原则对任务分类制度进行了改革。废除了原有的72套分类标准,代之以一种能够适应所有公共部门工作特征的评价体系,使人员分类更加简易、更具灵活性,大大降低了成本,提高了公共部门人力资源管理效率。

美国政府在新公共管理改革运动中为人员分类管理制度的简化而不懈努力。里根政府早在1986年就提出了旨在以职业通道来代替400多个职系的《文官制度简化法案》,但未获国会的批准。20世纪90年代的克林顿政府也一直致力于简化任务分类,也就是将原来过细的职位设置、狭窄的职位定义、烦琐的分类程度进行简化,但受联邦公务员法律的限制,只能在小范围内试点进行。南卡罗来纳州取消了70%的职位;纽约州把职位总数由7200多个减少为5400多个;佐治亚州甚至取消了任务分类。这一连串的职位改革的共同宗旨是,简化任务分类程序,改变过去由政府统一进行职位划分的做法,由更了解自己组织状况的用人单位自我进行职位的划分和分类。

由此可见,综合分类的方法正在不断成熟。

三、中国公共部门的工作分类

自中华人民共和国成立到20世纪80年代,人力资源管理体制一直是与计划经济相适应的集中统一管理体制。人员分类制度也呈现出集中统一的主要

---

① 参见孙柏瑛、祁光华编著:《公共部门人力资源管理》,中国人民大学出版社1999年版,第178页。

特色,党政不分、政企不分、政事不分。无论是党的机关、政府机关、权力机关、司法机关的工作人员,还是事业单位、企业单位、群众组织的管理人员都统称为"干部"。人员的等级划分主要依据职务职级、资历深浅、学历高低和工资多寡,实际上是一种特殊的人员分类。这种分类制度所导致的直接结果是官本位与效率低下。

随着改革开放和市场经济的发展,原来的分类体制已不能适应现代管理的需要。1993年10月1日起施行的《国家公务员暂行条例》,明确规定了国家行政机关实行任务分类制度。2006年1月1日起施行的《中华人民共和国公务员法》[①](以下简称《公务员法》,《国家公务员暂行条例》同时废止),是新中国第一部干部人事管理的综合性法律,具有重要的里程碑意义。

(一)人员的宏观分类

我国政府相关部门在确定职能、机构编制的基础上,进行职位设置,职位规范说明书确定每个职位的职责和任职资格条件,作为国家公务员的录用、考评、培训、晋升等的依据。在政府机关实行任务分类后,中国共产党的机关也参照政府公务员的分类办法实行了任务分类。检察、审判、监察机关和公安系统实施了各具特色的分类方案。由此,我国公共部门人员分类宏观结构大致形成,原来的国家干部被分成以下不同类别:

(1)行政机关工作人员(公务员);
(2)党务机关工作人员;
(3)国家权力机关工作人员;
(4)国家审判机关工作人员;
(5)国家检察机关工作人员;
(6)国家监察机关工作人员;
(7)企业单位管理人员;
(8)人民团体工作人员;
(9)事业单位工作人员。

此外,我国还进一步完善了专业技术职称系列(见表3-5),使分类制度更加全面。

---

① 2005年4月27日第十届全国人民代表大会常务委员会第十五次会议通过;根据2017年9月1日第十二届全国人民代表大会常务委员会第二十九次会议《关于修改〈中华人民共和国法官法〉等八部法律的决定》修正,2018年1月1日起施行;2018年12月29日第十三届全国人民代表大会常务委员会第七次会议修订,2019年6月1日起施行。

表3-5 职称系列（专业）各层级名称一览表

序号	名称	各层级职称名称 高级		中级	初级	
1	高等学校教师	教授	副教授	讲师	助教	
2	哲学社会科学研究人员	研究员	副研究员	助理研究员	研究实习员	
3	自然科学研究人员	研究员	副研究员	助理研究员	研究实习员	
4	卫生技术人员	主任医师	副主任医师	主治（主管）医师	医师	医士
		主任药师	副主任药师	主管药师	药师	药士
		主任护师	副主任护师	主管护师	护师	护士
		主任技师	副主任技师	主管技师	技师	技士
5	工程技术人员	正高级工程师	高级工程师	工程师	助理工程师	技术员
6	农业技术人员	正高级农艺师	高级农艺师	农艺师	助理农艺师	农业技术员
		正高级畜牧师	高级畜牧师	畜牧师	助理畜牧师	
		正高级兽医师	高级兽医师	兽医师	助理兽医师	
		农业技术推广研究员				
7	新闻专业人员	高级记者	主任记者	记者	助理记者	
8	出版专业人员	高级编辑	主任编辑	编辑	助理编辑	
		编审	副编审	编辑	助理编辑	
9	图书资料专业人员	研究馆员	副研究馆员	馆员	助理馆员	管理员
10	文物博物专业人员	研究馆员	副研究馆员	馆员	助理馆员	

(续表)

序号	名称	各层级职称名称				
		高级		中级	初级	
11	档案专业人员	研究馆员	副研究馆员	馆员	助理馆员	管理员
12	工艺美术专业人员	正高级工艺美术师	高级工艺美术师	工艺美术师	助理工艺美术师	工艺美术员
13	技工院校教师	正高级讲师	高级讲师	讲师	助理讲师	
14		正高级实习指导教师	高级实习指导教师	一级实习指导教师	二级实习指导教师	三级实习指导教师
15	体育专业人员	国家级教练	高级教练	中级教练	初级教练	
			高级运动防护师	中级运动防护师	初级运动防护师	
16	翻译专业人员	译审	一级翻译	二级翻译	三级翻译	
17	播音主持专业人员	播音指导	主任播音员主持人	一级播音员主持人	二级播音员主持人	
18	会计人员	正高级会计师	高级会计师	会计师	助理会计师	
19	统计人员	正高级统计师	高级统计师	统计师	助理统计师	
20	经济专业人员	正高级经济师	高级经济师	经济师	助理经济师	
		正高级人力资源管理师	高级人力资源管理师	人力资源管理师	助理人力资源管理师	
		正高级知识产权师	高级知识产权师	知识产权师	助理知识产权师	
20	实验技术人才	正高级实验师	高级实验师	实验师	助理实验师	实验员
21	中等职业学校教师	正高级讲师	高级讲师	讲师	助理讲师	
		正高级实习指导教师	高级实习指导教师	一级实习指导教师	二级实习指导教师	三级实习指导教师
22	中小学教师	正高级教师	高级教师	一级教师	二级教师	三级教师

(续表)

序号	名称	各层级职称名称			
		高级		中级	初级
23	艺术专业人员	一级演员	二级演员	三级演员	四级演员
		一级演奏员	二级演奏员	三级演奏员	四级演奏员
		一级编剧	二级编剧	三级编剧	四级编剧
		一级导演（编导）	二级导演（编导）	三级导演（编导）	四级导演（编导）
		一级指挥	二级指挥	三级指挥	四级指挥
		一级作曲	二级作曲	三级作曲	四级作曲
		一级作词	二级作词	三级作词	四级作词
		一级摄影（摄像）师	二级摄影（摄像）师	三级摄影（摄像）师	四级摄影（摄像）师
		一级舞美设计师	二级舞美设计师	三级舞美设计师	四级舞美设计师
		一级艺术创意设计师	二级艺术创意设计师	三级艺术创意设计师	四级艺术创意设计师
		一级美术师	二级美术师	三级美术师	四级美术师
		一级文学创作	二级文学创作	三级文学创作	四级文学创作
		一级演出监督	二级演出监督	三级演出监督	四级演出监督
		一级舞台技术	二级舞台技术	三级舞台技术	四级舞台技术
		一级录音师	二级录音师	三级录音师	四级录音师
		一级剪辑师	二级剪辑师	三级剪辑师	四级剪辑师

（续表）

序号	名称	各层级职称名称		
		高级	中级	初级
24	公共法律服务专业人员	一级公证员	二级公证员	三级公证员	四级公证员

序号	名称	各层级职称名称			
		高级		中级	初级
24	公共法律服务专业人员	一级公证员	二级公证员	三级公证员	四级公证员
		正高级司法鉴定人	副高级司法鉴定人	中级司法鉴定人	初级司法鉴定人
		主任法医师	副主任法医师	主检法医师	法医师
25	船舶专业技术人员	正高级船长	高级船长	中级驾驶员	助理驾驶员
		正高级轮机长	高级轮机长	中级轮机员	助理轮机员
		正高级船舶电子员	高级船舶电子员	中级船舶电子员	助理船舶电子员
		正高级引航员	高级引航员	中级引航员	助理引航员
26	民用航空飞行技术人员	正高级飞行员	一级飞行员	二级飞行员	三级飞行员
		正高级领航员	一级领航员	二级领航员	三级领航员
		正高级飞行通信员	一级飞行通信员	二级飞行通信员	三级飞行通信员
		正高级飞行机械员	一级飞行机械员	二级飞行机械员	三级飞行机械员
27	审计专业人员	正高级审计师	高级审计师	审计师	助理审计师

资料来源：一览表内容具体参见中华人民共和国人力资源和社会保障部官网发布的《职称系列（专业）各层级名称职称系列（专业）各层级名称》，http://www.mohrss.gov.cn/SYrlzyhshbzb/ztzl/zyhzyzggg/zcwj_zc/zc/202111/t20211102_426565.html，2021年11月2日访问。

(二) 公务员的类别与等级

公务员职位类别按照公务员职位的性质、特点和管理需要,划分为综合管理类、专业技术类和行政执法类等类别。公务员职务分为领导职务和非领导职务。领导职务层次分为:国家级正职、国家级副职、省部级正职、省部级副职、厅局级正职、厅局级副职、县处级正职、县处级副职、乡科级正职、乡科级副职。非领导职务层次在厅局级以下设置。其中,最主要的综合管理类公务员职级序列分为:一级巡视员、二级巡视员、一级调研员、二级调研员、三级调研员、四级调研员、一级主任科员、二级主任科员、三级主任科员、四级主任科员、一级科员、二级科员。根据公务员所在职位的责任大小、工作难易程度以及公务员本身的德才表现、年功资历等因素,我国将公务员分为27级,分别与12个职务等次相对应。职务等次高低与级别的高低相互交叉,每一职务对应1—9个级别,职务越高对应的级别越少,职务越低对应的级别越多,以综合管理类公务员职级序列为例,对应关系具体如下:

一级巡视员:十三级至八级;

二级巡视员:十五级至十级;

一级调研员:十七级至十一级;

二级调研员:十八级至十二级;

三级调研员:十九级至十三级;

四级调研员:二十级至十四级;

一级主任科员:二十一级至十五级;

二级主任科员:二十二级至十六级;

三级主任科员:二十三级至十七级;

四级主任科员:二十四级至十八级;

一级科员:二十六级至十八级;

二级科员:二十七级至十九级。

厅局级以下领导职务对应的综合管理类公务员最低职级是:

厅局级正职:一级巡视员;

厅局级副职:二级巡视员;

县处级正职:二级调研员;

县处级副职:四级调研员;

乡科级正职:二级主任科员;

乡科级副职:四级主任科员。

我国自2019年6月1日起实施《公务员职务与职级并行规定》,通过设置职级序列取代非领导职务序列,改变了职数设置的方式和职数结构,并突破机构规格的限制,推行公务员职务与职级并行、职级与待遇挂钩制度。其特点包括:一是明确职级在确定公务员待遇中的地位,提出领导职务与职级是确定公务员待遇的重要依据。二是明确职级决定生活待遇的原则,如工资标准、住房医疗补贴等。三是明确职级与工作待遇脱钩。公务员晋升职级,不改变工作职位和领导指挥关系,不享受相应职务层次的政治待遇、工作待遇,因公出国出差的交通、住宿和办公用房待遇不与职级挂钩。四是坚持基层导向。综合管理类公务员的职级设置突破了机构规格限制,职级职数按照各类别公务员行政编制数量的一定比例核定。五是引起连锁反应。综合管理类公务员实行职务与职级并行后,行政执法类公务员与专业技术类公务员也实行职务与职级并行制度。可见,职级制度改变了工资确定规则,坚持向基层倾斜,强化了工资的待遇导向,有利于建立公平合理的公务员体制,拓宽了公务员晋升通道,完善了激励保障制度及"能上能下"制度。

(三)公务员分类制度的优缺点

我国现行的公务员分类制度是在继承传统人员分类方法的基础上,吸收现代任务分类思想发展而来的。其优点体现在以下几个方面:

(1)分类简单,易于操作实施。

(2)兼容并包。既兼顾了我国传统的人员分类方法,又吸收了现代任务分类的优点,同时也符合现代人力资源分类的潮流。

(3)责权利一致。公务员分类中非领导职务序列的设立,满足了我国行政机关中某些职位责任较大但又不承担领导责任情况的需要,解决了我国行政机关不设专业技术职务但有些职务又只有专业技术人员才能担任的矛盾,体现了责权利一致的原则。

其缺点体现在以下几个方面:

(1)类别过少。分类过于简单,科学化和规范化较低,属于人力资源分类的初级阶段。

(2)覆盖面小。分类范围狭窄,仅限于行政机关公务员,而其他系统的分类制度不够完善。

(3)科学性有待加强。我国所实行的任务分类仅是名义上的任务分类,缺乏具体的工作分析、职位评价和工作说明书等实质性的内容。

(4) 法制化程度低。我国的任务分类缺乏具体的规范性文件和正式法规,法制化程度低。

本章小结

本章主要介绍了工作分析的概念、类型、内容与方法,介绍了工作评价的意义、作用、特点与各种方法,介绍了工作分类的理论、方法与发展以及在我国公共部门的应用。

首先,工作分析是工作评价与分类的基础,也是整个人力资源管理与开发工作的基础。工作分析有广义的工作分析与狭义的工作分析两种。广义的工作分析是相对整个国家与社会范围内职位工作的分析。狭义的工作分析,又称职务分析,指分析者采用科学的手段或技术,全面了解特定职位的职责、责任和权限、与其他职位的关系及任职者的资格条件的系统过程。

工作分析作为一种活动,其主体是工作分析者,客体是工作职位,对象是职位中的工作内容、工作责任、工作技能、工作强度、工作环境、工作心理以及职位在组织中的运作关系。分析的结果是职务说明书。

其次,工作评价是指对工作的价值进行评价,其目的主要是建立组织内职位价值序列以及设计薪酬体系。工作评价和工作分析密不可分。工作评价的过程是衡量组织内各类工作职位相对价值的过程,评价的中心是客观存在的"事"。工作评价的方法有多种,本章主要讲述了四种评价方法:排列法、分类归级法、评分法和要素比较法。排列法和分类归级法属于定性评价的方法,评分法和要素比较法属于定量评价的方法。

最后,本章介绍了各种工作分类方法及其在我国公共部门的应用,认为根据分类的对象不同,一般而言可以有两种分类方法,一种是按照任务进行分类,另一种是按照人员进行分类。前者是按照业务性质首先将组织中的所有职位分为若干职门、职组、职系,然后按工作的繁简难易程度、责任大小和所需人员资格条件等因素,将相同性质的职位再分为若干职级以及对不同职系中的职位统一职等,作为人力资源管理的依据的分类制度。人员分类中的人员分类是指将组织中的人员按工作性质、责任轻重、资历条件及工作环境等因素分门别类,设定等级,为人力资源管理的各环节提供相应管理依据的程序方法。我国自2019年正式实行职务职级并行,推动公务员任务分类和人员分类二者在实践中相互交融与吸收,并不断发展成为一种更为合理的综合分类方法,促进了我国公务员激励保障制度、"能上能下"制度的完善。

第四章　人力资源规划

教学目标与方法建议

通过本章教学,应该掌握以下内容:
1. 人力资源规划的定义与分类;
2. 人力资源规划与人力资源战略的关系;
3. 人力资源规划的内容与作用;
4. 人力资源规划的过程和主要方法;
5. 公共部门人力资源规划的现状与改进方向。

教学方法建议:建议采用课堂教学、问题讨论以及案例分析相结合的方式。

完成工作分析、工作分类与工作评价之后,人力资源规划就是整个人力资源管理活动中十分基础而关键的部分。在这一章,我们主要介绍人力资源规划的概念、类型、内容、作用、过程与方法,分析人力资源规划与人力资源战略的关系,说明公共部门人力资源规划的特点、现状与改进方向。

第一节　人力资源规划概述

人力资源规划在整个管理过程中发挥着十分重要的作用。人力资源规划有助于组织制订合理的培训开发计划并建立相应的制度,使员工能够不断适应组织发展的需要;人力资源规划可以帮助组织开展员工职业生涯开发与规划,促进组织人才梯队建设,防止人才的断层。通过人力资源规划,组织可以制订出未来各个阶段的人力资源招聘任用计划,以更好地适应瞬息万变的发展环境。总之,人力资源规划有助于组织提高适应能力、生存能力和发展能力。

一、人力资源规划的定义与分类

什么是人力资源规划?学者们的解释众多,几种典型的解释如下[①]:

[①] 参见赵曙明编著:《人力资源战略与规划(第四版)》,中国人民大学出版社2017年版,第5页。

（1）人力资源规划就是要分析组织在环境变化中的人力资源需求状况，并制定必要的政策和措施来满足这些要求。

（2）人力资源规划就是要在组织和员工的目标达到最大一致的情况下，使得人力资源的供给和需求达到最佳平衡。

（3）人力资源规划就是要确保组织在需要的时间和需要的岗位上获得各种需要的人才（包括数量和质量两个指标），人力资源规划的目的就是要使得组织和个人都得到长期保护。

（4）人力资源规划就是预测组织未来的任务和环境对组织的要求，以及为了完成这些任务和满足这些要求而设计如何提供人力资源的过程。

（5）人力资源规划就是要把部门管理者提出的"期望目标系列"与由财政约束、政治理念与政治目标所造成的政治现实之间协调起来。

（6）人力资源规划是将业务规划、战略规划和市场的需求结合在一起以达到组织机构一定的需要。①

（7）人力资源规划有广义和狭义之分。广义的人力资源规划是对人力资源管理工作进行筹划和安排，是组织根据外部环境和内部条件而统筹安排各项人力资源管理活动的过程。狭义的人力资源规划是指科学地预测、分析自己在变化的环境中的人力资源供给和需求状况，制定必要的政策以确保自身在需要的时间和需要的岗位上获得各种需要的人才，并使组织和个体得到长期的利益。②

（8）人力资源规划是（对组织的需要）进行识别和应答以及制定新的政策、系统和方案来使人力资源管理在变化的条件下保持有效的过程。因此，人力资源规划的目标是：让组织可以预见其未来人力资源管理的需要；识别可以帮助它们满足这些需要的实践。③

（9）人力资源规划是管理人员确定组织应当如何由现状发展到理想的人力资源状态的过程。通过制定规划，管理人员努力让"适当数量和种类的人，在适当的时间和适当的地点，从事使组织与个人双方获得最大的长期利益的工作"④。

---

① 参见张国初等：《人力资源管理定量测度和评价》，社会科学文献出版社2000年版，第43页。
② 参见张德等：《人力资源管理》，中国发展出版社2003年版，第42页。
③ 参见〔美〕劳伦斯·S.克雷曼：《人力资源管理——获取竞争优势的工具》，孙非等译，机械工业出版社1999年版，第51页。
④ 参见〔美〕詹姆斯·W.沃克：《人力资源战略》，吴雯芳译，中国人民大学出版社2001年版，第50页。

第四章 人力资源规划

综合以上各种定义,我们认为,人力资源规划是为了适应环境发展和自身发展的动态性,预测组织对人力资源的需要,并制订必要的计划,确保有适当数目的适当人员适时地担当适当工作的一个过程,这一过程同时也使员工个人的职业生涯得到充分的发展。

人力资源规划按照不同的标准可以进行不同的分类,组织可以根据自身具体情况和实际需要进行选择。

从规划的时间上,人力资源规划可以分为三种:短期规划,一般为6个月—1年,长期规划为3年以上,中期规划介于两者之间。国家的人力资源规划通常时间跨度比较大,我国2010年发布的中长期人才发展规划,时间跨度为10年。一般来说,可以根据环境的稳定性和确定性程度,进行规划的长短期限选择,具体参见表4-1。

表4-1 环境的确定性程度与规划期限的长短

短期规划:不确定/不稳定	长期规划:确定/稳定
组织面临诸多竞争者	组织居于强有力的竞争地位
快速的变化、经济环境	社会、政治、技术等环境变化是渐进的
不稳定的产品/劳务需求	强大的管理信息系统
政治法律环境经常变化	稳定的产品/服务需求
组织规模小	管理水平先进
管理水平低	

资料来源:Terry L. Leap and Michael D. Crino, *Personnel/Human Resource Management*, Macmillan, 1989, p. 97。

国外的实践表明,规模较小的组织不适于拟定详细的人力资源规划,因为规模小的组织受各种内外环境的影响大,规划的准确性较差,规划的指导作用往往难以体现。另外,小规模组织如果规划性过高,可能会影响其灵活适应性。

从规划的范围上,人力资源规划可分为组织总体人力资源规划、部门人力资源规划、某项任务或工作的人力资源规划。

从规划的性质上,人力资源规划可分为战略性人力资源规划和战术性人力资源规划。前者具有全局性和长远性,通常是组织人力资源战略的表现形式;后者一般指具体的、短期的、具有专门针对性的业务计划。

二、人力资源规划与人力资源战略

进入 21 世纪,人力资源作为组织的第一资源,是组织成败的关键。组织面临的最重要问题与挑战已不再局限于操作层面,战略层面的因素发挥着越来越重要的作用。因此,组织人力资源战略选择与高效实施,对组织竞争优势的获取和维持具有重要作用。

人力资源规划和人力资源战略的关系问题是伴随着社会的发展和人力资源管理的发展而产生的一个新兴话题。著名的人力资源战略管理专家詹姆斯·W. 沃克(James W. Walker)认为:人力资源规划是在不断变化的环境中分析组织的人力资源需求以及设计满足这些需求所必需的活动的管理过程,而人力资源战略则是人力资源管理的方向性规划。因此,两者有很大的相通性。例如,沃克在 1992 年出版的《人力资源战略》(*Human Resource Strategy*)一书,实为 1979 年出版的《人力资源规划》(*Human Resource Planning*)一书的修订再版。

在当今迅速变化的环境中,实施人力资源战略的一个重要目的,即引导形成一个更加灵活、更具适应性的组织。为实现组织战略,要求实行专注于与人有关的问题的人力资源战略。人力资源战略不仅是有关人力资源管理的一系列行动计划,也是改变一个组织的本来特性的一个整体、多面、长期的过程。①由于人力资源战略是一个组织的一项职能战略,因此讨论人力资源战略的问题必然要涉及组织的战略问题。

同时,成功的人力资源规划是实现组织战略目标的基础和根本保证。组织战略目标的实现需要各种内部资源的支持,包括实现发展目标所需的人力、物力、财力。人力资源规划根据组织发展目标的需要,根据组织在各个阶段对人力资源的需求,对人力资源的现期和中远期的储备做出预测和安排,从而有效地支持和保证了组织目标的实现。

20 世纪 90 年代形成的资源学派的观点认为:"组织战略是企业管理层所制定的策略规划,其目的在于确立其在市场领域中的位置,成功地同其竞争对手进行竞争,满足顾客的需求,获得卓越的业绩。战略包括管理者在经营一家公

---

① 参见〔美〕詹姆斯·W. 沃克:《人力资源战略》,吴雯芳译,中国人民大学出版社 2001 年版,第 49 页。

司时所运用的所有竞争行动和业务措施。"①

这些定义也都是从私营组织的角度出发的,私营组织进行战略管理的目的在于获得持久的竞争力和长远的发展。当然,利润和市场等私营组织的目标并不是那些非营利性的公共部门所追求的。但非营利的公共部门的良性运行仍然需要从战略角度加以管理,不同的是,这些组织是以履行某种公共职能(如政府机构)、为公众或特定群体服务(如行业协会)、实践某种思想理念(如环保组织)等为战略管理目标的。因此,抛开营利性目的这一点,所有关于私营组织的战略定义及相关理论对于非营利性组织仍然适用。

非营利的公共部门为了保持其生存和发展,适应变化是至关重要的,否则它就会面临停滞不前的风险。同时,为了将人力资源管理部门由一个职能部门向前瞻性部门过渡,进行人力资源规划也是非常重要的举措,如美国明尼苏达州运输署建立了人力资源规划董事会。②

组织人力资源战略的制定过程一般由以下步骤构成:

(1) 确定组织的使命;

(2) 审视组织的环境;

(3) 设定人力资源战略的目标;

(4) 具体提出一系列实现战略目标的措施,其中有一部分涉及人力资源规划内容或者管理对策。

组织人力资源战略规划制定出来以后,就成为组织人力资源管理的最高纲领。组织的人力资源战略一旦确定,为了确保战略的成功和帮助组织实现其人力资源战略目标,人力资源规划就随之展开了。当然,组织的人力资源战略规划不应该是一成不变的,而是需要根据外部环境和内部环境的变化不断进行调整的。同时,如果随着外部环境发生变化,组织的人力资源战略发生了调整,人力资源规划也要随之进行相应的调整。组织的人力资源规划始于其人力资源战略规划,人力资源规划将组织的战略规划转化成特定的人力资源需求的数量与质量规划。

---

① 参见〔美〕亚瑟·A.汤姆森、A.J.斯迪克兰迪:《战略管理:概念与案例(第十版)》,段盛华、王智慧主译,北京大学出版社 2000 年版,第 20 页。

② 参见〔美〕琼·E.派恩斯:《公共和非营利性组织的人力资源管理》,王孙禺、达飞译,清华大学出版社 2002 年版,第 16 页。

三、人力资源规划的内容与作用

(一) 人力资源规划的内容

1. 传统人力资源规划的内容

从组织的传统人力资源规划所涉及的范围来看,主要有以下两个方面:

(1) 人力资源总体规划。人力资源总体规划是组织的人力资源战略发展规划,主要是对计划期内人力资源规划结果进行总体描述,包括总目标、总政策、实施步骤和总预算等内容,它是组织发展战略的重要组成部分和制订人力资源专项业务计划的主要依据。

(2) 人力资源专项业务计划。人力资源专项业务计划是总体规划的展开和细化,包括人员补充计划、人员使用计划、接替晋升计划、教育培训计划、薪酬激励计划、退休解聘计划等。每项专项业务计划的结果应能保证人力资源总体规划目标的实现。

2. 战略人力资源规划[①]

战略人力资源规划强调人力资源管理的系统性,具体可以划分为人力资源数量规划、人力资源能力规划、人力资源管理效率规划和人力资源管理制度规划。其中,人力资源数量规划也就是传统的人力资源规划,这里不再进行赘述。人力资源能力规划是对组织所需要的核心能力进行规划。人力资源管理效率规划是将组织与同行业其他组织的人力资源管理效率进行比较,找出不足之处,并且采取相应措施来解决这些问题。人力资源管理制度规划是通过对组织人力资源管理制度与体系进行评估,找出制度缺口,并找出相应的方法来弥补这些缺口。

(二) 人力资源规划的作用

人力资源规划是人力资源管理的前提和基础,直接关系到人力资源管理其他各个模块的功能能否充分发挥和组织目标能否顺利实现。一般而言,人力资源规划的作用主要有以下几个方面[②]:

(1) 有利于组织战略目标的实现。人力资源规划与组织战略目标的实现相关联,在实施组织战略目标的过程中,人力资源规划能够指导人力资源管理

---

① 参见文跃然:《人力资源战略与规划(第二版)》,复旦大学出版社2017年版,第205页。
② 参见强恩芳编著:《人力资源管理导论》,北京大学出版社2019年版,第118页。

的具体活动,不断地对人力资源管理的政策和措施做出动态调整,从而保证组织目标的实现。

(2) 确保组织在生存发展中对人力资源的需求。组织在生存发展中同时面临内部环境和外部环境的变化。在内部环境层面,人力资源规划可以对组织的人力资源需求情况和市场人力资源供给情况进行预测、分析和评估,保证组织人力资源供需平衡。在外部环境层面,人力资源规划能够预测和判断组织所面临的机会和所受到的威胁,分析组织面临的优势和劣势,以便更好地预测供求差异并做出调整,这也是人力资源规划的基本职能。

(3) 有利于组织人力资源管理活动的有序化。人力资源规划包括人力资源总体规划和人力资源专项业务计划。人力资源总体规划明确了人力资源管理的具体目标,而人力资源专项业务计划则规定了人力资源管理的具体行动方案,为人力资源具体活动的进行提供了依据和基础。

(4) 有利于调动员工的积极性和创造性。人力资源规划有助于引导员工职业生涯设计和职业生涯发展。具体而言,在人力资源规划的条件下,员工可以看到自己的发展前景,这样可以激发员工的积极性和创造性,在实现组织目标的同时,也满足了个人的需要。

(5) 有助于控制人力资源成本。人力资源规划有助于测算出人力资源规划方案的实施成本和带来的效益;同时,人力资源规划还可以预测组织人员的变化,通过调整组织的人员结构,把人工成本控制在合理水平,从而促进组织可持续发展。

第二节　人力资源规划过程与方法

人力资源管理的主要目标是使组织对于人力资源的需求与供给相一致。通常,人力资源规划的过程始于对组织战略规划的分析,将组织的战略规划展开,作为人力资源规划的依据和前提。接下来的人力资源规划过程包括三个基本环节:人力资源需求预测、人力资源供给分析和人力资源规划的行动决策。整个人力资源规划过程可以用图4-1表示。

一、人力资源需求预测

所谓人力资源需求,指一个组织按照自己的发展规划,为确保提供一定量的产品和服务而需要招聘的人员数量和类型。

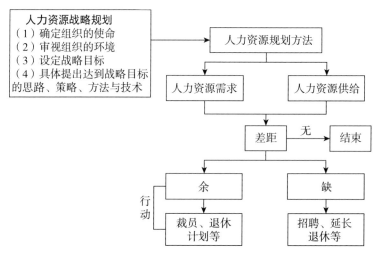

图 4-1 人力资源规划过程

资料来源：John M. Invancevich, *Human Resource Management*, 8th ed., McGraw-Hill, 2001, p. 107。

人力资源需求预测，是指根据组织战略规划，在了解组织现有人力资源的结构和分布的基础上，对组织在未来某个阶段人力资源需求的类型、结构、数量和质量进行预测。

人力资源需求预测作为人力资源战略和规划的核心内容，是制订人力资源计划、实施培训与开发方案的基础。它通过估算实现组织目标所必需的人力资源数量与质量，帮助管理者明确未来的人力资源需求，指导管理人员思考未来人力资源管理目标及如何实现这些目标。[①]

人力资源需求的影响因素很多，也很复杂。因为人力资源需求不仅受到整个宏观环境的社会经济状况影响，也受到组织具体情况的影响。所有这些影响因素可以从宏观和微观两个层面加以分析。宏观层面包括社会、经济、政治、技术、劳动力市场和竞争对手等因素；微观层面包括组织战略、组织运行情况、组织管理水平和组织结构、现有人员素质和流动情况等因素。

经济、社会、技术等宏观因素构成了组织存在和运行的客观环境，因此会在总体上对各个组织的人力资源需求都产生重要影响。如在经济繁荣时期，整个社会各行各业对人力资源的需求都很旺盛，而在经济萧条或衰退时期，将会出现人力资源的需求不足甚至劳动力大量剩余。再如，在技术的进步时期，需要

---

① 参见廖泉文：《招聘与录用》，中国人民大学出版社 2002 年版，第 85 页。

相应吸收那些掌握新技术的人才,同时还需要将现有人员进行替换或培训。总而言之,这些宏观因素会对人力资源需求产生直接或间接的影响,在预测人力资源需求时,应该充分考虑这些因素。

尽管像上面所指出的那样,进行人力资源需求预测离不开对宏观因素的预测和分析,但研究微观层面的影响因素或许具有更高的现实意义和可操作性。

组织内部微观层面上的各种因素,对人力资源数量和质量的需求,具有直接的影响。这些因素包括:组织发展的新战略、政策和计划,与之相应的对人员素质要求的升级;计划内人员更替(如退休、晋升等)、非计划内人员流失(如辞职、辞退等);培训和教育活动(与组织对人力资源需求的不断变化相关);以效率提升为目的的组织管理革新;组织业务与工作时间变化;预测活动的变化;各部门可用的财务预算。

人力资源需求预测有长期、中期与短期之分,预测的时间跨度越大,各种环境因素变化越大,不确定的因素也就越多。进行预测可以采用的方法也有很多,应该针对不同时间跨度的预测,采用适当的预测方法和技术,将不确定性降至最低水平,提高预测的准确度。总体上,人力资源需求预测的方法可以分为定性预测法和定量预测法两大类,根据是否采用统计模型,可以分为统计学方法和判断方法。下面重点介绍一下定性预测法和定量预测法。

(一)定性预测法

1. 单元需求预测法或经验法

这里的单元是指组织的一个部门、科室或一个项目组等基层组织。首先由各个基层组织的管理人员根据以往的经验对本部门在未来某个时期的各类人力资源需求进行预测,再上报上一级主管部门,由上一级部门对其所属部门的人力资源需求进行汇总,经过层层估算,最后由最高管理层的人力资源决策人员对整个组织的人力资源需求进行预测。[①] 这种方法又称为自下而上预测法。

这种预测不是正式的计划,而只是反映了对新职位、新人员的需求或者职位名称和内容的变化。单元需求预测法基于这样的推理:每个部门的管理者最了解该部门的人员需求。

这种方法是以管理人员的个人经验和主观判断为基础的,带有相当程度的主观性,容易受到管理人员个人意见的左右,还容易受到组织内各部门自身利

---

① 参见廖泉文:《招聘与录用》,中国人民大学出版社2002年版,第92页。

益等因素的制约。但是,这种方法简单易行,成本也较低,比较适合在短期的预测中使用,对于小规模的组织,也是一种可行的技术方法。

2. 专家法

专家法是邀请有关专家根据自己的知识和经验进行判断的一种方法,也是实际工作中运用最多的一种判断方法。专家法的形式很多,其中最著名的是德尔菲法。

德尔菲法最早出现于 20 世纪 50 年代末。德尔菲是古希腊地名,在德尔菲有座阿波罗神殿,是一个预卜未来的神谕之地,于是人们就借用此名,作为这种方法的名字。1964 年美国兰德(RAND)公司首次将德尔菲法用于预测,之后便迅速地应用于美国和其他国家。在人力资源长期预测与规划过程中,德尔菲法是运用最为广泛也最为成功的一种定性分析方法。

德尔菲法又名专家意见法,是依据系统的程序,采用匿名发表意见的方式,即团队成员之间不得互相讨论,不发生横向联系,只能与调查人员发生关系,通过多轮次调查专家对问卷所提问题的看法,经过反复征询、归纳、修改,最后汇总成专家基本一致的看法,作为预测的结果。这种方法具有广泛的代表性,较为可靠。

德尔菲法的具体实施步骤如下:

(1) 组成专家小组。按照课题所需要的知识范围,确定专家。专家人数的多少,可根据预测课题的大小和涉及面的宽窄而定,一般不超过 20 人。

(2) 向所有专家提出所要预测的问题及有关要求,并附上有关这个问题的所有背景材料,同时请专家提出还需要什么材料。然后,由专家做书面答复。

(3) 各个专家根据他们所收到的材料,提出自己的预测意见,并说明自己是怎样利用这些材料提出预测值的。

(4) 将各位专家的第一次判断意见汇总,列成图表,进行对比,再分发给各位专家,让专家比较自己与他人的不同意见,修改自己的意见和判断。也可以把各位专家的意见加以整理,或请身份更高的其他专家加以评论,然后把这些意见再分送给各位专家,以便他们参考后修改自己的意见。

(5) 将所有专家的修改意见收集起来,汇总后再次分发给各位专家,以便做第二次修改。逐轮收集意见并向专家反馈信息是德尔菲法的主要环节。收集意见和信息反馈一般要经过四轮。在向专家进行反馈的时候,只给出各种意见,但并不说明发表各种意见的专家的具体姓名。这一过程重复进行,直到每一个专家不再改变自己的意见为止。

(6) 对专家的意见进行综合处理。

德尔菲法同常见的召集专家开会、通过集体讨论得出一致预测意见的专家会议法既有联系又有区别。德尔菲法能发挥专家会议法的优点：既能充分发挥各位专家的作用，集思广益，准确性高，又能把各位专家意见的分歧点表达出来，取各家之长，避各家之短。同时，德尔菲法也能避免专家会议法的缺点：比如，权威人士的意见影响他人的意见；有些专家碍于情面，不愿意发表与其他人不同的意见；有些专家出于自尊心而不愿意修改自己原来不全面的意见；等等。德尔菲法的主要缺点是过程比较复杂，花费时间较长。

我们需要注意两点：首先，并不是所有被预测的事件都要经过四轮。可能有的事件在第二轮就达成统一意见，而不必在第三轮中出现。其次，在第四轮结束后，专家对各事件的预测也不一定都达到统一。不统一也可以用中位数和上下四分点来做结论。

(二) 定量预测法

1. 趋势外推法

趋势外推法是最简单易行的一种时间序列法。此外，时间序列法还包括滑动平均法、指数曲线法。

趋势外推法的使用条件是组织的人力资源需求在时间上表现出明显的均等发展趋势。基本过程是：以时间为横坐标，组织人力资源需求为纵坐标，在坐标系中画出时间与人力资源需求决定的散点图，再根据散点图的分布绘出人力资源需求随时间变化的曲线。

在组织人力资源需求分析过程中，通常将时间替换成与组织人员数量和构成关系最大的因素，如产量、销售额、销售量等，得出人力资源需求变化曲线后，再根据这一因素在将来某个时点上的情况，对组织的人员需求趋势加以预测。应该采用哪种因素进行分析预测，是建立在对组织相关资料和相关数据的整理、统计和分析基础上的。

公共部门不适宜采用以上经济因素进行分析预测，可以结合实际情况，采用工作量等因素作为预测的根据。

2. 比率分析法

比率分析法是通过计算影响人力资源需求的某个关键因素与所需人员数量的一个精确比率来确定未来人力资源需求的一种方法。这种方法通过研究历史统计资料中的各种比例关系，考虑未来情况的变动，估计预测期内的比例关系，从而预测未来各类人员的需求量。这种方法简单易行，关键就在于历史资料的准确性和对未来情况变动的估计。

可以看出,比率分析法涉及两个量和一个比率。两个量中,一个是需要预测的人力资源的需求量,一个是某个关键因素;一个比率即这两个量之间的精确比率。恰当使用这种方法的关键在于找出关键因素和确定两个量之间的精确比率。通常关键因素可以分为两类:一类是与组织运行相关的某个对人力资源需求有重要直接影响的因素,例如产量、销售量等;另一类是组织中某些关键人员的数量。组织采用比率分析法进行预测时,多采用前一类因素。首先收集这些关键因素及对应的人力资源需求的历史资料,确定两者之间的精确比率,然后用关键因素在未来某个时点的预测值乘以这个精确比率得到相应的人力资源需求量。通常,像产量、销售量这些因素的预测值可以从组织的其他部门得到,所以人力资源部门的任务主要是对历史数据进行分析,合理地确定关键因素和该因素与人力资源需求之间的精确比率。如果是公共部门,则完全可以采用第二类因素。首先研究组织过去的人力资源数据资料,并根据资料确定不同工作岗位的员工之间的数量比率,最后通过已经确定下来的某个关键岗位的人员需求量来计算其他岗位的人员需求量。

需要注意的是,比率分析法使用的某个比率并不是固定不变的,而是动态变化的。因此,在某个时期进行预测时不能直接采用上个时期计算出的比率,而是应该重新分析计算,加以确定,这样才能保证预测的准确性。

3. 回归分析

回归分析是通过建立人力资源需求量与某一个或多个决定人力资源需求的变量之间的回归模型,得到人力资源需求与影响因素之间的函数关系,从而对未来的人力资源需求进行分析预测的一种更为精确的统计学方法。回归分析中应用最普遍的是线性回归模型,包括单变量线性回归模型和多变量线性回归模型。

(1) 单变量线性回归模型。

单变量线性回归分析是以人力资源需求水平和某个与需求相关联的变量之间的关系为基础的。首先需要确定组织中与人力资源需求水平关联最密切的变量,然后收集相关数据,估计相关系数,确立模型,最后利用相关变量的某个具体值对未来人力资源需求水平做出预测。

单变量线性回归也称为简单线性回归、一元线性回归,该模型的基本公式为:$y = \alpha + \beta x + \varepsilon$

其中，y——人力资源需求数量；

x——某个与需求相关联的变量；

$α$——回归常数；

$β$——回归系数；

$ε$——随机误差。

通过计算，可以得到式中 $α$、$β$ 的值，从而得到线性回归方程：$y=α+βx$。

需要指出的是，只有当人力资源需求量与某个因素高度相关时，才可以使用回归方程进行预测，因此在预测之前需要对是否高度相关进行检验。统计学上有多种检验方法。除了用公式进行计算以外，还可以使用 SAS、SPSS 等专业软件。

与人力资源需求水平相关的变量有很多。从逻辑上讲，组织人力资源需求是产量、销量、税收等的函数，但对公共部门，则无法采用这类经济指标。对于公共部门而言，应用回归分析进行人力资源需求预测时，选取哪个或哪些（多元回归分析中）因素是一个需要研究探讨的问题。这个问题同样可以用统计方法加以解决，分别选取公共部门中与人力资源需求相关的多个因素做回归分析，然后通过显著性检验来确定最适宜的相关变量。

（2）多变量线性回归模型。

多变量线性回归模型（又称多元线性回归模型）是对单变量回归模型的扩展。与单变量线性回归模型不同的是，多变量线性回归模型选取多个而不是一个与人力资源需求水平有关的变量。在实际工作中，影响人力资源需求量的因素并非只有一个，而是多个因素共同影响着组织人力资源的需求量。在单变量线性回归中，实际上是保留了一个对人力资源需求影响最大的因素，而将其他因素忽略掉。从这个意义上讲，通过多变量线性回归模型做出的人力资源需求预测要比单变量线性回归模型更加准确。当然，是否采用多变量线性回归模型也应该视实际情况而定，一般来讲，比较大型的组织适合采用这种多变量线性回归模型。

在使用统计学方法进行人力资源需求预测时需要注意的一点是，这些方法的前提都是假设人力资源需求与其决定因素之间的关系是不随时间而变化的。如果它们之间的关系发生了变化，预测就会变得不准确。

（3）计算机模拟预测法。[1]

计算机模拟预测法是人力资源需求预测中最复杂也是最精确的一种方法。

---

[1] 参见赵曙明编著：《人力资源战略与规划（第四版）》，中国人民大学出版社 2017 年版，第 171 页。

这被比喻为在一个"虚拟的世界"里的实验,它能综合考虑各种因素对组织人力资源需求的影响。这种方法主要在电脑模拟的虚拟环境中,对组织可能面临的外部环境的变化及自身的复杂动态进行分析,得到未来需求的人力资源配置方案。信息技术的广泛应用有利于这种方法的普及应用。

二、人力资源供给分析

经过人力资源需求分析,组织预测了未来需要的人力资源的数量和类型。那么,如何获得所需的人力资源,是通过内部人员的调动、提拔,还是通过对外招聘?这个问题需要人力资源供给分析来进行解决。人力资源供给分析就是组织依据所需要的人力,分析未来人力资源主要来源与数量。

影响人力资源供给的因素很多,可以分为两个方面。一方面是组织内部因素,如人员的退休、离岗造成人力资源供给的减少或内部员工的流动(转岗、晋升、降职等)导致人力资源配置的变化等。另一方面就是组织外部环境对人力资源供给的影响,包括人口结构的变迁、经济景气状况以及就业市场状况等因素。外部环境的预测类似于环境分析,主要是根据环境变化分析其对人才市场的影响,以及其他可能发生的变化。

总体上,影响人力资源供给的外部因素可以分为地域性因素和全国性因素两大类。地域性因素包括:组织所在地的人力资源整体现状;组织所在地的有效人力资源的供需现状;组织所在地对人才的吸引程度。全国性因素包括:全国相关专业的大学生毕业人数及分配情况;国家在就业方面的法规和政策;该领域全国范围的人才供需状况;全国范围从业人员的薪酬水平和差异。

如上所述,影响人力资源供给的因素分为组织内部和组织外部两个方面。一般而言,人力资源供给分析也需要从两方面进行,即内部人力资源供给分析和外部人力资源供给分析。

(一) 内部人力资源供给分析

内部人力资源供给分析就是要预测组织内部的人员变动状况,从而确定组织内部的人力资源供给。一般来讲,内部人力资源供给分析中经常使用的方法分为两类:判断性预测方法和统计学预测方法。

判断性预测方法主要是用来分析组织内部流动状况的。主要的工具包括现有员工的技能清单(skill inventory)或管理人才库(management inventory)和组织人员替换图(replacement chart)等。下面将对这两种分析工具分别简单地加以介绍。

（1）技能清单。技能清单源于对组织现有人力资源的测算。单独的管理人员技能清单通常被称为管理人才库。技能清单可以包含很多内容，组织可以根据自身的实际情况进行选择，一般包括员工的基本个人情况（姓名、出生日期、家庭住址等）、教育背景、职业资格、职业经历、拥有的证书和专利、特殊知识和技能、薪酬水平、特长爱好等。

建立技能清单，可以采用访谈或问卷调查的方式。一般来讲，问卷调查的方式更快捷也更节省成本，但是得到的资料和数据可能不够准确。而通过专业的访谈者对员工进行访谈的资料则相对更加精确，但成本较高。

技能清单建立以后，不断进行数据更新和维护是一项非常重要的工作。对于有些组织而言，每年进行一次数据更新就足够了。但对于一些人员情况变动较大的组织而言，变更的周期则有必要缩短。

技能清单的存储方式也要视组织的具体情况而定。小型的组织或技能清单使用频率较低的组织可以用类似目录卡片的人工方式加以存储；大型的组织可以考虑采用相关的人力资源专业软件，使用计算机系统对技能清单进行存储和管理。

建立和维护组织的技能清单，可以使人力资源管理部门随时掌握组织内的人员构成状况，及时应对各种突发事件和环境变迁，同时在进行人力资源规划时可以利用技能清单对内部人力资源供给做出准确预测。

（2）组织人员替换图。组织人员替换图用来对组织内人员流动进行分析。人员流动主要是指组织内人员的升迁、降级、轮岗、退休、伤病等人员流入流出的情况。组织人员替换图法是对各现有岗位人员进行考评评价，分析其可能流动的方向，从而对人员的流动情况实现控制和测量的一种图示分析法。[①]

从图4-2中可以看出，征管处处长可能晋升，从而形成职位空缺、带来选择候选人的问题，而该图可以提供一定的信息帮助做出正确的预测。

内部人力资源供给分析的统计学预测方法主要是马尔可夫链预测法。该方法的基本思想是找出过去人力资源变动的规律，并以此预测未来的人力资源变动趋势。虽然这种方法应用较为普遍，但其准确性和可行性到目前为止还尚无定论。

---

① 参见廖泉文：《招聘与录用》，中国人民大学出版社2002年版，第97页。

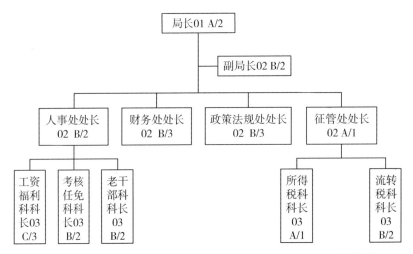

各标注含义:01,02,03——人员类别代码;A——可以晋升,B——需要培训,C——不适合该职位;1——表现优异,2——表现良好,3——表现普通,4——表现欠佳。

图 4-2　某省级地方税务局组织人员替换图

(二) 外部人力资源供给分析

对所有组织来讲,招聘和录用新员工都是必不可少的。无论是由于业务规模的扩大、职能的扩展还是由于劳动力的自然损减,组织都需要从外部劳动力市场上获得必要的劳动力。实际上,外部人力资源的供给预测是组织对人力资源的供给和需求进行综合平衡的一种方法,既要解决总量平衡问题,即总供给和总需求的平衡问题,又要解决结构性的供给和需求的平衡问题,即专业、行业、特殊职业等人力资源供给和需求的平衡问题。随着社会经济的不断发展,人力资源的结构性供给和需求之间的矛盾将长期存在,这是人力资源规划应致力于解决的重要问题。

外部人力资源供给预测方法也很多,主要包括市场调查预测方法和相关因素预测方法。市场调查预测方法是指,人力资源管理人员组织或亲自参与市场调查,并在掌握第一手劳动力市场信息资料的基础上,经过分析和推算,预测劳动力市场的发展规律和未来趋势。相关因素预测方法是指,通过调查和分析,找出影响劳动力市场供给的各种因素,分析各种因素对劳动力市场发展变化的作用方向和影响程度,预测未来劳动力市场的发展规律和趋势。

三、人力资源规划的行动决策

在完成组织的人力资源需求和供给预测分析后,做好人力资源规划的第三步是:依据供需的比较结果,制定满足未来人力资源需要的行动决策。人力资源供需比较的可能结果共有三种:供小于求(人员不足)、供过于求(人员过剩)和供需平衡。每一种情况均有赖于人力资源部门提出应对决策加以执行。不同情况下,组织可以做出不同的决策。

在人员不足的情况下,组织应招聘新职员以满足需求。如果不增加新职员,组织可以选择的决策包括加班、业务外包、培训、延迟退休年龄等。总的来讲,分为三类:更好地利用现有人员、雇用更多的人员、降低对人员素质的要求。

在人员过剩的情况下,可以解聘、缩减工作时间、减薪和鼓励提前退休等。总的来讲,也分成三类:永久性裁员、将人员重新分配到有需求的工作岗位、在减少成本的条件下保留过剩的人员。

供需平衡不仅指人员供需数量上的平衡,还包括供需结构上的平衡。组织的人员配备总是处在不平衡到平衡的动态过程中,不平衡是绝对的,而平衡是相对的。即使某个时点上出现供需平衡,人力资源规划的行动决策也应预测到未来人力资源的需要和可能。

人力资源规划的行动决策通常包括以下几个方面:

(1) 人力资源招募规划,即根据组织整体的发展战略、目标和各部门的发展计划对人力资源配置的要求,以充分有效利用人力资源为原则,确定人力资源招募计划的基本政策以及具体招募方案。具体招募方案一般包括招募人员的数量、种类、时间、渠道及人员素质要求等问题的决策。

(2) 员工教育培训规划,包括培训目标、培训内容、培训方式、培训对象和培训预算。

(3) 员工职业生涯发展规划,包括工作环境改善、个人发展计划、帮助新员工制定职业生涯规划、特殊人员保留等方面的工作目标及所采取的措施等。

(4) 内部人力资源流动规划,包括人事考评(升迁)计划(包括内部人力资源的最佳配置、发展和晋升政策及管理梯队接班人计划)和组织结构调整(转岗规模、类别、时机、政策和去向等)。

(5) 人力资源薪酬福利规划,包括薪酬体系的构建,薪酬等级、差距的设定以及各项福利措施的制定。

此外,人力资源规划的行动决策还包括组织达到其人力资源目标的任何行动方案。例如,改善提升组织的社会形象以吸引更多应征者也可以作为人力资源规划行动决策的一部分。

第三节　公共部门的人力资源规划现状与改进

公共部门是相对于营利的企业而言的一种组织形态，它是以公共权力为基础的，这种公共权力产生于社会，并凌驾于社会之上，具有明显的强制性。其目标是追求社会公共利益，并对社会与公众负责。

随着我国经济的发展和社会的进步，各地区人才竞争日益激烈，公共部门人力资源规划需求不断提升；随着"十四五"规划的颁布，我国公共部门的人力资源规划将得到进一步发展。

一、公共部门人力资源规划的特点与方法

公共部门的特殊性决定了其人力资源规划具有政治性、公共服务性、社会性、公开性、影响因素的复杂性与不确定性等特点。

从理论上讲，用组织内部资源需求的总数减去人力资源供给的总数，就可以得出组织实际的人力资源需求数。根据这个数目，可以建立项目和财政运行机制，并以此来获取、发展和使用人力资源。但是，由于公共部门的特点，公共部门人力资源规划活动涉及更多的不确定性，其制定人力资源规划的政治性大于分析性或合理性。人力资源规划已经受到企业的普遍重视，而在公共部门的实际应用中还处在探索的阶段，这与部分公共部门的非营利性有关，也与有些国家实行的公务员聘用制度等有关。尽管如此，公共部门引入人力资源规划，具有与企业同样的必要性。以政府机构为例，虽然作为非营利组织，政府机构不必面对企业所面临的激烈的人才竞争，但是随着经济的发展和社会的进步，公众对政府机构提供的公共服务的要求不断提高。政府机构需要对其职能不断加以完善，以适应日趋复杂的经济运行体系；需要实现从传统的人事管理向现代人力资源管理的转变，以适应整个社会的人才竞争及公务员聘用制度的革新；需要进行行政改革，以适应公众对其高效率、低预算的要求。只有加强人力资源规划的职能，政府机构才能获得高素质的人才来完善其职能，才能真正实现人事管理的变革，才能合理配备人力资源，达到高效率、低预算的要求。因此，对公共部门人力资源规划的探讨也具有现实意义。

基于公共部门的特点，其人力资源规划常用的方法为渐进主义(incrementalism)模型，或称减退主义(decrementalism)模型。这种方法的主要特点是，它假定政策目标和政策意图保持不变，或仅仅从边际上发生变化。渐进主义(或减退主义)模型并不是非常有效的全面合理的预测方法，因为这种方法假定政

策目标和政策意图没有任何变化,所以在规划中没有对雇用和解雇人员的种类变化做出任何设计。

公共部门人力资源规划应用最为广泛的预测方法是集体观点(collective opinion)。它意味着首先从组织内部和外部的各种原始资料中搜集信息,然后就这些材料的信息达成团体共识。①

不难看出,当前公共部门正处于一个多元的组织文化环境中,因此公共部门人事管理本身所具有的内在复杂性来源于各种人事制度安排背后的价值间的相互冲突和竞争,寻求人事管理价值平衡的过程就是多样化利益群体之间妥协和利益调整的过程。因此,公共部门人力资源管理特别是公共部门人力资源规划受到这种利益调整主体的影响而表现出一定的政治性,由此形成的不确定性对人力资源规划造成了一定的负面影响。

二、公共部门人力资源规划的现状与趋势

随着公共部门的改革和新公共行政时代的到来,国外公共部门的人力资源规划已日趋成熟并走向人力资源的战略管理,如美国明尼苏达州在《明尼苏达州2001—2006年人力资源战略规划》中,不仅为每项目标确定了实现目标的策略,而且明确提出实现目标的时间期限。例如,在"我们将与有相似目标和共同利益的组织建立合作关系,从而共享资源、才能和机会"的目标下,提出了13项策略,并且明确规定了各自完成时间。其中,第三项策略是:以企业和公共部门为标杆,整合相互交叉、部分重合的人力资源概念和计划,对招募、培训、薪酬产生有益的影响,包括构建恰当的组织结构,使为招募所付出的努力和资源实现收益最大化,要求2002—2006年分阶段完成。第四项策略为:协助各机构和其他团体建立组织内部的工资基金储备,以有效管理雇员的工资成本;协助他们以那些成功控制医疗成本的组织为标杆,处理医疗保健成本日益增加的问题,要求在2002年前完成。第七项策略为:开发并采用一种组织结构,在这种组织结构中,州政府的所有人力资源职能在人员、空间和资金效率最大化的条件下得到履行,要求在2003年前完成。

加拿大有一个关于公共部门高级管理人才的规划,在人才开发与培养方面,很有特色:第一,在大学内采用灵活多样的办学形式。例如,针对中、高级在职管理人员的特点,在大学内举办多种专题训练项目,提高他们的领导和决策

---

① 参见〔美〕琼·E.派恩斯:《公共和非营利性组织的人力资源管理》,王孙禹、达飞译,清华大学出版社2002年版,第15页。

能力;在大学内开设部分时间制研究生班,培训在职高级管理人员,边工作边学习,利用周末或晚上上课,在4—5年内修完硕士研究生课程;在大学举办各类专题讲习班,学制从两三天到几个月不等。第二,许多组织都有自己的职业培训中心,既负责培训本组织的职工和管理人员,也接受国内外同行职工的技术培训。例如,哥伦比亚电话公司是一家私有企业,它拥有一个150多名教职工的培训中心。

在我国公共部门人力资源规划的实践中,宏观人力资源规划通常表现为组织在一个发展阶段的人才战略,而微观人力资源规划通常为公共部门年度的人才规划与具体的实施措施。人才战略与人才规划有所不同,人才战略比较侧重宏观、抽象与相对不确定的长远策略,而人才规划比较侧重具体与相对确定的长远想法与规划。但是,人才战略与人才规划也相互联系,人才战略是人才规划的基础与前提,人才规划是人才战略的具体化、持续化,是实现人才战略的必要形式与重要手段。人才战略的结构包括战略构想(愿景和战略总目标)、战略目标、战略对策与战略过程四个部分。

例如,上海在近些年来一直持续进行人才队伍建设,积极引进高层次人才、拔尖人才和团队,特别是青年才俊,大力优化人才服务,打造人才发展良好环境,营造爱才敬才社会氛围,让各类人才更好汇聚上海、扎根上海。在《上海市国民经济和社会发展第十四个五年规划和2035年远景目标纲要》中指出,要全面确立人才引领发展的战略地位,扩大"海聚英才"品牌影响力,进一步实行更加开放、更加便利的人才引进政策,大规模集聚海内外人才,加快形成具有全球吸引力和国际竞争力的人才制度体系。促进人才要素市场化配置,为科创中心建设提供强劲持续、全方位全周期的智力支撑。具体措施包括:

第一,通过各类人才引进计划积极引进优秀人才。例如"上海市领军人才计划""上海青年拔尖人才计划""上海市浦江人才计划""上海市曙光计划""上海市晨光计划"等,每年上海吸引外来人才的数量在全国名列前茅。数据显示,上海人才总量达675万人,来沪工作和创业的留学人员达22万余人。仅2021年第一季度,上海留学人员落户近6000人,同比增长55%。目前在沪两院院士178人(居全国第二)。在沪工作的外国人数量为21.5万(占全国23.7%),核发外国高端人才工作许可证数量约5万份,引进外国人才的数量和质量均居全国第一,连续8年蝉联"外籍人才眼中最具吸引力的中国城市"。[①] 2021年,上海

---

① 参见财经头条:《人才总量675万,上海"海聚英才"成为人才增长最多城市》,https://cj.sina.com.cn/articles/view/1733360754/6750fc720200100k1,2022年1月5日访问。

人才引进工作快马加鞭,直接落户引进国内人才35 443人(同比增长172%),居住证转户籍37 676人(同比增长105%),直接落户引进留学回国人员27 940人(同比增长27%),新办居住证积分64 192人(同比增长7%)。①

第二,注重培养和聚集各类人才。例如,此前公布的《上海市建设具有全球影响力的科技创新中心"十四五"规划》的第六部分,就是优化科技创新人才体系,促进人的全面发展。例如,打造基础前沿科技创新团队、强化重点产业领域科技人才支撑等。其中的人才发展的内容是非常成体系的,从不同层级来看,最顶端的是世界一流的高层次科技创新人才,第二个是青年科技创新人才,第三个是基础研究(人才)。

第三,坚持实施更加开放便利的人才政策。2020年上海出台《关于新时代上海实施人才引领发展战略的若干意见》,进一步加强海内外人才集聚度。2021年初,又公布了人才落户新政,释放更大规模延揽人才的信号:凡在上海"五个新城"(嘉定、青浦、松江、奉贤、南汇)和自贸区新片区就业的上海市应届研究生毕业生,不必"打分",符合基本条件就可直接落户。② 在2022"海聚英才"系列活动中,市人才办面向全球英才发布了大力吸引集聚人才助推经济恢复重振若干政策举措和2022年上海高校毕业生就业创业促进九大行动,包括优化应届高校毕业生落户政策,优化留学人员和国内人才引进落户政策,创新外籍人才引留举措,缓解人才安居困难,减轻人才企业房租、税费负担,加大金融支持,促进科技产业创新等。③

第四,为高水平人才提供施展才华、实现价值的舞台。上海市政府工作报告提出,要依托国家实验室、大科学设施、高水平大学和科研院所、张江国家自主创新示范区、华为青浦研发中心等创新平台来吸引人才。2022年,上海将新建一批重大科技基础设施,加快推进硬X射线、海底科学观测网、燃气轮机试验装置等项目建设。这些平台都将为高水平人才提供施展才华的舞台。④

第五,着力打造"筑巢引凤"的引才软环境。对全球人才特别是高端人才、创新人才来说,物质待遇固然重要,但配套服务、发展机遇、产业生态、创新氛围

---

① 参见中国发展网:《建设高水平人才高地,上海如何下好"先手棋"?》,https://baijiahao.baidu.com/s?id=1722441629435672507&wfr=spider&for=pc,2022年1月5日访问。
② 同上。
③ 参见潇湘晨报:《"海聚英才"上海优化应届高校毕业生落户政策》,https://baijiahao.baidu.com/s?id=1735786781981450370&wfr=spider&for=pc,2022年6月16日访问。
④ 参见人民网:《上海建设人才高地新动向》,https://baijiahao.baidu.com/s?id=1722967752872129461&wfr=spider&for=pc,2022年1月30日访问。

等软实力更是他们不约而同选择上海的重要原因。上海海归 300 指数显示,海归创业者对上海政策满意度达 95.6%,而对留创园的服务满意度也高达 84.9%。通过园区和相关网站、熟人及媒体获取大量支持企业发展的有效信息,可以很方便地找到"合作伙伴""应用场景"以及上下游产业链,使得留创园的产业规划与上海重点产业匹配度高,增强了海归创业企业存活能力,其中逾六成在 1—3 年内实现了盈利。

综合上述分析,公共部门正在实现由传统的人力资源管理向战略人力资源管理过渡。公共部门人力资源规划应注意两个方面的挑战:一是前瞻性的挑战。公共领域中的组织也常常具有一种危机感而不具备一个战略重点,公共机构常常是在变化发生时才去应对它,而并未事前做好规划。因此,公共部门人力资源规划应注重前瞻性,人力资源规划就是一种采取战略措施以防止发生问题的方法。组织需要预见到它的人力资源需求,从而能够为处理变化了的情况做好准备。二是快速变化的外部环境的挑战。公共部门人力资源在向战略管理过渡的过程中,必须密切注视组织的外部环境,从而发现那些对组织实现其使命的能力产生影响的变化。这些变化可能类似于那些社会潮流,如改变市议会组成人员的一次选举,或者当选官员们取消某些工作项目资金的决定。如果工作项目被取消,或者引进新技术、扩大服务范围等,均需要对人力资源的规划进行适时的调整。

三、改进建议

基于目前公共部门人力资源规划存在与组织战略目标相分离、缺乏系统性、稳定性、持续性与成本意识等问题①,我们认为应该从以下方向进行改进:

(1)加强公共部门人力资源战略规划。第一,要充分认识组织愿景、组织目标以及战略规划,只有在这个基础上制定的人力资源规划,才能有效协调各项人力资源活动,保证人力资源规划促进组织目标的实现。第二,从整个公共组织系统和人员队伍出发,分析公共部门内部现有人力资源的数量、质量和结构,看这些指标是否与组织机构的业务相匹配,是否能顺利完成组织目前的工作任务,从而确定一个时期内组织对人员的总体需求情况,以求组织的职位与人员的数量、质量和结构达到基本均衡。第三,根据组织的发展趋势,预测未来几年组织结构变迁对人力资源规划的影响,分析组织对人员的需求情况和需求方向。受外部环境变化的影响,组织结构不断向横向和纵向分化,在这一过程

---

① 参见滕玉成、于萍编著:《公共部门人力资源管理》,复旦大学出版社 2018 年版,第 180—181 页。

中,组织要把需要完成的任务分配到各个具体的职能部门,然后再将这些职能部门整合和协调起来,这就涉及组织结构的优化和整合。组织结构的变化,必然涉及人力资源配置的变化,进而影响到组织的人力资源规划。第四,要将人力资源规划同公共部门的战略目标结合起来。公共部门人力资源规划要在保证公共部门近期目标实现的基础上进行合理规划,为组织未来战略目标的实现储备一定数量和质量的人才。①

(2)建立公共部门人力资源规划长效机制。公共部门人力资源规划长效机制的建立任重道远。一方面,应从思想上提高公共部门对人力资源规划的认识,加强人力资源规划的规范性和科学性,公共部门要改变以往对人力资源规划的落后认识,重新确立人力资源规划战略地位,将人力资源规划纳入公共部门的战略管理之中。同时还要积极借鉴私人部门人力资源规划的先进经验,并与公共部门实际情况相结合,提高人力资源规划的规范性和科学性。另一方面,在制定人力资源规划的过程中,要充分考虑内外因素对人力资源规划的影响,特别是要尽量减少外部环境因素对公共部门人力资源规划的非规范性影响。公共部门人力资源规划的外部影响因素包括政治因素、经济因素、文化因素以及人口环境因素,减少这些因素对人力资源规划影响的最根本途径在于政治体制和经济体制改革,加快社会转型,转变就业观念,大力解决政治、经济、文化以及人口环境方面的相关问题,减轻它们对社会稳定的冲击力以及对公共部门人力资源规划的相关压力。

(3)构建公共部门人力资源规划协调机制。其中最重要的就是使公共部门人力资源规划同人力资源管理的其他环节协调和配合。具体来说,在工作分析方面,工作分析是人力资源管理活动基础而关键的工作,必须采用科学的方法对"人"和"事"两个方面进行全面彻底地分析,在这个过程中要讲究客观性和针对性,减少甚至杜绝上级主管部门的干预,使工作分析的权限回到公共部门各个具体职能部门之中,为下一步人力资源规划的开展奠定好基础。在薪酬设计方面,建立具有竞争性和激励性的薪酬制度,要根据经济社会发展水平和劳动力市场薪酬水平适时调整公共部门的薪酬水平和结构,适当提高公共部门的福利待遇,增强公共部门薪酬制度的外部竞争力和内部激励性,更好地保证公共部门人力资源规划的有效实施。在晋升制度上面,建立公共部门人力资源合理流动机制,要畅通人才流动机制,给予合格职工晋升的机会,必要时可以采取适度的淘汰机制,让合适的人在合适的岗位上做事,保证人力资源规划的有

---

① 参见周伟:《我国公共部门人力资源规划存在的问题及对策》,《理论导刊》2011年第10期。

效实现。在人力资源开发与管理上，加强人力资源的培训与开发，将员工的职业生涯规划同组织目标的实现结合起来，形成组织与个人协调发展的良性运行机制，促进人力资源规划的有效实施。

（4）树立公共部门人力资源规划成本意识。在公共部门人力资源规划的过程中，要树立成本意识，加强成本管理。首先，公共部门要严格遵循以事定职、以职选人、人职匹配，坚决杜绝随意增加工作量和增设工作岗位的情况发生，在制定人力资源规划时更不能随意增加人力资源。其次，树立正确的人才观，降低人才的高消费。人才的高消费不仅会增加公共部门的财政预算压力，也会加大人才高消费的机会成本，公共部门应根据实际工作需要选人用人，避免因盲目追求高学历而造成人力资源浪费和使用成本增加。最后，要加强公共部门人力资源规划的财政预算管理，严格按照预算计划执行人力资源规划的每个程序，降低人力资源规划中的管理成本。在编制人力资源规划方案时，要在充分考虑公共部门预算约束的前提下，分析预测各职能部门的人力资源需求，从而更好地保证人力资源规划的科学性与合理性。

本章小结

本章介绍了目前人力资源规划的各种定义，并在分析归纳各种定义的基础上对人力资源规划类型进行界定，同时介绍了人力资源规划的内容与作用、过程与方法，并分析了人力资源规划与人力资源战略的关系，最后说明了公共部门人力资源规划的特点、现状与改进方向。

本章重点是人力资源规划的过程和方法。人力资源规划过程包括三个基本环节：人力资源需求预测、人力资源供给分析和人力资源规划的行动决策。人力资源需求预测方法包括定性预测法和定量预测法。定性预测法包括单元需求预测法或经验法（又称为自下而上预测法）和专家法；定量预测法包括趋势外推法、比率分析法和回归分析。人力资源供给分析也需要从两方面进行，即内部人力资源供给分析和外部人力资源供给分析。内部人力资源供给分析中经常使用的方法为判断性预测方法和统计学预测方法；外部人力资源供给分析中所使用的方法主要包括市场调查预测方法和相关因素预测方法。人力资源规划的行动决策分三种：供小于求（人员不足）、供过于求（人员过剩）和供需平衡。

第五章 人员招聘与素质测评

教学目标与方法建议

通过本章教学,应该掌握以下内容:
1. 全面了解人员招聘与素质测评的意义与作用;
2. 正确理解人员招聘与素质测评中的基本概念;
3. 重点掌握人员招聘与素质测评的基本方法;
4. 了解人员招聘与素质测评在公共部门中的应用情况。

教学方法建议:鉴于本章的内容比较具体,建议在课堂讲授过程中适当进行模拟练习、案例分析等教学方法,并且适当组织参观考察。

人员招聘与素质测评,是继工作分析、评价与分类后,人力资源管理中的又一重要工作。在本章中,我们将介绍人员招聘与素质测评的概念、作用、主要程序与方法技术,以及主要方法的类型、特点与相关理论。

第一节 人员招聘与素质测评概述

招聘工作是整个人力资源管理工作的基础环节之一。一方面,招聘工作直接关系到组织中人力资源的形成;另一方面,招聘和测评是人力资源管理中其他工作的基础。人力资源管理所包括的各个环节,从招聘、培训、配置到行为管理,在一定程度上都是以招聘和测评工作为基础的。如果招聘不到和测评不出最好的员工,接下来人力资源管理工作的各个环节的效率都会大打折扣,各项工作的开展也将受到阻碍。

一、招聘的概念与作用

任何组织都是由人员构成的,人员招聘是人力资源管理系统中的输入环节,是满足组织人力资源需求的管理活动。人员招聘是指为满足组织人员需求进行的人员招募、甄选、录用和配置的一系列管理活动。

组织进行人员招聘活动，或是因为组织原有人员流失，岗位出现了空缺，或是因为组织业务扩展需要配置新的人员队伍；或是因为业务工作量的增加需要扩大原有人员的数量规模。无论哪种情况，都是为了保持与维护组织发展、实现战略目标而进行的人员补充或者发展工作。

人员招聘，简称招聘，是招募与聘用的总称，招聘的过程包含着甄选。

招聘是组织管理过程中最重要也是最困难的工作之一，在人力资源管理实践中具有重要作用与价值。

第一，招聘对于保障组织发展与质量管理至关重要。招聘工作，是保障组织发展与质量管理的第一关，一旦出现错误，对组织会产生极其不利的影响。例如，招聘的生产线上的员工如果表现不符合标准要求，就可能导致需要花费额外的精力去处理次品；与客户打交道的员工如果缺乏沟通技巧，就可能使企业错失商业机会；在小组中工作的人如果缺乏团队合作精神，就会打乱整个团队的工作节奏和产出效率；如果任命了一个不太称职的高级党政领导干部，就可能影响一个地区的经济社会发展。招聘工作的重要性与复杂性还与组织中员工队伍的层次有关。员工的等级越高，其招聘就越难。要想评价一个一般工人的价值，几天甚至几个小时就够了，但是如果要评判一个工长的价值，有时需要经过几周甚至几个月的时间，要想评判一个县委书记的管理价值，则要几年甚至十多年后才能准确地评价。因此，在招聘高层管理人才方面，一定不能出现失误。

第二，招聘对于提升组织核心竞争力具有重要作用。一方面，通过提高招聘活动效率，可以降低组织管理成本，提高组织成本-效益优势；另一方面，通过汇聚优秀人才，可以占领人才资源"制高点"，建立竞争对手无法模仿的人力资源"软件"系统。

第三，招聘对于提升组织活力和创新能力具有重要作用。组织就像有机体，在经过一定时期的发展后，会形成思维观念和员工行为方式上的惯性，导致业务发展与经营模式的"路径依赖"。这时候，组织需要通过从外部招聘人才，以引入新的理念与思维模式，改善组织的发展模式，甚至引导组织变革和业务流程再造。

二、招聘的途径

人员招聘的途径主要指人员招募的渠道与通道，大致包括人才交流中心、招聘洽谈会、传统媒体、网络招聘、校园招聘、员工推荐、人才猎取、内部招聘等。

（一）人才交流中心

我国大中型城市一般都有人才交流服务机构。这些机构常年为组织用人单位服务。它们一般建有人才资料库，用人单位可以很方便地在资料库中查询条件基本相符的人员资料。通过人才交流中心选择人员，有针对性强、费用低廉等优点，但对于招聘计算机、通信等热门人才或高级人才，效果不太理想。

（二）招聘洽谈会

人才交流中心或其他人才机构每年都要举办多场人才招聘洽谈会，在洽谈会中，用人单位招聘者和应聘者可以直接进行接洽和交流，节省了组织和应聘者的时间。随着人才交流市场日益完善，洽谈会呈现出向专业方向发展的趋势。比如有中高级人才洽谈会、应届生双向选择会、信息技术人才交流会等。洽谈会由于应聘者集中，组织的选择空间较大。但招聘高级人才还是较为困难。通过参加招聘洽谈会，用人单位招聘人员不仅可以了解当地人力资源素质和走向，还可以了解同行业其他组织的人事政策和人力需求情况。

（三）传统媒体

在传统媒体刊登招聘广告可以减少招聘的工作量。广告刊登后，只需在用人单位等待应聘者上门即可。在报纸、杂志、电视上刊登招聘广告的费用较大，但容易展示公司形象。还有很多广播电台有人才交流节目，播出招聘广告的费用会少很多，但效果也比报纸、电视广告差一些。

（四）网络招聘

网络招聘是指通过互联网平台进行的招聘活动，包括招聘信息的发布、简历的筛选以及在线测评等。随着社会和技术的发展进步，网络招聘作为一种新型的人才招聘方式，已成为现代组织人力资源管理中人才招聘的重要组成部分。网络招聘的费用低、覆盖面广、时效性和针对性强，具有方便、快捷与高效等特点。但随之而来的是其中充斥着许多虚假信息和无用信息，因此网络招聘对简历筛选的要求比较高。

（五）校园招聘

各类高校的应届毕业生是组织人力资源的重要来源。一般来说，组织吸引毕业学生的方式有以下几种：(1)在学校发布招聘公告，召开宣讲会等；(2)为学生提供实习机会和暑期雇佣机会，以便对其进行试用观察；(3)通过定向培养、委托培养等方式直接从学校获得所需的人才；(4)在学校设立奖学金，吸引学生毕业后去该组织工作；(5)学校院系针对招聘单位推荐合适的学生。

（六）员工推荐

员工推荐对招聘专业人才比较有效。员工推荐的优点是招聘成本小、应聘人员素质高、可靠性高。据了解，美国微软公司 40% 的员工都是通过员工推荐的方式获得的。为了鼓励员工积极推荐，组织可以设立一些奖金，用来奖励那些为公司推荐优秀人才的员工。

（七）人才猎取

对于高级人才和尖端人才，用传统的渠道往往很难获取，通过人才猎取的方式可能会更加有效。但人才猎取需要付出较高的招聘成本，一般委托"猎头"公司的专业人员来进行。目前，在北上广和沿海等经济较为发达地区，通过"猎头"公司获取人才较为普遍。

（八）内部招聘

内部招聘是指组织将空缺职位向员工公布并鼓励员工竞争上岗或者自我推荐的一种招聘方式。对于大型组织来说，进行内部招聘有助于增强员工的流动性，同时由于员工可以通过竞聘得到晋升或者换岗，因此也是一种有效的激励手段，可以提高员工的满意度，为组织留住人才。但是这种方式也有一定的缺点，如果组织过多地使用内部招聘，员工容易产生一定的思维惯性，组织就会缺少活力。

三、测评的定义

素质测评，是指测评主体在较短时间内采用科学方法，收集被测评者在主要活动领域中的表征信息，针对某一素质测评指标体系做出量值判断或价值判断的过程，或者直接从所收集的表征信息中引发与推断某些素质特征的过程。[①] 例如，组织在人员的招聘与录用中，一般采用情况登记、面试甚至试用等测评技术，收集应聘人员的行为事实，然后针对岗位所需要的素质，做出有或无、多或少、高或低、优或劣以及可以录用或不予录用等一系列的综合判断。

下面对素质测评的定义进一步加以阐释。

第一，素质测评的定义由两部分组成：前一部分主要是"测"的工作，后一部分主要是"评"的工作。这里的"测"包括测评者的耳闻、目睹、体察、访问与调查等，但它又不同于一般意义上的耳闻、目睹、体察、访问与调查，它是以认识与

[①] 参见肖鸣政、[英]Mark Cook 编著：《人员素质测评（第三版）》，高等教育出版社 2013 年版，第 5 页。

评判被测评者的某些素质为目的,以科学测量与评价工具为手段的特定的信息收集活动。"测"既可以是测量、测验,也可以是探测、观测;"评"包括评论、评价、评定,主要是针对一定测评指标体系对素质表征信息的质、量、值进行评价,也包括直接对被测评者素质的分析与评论。

第二,"科学方法"是指被实践证明为准确、全面和便捷的测量手段、评价方法,也包括一切可用的调查方法与研究方法,如直接调查、问卷调查、抽样统计、比较分类、因果关系分析、因素分析、典型分析、理论分析、黑箱分析、移植分析、仿真分析等。

第三,"主要活动领域"一般是指个人生活与工作的主要场所。对于员工来说,他们的主要活动领域是工作场所、家庭、邻里和亲友(包括伙伴、朋友)群,这些活动领域是素质特征信息的密集区域。

第四,"素质测评指标体系"是指具有内在联系的一系列素质测评指标。同一种行为的事实信息可能包含着多种性质或价值。同一素质特征将表现于多种行为之中。素质是测评者对某一个体行为特征信息集合体的概括与判断。素质具有多维性,任何单方面的判断与衡量都难以真实和完整地把握其实质,因此,素质必须由一系列的素质测评指标组成的一个具有多向维度的"坐标系"来确定。

第五,"引发"与"推断"是指测评者的"归纳""概括"或"抽象",是一种能动的思维活动,是一种"升华"现象。这种活动既有其主观性又有其客观性。因为"引发"与"推断"不是测评者任意的引发与推断,而是要根据所收集的特征信息来引发与推断。它是对客观的特征信息的概括,而不是凭主观想象的概括。然而,这种"引发"与"推断"又是一种主观能动性的体现与发挥,不是对现有行为事实或特征信息的简单总和。它以现有的行为事实为基础,但又超出了现有的行为事实。把现实行为与某种素质结构相联系,并把现实的行为事实看作素质结构的例证。当然,这种思维活动也可以通过计算机进行模拟,减少主观随意性。

第六,"测评主体"既指个体又指集体,既可以是他人也可以是自我,既可以是上级也可以是同级或是下级。

测评工作起始于组织或部门负责人需要招聘或者选拔人员来填补空缺。在一些较大的组织,这一需求将以需求报告的形式送往人力资源管理部门。与需求报告同时提交的还有每个职位的工作说明书,有时也可能附带资格要求说明。人力资源管理部门根据这些职位工作说明书和资格要求说明开始启动整个招聘过程,也就是通过测评的手段从前来应聘的人员中选择某些人来承担有关的职位工作。对于较小的组织来说,则通常是领导者本人亲自督导整个招聘过程的各个环节。与其他工作相比,员工的选拔更应被视为人员配置过程中的一个重要环节。应聘者的各种技能与职位、任职资格的要求差距过大是未能受聘的最普遍原因。一个员工与职位的匹配程度如何,不仅影响该员工工作产出的数量和质量,还会影响培训和管理成本。如果一个员工不能完成组织所期望达到的任务数量和质量,就会给组织造成一定的人财物损失。

第二节 人员招聘程序

一、招聘的程序

组织招聘员工的工作一般包括六个方面:(1)明确招聘要求;(2)招募,即分析各种可能的招募途径与方法,并比较其优势,权衡价格与费用、时间支出等;(3)测评与选择;(4)录用;(5)试用考察;(6)签约。

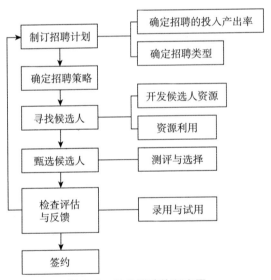

图 5-1 组织招聘的程序图

由图 5-1 可知,招聘有六道依次的基本程序:制订招聘计划、确定招聘策略、寻找候选人、甄选候选人、检查评估与反馈以及签约。

(一)制订招聘计划

招聘计划指的是把空缺职位的工作说明书与资格要求变成一系列招聘工作目标,并把这些目标与相关求职者的数量和类型进行具体化的分析。也就是说,招聘计划一方面要确定招聘人数,另一方面要确定招聘类型与素质条件。在招聘过程中,我们必须计划吸引到比空缺职位更多的求职者,但是吸引到的求职者究竟应该超出实际能够录用的人数多少才合适,需要计算投入产出率。

1. 确定招聘的投入产出率

投入产出率是指在做出每一个招聘决定时投入和产出之间的关系。投入是全部招聘过程中的人力、物力、财力和时间成本,而产出则是在招聘结束后最终到组织报到的员工人数。对于不同层次产出的计算,比较有用的一个工具是招聘产出金字塔(见图5-2)。使用这种方法,人力资源管理部门的招聘人员可以知道,为了要获得最终一定数目的雇员,在招聘之初,必须吸引多少个申请者才能有保证。

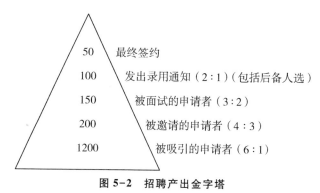

图5-2 招聘产出金字塔

2. 确定招聘类型

招聘类型,是指所招聘人员的职位类别。例如,企业中一般包括管理人员、科技人员、生产人员与销售人员等。所有的招聘活动都不同程度地强调招聘类型。尽可能详细地陈述空缺职位所要求的知识、技能、经验和品性方面的资格,是招聘计划的一项重要内容。职位的需求是通过工作分析和对职位资格要求的详细描述来实现的。

(二) 确定招聘策略

招聘策略是招聘计划的具体体现,是为实现招聘计划而采取的具体策略。招聘策略包括招聘地点的选择、招聘渠道或者方法的选择、招聘时间的确定、招聘宣传战略、招聘推销战略、招聘的评价和招聘的扫尾工作安排等。

(三) 寻找候选人

招聘计划阶段和招聘策略阶段的工作一旦完成,就进入寻找候选人阶段。

这个阶段的工作包括明确招聘候选人资源的分布范围、分析候选人需求、发布招聘信息和吸引应聘者。具体工作如下：

1. 开发候选人资源

有些候选人资源和招聘渠道不是马上就能够利用的，开始招聘的具体工作之前需要进行重要的、必不可少的开发工作。这些开发工作应该以招聘计划中对人力资源需求的预测为基础。以校园招聘为例，对它的开发工作包括以下几个方面：(1)准备并分发描述组织情况的小册子；(2)与学校方面负责学生分配工作的部门建立联系，并确定与应聘者见面的日期；(3)同一些学生组织接触，了解本届毕业学生的特点；(4)准备并安排在校园内发行的报纸上刊登招聘广告，如果没有这样的报纸，则安排进行海报张贴。这些活动如果经常进行，就会形成惯例。

2. 资源利用

组织对招聘渠道或者招聘方法的选择，是根据对员工需求的具体情况而定的。招聘开发工作应该成为人力资源开发与管理的日常工作，这样才能保证招聘资源能够被随时利用。一旦组织出现职位空缺，马上就能够利用这些招聘资源开发渠道，随时吸引到足够的申请者，收到其简历。这样的招聘才能是及时有效的。

（四）甄选候选人

甄选候选人是招聘过程中一个极为重要的环节，其目的是将明显不符合职位要求的申请者排除在招聘过程之外。有效的甄选可以节省大量的时间和金钱。一般情况下，专业性职位的候选人由人力资源部进行初次甄选。最好是能够由部门经理和人力资源以及技术专家组成的测评委员会来进行甄选。

对候选人进行甄选，需要做好以下几项工作：(1)与已通过简历和资格筛选的候选人建立联系并确定面试的时间、地点；(2)为组织所在地外的候选人提供交通费、住宿费，以保证面试活动的顺利进行；(3)给在简历和资格审查中被淘汰的应聘者写信表示歉意以及组织对他们的尊重和感谢。由于甄选工作在招聘程序中的核心地位，下文将具体阐述甄选的程序。

（五）检查评估与反馈

检查就是对招聘过程的每个环节进行跟踪，以检查招聘是否在数量、质量以及效率方面达到了标准。判断招聘效果的一个有用的方法，就是对照招聘计划来判断招聘是否高质量地完成。招聘效果评估可分解为对招聘工作收益与成本的评估(见图 5-3)。

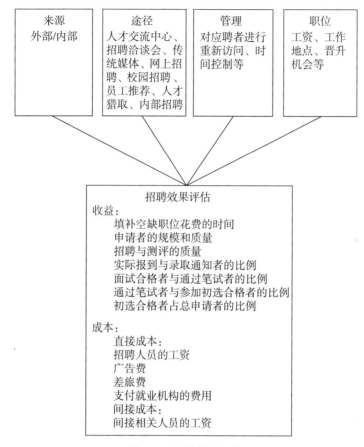

图 5-3 招聘效果评估

检查评估与反馈阶段还包括录用与试用两项工作。当试用不合格时,可以依照合同解约。

(六)签约

人力资源管理部门要代表组织与录用人员签订工作契约,正式明确双方的责任、权利与义务。签约也可以在检查评估与反馈之前进行。

二、甄选的程序

甄选的大致程序见图 5-4。

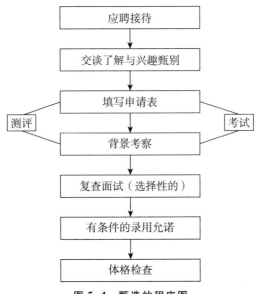

图 5-4 甄选的程序图

（一）应聘接待

测评过程的接待阶段给人的感觉将影响应聘人员对组织形象、实力的看法。接待人员应比较机敏，同时能够以礼貌和友好的举止给应聘人员提供应有的帮助，以诚实和明确的态度告知应聘人员各种职位就业机会的可能性。

（二）交谈了解与兴趣甄别

在应聘人员填写申请表格之前，一个比较恰当的做法是与应聘人员进行一次简短的交谈，或者说进行初步面试。初步面试中的交谈是为了了解应聘人员是否符合组织现有职位的要求。组织应通过向应聘人员准确地描述各项职位的真实情况，来降低应聘人员不切实际的期望，从而最终降低应聘人员的不满意度和减少流失数量，同时为后面的招聘工作与面试奠定基础。

（三）填写申请表

在招聘工作中，填写申请表是一种被广泛采用的形式。一份精心制作的申请表具有以下四种功能：(1)它提供一份关于申请人愿意从事这份职位工作的记录。(2)它为负责面试的人员提供一份可用于面试的申请人背景材料。(3)它对于被录用的人来说是一份基本的员工档案。(4)它可以用于整个"甄选"过程并且作为评估招聘有效性的依据。

(四) 测评与考试

甄选中可采用的各种素质测评一般包括知识技能考试与心理素质方面的测评。例如,工作样本测评、机械操作能力测评、诚实测评、一般素质水平测评、书写能力测评、管理能力测评、知识水平测评、身心灵敏性测评和职业技术能力测评等。

(五) 背景考察

背景考察既可在深入面试之前也可在其后进行。这将花费一定的时间和财力,但一般仍值得去做。原因是,申请人在关于他们的资质条件和背景方面可能会提供一些不真实的信息。

背景资料可以有多种来源:来自校方的推荐材料,有关原单位工作情况的介绍材料,关于申请人业务能力的证明,来自推荐人的推荐材料等。

(六) 复查面试

由于综合考察的必要性以及面对面对话的重要性,面试在许多组织的招聘工作中都被视为最重要的环节。复查面试用来判断与工作有关的知识、技能和能力并确认出自其他来源的信息资料。这种深入的面试可对来自申请表、各种测评和推荐材料的信息进行综合性的考量,以便为做出最后的录用决定提供直接依据。

(七) 体格检查

体格检查是在应聘者其他条件都完全符合空缺职位要求的前提下进行的,如果应聘者体检合格,组织可初步吸收应聘者入职,并在试用期进一步考察,最后正式签约与安排职位。

第三节 素质测评方法

测评工作在整个招聘过程中越来越居于核心地位,应该借助于多种测评手段来公平、客观地做出正确的决策。在长期的人力资源招聘工作实践中,发展了许多种实用的测评方法,包括面试法、测验法(技能和智能测验法、知识测验法、品性测验法等)、评价中心技术、背景调查法、笔迹分析等。当前使用得最广泛的测评方法是心理测验法、面试法与评价中心技术,本节主要介绍这三种素质测评方式。

一、心理测验法

简单地说,心理测验是心理测量的一种具体形式,也有人把心理测验叫作心理测评。为了对它有个较为全面的理解,下面将对心理测验的定义、种类与形式等进行简单介绍。

(一) 心理测验的定义

心理测验实质上是对行为样组进行客观的和标准化的测量。从心理测验的起源与发展来看,心理测验产生于对个体差异鉴别的需要,广泛应用于教育、组织人才的挑选与评价。在这一过程中,人们开发了许多心理测验。其中比较有影响的心理测验或量表有比奈-西蒙智力量表(Binet-Simon Intelligence Scale)、斯坦福-比奈智力量表(Stanford-Binet Intelligence Scale)、罗夏墨迹测验(Rorschach inkblot test)、主题统觉测验(Thematic Apperception Test)、明尼苏达多相个性测验(Minnesota Multiphasic Personality Inventory,MMPI)、艾森克人格测验(Eysenck Personality Questionnaire)、卡特尔(Cattell)16因素测验、大五人格模型(Five-Factor Model)测验、皮亚杰(Piaget)故事测验、科尔伯格(Kohlberg)两难故事测验和雷斯特确定问题测验(Rest's Defining Issues Test)等。

(二) 心理测验的种类与形式

心理测验依据不同的标准,可以划分出不同的类别。

根据测验的具体对象,可以将心理测验划分为认知测验与人格测验(见图5-5)。认知测验测评的是认知行为,而人格测验测评的是社会行为。

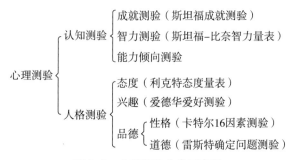

图 5-5 心理测验分类示意图

认知测验根据具体的测验对象,可以分为成就测验、智力测验与能力倾向测验。成就测验主要测评人的知识与技能,是对认知活动结果的测评;智力测验主要测评认知活动中较为稳定的行为特征,是对认知过程或认知活动的整体测评;能力倾向测验是对人的认知潜在能力的测评,是对认知活动的深层次测评。

人格测验根据具体的测验对象,可以分为态度、兴趣与品德(包括性格和道德)测验。

根据测验的目的,可以将心理测验划分为描述性、预测性、诊断咨询、挑选性、配置性、计划性、研究性等形式。

根据测验的材料特点,可以将心理测验划分为文字测验与非文字测验。文字测验即以文字表述题目施测,被试(候选人)用文字作答。典型的文字测验即纸笔测验。非文字测验包括图形辨认、图形排列、实物操作等。

根据测验的质量要求,可以分为标准化与非标准化心理测验。

根据测验的实施对象,可以分为个别测验与团体测验。

根据测验是否有时间限制,可以分为速度测验、难度测验、最佳行为测验、典型行为测验。

根据测验应用的具体领域,可以分为教育测验、职业测验、临床测验、研究性测验。

二、面试法

(一) 面试的概念

虽然面试的历史源远流长,但人们至今却未能对面试形成一致的看法。有人认为面试就是谈谈话、相相面而已;有人认为面试就是口试,口试就是与考生交谈,以口头答询问题的考试形式;还有人认为面试即面谈加口试。

如果把面试定义为面对面的交谈,那么面试就无法与一般性的日常交谈区别开来,没有反映面试的测评特点。如果把面试定义为口试,那么虽然反映了面试是一种以口头语言交流为中介的考试,但没有反映面试精察细观和推理判断的特点。

因此,我们把面试界定为一种经过精心设计,在特定场景下,以面对面交谈与观察为主要手段,由表及里地测评应试者有关素质的一种方式。在这里,"精心设计"的特点使它与一般性的面谈、交谈相区别。面谈与交谈强调的只是面对面的直接接触形式与情感沟通的效果,并非经过精心设计。"在特定场景下"的特点使它与日常的观察、考察测评方式相区别。日常的观察、考察虽然也少不了面对面的谈话与观察,但那是在自然情景下进行的。"以面对面交谈与观察为主要手段,由表及里地测评"的特点,不但突出了面试"问""听""察""觉"

"析""判"的综合性特色,而且使面试与一般的口试、笔试、操作演示、情景模拟、访问调查等人才素质测评的形式区别开来。例如,口试强调的只是口头语言的测评方式及特点,面试还包括对非口头语言行为的综合分析、推理与直觉判断。"有关素质"则说明了面试的功能并不是万能的,在一次面试当中,不要面面俱到、包罗万象地去测评人的一切素质,而是要有选择地针对其中一些必要的素质进行测评。

（二）面试的内容

面试的内容包括:

(1) 仪表风度。

(2) 求职的动机与工作期望:判断本单位提供的职位和工作条件是否能满足其要求。

(3) 专业知识与特长。

(4) 工作经验:了解应聘者以往的工作经历以及责任感、思维能力、工作能力等。

(5) 工作态度。

(6) 事业心、进取心。

(7) 语言表达能力。

(8) 综合分析能力。

(9) 反应能力。

(10) 自控能力。

(11) 人际关系。

(12) 精力与活力。

(13) 兴趣与爱好。

（三）面试的基本类型

面试的类型,从目的用途上划分,有招工面试、招干面试、招兵面试、招生面试、考查面试等;从操作模式上划分,有问答基本式与综合操作式面试;从面试气氛设计上划分,有压力面试与非压力面试;从操作规范程度上划分,有结构面试、半结构面试与随意面试;从被试数量来划分,有小组面试、依序面试与逐步面试。

问答基本式是指以单一的问答形式进行的面试;综合操作式则是指以问答形式为基础,把交谈、辩论、讨论、演讲、情景模拟、实践操作等形式也结合进来的面试形式。

典型的压力面试是事先给应试者营造一种紧张的气氛,使被试一进门便位于"恐怖"气氛中,接着主试人穷追不舍地追问到底,不但问得切中要害而且常使被试处于进退两难的境地,甚至处于无法回答的地步。其目的是要把被试"考倒",以此考查其机智程度、应变能力、心理承受能力和自我控制能力等素质。非压力面试则是相对于压力面试而言的,指面试过程中面试者不会故意给被面试者某种压力的一种较为普遍的面试形式。

结构面试,有时又称标准化面试,是对整个面试的实施、提问内容、方式、时间、评分标准等因素,都有严格的规定,主试人(也叫面试者或面试官)不能随意变动。随意面试对面试的形式、内容事先无任何规定,一切均由主试人"因地制宜""因人制宜"。半结构面试则介于结构面试与随意面试之间,事先只是大致规定面试的内容、方式、程序等,允许主试人在具体操作过程中根据实际情况做些调整。

小组面试是指被试在2人以上,一般共同面试、当场打分、当场讨论。依序面试是被试按次序分别先进行初试,再进行复试。初试由人事部门主持,主要考查被试的仪表风度、工作态度、责任感、应变能力等一般素质,并将那些明显不合格的被试淘汰。复试则由用人部门主持,主要考查被试的专业特长、知识技能等与职位有关的专业素质。逐步面试是一种个人面试形式,不是小组面试。它与依序面试不同,先是基层领导面试,侧重考查职位专业技能与知识,再将被试推荐给中层领导人接受能力与品德等素质的面试,然后将合格者推荐给高层领导进行全面考察性面试。这种面试适合于重要职位人选的面试。

三、评价中心技术

评价中心技术简称评价中心,起源于德国。下面我们主要介绍评价中心的定义、主要特点与形式。

(一) 定义

下面先举例描述一下现代评价中心技术的操作形式。

有12名被试和6名主试。主试事先已接受过专门的培训,被试也知道测评的基本程序。测评时12名被试分成两个组,6个人一组。其中一组进行小组问题讨论的同时,另一组中的每个被试则单独地进行个案分析,并要求准备一份书面分析报告。然后每个被试要求与一个有问题的职员面谈,提出一个可行的解决方案,处理一大堆案头文件。

对于每个被试的上述表现行为,6 名主试一边观察一边记录,在某个活动完结之后他们要一一进行总结。每个被试至少由 3 名主试观察。观察结束后,主试要讨论交流他们各自的观察情况并对被试的综合素质做出评价。

对每个被试讨论后,主试们一起依据评价标准把所观察到的行为归纳并表述在对应的标准之下,然后对每个被试依据标准及相应的行为表现做出五级评分。所有这些内容都集中在一个表格内。主试之间一旦发生分歧,就要进行讨论,直到最后大家取得一致意见(有的以平均分作为统一的意见)。最后把评价结果通知被试与单位负责人。

从上述描述中可以看出,评价中心源于情景模拟,但又不同于情景模拟。

我们不难发现,在评价中心里多种不同的评价方法相互结合在一起,包括几种不同的测评方式,例如测验、情景模拟测评、面试等。其中的情景模拟测评可能不止一个。评价结果是在以多个方式进行系统观察的基础上综合得到的。

因此,评价中心是一种程序而不是一种具体的方法。在该程序中,主试针对特定的目的与标准,采用多种评价技术评价被试的各种能力。

根据上述内容,我们可以把评价中心技术具体定义为:评价中心是以测评被试管理素质为中心的一组标准化的评价活动。它是多种测评方式的组合。这种活动中包括多个主试采用多种测评方法对素质进行测评的努力,但所有这些努力与活动都是围绕一个中心,这就是对管理素质的测评。但是,目前在实践中人们也把评价中心应用于群体测评,测评应聘人员的一般素质。

人们认为,心理测验过于抽象,是对一些品质的测评,测评结果与实际行为并不那么一致。面试依据的主要是主试的直觉判断,也是把测评结果建立在一些似乎与工作绩效联系较弱的信息的基础上。观察评定法[①]虽然是建立在对实际工作行为的评定基础上,但整个测评过程缺乏科学性与系统性。不但隐蔽的行为无法评定,而且显现出来的行为因为每个人评定的主观随意性也往往不尽一致。因此,有必要创立一种有别于上述方法又在某一方面优于它们的评价中心方法。

(二) 主要特点

评价中心是在工作情景模拟测评的基础上发展起来的,因此其主要特点之一就是情景模拟性。它是通过多种情景模拟测评形式观察被试特定行为的方法。这些情景模拟测评包括:撰写一个市场问题分析报告,发表一个口头演说,

---

[①] 观察评定法其实是最为普通的方法,即评定者按照一定要求,通过自己对被评定者的行为有目的、有计划地实际观察后进行评定的一种方法。

处理一些信件与公文,处理某个用户产品质量投诉问题等。当几个被试在一起时,情景模拟测评还包括让他们共同讨论组织生产问题、管理决策或销售策略问题。正是这些情景模拟给主试提供了观察被试如何与他人相处、分析问题与解决问题的复杂行为的机会。

除此之外,评价中心还有以下几个突出的特点:

(1) 综合性。与其他素质测评方法相比,评价中心的突出特点之一是它对其他多种测评技术与手段的综合兼并特点。对于问卷、量表、测验、投射、面试、小组讨论、公文处理、角色扮演等测评技术,它往往是选择其中多种技术综合实施,而不是选择其中一种。取各种测评技术之长,补其独立使用之短。被试在这些测评形式中行为反应的多样性与广泛性,使评价中心测评的效度与信度大大提高。

(2) 动态性。评价中心表现形式的运动变化性是它又一个特点。与问卷测验、观察评定、面试投射相比,评价中心实施中被试是处于最兴奋状态。评价中心是通过一系列的活动、安排、环境布置与压力刺激来激发被试的潜在素质,使其得到充分的表现,从而使主试对其有一个真实、全面的把握,真正体现了在运动中、在活动中测评素质的特点。其理论依据是,因为事物只有在运动中才能显露其特点与本质,所以被试只有在活动中才会充分表现其内在素质。动态性的另一表现是,评价中心的操作不像其他测评方法那样要求有一个统一的规定,它操作的具体内容、时间与程序可以灵活变动,没有固定的模式。

(3) 标准化。与行为观察、面试相比,它更具有标准化的特点。评价中心虽然活动频繁、形式多样,持续时间从几个小时到一周不等,但每个活动都是按统一的测评需要来设计的。一般来说,测评的内容不是随意而定的,而是通过工作分析来确定。整个测评活动安排,所有的主试与被试的活动,都是以工作分析所确定的素质为目标进行测评。这种标准化的特点还体现在对被试刺激与反应条件的同一性上。在评价中心的活动中,每个被试都是处于竞争机会均等的情景中,并可以获得同等表现自身素质的机会,在练习指导、期限、测评者对候选人的沟通交流等方面都是同等的。当然,这种标准化的程度介于心理测验与观察评定之间。此外,每个主试都要接受统一的培训,以保证操作过程和评分尺度的一致性。

(4) 整体互动性。与其他测评形式相比,评价中心的测评体现了整体互动的特点。主试对被试的测评,大多数是置于群体互动之中进行的比较性的测评。对于每项素质的测评,不是进行抽象的分析,而是置于动态的观察之中,联系生动的行为举动做出评定。人的素质测评非常复杂,基于静止、分解与孤立的分析,难以做出准确、真实的测评,常常需要在相互比较的实际活动中进行整体的测评。

(5) 全面性。与其他测评方式相比,评价中心的信息量大,体现了全面性特点。它既不是某个人评定说了算,也不像面试那样仅仅以谈话方式测评,而是综合多种测评活动,由多个测评人共同测评。测评方式上突破了前述各种形式的限制,测评内容涉及监督、管理与决策诸方面的技能。一方面,给测评双方提供了多种表现或观察的机会,另一方面又增强了测评的公正性与客观性。就被试来说,在测评活动 A 中行为失控,可在测评活动 B 中弥补;在活动 C 中可能侥幸过关,在活动 D 中就不一定了。就测评者来说,不是个人的一言堂,而是由直接主管与测评专家多方组成,人数比例为 1∶1—3∶1 不等。某个人的主观偏好可以通过其他测评者进行整体平衡控制。测评者的多向结构也保证了观察范围的广阔性。

(6) 以预测为主要目的。评价中心主要是以评价管理人员的管理能力为中心的活动。被试一般限于管理人才,规模较小,每次被试人数一般为 6—12 人。但是,目前评价中心的应用范围日益扩大,已被人们用于能力培训与开发、职业能力测评、职业规划以及人事研究等。

(7) 形象逼真。与心理测验、观察评定和面试相比,评价中心的另一个显著特点是形象逼真,例如管理游戏。由于评价中心中"试题"与实际工作的高度相似性,它所测评的素质往往是分析和处理具体工作的实际知识、技能与品德素质,这使评价中心具有较高的效度;由于评价中心活动的形象性与逼真性,整个测评过程生动活泼,不像笔试那样死板,更能引起被试的兴趣,发挥潜能;由于被试"作答"的过程就是完成任务的过程,也是充分表现实际素质的过程,因此整个测评显得形象直观。

(8) 行为性。与笔试相比,评价中心还有一个显著的特点,即测评的行为性。被试表现的是行为,主试观察评定的也是行为。这种行为与笔试中书写的行为不同:一是它的复杂性,它不是机械的书写与语言上的诠释,而是多种素质的综合体现;二是它的直观性;三是它的生动性,不像书面答卷那样抽象静止、枯燥无味。

(三) 主要形式

表 5-1 各种评价中心形式的使用频率

复杂程度	评价中心形式名称	实际运用频率(%)
更复杂	管理游戏	25
	公文处理	81
	角色扮演	没有调查
	有角色小组讨论	44
	无角色小组讨论	59
	演说	46
	案例分析	73
	事实判断	38
更简单	面谈	47

资料来源：B. B. Gaugler, et al., "Matching Job Previews to Individual Applicants' Needs," *Psychological Reports*, Vol. 66, No. 2, 1990, pp. 643-652。

前已说明，评价中心是以评价管理者素质为中心的测评活动，其表现形式是多种多样的。从测评的主要方式来看，有投射测验、面谈、情景模拟、能力测验等。从评价中心活动的内容来看，主要有公文处理、无角色小组讨论、管理游戏、有角色小组讨论、演讲、案例分析、事实判断等形式。

因为评价中心技术主要用来招聘管理人员，因此实际常用的形式主要有公文处理、无领导小组讨论、管理游戏、角色扮演等。

(1) 公文处理。在这个活动中，候选人面对大量报告、备忘录、电话记录、信函以及其他材料，这是候选人将从事的模拟工作的文件筐中的待处理材料。候选人被要求对每一材料采取适当行动。

(2) 无领导小组讨论。向应聘者小组提供一个讨论议题，并要求其达成一致意见。主要考察应聘者的人际技能、群体接受度、领导能力以及个人影响力等。

(3) 管理游戏。管理游戏也是评价中心常用的测评技术之一，主要用于考察被试的战略规划能力、团队协作能力和领导能力等。管理游戏的设计及实施费用可能很昂贵而且花费时间较多，同时由于它的复杂性，在施测上存在困难。这种游戏可以用于领导能力开发、合作意识及团队精神培养等方面。

(4) 角色扮演。这是一种主要测评应聘者人际关系处理能力的情景模拟活动。重点考察应聘者在角色扮演中表现出来的行为、语言、思维、情绪、应变能力等。

四、其他测评方法

（一）履历分析法

履历分析是通过对评价者的个人背景、工作与生活经历进行分析,来判断其对未来岗位适应性的一种人才评估方法。履历分析项目的筛选依据是工作分析及岗位描述。一般来说,筛选简历前应明确哪些条件是招聘岗位必需的任职资格要求,如性别、年龄、学历、业绩、相关工作经历等。同时,也要关注工作内容的对口性、工作时间长短、专业的深度符合情况、跳槽的频率、工作时间的间距长短、职位与工作内容是否匹配、工作的所属行业的跨度等方面。[①]

（二）申请表信息分析法

申请表信息分析法主要是通过申请表中的信息筛选进行。这里的申请表是能够使用量化指标的权重申请表和传记体申请表两种形式。

权重申请表是一种由申请者填写的申请表,表中的所有栏目都根据它作为完成工作的决定因素的重要性而被赋予了权重。

传记体申请表是一种包含大量多重选择问题的申请表,这些问题是为了获得求职者的个人资料、态度、早期职业生涯、社会价值观念等信息而设计的。为了使用传记体申请表,表中的所有栏目都必须与职位标准相关联。所有那些被证明能够反映工作表现的栏目都给予相应的分数。与权重申请表一样,每个申请者都得到一个总分数,这个分数就是在测评过程中使用的分数。

（三）背景调查法

背景调查法是基于这样一个假设:一个人过去的行为能够较为准确地预测他未来的表现,通过了解应聘者的过去可以推断应聘者未来的表现。实际上,许多用人单位都要求应聘者在提供申请材料的时候,附上有关推荐人的信息,包括联系人的姓名、联系方式等。

收集推荐资料的方法有电话问询、书面推荐信、个人访谈。

（四）笔迹分析

笔迹分析是以分析应聘人书写字迹为依据测评其内在素质的一种方法。

[①] 参见萧鸣政主编:《人力资源管理实验》,北京大学出版社2012年版,第77—79页。

笔迹分析的赞成者相信笔迹能够显示一个人的潜力和能力,而这是通过简历或申请表的调查都得不到的信息。

第四节 公共部门的人员招聘与选拔应用案例

本节主要介绍 2000 年重庆市公开选拔副厅局级领导干部的案例。

为实施西部大开发,进一步推动重庆市的大开放、大发展,中共重庆市委决定,按照公开、平等、竞争、择优的原则,采取组织推荐、个人自荐和考试、考评相结合的方式,面向全国公开选拔 19 名副厅局级领导干部。具体职位包括:市发展计划委员会副主任、市教育委员会副主任、市科学技术委员会副主任、市对外贸易经济委员会副主任、市建设委员会副主任、市政府外事办公室副主任、市政府侨务办公室副主任、市药品监督管理局副局长、市林业局副局长、市旅游局副局长、市规划局副局长、市广播电视局副局长、市信息产业局副局长、市体育局副局长、市统计局副局长、市环境保护局副局长、市政府高新技术产业开发区管委会副主任、重庆经济技术开发区管委会副主任、市第三人民医院院长(副厅局级)各 1 名。

考虑到重庆市这次公选工作影响大、选拔职位层次高,为确保这一工作公正、有序地进行,公选工作分为三个阶段:报名审核、笔试、面试。从 1988 年开始,中央与许多省市在机关干部招聘录用中,基本上都是采用笔试形式来测评应聘者的知识,主要用于测评应聘者的政治理论、语文、公文写作等方面的知识,对于知识的测评,笔试是最简单、最有效的形式。按照国家级的要求,重庆市委精心组织笔试,制订了《笔试考试工作总体实施方案》,成立了笔试工作委员会,规范了笔试工作程序,在考试组织、考场设置、考生身份确定等所有重点环节都严格按照国家级的考试要求进行,笔试试题主要是在国家级题库中抽取命制的,以确保试题质量和覆盖面。另外,对通过笔试进入面试的人选,还进行了面试答辩。面试是现代人员素质测评中一种非常重要的方法,它有着其他测评形式不可替代的特点,是人员素质测评有别于其他领域测评的主要方法。1989 年 1 月 9 日,中共中央组织部、人事部联合发布了《关于国家行政机关补充工作人员实行考试办法的通知》,指出考试的基本方式为笔试与面试。面试是在特定场景下以面对面的交谈与观察为主要手段,由表及里测评应试者有关素质的一种方式。面试的内容依据拟任工作岗位的具体要求制定,与笔试不同,面试中被试人的回答行为表现与主试人的评判是相连接的,中间没有任何中介转换形式,面试中主试人与被试人的接触、交谈、观察是相互的,是面对面进行的,主客体之间的信息交流与反馈也是相互作用的。重庆市委这次组织的面试考试主要是采取小组答辩面试的形式,考官通过对考生面试过程中的行为、举止、谈吐、答辩内容来判断被试人深层次的素质。

一、报名

(一) 报名过程

从 2000 年 9 月 1 日开始报名,市直机关工委、市辖各区委组织部和市计委等拟选职位的 19 个单位组织人事部门分别设报名站。

报名人员可以直接到各报名站报名,也可以以信函、传真方式到各报名站报名(信函报名时间以当地邮戳为准)。

报名方式可以是组织推荐,也可以是个人自荐。无论哪种方式,都应征得本人同意。每人只可选报 1 个职位。报名人数少于 10 人的职位不进行公开选拔。

(二) 报名分析

这次公选报名情况总的来看比较好,超过了预期效果。这项工作在全国各地和海外留学人员中引起了较大反响:中组部、中宣部、教育部、团中央等部委领导对重庆市这项工作给予了充分肯定;《人民日报》《光明日报》《经济日报》《北京日报》《中国青年报》和新浪网、中央电视台、中央人民广播电台以及重庆市各新闻单位和有关省市新闻单位等媒体,先后多次刊登、报道、播报和登载了该公选情况,为做好报名工作营造了良好的社会氛围。从这次报名的人员情况来看,有以下四个特点:

(1) 报名人员年龄结构比较合理。在 570 名报名人员中,35 岁以下的有 136 人,占 23.80%;36 至 40 岁的有 220 人,占 38.6%;41 至 45 岁的有 175 人,占 30.7%;45 岁以上的有 39 人,占 6.8%。

(2) 报名人员学历普遍较高。在 570 名报名人员中,博士研究生有 96 人,占 16.8%;硕士研究生有 174 人,占 30.5%;本科学历的有 272 人,占 48.1%;大专以下的只有 28 人,仅占 4.9%。

(3) 全国各地有志之士积极踊跃报考。在 570 名报名人员中,市外报名人员有 304 人,占 53.3%,超过一半,其中,海外留学人员有 19 人,他们都获得了博士学位。

(4) 报名人员分布不平衡。一是性别分布不平衡。在 570 名报名人员中,男性有 522 人,占 91.6%,女性仅有 48 人,占 8.4%。二是每一个职位的报名人数分布不平衡。报名人数比较多的单位有：市计委 58 人，市广播电视局 53 人，重庆经济技术开发区 53 人；人数较少的是：市统计局 10 人，市信息产业局 14 人，市三院 18 人，但也都超过了开考的人数要求。

二、资格审查

公选干部的报名和资格审查工作从 9 月 1 日开始到 9 月 27 日基本结束，接着各报名站进行资格初审，市公选办统一进行资格终审。对审查符合资格条件的，经市公选办统一编号，发放参加笔试的通知书和准考证，报名者持准考证参加笔试。填报了"服从分配"的报名者，经市公选办研究，征得本人同意，可改考重定的新的职位。

（一）报考人员的资格条件

（1）全国各级党政机关、企事业单位、大专院校、科研院所的在职工作人员和海外留学人员。

（2）思想政治素质好。具有履行职责所需要的马列主义、毛泽东思想和邓小平理论水平；坚决执行党的路线、方针、政策，开拓创新，做出实绩；事业心强，作风民主，有全局观念，廉洁正派，坚持党的群众路线。

（3）有胜任拟担任职务所必备的专业知识、工作经验、组织协调能力和宏观决策能力。

（4）担任正县级职务 2 年以上（1998 年 8 月 31 日前任职）或现任副厅局级及以上职务；担任特大型企业中高正职、大型企业厂级副职、中型企业厂级正职并任现职 3 年以上（1998 年 8 月 31 日前任职）或现任特大型企业厂级副职、大型企业厂级正职以上。

（5）年龄在 45 周岁以下（1955 年 1 月 1 日以后出生），具有大学本科以上学历。

（6）身体健康。

（7）报考市广播电视局副局长和市第三人民医院院长的人选，应是中共正式党员，其中院长人选还应具有副高以上技术职称。报考市对外贸易经济委员会副主任、市政府外事办公室副主任和市旅游局副局长的人选，应具有较好的外语基础。

（8）海外留学人员具有博士学位的，应有 3 年以上工作经历，不受资格条件第 4 条的限制。

（9）对特别优秀或岗位需要的，经市公选领导小组同意，可破格报名。

(二) 资格审查情况分析

9月20日报名工作结束后,市委公选办对报名人员资格进行了初步审查;27日,市委公选领导小组对报名人员资格进行了终审,可以参加考试的人员有551人,占报名人员的96.7%,不合格的有19人,占报名人员的3.3%。

三、笔试

笔试分公共科目考试和专业科目考试,采用闭卷方式进行。公共科目考试内容包括政治、经济、法律、管理、科学技术及历史、国情国力、重庆市情、公文写作与处理。专业科目考试内容包括选拔职位需要的专业基础知识、专业管理和专业政策法规。笔试结束后,将报考者公共科目考试和专业科目考试的得分相加,得出每个人的总分,按拟选职务1:5的比例由市公选领导小组从高分到低分确定参加面试人选,并公布成绩,市公选办发给参加面试人员通知书。其他人员的成绩由市公开选拔办公室书面通知到个人。

四、面试

公选的19名副厅局级领导干部面试工作于11月4日进行,面试设重庆、北京两个考场。面试采取演讲答辩方式进行。由有关领导和专家学者代表组成面试评审委员会,评审委员会根据应考者施政演讲、当场问答等情况综合考察应试者的逻辑思维能力、语言表达能力、计划能力、决策能力、组织协调能力、人际沟通能力、创新能力、选拔职位需要的特殊能力及气质风度、情绪稳定性、自我认知等个性特征。面试结束后当场公布成绩。由市公选领导小组按拟选职务1:2的比例从高分到低分初步确定考察对象。

(一) 重庆市公开选拔副厅局级领导干部进入面试人员的情况

根据考生笔试成绩,经市委公选办审核,进入各选拔职位的前五位共96名面试人员(市府高新区管委会有3人并列第四名)也已全部产生。

(二) 面试操作程序

面试评审小组组长身份标志是"主任评委",成员为"评委",共7位。应试人员为"考生"。各面试答辩小组成员有全体评委、计时员、计分员、监督员、联络员和录音员。

上午8:00候考室联络员将应试人员集中到候考室分别查验准考证、身份证、工作证和《面试通知书》,并报告考场主任。

上午8:15考场主任向应试人员宣读《考场规则》,说明有关事项。

上午 8:25 应试人员按候考室联络员的指令和要求依次抽签确定应试顺序,并在抽签卡上签名。然后,由候考室联络员填写《面试应试人员顺序表》,一式三份,候考室联络员留用一份,另两份待候考室联络员前来领取。抽签卡由候考室联络员保存,面试结束后,与《面试应试人员顺序表》一并交公选办有关人员。

各面试答辩小组全体评委和计时员、计分员、监督员、联络员、录音员,在上午 8:30 前到指定的会议室集中分组,领取试题和各类表格。

上午 9:00 前,全体评委和工作人员到指定的答辩室。

主任评委负责主持本答辩小组面试过程。

监督员将《评分表》和《评分草表》发给主任评委、评委。

各考室的联络员与监督员,经主任评委同意后,一道在面试开始前 3 分钟,按抽签顺序依次从候考室引领应试人员到各考室面试;同时,在候考室联络员处领取两份已填好的《面试应试人员顺序表》,一份交本考室主任评委,一份联络员留用。每位应试人员面试结束后,按主任评委的指令,由本考室的联络员和监督员一道送离考场。已面试人员不得与未面试人员见面、交谈,也不准在考场周围逗留,违者按违纪处理。随后,引领下一位应试人员面试,依此类推。上午考生应于当天上午 11:30 返回本职位答辩室门外,等候依次公布面试成绩。下午考生应于当天下午 5:00 返回本职位答辩室外,等候依次公布面试成绩。

应试人员入考室后,考室内面试操作程序为:

(1)主任评委向考生宣读指导语。

(2)主任评委宣布面试开始,计时员开始计时;考生回答主任评委按试题依次提出的问题。

注意:

第一,考生回答问题前,主任评委应准确告诉应试人员回答提问和追问所限定的时间,共计为 30 分钟;计时员按主任评委所限定的时间,严格准确计时。

第二,即席追问由主任评委进行。即席追问的问题,按预先设计的追问问题进行。

(3)应试人员回答问题,至开始计时后的第 27 分钟,由计时员举牌提示,主任评委立即提醒应试人员"回答问题还剩最后 3 分钟";到第 30 分钟时,由计时员举牌发出终止答问信号,主任评委即刻终止其发言,并宣布该考生的面试结束。

(4)考生面试结束后,主任评委指令考室联络员与监督员将其引领出考场。

(5) 在评分过程中,各主任评委可先在统一制发的《评分草表》上打分;然后,将确定的正式分数记录在《评分表》上,包括各要素评分和总分,并在《评分表》上签名。

(6) 计分员将各评委填好的《评分表》收回;将收回的《评分表》中的报考部门、评委姓名、分数等分别转入《面试成绩评定表》(每位考生一份);对已填好的《面试成绩评定表》中7位评委总分进行比较,去掉一个最高分和一个最低分后,将其他5位评委的总分累计并除以5,算出平均分数,填入《面试成绩评定表》并签名。监督员负责对计分过程、结果进行监督和审核,确认计分无误后签名。

(7) 计分员填写《面试成绩汇总暨报评审委员会审定表》,送主任评委查验签名。

(8) 计分员从主任评委处收回《面试成绩汇总暨报评审委员会审定表》,按审定的《面试成绩汇总暨报评审委员会审定表》,将考生的最后得分按名次转《面试成绩公布表》。

(9) 计分员将填好的《面试成绩公布表》(附《面试成绩汇总暨报评审委员会审定表》)送监督员审核后,交主任评委审核签名,并指令本考室的联络员和监督员召集考生,宣布面试结果。通知面试成绩前两名的考生于11月5日8:00空腹到市委公选办集合,参加体检。北京面试成绩前两名应试人员的体检,另行通知。

(10) 各考室的计分员将所有表格收齐装袋交面试评审委员会主任;各考室联络员将各评委当天使用的面试试题、表格等收齐,送市委公选办封存。

(三) 笔试与面试情况分析

从这次笔试结果来看,有以下特点:

一是参试人员比例较高。在获得笔试资格的人员中,除了因公出差、因病、出国等因素外,其他考生基本上都参加了笔试,参试率达到85.1%。

二是进入面试人员的结构比较合理。96名面试人员中:重庆地区的有54人,占56.25%,北京地区的有16人,占16.67%,其他省市的有26人,占27.08%;男性92人,占95.83%,女性4人,占4.17%;汉族90人,占93.75%,少数民族6人,占6.25%;中共党员90人,占93.75%;正处级57人,占54.17%,其他39人,占40.62%;有博士学位的14人,占14.58%,有硕士学位的26人,占27.08%,有本科学历的52人,占60.42%;事业单位的29人,占30.21%,企业单位的9人,占9.38%;45岁以上的10人,占10.42%,40至45岁的23人,占23.96%;35至

40岁的44人,占45.83%;35岁以下的19人,占19.79%。

三是有一部分基本条件较好的人选因多种原因没有进入面试范围,比较遗憾。造成这种结果的主要原因,首先是客观上受名额限制,只有笔试成绩列前五名的考生才有面试资格,而这次报考的总人数达到570人,平均每个职位有30人竞争,其中报考市计委、市广播电视局、市教委、重庆经济技术开发区的考生人数分别达到58人、53人、51人、44人,竞争十分激烈;其次是一部分考生尽管学历较高、阅历丰富,也有成果,但缺乏参加领导干部竞争考试的经验;最后,少数考生考前准备不充分或临场发挥不好也影响了考试成绩。

五、体检、组织考察和决定任用

组织初定的考察对象进行体检,体检合格者,经市公选领导小组审核,正式确定为考察对象。如有因健康原因被淘汰的,将按分数从高到低替补人员进行体检。

由市委公选办牵头组织考察组,对确定的考察对象进行全面考察。经市公选领导小组提出任用意见后,报市委常委会讨论,对市委常委会确定的人选进行公示。公示结束后,市委常委会对公示结果进行讨论,决定正式人选,按有关法定程序办理任用手续,并向社会公布公开选拔结果。

六、附录

(一)面试样题

(1)有人说:"讲经济效益必须以牺牲道德为代价。"在经济价值优先还是道德价值优先的问题上,你的看法如何?(测评要素:逻辑思维能力)

(2)某厅所属二级单位的一把手年龄大、工作能力弱,而由他培养起来的二把手虽然工作能力较强,但碍于情面,难以施展,该单位工作上不去,效益越来越差,年轻的业务骨干纷纷提出调离申请。你作为分管副厅长,如何解决这一问题?(测评要素:决策能力)

(3)假如你是某局主持工作的副局长,业务工作熟,群众基础好。最近上级从外单位调来一位局长。由于新局长对业务工作不熟悉,又比较主观,经常在局务会上与你发生意见分歧,一些干部对此很有意见,议论纷纷,你怎么办?(测评要素:组织协调能力)

(4)某外国公司拟在A市投资上千万美元,该公司的经理将在一周内到达A市考察,现已抵达北京。这时有消息说,友邻的B市也派人去北京与该外商

接触,该外商极有可能改变初衷。你作为 A 市分管经济工作的副市长,怎么策划这件事？（测评要素:计划能力）

（二）重庆市公开选拔副厅级领导干部面试评分表

招考部门：　　　　　　　　序号：

测评要素		逻辑思维能力	决策能力	组织协调能力	应变能力	语言表达能力	求实、开拓、认知、气质	满分
权重		20	18	20	18	12	12	100
观察要点		逻辑严密、推理过程清晰、条理清楚、思维具有广度、深度和创造性	善于把握、分析、比较各方面信息和经验,果断做出合理、有成效的决定	行使领导职能,围绕任务目标,科学分配、协调人、财、物达到最佳使用效果	压力情境下,情绪镇定、思维敏捷、反应迅速、处理问题及时、果断、得当	理解力强,语言准确、流畅生动,表达条理清晰,有感染力	实事求是、客观,对自我有全面深刻认识,有开拓精神,举止自信得体、有感召力	总分
评分标准	优	17—20	16—18	17—20	16—18	11—12	11—12	
	良	12—16	12—15	12—16	12—15	8—10	8—10	
	中	4—11	5—11	4—11	5—11	4—7	4—7	
	差	0—3	0—4	0—3	0—4	0—3	0—3	
得分								

考官签字：　　　　　　　　　　　　　　　　　　　年　　月　　日

七、案例分析

党的十一届三中全会以后,我国进行了组织人事制度的各项改革,其中干部录用制度的改革核心是建立贯彻公平、平等、竞争的录用原则,对干部申请者进行统一的考试考评,择优录用。重庆市委这次大规模的干部考试可以说是很好地贯彻执行了国家的干部考试录用原则。整个选拔录用的过程分为三个阶段,即报名审核、笔试和面试,每一阶段严格把关并保证了一定比例的选拔人数。面试的具体方式有三种:个别面谈、集体面谈、集体讨论。个别面谈一般是

3位考官与1位应试者进行面谈,考官提问后,指定某考生回答,个别面谈一般是3位考官与1位应试者进行面谈。集体面谈是多个考官面对多个考生,考官提问后,逐个指定考生轮换回答。集体讨论,则是出一个问题,让6—9名应试者一起讨论,时间在40—60分钟,主考官3名。面试主要关注的是性格人品,如积极性、协调性、责任感、精神状态、语言表达能力、适应性,以及领导能力、决策能力等潜在的素质等。

本章小结

本章主要介绍了人员招聘与素质测评的概念、作用、主要程序与方法技术,以及主要方法的类型、特点与相关理论。

首先,人员招聘简称招聘,是招募与聘用的总称,是指为组织中空缺的职位寻找到合适人选,实际上中间包含着甄选。招聘的途径大致包括人才交流中心、招聘洽谈会、传统媒体、网络招聘、校园招聘、员工推荐、人才猎取、内部招聘等。素质测评,是指测评主体在短时间内采用科学的方法,收集被测评者在主要活动领域中的表征信息,针对某一素质测评指标体系做出量值判断或价值判断的过程,或者直接从所收集的表征信息中引发与推断某些素质特征的过程。

其次,测评工作在整个招聘过程中越来越居于核心地位,应该借助于多种测评手段来公平、客观地做出正确的决策。因此,在长期的人力资源招聘工作实践中,发展了许多种实用的测评方法,当前使用最广泛的测评方法是心理测验法、面试法与评价中心技术。

评价中心源于情景模拟,但又不同于情景模拟。在评价中心里,多种不同的测评方法相互结合在一起。可以说,评价中心是一种程序而不是一种具体的方法,主要是以评价管理人员的管理能力为中心的活动。它的主要特点是情景模拟性;除此之外,还具有综合性、动态性、标准化、整体互动性、全面性、以预测为主要目的、形象逼真和行为性等特征。

最后,本章以2000年重庆市19名副厅局级干部的公开选拔为例,对相关招聘和测评方法的具体应用情况做了介绍与分析。

第六章　人员培训

教学目标与方法建议

通过本章教学,应该掌握以下内容:
1. 培训的概念;
2. 影响培训需求的三种要素及培训需求的分析方法;
3. 培训的类型、内容与方法;
4. 培训有效性评估的含义及柯克帕特里克的四层次模型;
5. 我国公共部门培训存在的问题及发展方向。

教学方法建议:可采用课堂讲授、案例教学、观看录像、实地考察等方法教学。

组织正面临着一个复杂多变、具有高度不确定性的环境。为了实现其目标,组织必须拥有一支高素质、专业化、善学习的员工队伍。因此,加强人员培训,不断提高组织中人员的综合素质,才是组织实现其终极目标的法宝。

第一节　培训及其需求分析

我们先明确人员培训的含义,然后介绍如何进行培训需求分析。

一、培训的含义

本章中的人员培训即人力资源培训,是向组织中的新任人员或现有人员传授其完成本职工作所必需的相关知识、技能、价值观念、行为规范的过程,是由组织安排的对本组织人员所进行的有计划有步骤的培养和训练。

人力资源培训与一般的学校教育是有区别的。具体而言,体现在如下几个方面(见表6-1):

表 6-1 人力资源培训与学校教育比较分析表

开发方式	目的	形式	内容
人力资源培训	满足当前工作需要	形式多样	职业素质、知识、技能
学校教育	全面提高素质	固定单一	德、智、体、美等基础素质

首先,两者的目的侧重点不同。人力资源培训的目的在于满足当前工作需要,提高工作效率;而一般的学校教育则侧重于全面提高素质,最大限度地促进个体发展与社会的发展,具有一定的人才塑造性与社会服务性。

其次,两者的形式不同。人力资源培训形式多样,伸缩性强。根据不同的具体目标与内容,可以开展各种形式的培训。按照培训时间长短划分,可以分为长期培训、中期培训和短期培训;按是否在职培训,可以分为脱产培训与在职培训;按照培训的方法划分,除了讲授法之外,还有研讨法、案例教学法、情景模拟法、基层任职法、计算机辅助培训、网络培训等多种培训方式。相比之下,一般的学校教育则在方法上固定单一,统一性强。

最后,两者的内容侧重点不同。人力资源培训的内容是直接与目前工作相关的,紧紧围绕目前工作岗位所需要的职业素质、知识、能力与技巧的提高而设置,具有立竿见影的培训效果;而一般的学校教育是面向未来,满足将来的国家与个人的需要,侧重个体德、智、体、美全方位的综合发展。

当然,随着近年来人力资源培训与学校教育这两类人力资源开发活动的发展,两者也出现了相互交融之势。人力资源培训也不仅仅是为了满足当前需求,开始关注人员综合素质的培养,向更高层次人力资源开发延伸;与此同时,一般的学校教育也开始注重与社会的实际需求相结合,不仅开发方式更加多样,而且越来越利用自身的优势为组织开展,如 MBA 或 MPA 教育。

二、培训的需求分析

培训需求分析是人力资源培训的第一个环节,也是整个培训过程的基础。是否需要进行培训?什么时候进行培训?需要在哪些方面对哪些人员进行培训?这是培训需求分析所要解决的问题。通过培训需求的分析,可以确定人员的能力及绩效是否达到了组织的目标以及培训的目标。任何培训都需要建立在全面细致的培训需求分析的基础之上,没有需求分析的培训如同没有目标,没有目标就难以产生效益,极易造成组织资源的浪费。

培训的需求分析涉及三个要素:组织分析、人员分析和任务分析(如图6-1所示)。

培训需求原因或"压力点"评估内容有哪些
- 法律、制度变化
- 基本技能欠缺
- 政府生产力标准提升
- 工作流程优化
- 组织结构变化

需求评估结果
- 受训者要学些什么
- 谁接受培训
- 培训类型
- 培训次数
- 购买或自行开发培训的决策
- 借助培训还是选择其他人力资源管理方式

图6-1 人力资源培训需求的三要素分析图

资料来源:〔美〕雷蒙德·A.诺伊等:《人力资源管理:赢得竞争优势(第三版)》,刘昕译,中国人民大学出版社2001年版,第265页。有改动。

(一)组织分析

组织分析是依据组织的战略、结构、文化、政策、资源等因素,分析和找出组织中存在的问题与问题产生的根源,以确定是否需要通过培训予以解决以及需要培训的具体部门和人员。具体而言,组织分析主要包括以下几个方面:

(1)组织战略。明确的组织战略对组织发展起着关键性的作用,组织战略分析主要是分析组织战略的制定与实施是否需要培训或者若战略的实施效果不尽如人意是否能够通过培训加以改善。例如,进入21世纪,跨国经济现象、变化中的国际关系以及政治多元化的发展带来人员工作环境的变化,组织需要通过制定与此对应的战略来对环境做出响应。而组织战略对于组织培训的战略、方向及内容都将产生巨大的影响(如图6-2所示)。因此在组织分析中,我们应该根据组织未来发展的战略,进行前瞻性的培训需求分析。

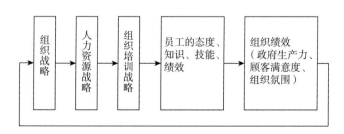

图6-2 组织战略对组织培训的影响

（2）组织资源。组织资源是培训目标实现的保证。组织资源分析包括对培训经费、培训时间等方面的分析。培训经费影响着培训的深度和广度,培训时间影响着培训的效果。通过对组织资源的分析,组织可以选择是通过组织内部培训还是通过专业机构培训,是进行脱产培训还是进行在职培训。

（3）组织环境。组织环境包括组织的外部环境与内部环境。内部环境如组织氛围也是组织分析的一个方面,通常包括人员的满意度、流动率、旷工、建议、事故、行为表现等。

（4）对组织的支持。由于培训活动可以看作是打破组织成员正常工作的干预活动,所以培训的成功极大地依赖于组织及其成员的支持。如果被培训者的上级、同事对培训活动持积极态度,并乐意提供各种信息资源,那么培训成功的概率就较大。

（二）人员分析

人员分析主要是通过对人员的具体情况分析,对照工作绩效的标准,找出与实际应用状况之间的差距,来确定所需要培训的人员、方式和内容。人员分析的内容通常包括人员的知识结构、人员的专业、人员的年龄结构、人员的个性、人员的能力分析。

人员分析的主体包括部门主管、人力资源培训部门和人员个人。三方主体的分析各有其特点:部门主管的分析从整个部门全局出发,通过考虑本部门的工作性质、历史工作绩效、将来所需达到的绩效、某岗位的重要性来确定某岗位人员的培训重点和方向。人力资源培训部门的分析则是在岗位分析的基础上,测试期望工作绩效与实际工作绩效之间的差距是否能通过培训予以解决。若答案是肯定的,则需进一步设计培训的内容与方式。人员个人对培训需求的分析也不容忽视,它是人员通过自我评价的方式,来确定是否有必要进行培训及培训的内容与方向。在信息时代,人员的工作环境较之以往竞争更加激烈,人员自身也希望能够不断地更新知识,以适应时代的要求与本岗位工作的需要。只要组织将培训与人员的个人发展结合起来,他们就会有强烈的培训愿望。

当然,由于人员的个人分析具有主观性,因此也存在一些局限性。首先,组织中的人员重视个人需要,而忽略了组织需要,如人员一般将通用知识列为首要的培训需要,对专门适合某组织却不具备广泛适应性的专业知识则缺乏一定的兴趣。其次,所谓"只缘身在此山中",即人员不能把握组织和社会的需求,对他所担任岗位的性质了解并不全面。

因此,对于人员分析,应该将部门主管、人力资源培训部门和人员个人三方面的分析相联系,将人员的积极性和能动性与部门主管、培训部门的客观性结合起来。

(三) 任务分析

任务分析是运用工作说明书、技术手册、任务分析调查问卷等工具确认人员工作的必备技能和完成某项工作所需的知识、技能、能力(KSAO)。如第三章所述,知识(K)是能力和技能建立的基础,知识指的是将信息组织起来的整体,具有实际的或程度性的特点,如果应用的话,将会使工作能够充分完成;技能(S)指的是能够精确和轻易地完成工作的能力,大多数情形下技能指的是精神运动的行为。一个技能的确定暗示了有效进行工作的绩效标准;能力(A)一般指完成工作所具有的认知的能力。[①] 这里对工作的分析主要在于了解具体人员的工作行为与期望行为标准之间的差距,从而确定其需要接受的培训。

培训需求的任务(工作或职务)分析主要从以下几方面展开[②]:一是工作的复杂程度。这主要是指工作对思维的要求,是抽象性还是形象性或二者兼而有之,是需要更多的创造性思维还是要按照有关的标准严格执行等。二是工作的饱和程度。这主要是指工作量的大小和工作的难易程度以及工作所消耗的时间长短等。三是工作内容和形式的变化。随着组织经营战略和业务的不断发展,有些部门的工作内容和形式的变化较大,而有些部门的工作变化则较小。这就需要从组织整体发展的角度分析工作层面的培训需求。

三、培训需求分析方法

培训需求分析需要借助于一定的技术方法,下面详细加以介绍。

(一) 传统的培训需求分析方法

传统的培训需求分析方法主要有观察法、调查问卷法、关键咨询法、访谈法、群体讨论法等。表6-2为总结与比较各种培训需求分析方法优缺点的汇总表。

---

① 参见〔美〕爱尔文·戈尔茨坦、凯文·伏特:《组织中的培训》,常玉轩译,清华大学出版社2002年版,第91页。

② 参见石金涛主编:《培训与开发》,中国人民大学出版社2003年版,第46页。

表 6-2 培训需求分析方法比较表

培训需求分析方法	优 点	缺 点
观察 可以像时间—运动研究一样技术化,也可以在功能和行为方面特定化; 可以非结构化; 可以标准化使用,区分有效和无效的行为,了解组织结构及过程	对被观察者的工作和行为影响较少; 能够产生情境数据,同情境高度相关,能够对确定培训需要和兴趣的反应起作用; (当同反馈步骤结合时)在观察者的推断和反应之间能够进行比较	对观察者要求较高,需要观察者对观察内容具备较多的知识和较高的技术水平; 只能够收集工作情境内部的数据,在使用时有限制(前面列举的优点的反面); 反应者有可能认为观察者的行为是"间谍"行为
调查问卷 可以作为问卷或调查的形式,随机地或有计划地选择被试,或者可以把总体作为没有数目限制的被试; 问题的结构形式多样:可以是开放式、投射式、强制性选择或优先性排列;还可以采用另外的形式,如 Q 型、Slip 型或等级评分以及由反应者在设计前自己产生; 可以在控制和非控制条件下由自己管理或可以要求解说者和辅助者在场	在较短的时间内调查大量的人; 相对来说成本较低; 给予表达的机会而避免了面谈可能带来的不便; 所得到的数据容易汇总	存在不回答、答非所问和回答无法评判的情况; 对有效工具的建立需要相当的时间(在调查模型方面也需要技术上的技能); 很少能够得到问题的原因和解决方法等信息; 会遇到有效问卷回收率低的情况,如不填写问卷、不认真填写、发放给不合适的人群等
关键咨询 能够从组织中的关键人物方面获得关于特定群体培训需求的相关信息; 这些关键人物确定之后,可以通过对他们的访谈、问卷和群体讨论获得相关信息	相对来说,这种方法操作简单且费用低,可以允许许多个体一起相互讨论,每个人给出自己所收集到的关于培训的相关信息与观点; 在过程中参与者相互建立并加强联系	由于每个人的观点仅代表他们个人和所在组织对于培训需要的看法,所以在收集信息的过程中容易出现偏差,这可能会导致所得到的信息难以代表关键人物的观点的问题

（续表）

培训需求分析方法	优　点	缺　点
访谈 可以正式或非正式，可以结构化或非结构化； 可以在特定群体的一个样本中使用（团体、委员会等）或在关注的所有人中实行； 可以在个人间、电话中或工作场所以及其他地方实行	适于揭示情感、揭示顾客所面对的（或预料的）问题的原因和解决方法； 为客户提供最大的机会来自发地表达他自己和他的团体的利益（特别是在一个公开的、非方向性的气氛中）	通常比较花费时间； 很难分析和得到数量性结果（特别是以非结构化的形式）； 除非访谈者有技能，客户一般会感觉到自我怀疑等； 依赖访谈者的技能把客户的怀疑打消，才能得到相关信息
阅读工作技术手册和记录	有关工作程度的理想信息来源； 有关新的工作和在生产过程中新产生的工作所包含任务的理想信息来源； 目的性强	你可能不了解技术术语； 材料可能已经过时
群体讨论 类似面对面的访谈技能； 可以集中于工作（角色）分析、群体问题分析、群体目标设定或其他任何群体任务及主题； 使用一个或几个群体促进的技术，如头脑风暴、势力区域、组织镜像、模拟等	允许现场总结不同的观点 可以为最终决定的服务性反应建立支持； 降低客户对服务提供者的"依赖性反应"，因为数据分析是一个共同的功能； 可以帮助参与者成为更好的问题分析者和更好的倾听者	对咨询师和部门来说都花费时间（所以相对昂贵）； 产生的数据很难综合或量化处理（对非结构化的技术来说更是一个问题）

资料来源：〔美〕爱尔文·戈尔茨坦、凯文·伏特：《组织中的培训》，常玉轩译，清华大学出版社 2002 年版，第 73—77 页；石金涛主编：《培训与开发》，中国人民大学出版社 2003 年版，第 49—53 页。作者根据有关内容整理。

（二）新兴的培训需求分析方法

1. 绩效差距法

绩效差距法是通过绩效考评，了解员工的实际绩效与期望绩效之间的差距，从而确定培训需求的一种方法。具体过程如图 6-3 所示：

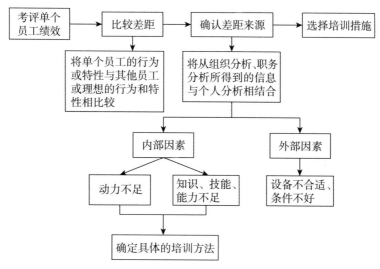

图 6-3 绩效差距法的一般过程

资料来源:萧鸣政:《人力资源开发学:开发组织内人力资源的理论与方法》,高等教育出版社 2002 年版,第 262 页。

2. 能力行为分析法

能力行为分析法,即指通过比较被分析者个人行为表现与标准能力行为特征的差距,确定人力资源培训需求的一种技术。在这种技术中,首先确定相应处于人、事、物与时间四个方面问题的基本管理能力。这些基本管理能力为九个类别,具体见表 6-3。

表 6-3 员工个人行为分类表

类别	应分析的行为特征	相对职务的重要性	差距程度
1. 自我管理	效率性、依赖性、弹性、持久性、动机水平、完美主义		
2. 情景控制	容易不适的程度,容易重复的程度,对压力的反应,对回馈的反应,情绪控制性,对危急情况的反应		
3. 操作技术	谨慎,做事精密,机警,注意细节,按程序行事、核对、记录保存、分类		
4. 沟通技能	读、写、口头表达、发问、说明、情绪表达		

(续表)

类别	应分析的行为特征	相对职务的重要性	差距程度
5. 概念建构	想象力、画图、设计		
6. 判断技能	声音判别、颜色识别、形状辨别、深度知觉、事实判断、经验判断、审美判断		
7. 推理技能	调查、构造、计划、分析、结合		
8. 人际关系技能	服务、调查、机智、合作、了解、建议		
9. 领导技能	决策、指导、创新、说服、核准、协调、培养与表达		

资料来源：萧鸣政：《人力资源开发学：开发组织内人力资源的理论与方法》，高等教育出版社2002年版，第263页。

对于表6-3中的九类能力行为特征，并非每个职务都需要，因此确定培训需要先要评判每个类别的行为特征相对职务的必要性与重要性；接着要评判员工实际表现与标准要求的差距，差距越大，说明培训的需求也就越大。

3. 全面分析法

全面分析法是针对分析对象及其相关影响因素进行全方位的诊断与分析，决定是否需要培训以及如何培训、进行什么样的培训。与绩效差距法相比，全面分析法不仅是针对问题进行分析，而且是全方位的、范围广、层次高的分析，侧重于组织运转中的方方面面，因而其分析结果适用于整个人力资源管理过程。

全面分析法包括四个步骤：一是建立全面的工作（职务）分析，研究组织工作的性质，制定组织岗位评价标准和职位规范，这也是一般人力资源管理工作的基础。二是编写组织任务和所需技能的目录清单。可以首先由熟悉职务工作的人以清单的形式逐一列出该职务所有的任务，并交给众多的主管或任职人就每项任务的重要性和所需时间进行评估，然后统计分析。在此基础上，对任务的性质与技能的性质进行比较分析，得到其理想的绩效水平标准。三是运用如前所述的绩效分析法来找出现实绩效与理想绩效之间的差距，认识原因所在。四是培训的设计。组织根据培训需要分析的结果来选择相应的培训方案与方式。

全面分析法的优点在于能够比较全面地认识问题，而且此分析资料不仅适用于培训，还适用于人力资源开发的众多环境。其缺点也正是由其全面性带来的,由于全面分析法需要顾及多个层次多个方面,因此组织需要投入大量的人力、物力、财力及时间,不易进行组织。一般而言,这种分析方法适合于小型的、任务简单的组织。

第二节　培训的类型、内容与方法

在人力资源培训的实施过程中,应了解培训的类型、内容与方法。

一、培训的类型

根据不同的标准,可以将培训划分为不同的类型:按时间的长短划分,可以分为长期培训与短期培训;按培训的机构划分,可以分为学校培训、内部培训、行政学院或专门机构培训;按培训的对象划分,可以分为高级管理人员培训、一般人员培训、专门技术人员培训等。在此,我们按常用划分类型——根据目的的不同,以公务员培训为例,将培训划分为如下几种类型。

(一) 初任培训

初任培训是对新录用的人员在正式上岗之前所进行的理论和实践教育的培训,是录用人员之后的首要环节。目的在于使人员能够了解即将任职部门的历史、性质和工作内容;熟悉工作环境、岗位要求、组织结构、工作程序;掌握任职岗位必要的任职技能,如公文写作能力、电脑操作技能等。

初任培训一般采取两种方式进行:集中培训和工作实习。集中培训是将所有新录用的人员集中在一起,学习国家的政策、方针、法律与法规,懂得自身的使命与任务;工作实习是有经验的人员指导新录用人员在工作的过程中学习,感性地了解即将从事工作的性质、特点、环境,并积累经验。

(二) 在职培训

随着知识经济的到来,全球化、信息化、政务电子化使得组织中的人员所处的外部和内部环境也随之发生改变;与此同时,我国政府所进行的行政改革也使得一些部门行政职能扩大。这些变化也要求公务员随之调整其知识结构,提高公共管理能力,提高公众服务水平,以适应形势的需要。

在职培训的培训方式有多种:分期分批地将被培训人员送往各种学习班进行理论学习;邀请有关专家、学者前往公共部门进行培训;组织知识讲座或专题学习班等。

(三) 任职培训

任职培训是对即将晋升到某一管理职务的在职人员或有希望晋升到某一管理职务的在职人员的培训。培训的内容一般应围绕拟晋升职务所具备的知识、技能而设定，使得该人员能够通过培训来为拟担任某管理职务做好一定的准备，从而能够胜任该项工作。在我国，凡是拟担任某领导职务的公务员，一般必须在就职前参加任职培训，即使因特殊情况不能培训的，也须经任免机关批准，在到职后一年内进行培训。

实际上，世界上不少国家的政府部门都采取将培训与晋升相结合的做法。例如，英国为使一些素质好的公务员能够具备担任高级职员的资格，对其进行管理培训或后备高级文官培训，来提高他们的能力，使其更加胜任其职务；又如在法国，也有涉及公务员晋升的初级培训与考前培训。

(四) 专门业务培训

专门业务培训是指根据工作需要，对公务员进行的与任职岗位相关的专门知识和技能的培训。此类培训的对象是从事专门岗位工作的人员，可以是新录用的人员，也可以是具有一定工作经验的人员。培训方式多为脱产培训，具有集中性的特点。为保证专业性较强的岗位的工作质量，一般规定唯有经过专业培训且成绩合格者方能上岗。我国公务员法专门规定，对从事专项工作的公务员应当进行专门业务培训；对专业技术类公务员应当进行专业技术培训。

二、培训的内容

以公务员培训为例，人力资源培训的内容包括政治素质、职业能力和专业知识等。

(一) 政治素质

不同的组织对于其人员政治素质的要求是不一样的。政治素质的培训是公务员培训的首要内容，因为公务员是代表国家、代表政府行使公共权力、履行公共职责的，无论其职务高或低，其政治素质与政治行为直接影响到国家的性质、利益与形象。

政治素质的培养首先在于培养公务员扎实的理论功底，包括党和国家的路线方针政策等；其次是提高公务员的政治素养，培养其运用政治理论观察问题和解决问题的能力；最后是培养公务员高尚的职业道德。通过培训，激发他们"鞠躬尽瘁，死而后已""先天下之忧而忧，后天下之乐而乐"的公共精神，促进他们遵循职业道德规范:忠于职守、秉公执政;实事求是、公道正派;廉洁奉公、不谋私利;胸襟开阔、关心群众。

(二) 职业能力

对于组织而言,其人员的职业能力是其首先关注的内容,公共部门也不例外。公共部门培训的终极目标是提高政府能力,即通过培训来更新和补充新形势和新环境下所需要的知识和技能,在科学技术日新月异的情况下,迅速掌握现代化的行政工作技艺和手段,以更加有效地从事政府公务工作。[①] 为达到此目标,公务员需要具备良好的职业能力基础。这就要求通过培训来提高公务员的政策分析能力、行政决策能力、行政执行能力、组织协调能力。

(三) 专业知识

除了能力之外,专业知识也是培训的主要内容之一。不同的组织甚至同一个组织内部的工作面涉及广泛,因此要求具有"T"型知识结构的人员,即要求人员在具备完成本职工作的专业知识的同时,还具备社会科学和自然科学方面的有关知识。首先,专业知识因岗位而异,如负责人事管理部门的人员需要学习人力资源管理学、劳动经济学、行政管理学、劳动法、政府学等。其次,人员还需要掌握一些基础理论与必要的科学知识。随着科学技术的发展,工作的智能化、政务的电子化要求组织中的人员不断地进行知识和技能的更新,包括外语、计算机应用、管理学、信息论及必要的社会科学和自然科学知识。

三、培训的方法

培训的方法有许多种,下面介绍其中比较典型的几种方法。

(一) 讲授法

讲授法是培训者运用口头语言系统向被培训者传授知识与技能的一种方法,包括讲述、讲解、讲演等。讲授法是最传统和最为普遍的培训方法。它具有组织简单、容易操作、经济可行的优点,便于在短时间内向人员传授系统的知识和理论体系,因而成为众多组织培训的首选方法。不足之处在于,在课堂讲授法中,培训者占主导地位,由培训者向被培训者传递知识信息,而被培训者则是被动的,难以与培训者有效地进行沟通和反馈。为了弥补该项不足,目前"启发式讲授""发现式讲授""开放式讲授"等灵活多样的形式被运用到讲授法中,以加强被培训者与培训者的交流和反馈。

[①] 参见张国庆主编:《公共行政学(第四版)》,北京大学出版社 2017 年版,第 173 页。

（二）研讨法

研讨法是通过研讨的方式进行培训的一种方法,形式包括小组讨论、专题讨论、集体讨论、演讲讨论等。研讨法的优点在于,培训者与被培训者的互动性较强,被培训者根据培训者提出的问题进行交流和研讨,畅所欲言地提出自己对问题的看法、解决思路,在不知不觉中锻炼了被培训者的理论思维、逻辑思维能力、语言表达能力。研讨中,培训者起着组织领导的"穿针引线"的作用。培训者要善于倾听学员的观点、引导学员围绕问题的重点进行讨论、总结学员的观点、提出反馈信息、把握讨论的节奏,从而提高学员的满意度和培训效果。

（三）案例教学法

案例教学法由美国哈佛商学院提出,起初用于培养工商管理硕士,目前也被应用于公共部门的培训之中。案例教学法是根据一定的学习目标,将实际工作中可能发生或已经发生的、比较典型的事件和问题作为具体的案例提供给被培训者,通过分析、研究与讨论,找出解决问题的方法。培训对象往往分为几个小组（每组一般4—8个人）来分析案例,案例来自具体的、复杂的问题环境和背景,而不是抽象的理论与原则,以促进学员主动地有针对性地思考解决问题;通常案例并没有唯一答案,学员必须学会权衡和选择,学会与同组学员互相沟通和协作,从中培养学员解决实际问题的能力和团队精神。

（四）情景模拟法

情景模拟法是指通过把被培训者置于模拟的现实工作环境中,让他们依据模拟现实中的情境做出及时的反应,分析实际工作中可能出现的各种问题,解决问题,为进入实际工作岗位打下基础的一种培训方法。情景模拟法包括管理游戏法、角色扮演法、一揽子公文处理法。[①] 其中,角色扮演法和一揽子公文处理法在培训中较为常用。一揽子公文处理法是让被培训者在规定的时间内将给定的各类公文进行处理的一种培训方法。在一揽子公文处理培训中,被培训者必须面对一大堆没有条理的文件进行快速处理。被培训者要研究这些文件,分清轻重缓急,合理安排时间去处理。一揽子公文处理法适合培训中高层管理人员的计划、组织、分析、判断、决策、书面沟通能力。

（五）应用新技术的培训

信息技术的不断发展使人力资源的培训方式也随之发生了深刻的变化,运

---

① 参见石金涛主编:《培训与开发》,中国人民大学出版社2003年版,第86页。

用先进的互联网工具、现代视听技术和通信技术进行人力资源培训逐渐成为人力资源开发的一个新的趋势。这些应用新技术的培训包括计算机辅助培训、网络培训、多媒体远程培训等。和传统的技术相比,这类培训有如下特点:一是以技术为基础;二是学员自主学习,可灵活选择学习内容、进度、时间、地点;三是跨越边界,应用新兴技术的培训突破了地域限制,使得处于不同地区的人能同时学习,共享培训资源。当然,网上培训是一个新的尝试,它对培训设施、讲师、信息技术提出了更高的要求,同时也要求学员有一定的准备性。因此,要增强培训效果,还需要在实践中不断地总结和完善。

以上是目前比较常见的培训方法的介绍,此外,还有自我学习等方法。其中每一种方法都有一定的优点和不足,没有任何一种方法是完美的。因此,在实践中,我们要重视培训方法的正确选择与科学使用,根据培训的内容、目的、经费、师资水平、教学设备情况以及学员本身的理论知识水平、实践经验、接受能力来选择最适宜的培训方法。

第三节 培训效果的评估

培训效果的评估(即培训有效性评估)也是培训过程中的一个重要环节,本节将探讨培训有效性评估的概念、作用和模型。

一、培训有效性评估的概念和作用

培训有效性评估是指评估被培训者从培训中所获得的收益。对企业组织而言,收益意味着组织利润的增加、成本的下降、市场占有率的扩大;对于公共部门而言,收益意味着群众对公共部门的满意度的提高;对个人而言,收益指的是个体素质的提升、知识的增长和技能的提高。培训有效性评估是指对培训后产生的学习效果进行评估的相关活动,包括学员收获的评估、学员返回工作岗位后产生的实际效果的评估等。

在管理实践中,不少管理者仅仅在信念上相信培训具有一定的价值,但是并不认为培训会带来组织绩效的提高。培训通常被认为是耗费金钱的活动。那么,怎么让人们认识到培训的重要性呢?重要的途径就在于通过培训有效性评估来证明培训有助于提高组织及个人的绩效。

培训有效性评估的作用在于:一是突出培训的重要作用。人力资源管理部门通常被认为是"成本中心",如果通过评估证明培训有助于组织绩效的提高,则将证明对员工的投资是可以产生收益和回报的。二是为管理者是否继续进行、停止或改进培训决策提供基础。进行培训有效性评估，可以通过测量和追踪培训过程的各个环节来获得一些信息，如哪些被培训者已经熟知，哪些内容需要更新，培训者是否采用了最合适的方式提高被培训者学习的兴趣等，为管理者决定是否继续某项培训或者如何改进培训质量提供基础。

二、培训有效性评估模型

培训有效性评估有多种模型，其中运用得最为广泛的是唐纳德·柯克帕特里克（Donald L. Kirkpatrick）的四层次模型（如表6-4所示）。之后，罗恩·考夫曼（Ron Kaufman）又在此基础上进行了修正，加上了"社会产出"这一评价标准，把社会和顾客的反应考虑到评价的效果之中。这里，我们主要介绍柯克帕特里克的培训评估模型。

表6-4 柯克帕特里克的培训评估模型

层次	标准	重点
1	反应	被培训者的满意程度
2	学习	知识、技能、态度等方面的收获
3	行为	工作中行为的改进
4	结果	被培训者获得的经营业绩

资料来源：〔美〕雷蒙德·A. 诺伊：《雇员培训与开发》，徐芳译，中国人民大学出版社2001年版，第108页。

（一）反应评估

被培训者反应评估是在培训结束之后，通过被培训者对培训的课程设置、培训教师、培训安排的直接反应来评价培训的效果。这是一种主观感受，有些人因此称之为"快乐单"，但也不失为简单地评价培训好坏的一种途径。如果评价的信息显示大多数学员对该培训项目有积极反应，说明培训的内容是可以接受的，培训效果的转移也较易进行。

反应评估通常采用调查问卷、面谈、公开讨论等多种方式，在课程结束前了解被培训者对课程的满意程度，并将搜集的意见作为未来举办同样课程之改善参考。反应评估通常从以下几个方面进行：一是与培训内容有关的，包括课程规划与设置；二是与培训教师有关的情况，培训教师是否备课充分，教师是否能将理论与实践结合起来，授课是否逻辑连贯，讲课的方式是否能调动被培训者的积极性；三是培训环境方面。这一层次的评估是培训方最能掌控的，因此，每次培训后皆应进行课后问卷调查,并可以将被培训者满意度作为培训方年终绩效评估项目之一。

（二）学习评估

一般是在培训即将结束之前,组织者对被培训者在培训期所学知识和技能结果进行直接评价。主要评估:被培训者学到了什么知识？掌握了哪些技能？道德修养有否提高？知识、技能和态度等方面的收获是被培训者将来工作绩效提高的基础,因而对于被培训者的学习评估也是非常重要的。

学习评估既可以通过书面考试的形式进行(如测试被培训者所掌握的系统理论知识),又可以通过角色扮演、模拟环境等多种灵活的方式测试被培训者的技能的改善。

（三）行为评估

行为评估是评估被培训者回到工作岗位后行为是否产生了积极的变化。它实际上是评估被培训者知识、技能、态度的迁移。被培训者培训转移的结果的评估更为复杂,因为被培训者行为的改变是受到一定条件的限制的。如图6-4所示,被培训者行为的改变不但和学习的结果有关,而且与其工作中是否有机会应用所学的知识和技能、组织的气氛、上级领导的支持和鼓励等都有密切关系。因此,这一层次的评估也就较为困难。也正是因为如此,一般的组织往往只做了第一层次和第二层次的评估就不再进行第三层次和第四层次的评估了。然而,它关系到培训的目标是否最终实现,所以它是极其重要的培训评估方法。

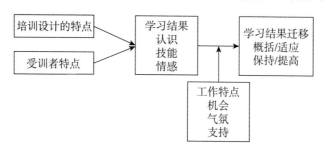

图6-4　影响学习和转移结果因素的模型

资料来源:〔美〕爱尔文·戈尔茨坦、凯文·伏特:《组织中的培训》,常玉轩译,清华大学出版社2002年版,第119页。

这一层次的评估不是很好量化评估,但是我们可以通过领导的直接观察来考察被培训人员的行为表现,也可以通过比较的方法将培训前后被培训者的行为进行结果对比。

(四) 结果评估

结果评估包括对被培训者个人的评估与组织绩效的评估,也是培训有效性评估中最困难的评估。在结果评估中,管理者主要考虑个人及组织的工作质量、服务质量、态度是否有所提高,是否达到了组织预先的培训目标。

组织绩效的评估是一项系统工程,涉及方方面面的因素,组织一般采用投资回报率进行分析,即通过财务会计方法决定培训项目的经济收益。首先,根据培训所需的设备、设施、人员、材料来确定培训的直接成本和间接成本;其次,确定培训后绩效的改善所带来的收益;最后,将培训投资的收益与成本相比较就可计算培训的有效性了。

但是,在公共部门中,由于组织的绩效主要表现在被培训者的理论素养和各项工作的完成数量与质量等方面,难以用产量、利润或生产率来进行衡量,因此很难用投资回报率来对培训的结果进行量化的评估。所以,目前在公共部门中对结果的评估一般采用客观与主观结合法,客观标准采用市民满意度、工作完成率等指标进行衡量,主观标准依据360度(来自领导、下属、平级同事等方面)的对于绩效的主观的、定性的评价。

第四节 公共部门的人员培训与发展

公共部门人力资源培训是指公共部门根据政治、经济、社会和科学发展的需要,依据法律和法规的规定,运用各种形式,有组织、有计划地对公务员进行的以提高职业素质、业务能力和工作绩效为目的的培养、教育、训练活动。它是公共部门人力资源管理系统的一项基本的管理职能,接受培训,既是公务员享有的权利,也是其必须履行的义务。

一、公共部门人力资源培训的必要性

在管理实践中,培训常常容易被管理者当作一种补救的措施,看成是被动的行为,有时甚至会被管理者忽视,而事实上,"培训是最好的投资",公共部门人力资源培训的必要性具体体现在以下几个方面:

(一) 公共部门人力资源培训是政府管理变革的迫切需要

我国政府管理面临不断变革的课题,而政府管理变革是通过不同时期的行政改革来实现的。当代我国行政改革的基本价值选择主要体现在以下四个方

面:第一,市场经济是我国政府行政改革的经济基础,公共部门人力资源需要对市场经济有系统性认识;第二,制度创新是我国政府改革的主要途径,公共部门人力资源需要不断改革创新,提升工作绩效;第三,政府能力是我国政府改革的行为诉求,公共部门人力资源治理能力的建构成为全新发展课题;第四,社会公平正义是政府改革的目标追求,应加大对公共部门人力资源公共精神的培育。[①]

推动和实现政府管理变革基本价值的主体——公务员的思维观念和知识能力,很大程度上决定了当代行政改革乃至政府管理变革的成败。可以肯定的是,公共部门人力资源培训对行政改革和政府管理变革的顺利进行非常关键,公共部门人力资源培训将全方位地更新公务员的观念,向公务员输入符合时代要求的科学的管理理念、管理思想和管理技术。

(二)公共部门人力资源培训是公共部门响应经济全球化挑战的迫切需要

经济的全球化意味着中国的经济融入全球市场经济体系,不仅我国的产品、服务市场、资源配置需要融入全球一体化,而且政府公共政策的制定也会随之产生深刻的变化,这体现在:首先,按照国际惯例,我国经济政策需要与世贸组织成员经济政策协调一致,同时保持我国经济政策的透明化;其次,政府的管理也将逐渐参与全球竞争,这对我国政府的公共服务提出了更高的要求,不但要求我们的政府服务高效、廉洁,而且要能够采取种种举措保护本国国民的利益;最后,投资来源的"多国化"和经营活动的"非本土化"都要求政府管理者改变暗箱操作、透明度低等传统管理方式的不足,站在社会公众的角度上考虑如何更好地为公众服务。

在这种经济全球化的浪潮下,公务员不但需要掌握传统的写作、沟通、协调、执行任务的技巧,而且需要转变思维方式,进行全球化思考,改变陈旧的知识结构,运用新的方式进行管理活动。这无疑要求公务员必须不断"充电",接受终身教育和培训,主动积极地更新知识与技能,响应经济全球化所带来的挑战。

(三)公共部门人力资源培训是公共部门响应信息技术革命挑战的迫切需要

当今信息技术的迅猛发展引发了一场与工业革命深度相当的信息革命,改

[①] 参见张国庆主编:《公共行政学(第四版)》,北京大学出版社2017年版,第486—498页。

变着整个社会的根基,把人类带入一个"信息社会",而政府的行政管理方式也随之改变,电子政务与知识管理便在此背景下应运而生。

这对我国目前从事公共部门工作的人员提出了挑战:一方面,信息化社会、网络社会的出现,使人民群众的社会监督进一步具象化、即时化,需要公务员及时回应社会公众的监督,担负起全新的行政责任,不断提升回应公众诉求的能力,使公务员总是处于社会公众的监督之下;另一方面,公务员掌握较为全面且权威的信息,信息化社会中公务员的作用并没有被弱化,反而得到提升,如果能够有效运用信息分析技术开展工作,则可以更好地适应信息化社会的变化。

无疑,上述挑战迫切需要运用培训这一方式对公务员进行行政责任观的更新,让公务员从思想上主动运用信息技术这一新的管理手段,积极回应政府活动的终极监督者——社会公众的诉求;与此同时,还需通过培训培养公务员的信息加工处理分析能力和网络运用能力,让公务员掌握的信息更好地服务于社会经济。

二、我国公共部门培训的问题及发展趋势

目前,公共部门的培训工作日益受到人们的重视。当然,一套健全的培训机制的建立并不是一蹴而就的,我国公共部门培训中还存在着一些问题。

(一) 我国公共部门培训中存在的问题

1. 公共部门的培训不能按需培训

我国公务员的培训主要包括初任培训、任职培训、专门业务培训和在职培训。初任培训是指对新录用人员的培训;任职培训是指对晋升领导职务人员,按照相应职位的要求所进行的培训;专门业务培训是指根据专项工作需要,对国家公务员进行专门业务培训;在职培训是指对在职人员以增新、补充、拓宽相关知识为目的的培训。应该说,培训是公共部门的一项常规性的活动。

然而,尽管公共部门的培训已经成为一项常规性的工作,但是在很多公共部门,培训工作却是为培训而培训,不知道为什么培训,没有根据培训的需求分析展开培训,导致培训效果事倍功半。这体现在:很多公共部门的培训很少考虑根据公务员的培训需求制订培训计划,人事部门管理人员通常根据自己的估计或是按照前几年的培训计划来制订当年的培训计划,没有考虑到在信息技术不断发展、经济日益全球化、政府职能不断转化的今天,公务员的培训需求也随之变化,也没有考虑到公共部门内部不同组织的公务员的培训需求是不一样的,甚至对于同一个公务员而言,在其职业生涯的不同阶段,培训需求也是不一

样的。因此,常常能够在一些公共部门的培训教室里,看到不同文化程度、不同工作性质的公务员通通接受"统一供给"、接受相同的授课内容,这些公务员中有些人学之太难,有些人学之太易,有些人所学的与自身兴趣和工作内容相关,而有些人则学了之后没有用处。这使得公务员的主观参与性不是很强。

2. 公共部门的培训设置不合理

我国公共部门的培训虽然已成为常规化的一种活动,但是仍处于初级阶段,无论在培训教师、课程设置还是培训方法上都存在不足。

从培训机构来看,我国公共部门的培训主要是以各级行政学院为主体,兼以其他管理干部学院或培训机构为辅的培训;从培训方法来看,公共部门现在大多运用传统的模式授课,"老师讲,学员听,考试测";从培训内容上来看,公共部门的公务员培训需求一般包括党和国家的方针政策、法律法规和政府、市场经济知识、科学技术知识、公共行政管理知识和国家公务员行为规范等。

沿用了多年的公共部门培训设置在一定程度上起着提高公务员的职业和业务素质,以适应公共部门高效能管理的需要的作用。但是,这种方法还存在着一些不足之处,如培训方式过于单一,通常是传统的课堂教学模式,或者是讲座形式,或者是联合高校进行培训的方式。这些培训方式很容易使得被培训者觉得枯燥、效果不好,失去对培训的兴趣。另外,这些培训方法以学习和掌握既有的知识和技能为中心,不能发挥被培训人员的积极主动性,开发被培训人员的创新能力。

3. 公共部门的培训很少进行深层次评估

与一些社会组织相比,我国公共部门的培训较为重视培训资金的投入,但却忽视了培训的评估这一重要的环节,没有认识到培训评估的重要性。这体现在:首先,目前一些公共部门对培训活动的评估缺乏一套系统的记录,缺乏评估所用的方法、测试的内容、学员完成情况、测试的结果;其次,即使有些公共部门的人事管理部门会将有关培训的内容、方式等记录在案,但这些记录缺乏专业的管理,大多是零散的、无序的;最后,在培训评估的第一层次和第二层次(即反应层次和学习层次)评估上做得比较好的公共部门,其培训评估也仅仅对培训课程中所授予的知识和技能进行考评,而没有涉及第三层次(行为层次)和第四层次(结果层次)的培训评估,也没有深入一段时间后被培训者的工作行为、态度改变、绩效改善、能力提高以及所在公共部门为群众服务的能力的提高上。

之所以培训评估的深层次工作没有很好的展开,原因有很多,主要有以下两方面:一方面,我国不少公共部门的培训活动还处在传统的人事管理阶段,培训负责人没有意识到培训深层次评估的重要性;另一方面,即使培训负责人意识到了培训深层次评估的重要性,但此项工作由于较难开展,所以常常被放弃。但不开展深层次培训评估的不良后果也是显而易见的,人们投入了培训资金,却很难看到培训的成果,这会使人们降低对培训重要性的认识。

(二) 我国公共部门培训的发展趋势

虽然目前我国公共部门的培训存在着一些不足之处,但是随着现代人力资源管理理念及思想在公共部门的不断引入[①],一些公共部门已经开始逐渐改变原来培训的不足之处,尝试建立起一整套系统的培训体系。

1. 将公共部门的培训目标与组织的目标结合起来

随着战略人力资源管理思想在中国的发芽、开花,公共部门也逐渐意识到,公共部门的培训应该是与其总体战略、文化和目标一致的,也逐渐意识到,无论提供何种方式及何种内容的培训,都是为了实现组织的目标。事实上,公共部门与其他社会组织一样,都有其组织目标,与企业组织追求利润最大化等目标相比,公共部门则追求政治、军事、经济、社会文化等目标,不同时期不同部门追求的主要目标会有所不同,但无论如何,公共部门在某一时间有其重点目标。公共部门的培训目标应该紧紧围绕组织的目标来设置。完整的培训体系绝不是片面地追求短期效应,追求短期目标的培训,也不是技能课和知识课的堆积,它是从组织目标出发,建立在岗位分析、人力现状分析的组织实际状态之上的。

2. 采用多种方式进行培训

近年来,除了传统的讲授法之外,不少公共部门开始引入其他多种培训方式。例如,在培养公务员创造性与改进问题解决能力方面,采用头脑风暴法、案例研究法等方法。通过这些培训方法,激发被培训者的创意与灵感,产生更多的观点与新发现。在培养公务员的品德、态度、人际关系方面,除了传统的政治学习之外,采用角色扮演法,通过让被培训者扮演相关角色,加深理解、体验与了解有关角色,从而转变对相关角色的态度。在培养公务员的潜能方面,采用拓展训练培训方法,即通过精心设计的各项教育培训活动,把被开发者置于大自然和各种刺激、困惑与艰难情境之中,让其在面对挑战、克服困难与解决问题的过程中,得到心理磨炼,提高品性修养。此外,利用高科技来丰富培训手段和提高培训质量,是近年来公共部门新出现的一种培训方式,如利用互联网进行规模巨大的远距离培训等。

---

① 参见白智立、杨沛龙:《试论中国公务员制度建构特征与改革分析视角》,《国家行政学院学报》2018年第6期。

3. 将培训与考评、奖励及晋升结合起来

作为人力资源管理大系统的子系统,培训子系统是整个人力资源管理大系统的一个重要的有机组成部分,培训的有效实施离不开其他子系统(如晋升、绩效考评、奖励)的支持和配合。培训的内容可以分为通用知识与专用知识。通用知识是指在其他组织中也能用得上的知识,专用知识是指只在本组织能用得上的知识。一般而言,被培训者对于通用知识的学习更加感兴趣,专用知识的学习则积极性较低。为了增强培训效果,提高公务员学习的积极性,越来越多的公共部门开始把公务员的培训与公务员的考评、晋升、奖励相挂钩,做到培训、使用、晋升、奖励、考评的互相配套,鼓励公务员在培训中努力学习和展开竞争。我国公务员法也明确规定,公务员的培训实行登记管理,公务员的培训情况、学习成绩要作为考核的内容和任职、晋升的依据之一。

4. 重视对培训的需求分析及效果评估,注重培训成果的转化

如前所述,目前公共部门的培训需求评估及效果评估有待加强。培训并不是目的,只是手段,培训的目标就是实现组织的目标或者战略,而为了确保组织目标的实现,必须加强培训的需求评估及效果评估。因此,虽然培训的需求分析与培训第三层次(行为层次)、第四层次(结果层次)的评估是一项技术性较强、耗费精力且花费资金较大的一项活动,但从组织的目标和战略来看,没有培训需求分析的培训是无的放矢,没有培训评估的培训则很难实现培训甚至组织的目标,它比培训过程本身有着更为重要的意义,因此注重培训的需求评估及效果评估将会是未来公共部门培训工作的一个主要趋势。

本章小结

本章介绍了培训的含义、类型、内容、方法与效果的评估,系统地阐述了培训需求分析、培训有效性评估,使我们对培训过程有了一个较为全面的基本认识。

首先,培训需求分析是人力资源培训的第一个环节,培训需求可以从三个要素展开:组织分析、人员分析和任务分析。培训需要借助于一定的技术方法,传统的培训需求分析方法主要有观察法、调查问卷法、关键咨询法、访谈法、群体讨论法等,新兴的培训需求分析方法主要有绩效差距法、能力行为分析法、全面分析法等。每一种培训需求方法各有其优点和缺点。

其次,在人力资源培训的实施过程中,我们应注意培训的内容、培训的类型与方法的选择。一般而言,公共部门人力资源培训的内容有:政治素质的培训、

职业能力的培训、专业知识的培训。根据目的的不同,我们可以将培训划分为四种类型:初任培训、在职培训、任职培训、专门业务培训。培训的方法有很多种,主要有:讲授法、研讨法、案例教学法、情景模拟法、应用新技术的培训等。

再次,培训有效性评估有多种模型,其中运用得最为广泛的是柯克帕特里克的四层次模型。该模型包括四个层面:一是反应评估,指在培训结束之后,通过对被培训者对培训的课程设置、培训教师、培训安排的直接反应来评价培训的效果;二是学习评估,一般是在培训即将结束之前,组织者对被培训者在培训期所学知识和技能结果进行直接评价;三是行为评估,指的是评估被培训者回到工作岗位上行为是否产生了积极的变化;四是结果评估,包括对被培训者个人的评估与组织绩效的评估,也是培训有效性评估中最困难的评估。

最后,阐述了公共部门培训的意义、问题与发展趋势。

第七章　绩效考评与管理

教学目标与方法建议

通过本章教学,应该掌握以下内容:
1. 掌握绩效考评和绩效管理的含义以及两者的区别;
2. 重点掌握组织绩效考评与管理方法及其操作;
3. 重点掌握个人绩效考评方法及其操作;
4. 重点掌握绩效考评指标体系的设计内容、程序以及方法;
5. 了解我国公务员考核方法及其问题。

教学方法建议:建议在课堂讲授的同时,增加案例教学,并适当进行课堂练习与讨论。

绩效考评与管理可以为各项人力资源决策提供客观依据,是人力资源开发与管理的核心职能之一。它贯穿于人力资源管理的各个环节,因而愈加受到管理者的重视。追求良好的工作绩效是每一个组织的重要目标,而组织绩效又与员工的个人绩效直接相关,因此必须对员工绩效进行有效的考评与管理,确保员工的绩效目标与组织战略保持高度一致。因此,在这一章,我们主要介绍组织与个人的绩效考评与管理的相关理论与方法。

第一节　绩效考评与管理概述

绩效考评是组织绩效管理的有效手段。通过绩效考评,可以及时为组织与员工提供反馈,帮助组织与员工明确绩效目标,促进绩效水平的提高。考评的结果还可以作为员工职务晋升、薪酬调整、制订培训计划等的依据。然而,什么是绩效考评,什么是绩效管理,绩效考评与绩效管理的区别是什么,有些人并不十分清楚。因此,在这一节主要讨论这些问题。

一、绩效

一般意义上的绩效包括组织、部门与个人三个层次与类别。下面分别阐述绩效的含义、特点与类型。

"绩效"一词源于英文的"performance"。除"绩效"之外,中译文还有"效绩""业绩""表现""作为"等。人们对绩效含义的认识大致可以分为两类:一类是从工作结果的角度进行定义,认为绩效是指工作主体在一定时间与条件下完成某一任务所取得的业绩、成效、效果、效率和效益;另一类则从行为角度来定义,如认为绩效是人们所做的同组织目标相关的、可观测的事情,或是具有可评价要素的行为。事实上,这两类定义方法都有合理之处,行为与行为的结果是同一事物的两个方面,二者是不可分割的,行为是产生绩效的直接原因,而行为主体的成绩优劣则要通过其工作的结果来评价。因此可以说,绩效的基本含义是特定行为主体的工作和活动所取得的成就或产生的客观效果。在一个组织内,绩效可以表现为不同的层次;不同的工作主体,其绩效的含义是不一样的。比如一届政府或某个企事业单位、一个职能部门、一个工作团队层次与员工个人,都有各自的绩效。比较困难的是个人层次的绩效考评。

一般而言,无论组织还是个人层面的绩效,都具有三效性,即效果性、效率性和效益性。效果性是指被考评者完成工作任务之后,取得了多少成果,取得了多好的成果,也就是绩效的外观形式;效率性是指在被考评者完成工作任务之后,成本和收益的对比情况;效益性是指被考评者的工作成果给自己、他人、集体和社会带来的利益。三效性是绩效的基本特点,缺一不可。

绩效从不同的角度有着不同的分类:

第一,整体绩效和个体绩效。整体绩效是包括被考评者在内的一个群体或团队的整体工作成果,个人绩效是被考评者独立的工作成果。二者不能简单等同。

第二,显绩效和潜绩效。显绩效是那些看得见、摸得着的工作绩效,潜绩效是那些一时还不能表现出来但已经存在的工作绩效。

第三,结果绩效和过程绩效。结果绩效是指被考评者的工作结果。它是被考评者完成工作的结果或履行职务的结果,是被考评者对组织的贡献,或对组织所具有的价值,通常可以用质量、数量、时效、成本、他人的反应等指标来进行考评;过程绩效是指被考评者在工作过程中所表现出来的行为。

第四,任务绩效与周边绩效。如果把结果限制在合约规定或管理者关注的范围中,那么绩效还包括任务绩效(task performance)与周边绩效或者关系绩效(contextual performance)。任务绩效属于合约规定或管理者主要关注范围内的工作绩效,周边绩效或者关系绩效则是规定与关注外、与任务绩效有比较紧密关系的绩效。

二、绩效考评

绩效考评,是指考评者运用科学的方法、标准和程序,对被考评者有关的绩效信息(业绩、成就和实际表现等)进行观察、收集、整合,并尽可能做出准确评价的过程。

在组织中,绩效考评是一种正式的考评制度,它通过系统的方法、原理来评定和测量被考评者的工作行为和工作效果,它是考评者与被考评者之间进行管理沟通的一项重要活动。随着理论和实践的进步和发展,绩效考评现已取得了相当多的成果,并且成为组织提高绩效、获取竞争优势的一个重要来源。因此,尽管在实践中绩效考评的实施面临诸多问题,甚至被认为是人力资源管理中最棘手、最令人沮丧的工作,但它却是必需的、不可废除的。

三、绩效管理及其与绩效考评的区别

绩效管理是管理者与被管理者就工作目标与如何达成工作目标进行相互沟通、达成共识的过程,包括制定绩效指标与计划、进行绩效考评和进行绩效反馈与辅导。

可见,绩效管理与绩效考评具有一定的关联性,绩效管理是包含了绩效考评在内的一个综合性的系统工程。绩效考评相对于管理者来说,可称之为一种手段,而绩效管理就是管理本身。绩效考评的直接目的是要提高管理的有效性,促进组织绩效目标的实现。因此,绩效考评在绩效管理过程中只是一种实现目的的手段。但是,绩效考评也是绩效管理的基础,离开绩效考评,绩效管理就失去了管理的依据,失去了计划内容、辅导重点与改进的方向。

绩效管理与绩效考评的区别主要体现在以下几个方面[1]:

第一,目的和作用不同。绩效考评的目的就是通过考评得到被考评者工作情况和工作效果的结论,以便于做出某些人力资源管理决策,以及对被考评者进行奖励和惩罚。绩效管理的主要目的不是奖励和惩罚,而是用于被考评者的绩效改进计划和发展规划,并且在考评之后,还要针对被考评者的情况对其考

---

[1] 参见刘平、杨玉武、高映红:《传统的绩效考评与系统的绩效管理》,《重庆商学院学报》2002年第6期。

评结果进行诊断和反馈,帮助被考评者认识和改进自己的行为,从而真正达到提高和改进绩效的目的。因此,绩效管理除了有绩效考评的作用外,更深层的目的是对被考评者实施有效的激励,引导被考评者朝着组织整体战略目标迈进。绩效考评讲究事后评价,重评定;而绩效管理主要是事前计划,重导向与控制。绩效考评关注的是过去的事实,而绩效管理则面向未来的发展。

第二,人员的参与方式不同。绩效考评和绩效管理的参与者相同,都是绩效管理职能部门、各工作单位领导和员工,但他们在这两种过程中参与的方式是不一样的。绩效考评过程一般是由管理层或是人力资源部门制定出绩效计划和考评标准,考评时要求考评活动组织者、考评者与被考评者分别独立进行考评与工作。这种独立的考评工作可以更加客观地、多角度地分析被考评者的工作情况,以便确定考评结果。但各自独立的考评工作也使得被考评者难以把握上级主管对他们的期望,不清楚自己将如何被考评,参与绩效考评的单位与个人都只把考评当作是人力资源管理部门的工作,因而在整个绩效考评的参与过程中是完全被动的。而在绩效管理过程中,组织、部门与个人目标统一,考评者、管理者与被考评者相互沟通,在同一体系下综合认识与评价被考评者的工作情况与结果,各层次主体均能从宏观上把握绩效管理的全貌。由于制定指标、绩效沟通和绩效反馈等绩效管理的各个过程员工都可以亲自参与,因此他们能够充分体会到绩效管理对自己近期和长远发展的作用,从而增加了参与的主动性和积极性,也能明确自己的发展方向和目标。

第三,内容不同。从手段来看,绩效考评是评价过程中的一个环节,而绩效管理则是一个系统的工程,二者是微观与宏观的差别。绩效考评只是管理过程中的一个局部环节,并且只在特定的时间进行,强调事后评价;而绩效管理是一个完整的管理过程,并且是持续不断地进行着,强调的是事先的沟通和事后的反馈。

第四,侧重点以及采取的方式不同。绩效考评侧重于考评过程如何执行和考评结果如何判断,而绩效管理侧重于持续的沟通和反馈,尤其强调取向沟通。在绩效管理过程中,管理者和被管理者所需要的信息是对称的。一方面,管理者要全面掌握相关信息,需要了解被管理者工作的进展情况,需要找出潜在的问题以便尽快地解决,需要掌握最终的绩效,反馈信息以便制定更有效的绩效管理计划,需要掌握怎样才能更好地帮助被管理者的有关信息;另一方面,被管理者也需要了解与绩效有关的信息,如工作的重要程度、提高绩效的方法等。

管理者和被管理者在沟通过程中的主客体地位不断变换,既是信息发送者,又是信息接收者,通过交谈、协商等方式达到有效沟通。

表 7-1 列举了绩效考评和绩效管理之间的主要区别。

表 7-1 绩效考评和绩效管理的区别

绩效考评	绩效管理
管理手段	管理本身
组织、部门与个人目标相分离	组织、部门与个人目标相统一
事后进行,重评定	事前计划,贯穿全程,重导向与控制
注重结果	注重过程
关注过去	面向未来
一个环节	一个系统
单向评定:成与败	双赢战略:共同达到目标

第二节 组织绩效考评与管理方法

本节主要介绍基于组织绩效的考评与管理方法,更多是从实践和方法角度进行介绍。组织绩效考评与管理方法大致可以分为两类:一类是 20 世纪 90 年代以前的组织绩效考评与管理方法,这类方法主要侧重于对经济指标的分析,可以称之为传统组织绩效考评与管理方法;另一类主要出现在 20 世纪 90 年代以后,这类方法注重经济指标和非经济指标的有机结合,注重对组织环境、创新、知识等因素的分析,可以称之为现代组织绩效考评与管理方法。

一、传统组织绩效考评与管理方法

传统组织绩效考评与管理方法主要包括功效系数分析方法、雷达图分析方法、沃尔分析方法、经济报表结构指标分析方法等。

(一) 功效系数分析方法

所谓功效系数分析方法,是指根据多目标规划原理,把组织所要考评的各项指标按照多档次标准,通过功效函数转化为可以量化的评价分数,据以对被评价对象进行总体评价分析的一种方法。

功效系数分析方法从经济效益状况、资产营运状况、偿债能力状况和发展能力状况四个方面(共 20 项指标)对组织绩效进行分析评价,分析指标如表 7-2 所示。

表 7-2 功效系数分析法的指标

分析指标 分析内容	权数 100	基本指标 指标	权数 100	修正指标 指标	权数 100
经济效益状况	38	净资产收益率 总资产报酬率	25 13	资本保值增值率 主营业务利润率 盈余现金保障倍数 成本费用利润率	12 8 8 10
资产营运状况	18	总资产周转率 流动资产周转率	9 9	存货周转率 应收账款周转率 不良资产比率	5 5 8
偿债能力状况	20	资产负债率 已获利息倍数	12 8	现金流动负债比率 速动比率	10 10
发展能力状况	24	销售(营业)增长率 资本积累率	12 12	三年资本平均增长率 三年销售平均增长率 方法投入率	8 8 8

(二)雷达图分析方法

雷达图分析方法亦称综合经济比率分析方法,按这种方法所绘制的经济比率综合图类似雷达,故此得名。绘制雷达图的前提是经济比率的分类,通常将经济比率分为收益性比率、安全性比率、流动性比率、成长性比率、生产性比率五类。

按照雷达图分析方法绘制出的雷达图是三个同心网,最小网代表最低水平,或者同行业水平的 1/2;中间网代表同行业平均水平,又称作标准线;最大网代表同行业先进水平,或者同行业水平的 1.5 倍。从圆心开始,以放射线的形式分别标出各大类的经济比率。评价时通常用目测判断的方法。如果组织的经济比率值接近或者处于最小网之内,说明该比率水平极差,必须警惕;如果比率值接近标准线,说明该指标与同行业平均水平相当;如果比率值处在最大网内,说明该指标水平较高,是较为理想的状态。

利用雷达图分析方法判断和评价组织的绩效状况时,将组织各实际比率值所处点连接起来,形成一个多边形,如图 7-1 所示。如果该多边形皆处于大网之内,表明组织的经济状况较为理想,超过同行业平均水平;如果该多边形皆处于中网之内,表明经济状况欠佳,应当努力予以改善,以接近或者超过平均水平;如果该多边形完全处在小网之内,表明该组织已濒临倒闭,经济状况极度恶化。

运用雷达图分析方法进行综合分析,可以将组织状况划分为稳定理想型、保守型、成长型、特殊型、积极扩大型、消极安全型、活动型、均衡缩小型八种类型。

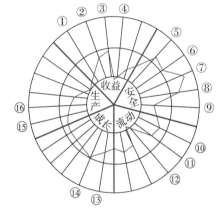

注:收益性:① 资产报酬率;② 所有者权益报酬率;③ 销售利税率;④ 成本费用率。
安全性:⑤ 流动比率;⑥ 速动比率;⑦ 资产负债率;⑧ 所有者权益比率;⑨ 利息保障倍数。
流动性:⑩ 总资产周转率;⑪ 应收账款周转率;⑫ 存货周转率。
成长性:⑬ 销售收入增长率;⑭ 产值增长率。
生产性:⑮ 人均工资;⑯ 人均销售收入。

图 7-1 雷达图分析方法

(三)沃尔分析方法

沃尔分析方法是把七种经济比率用线性关系结合起来,分别给定其在绩效总评价中所占比重,确定标准比率,然后与实际比率进行比较,得出每项指标的评分,最后求出总评分,据此来评价组织的绩效状况。沃尔分析方法的指标内容与计算实例见表 7-3。

表 7-3 沃尔分析方法

经济比率	比重 1 (%)	标准比率 2	实际比率 3	相对比率 4=3÷2	评分 5=1×4
流动比率	25	2.0	2.33	1.17	29.25
净资产/负债	25	1.5	0.88	0.59	14.75

（续表）

经济比率	比重 1 （%）	标准比率 2	实际比率 3	相对比率 4=3÷2	评分 5=1×4
资产/固定资产	15	2.5	3.33	1.33	19.95
销售成本/存货	10	8	12.00	1.50	15.00
销售额/应收账款	10	6	10.00	1.67	16.70
销售额/固定资产	10	4	2.66	0.67	6.70
销售额/净资产	5	3	1.63	0.54	2.70
合计	100				105.05

沃尔分析方法在理论上有待证明，在方法上也不完善，但在实践中被广泛应用。

（四）经济报表结构指标分析方法

经济报表结构指标分析方法是指直接利用经济报表的数据进行分析或者将这些数据进行简单的加减计算后得到一些绝对指标，再对这些指标进行评价。这种方法的优点是简单易行，可以帮助经营管理者在较短的时间内发现组织经营绩效情况，但这种方法的准确性不高，组织在使用时应辅以其他方法。具体而言，这种方法包括分析资产负债表和分析损益表两个方面。

二、现代组织绩效考评与管理方法

现代组织绩效考评与管理方法主要包括关键绩效指标分析方法、平衡计分卡与标杆管理方法等。

（一）关键绩效指标分析方法

关键绩效指标（Key Performance Indicator，KPI）分析方法是通过对工作绩效特征的分析，提炼出最能代表组织绩效的若干关键指标体系，并以此为基础进行绩效考评的模式。KPI必须是衡量组织战略实施效果的关键指标，其目的是建立一种机制，将组织战略转化为组织的内部过程和活动，以不断增强组织的核心竞争力，持续地取得高效益。

KPI是通过对组织内部流程的输入端、输出端的关键参数进行设置、取样、计算、分析，衡量组织流程绩效的一种目标式量化管理指标，是把组织战略目标分解为可操作的工作目标的工具，是KPI考评管理的基础。通过KPI的提炼可以明确部门的主要责任,并以此为基础,建立明确的切实可行的 KPI 考评分析体系。

确定 KPI 要遵循 SMART 原则。S 代表具体(specific),指绩效指标要切中特定的工作指标,不能笼统;M 代表可度量(measurable),指绩效指标是数量化或者行为化的,验证这些绩效指标的数据或者信息是可以获得的;A 代表可实现(attainable),指绩效指标在付出努力的情况下可以实现,避免设立过高或过低的目标;R 代表现实性(realistic),指绩效指标是实实在在的,可以证明和观察;T 代表有时限(time bound),注重完成绩效指标的特定期限。

KPI 根据其特点可以分为四种类型:数字型 KPI、时限型 KPI、项目型 KPI 和混合型 KPI。

通常数字型和时限型的 KPI 不进一步分解,项目型和混合型的 KPI 能进一步分解,直至所有的 KPI 都分解成为数字型或者时限型的 KPI。

确立 KPI 的要点在于流程性、计划性和系统性。要明确组织的战略目标,利用头脑风暴法和鱼骨分析法找出组织的业务重点,也就是组织价值评估的重点。然后,再用头脑风暴法找出这些关键业务领域的 KPI,即组织级 KPI。

各部门的主管需要依据组织级 KPI 建立部门级 KPI,并对相应部门的 KPI 进行分解,确定相关的要素目标,分析绩效驱动因素(方法、组织、人),确定实现目标的工作流程,分解出各部门级的 KPI,以便确定评价指标体系。

KPI 体系确立之后,还需要设定评价标准。一般来讲,不同的 KPI 其评价标准是不一样的,目前比较通用的是四维度评价法,这四个维度是时间、数量、质量和成本,通常对 KPI 进行评价时,并不是四个维度都需要,可以根据 KPI 的性质选取其中一个或者多个评价维度进行评价。

表 7-4 是某公司供应链管理部 KPI 承诺书,从指标、关键措施和团队合作等三个方面进行了承诺:

表 7-4 某组织 KPI 承诺书

结果目标承诺:

KPI	权重	KPI 分数	与前期持平	达标	挑战
			80 分	100 分	120 分
合同及时发货率(%)	30%	目标值	80	84	88
生产存货周转率(次/年)	20%	目标值	3.5	3.8	3.9
万元发货费用(元)	20%	目标值	510	450	390

（续表）

客户合同投诉率(%)	10%	目标值	0.93	0.89	0.84
人均发货额(万元/人·年)	10%	目标值	655	882	970
客户满意度(%)	10%	目标值	78.29	79	79.3
团队合作（包括但不限于）： 跨部门项目人员到位率≥98% 关键员工离职率≤5% 组织气氛指数≥70%					

关键措施：

为保障以上KPI的达成，本年度供应链管理部工作策略与重点承诺如下：

电子行业的竞争日益激烈，快速满足市场需求、保证及时供货是供应链的责任。特别是在客户需求不确定性增大和订货周期越来越短的情况下，提升供应链的快速响应能力和柔性的整体运作效率已成为公司在市场取得成功的有力武器。在本年度，一方面供应链要以客户需求为目标，建立起柔性的供应链组织，应对市场变化，满足市场需求；另一方面，本年度有大量的流程和IT系统要切入实际运作环节，需要开展大量的管理变革工作，保证变革的顺利实施。这两方面交织在一起对我们的工作有很大的挑战，我们要实现业务变革和保证正常业务运作均衡。我们要坚决推行变革，但又不能简单化，要结合公司的经营策略和管理要点，实事求是地认真推行，并在推行中解决问题，保证业务目标的实现。在保障市场要求的前提下，合理地降低供应链动作成本是一项日常工作。通过推行变革成果，实施管理改进，简化流程，提高人均效益。具体策略及措施是：

（1）加强变革管理，逐步推进业务与组织优化和岗位角色调整。

（2）以客户需求为目标，从组织、人员、产能、物料等方面，不断提高供应链的柔性，提升快速响应能力，不断适应市场的变化，满足市场要货的要求。

（3）进一步提高采购综合竞争优势，保证供应连续性和降低采购成本；加强采购业务规范运作和透明化，积极推动跨部门合作。

（4）逐步建立完善的基础数据支撑体系，通过翔实、及时的数据支持业务决策，实现精细化管理。

（5）加强严格管理和组织气氛建设，激活团队活力，提高组织绩效和人均效益。

（6）严格执行安全管理规定的各项规范，提高员工的安全意识，对安全问题实行闭环管理，持续坚持安全管理工作"三不放过原则"，确保安全措施的落实，预防安全隐患。

（二）平衡计分卡

平衡计分卡（Balanced Score Card，BSC）的核心思想是通过财务状况（Financial）、内部运作（Internal Business Progress）、学习与成长（Learning and Growth）、客户服务（Customers）四个指标之间相互驱动的因果关系来展现组织的战略轨迹,实现绩效考评—绩效改进—战略实施—战略修正的目标。BSC 中的每一项指标都是一系列因果关系中的一环,通过它们把相关的组织目标同战略联系在一起;而"驱动关系"一方面是指 BSC 的各方面指标必须代表业绩结果与业绩驱动因素双重含义,另一方面 BSC 本身必须是包含业绩结果与业绩驱动因素双重指标的绩效考评系统。

图 7-2 是 BSC 的四个主要指标:

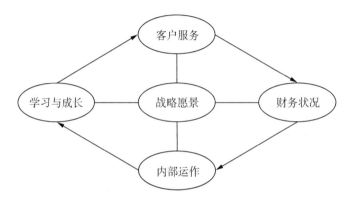

图 7-2　平衡计分卡的四个主要指标

这四个考评指标在不同的部门会有不同的侧重,所占的比例需要仔细权衡。然后在此基础上,制定双方同意的"可度量的效益指标"(Measurable Performance Indicator, MPI)和每个要素的权重。

首先,有效的 MPI 要明确、可度量,不要含糊不清。比如,针对客户服务的考评,不能仅仅说"要提高客户服务水平",而应该制定具体的标准,如客户满意度提高的百分点等具体指标。其次,依据期望理论,目标还必须是可达成的,目标有一定的、合理的挑战,并且通过努力可以达成,否则就会使被考评者丧失斗志。最后,及时地设定实施的时间表也是保证目标完成的重要方法,以便管理者随时跟进。当然,有效的 MPI 必须是双方同意的结果。

BSC 带动了高层和中层主管参与,而这批管理者对公司的愿景、战略和主要表现指标拥有最全面的认识。BSC 将员工绩效管理和公司的战略管理挂钩,通过持续对话,增加主管与员工之间的沟通,使其明白公司的战略和双方的期望;同时,它能够准确衡量员工绩效,识别表现好的员工,使之获得更好的奖赏和更佳的晋升机会。

表 7-5 是某公司根据 BSC 建立的绩效指标分析模型,该模型中财务状况绩效指标的比重为 33%(包含三个维度),客户服务绩效指标的比重为 29%(包含

两个维度),内部运作绩效指标的比重为25%(包含四个维度),学习与成长绩效指标的比重为13%(包含两个维度)。

表7-5 某组织 BSC 绩效管理指标一览表

绩效管理指标	指标内容	权重	说明
财务状况 (33%)	1. 营业额达到22亿元,国际、国内市场各50% 2. 毛利率达到12.5% 3. 新的辅助产业投资回报率大于5.5%	15% 8% 10%	1. 按旺淡季分为四个季度指标 2. 每个季度指标不变
客户服务 (29%)	1. 大客户满意度大于80分(两次测评) 2. 客户投诉率及抱怨率低于2%,重大投诉为零	15% 14%	1. 每次分数用于两个季度 2. 每个季度指标不变
内部运作 (25%)	1. 员工满意度大于85分(两次测评) 2. 部门满意度大于80分(两次测评) 3. 员工流动率低于10%,人力流动率低于5% 4. 生产力水平达到30 Hrs/Kps	5% 5% 5% 10%	1. 每次分数用于两个季度 2. 每个季度指标不变 3. 四个季度各25%递增达成
员工学习与成长 (13%)	1. 员工素质测评达到中/优良(两次测评) 2. 员工内/外受训时间不低于20小时/30小时	8% 5%	1. 每次分数用于两个季度 2. 四个季度各25%递增达成

(三)标杆管理方法

基于标杆(bench marking)管理的绩效管理方法是组织将自身的关键业绩行为与最强的竞争组织或那些在行业中领先的、最有名望的组织的关键行为作为基准进行考评与比较,分析这些基准组织的绩效形成的原因,并在此基础上确定组织可持续发展的关键业绩标准和绩效改进的最优策略。

1. 标杆管理的步骤

(1)计划:确认对哪个流程进行标杆管理;确定用于做比较的组织;决定收集资料的方法并收集资料。

(2)分析:确定自己目前的做法与最好的做法之间的绩效差异;拟定未来的绩效水准。

(3)整合:就标杆分析过程中的发现进行交流并获得认同;确立部门目标。

（4）行动：制订行动计划；实施明确的行动并监测进展情况。

（5）完成：处于领先地位；全面整合各种活动；重新调校标杆。

2. 标杆管理的类型

（1）内部标杆管理。它是以组织内部最优为基准的标杆，是最简单且易操作的标杆管理方式之一。辨识内部绩效标杆的标准，即确立内部标杆管理的主要目标，可以做到组织内信息共享。辨识组织内部最佳职能或流程及其实践，然后推广到组织的其他部门，不失为组织绩效提高最便捷的方法之一。但是，除非用作外部标杆管理的基准，单独执行内部标杆管理的组织往往持有内向视野，容易产生封闭思维。因此，在实践中内部标杆管理应该与外部标杆管理结合起来使用。

（2）竞争标杆管理。它是以竞争对象为基准的标杆管理，可以理解为外部标杆管理。竞争标杆管理的目标是与有着相同市场的组织在产品、服务和工作流程等方面的绩效和实践进行比较，直接面对竞争者。这类标杆管理的实施较困难，原因在于除了公共领域的信息容易获得外，其他关于竞争组织的信息不易获得。

（3）职能标杆管理。它是以行业领先者或某些组织的优秀职能操作为基准进行的标杆管理。这类标杆管理的合作者常常能相互分享一些方法和市场信息，标杆的基准是外部组织（但非竞争者）及其职能或业务实践。由于没有直接的竞争者，合作者往往较愿意提供和分享方法与市场信息。

（4）流程标杆管理。它是以最佳工作流程为基准进行的标杆管理。标杆管理类似于工作流程，而不是某项业务与操作职能或实践。这类标杆管理可以跨不同类组织进行，一般要求组织对整个工作流程和操作有很详细的了解。

第三节 个人绩效考评与管理方法

在这一节，我们主要介绍基于员工个人绩效的考评与管理方法，包括绩效考评与管理的程序、指标设计和考评方法几个方面。在这些内容中，有的也适用于组织绩效的考评与管理。

一、个人绩效考评与管理的程序

对个人进行绩效考评与管理的程序一般分为横向程序与纵向程序两种。

(一)横向程序

横向程序是指按绩效考评与管理工作的先后顺序所实行的步骤,包括:

(1) 确定绩效管理目的与目标。

(2) 确定考评与管理实施机构及职责。

(3) 制定绩效考评与管理标准体系。

(4) 选定考评、反馈与辅导的时机或时间。

(5) 实施绩效考评与管理。即对工作绩效进行考察、测定和记录。

(6) 绩效考评结果的分析、评定与原因诊断。与既定的标准对照进行分析与评判,从而获得正确的绩效考评结论与成因。

(7) 结果反馈与辅导。一方面,绩效考评的结论通常应通知被考评者,使其了解组织对自己工作的看法与评价,从而发扬优点,克服缺点。另一方面,组织还需针对绩效考评结果分析中发现的问题,给被考评者提出改进方法与措施。

(二)纵向程序

纵向程序在这里指绩效考评的不同层级参与者与主体进行考评的程序与维度。由于不同的考评者带有自身立场和认知结构的偏见,因此针对不同类型、不同级别的职位,应采取不同的考评程序和维度。以下列举了各类考评者考评的适用性,在具体实施考评时,应根据具体情况综合选择以下的考评主体,力求达到全方位、立体的考评效果。

1. 直接上级考评

直接上级对下属的情况熟悉,而且具有一定的职权,能够利用奖惩手段来使用考评结果,使得这类考评颇具权威。但这类考评在公正性上不太可靠,因为频繁的日常直接接触容易使主管带有个人感情色彩。为了避免这一问题,可以采用一组同类部门的主管共同考评彼此下级的办法,只有大家都同意的判断才作为考评结论,这在一定程度上减少了不公正。

2. 同级同事考评

同级同事对被考评者的职务最熟悉、最内行,对被考评者的情况往往也很了解。但同事之间必须关系融洽、相互信任、团结一致,而且相互间有一定的交往与协作,而不是各自为战地独立作业。这种办法多用于专业性组织,如大学、医院、科研单位等,也可以用于那些很难由其他类别考评的职务,如中层干部。

3. 被考评者本人考评

被考评者本人考评也就是自我考评。这种方法让被考评者本人陈述对自身绩效的看法,而他们也的确是最了解自己行为的人。自我考评能让被考评者感到满意,不满和抵制较少,且有利于工作的改进。不过自我考评时,本人对考评维度及其权重的理解可能与上级或其他人不一致。

4. 直属下级考评

这一方法的使用很有争议。这是因为下级担心在考评中指出上级的缺点,会被上级主管记恨而报复,所以往往过高评价,说好不说坏;下级还倾向于仅从主管上级是否照顾自己的个人利益去判断其好坏,对坚持原则、严格要求且维护组织利益的上级评价不良。对上级来说,这种考评也存在不良影响,比如常常顾虑下级考评会削弱自己的威信与奖惩权,而且知道自己的考评要由下级来做,便可能在管理实践中缩手缩脚,尽量少得罪下级,不利于管理工作的开展。

5. 外界专家或顾问考评

专家和顾问有考评方面的专门方法与经验,理论修养也深,而且他们与组织中的人和事无个人利害关系,容易做到客观公正。此外,还可以省去考评者自己本需花费的考评时间,免去不少人际矛盾。但是这种方法成本较高,有些专家对被考评专业可能不太内行。

6. 顾客考评

顾客考评是由被考评者工作服务的对象进行考评。这种方法具有一定的客观性,且与工作绩效的相关度较高。

二、个人绩效考评指标体系的设计

无论组织绩效考评还是个人绩效考评,都需要进行绩效考评指标的设计工作。绩效考评指标是指绩效考评内容与标准相结合的具体表现形式或者操作化形式。一般来说,完整的指标体系包括考评要素、要素标志和状态标度。考评指标体系是整个绩效考评活动的中心与纽带。它把考评客体、考评对象、考评主体、考评方法与考评结果连为一体,同时也成为整个绩效考评工作指向的中心。建立绩效考评指标体系需要完成两项基础性的工作,即考评指标设计和考评指标量化。绩效考评指标设计的关键在于考评标志与考评标度的设计。考评指标设计的方法包括考核要素拟定、标志选择和标度划分三个环节。[①](参见图7-3)

[①] 参见萧鸣政:《现代人事考评技术及其应用》,中国人民大学出版社1997年版,第48—108页。

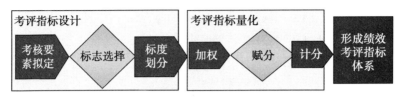

图 7-3 绩效指标体系设计图

下面以常见的关键绩效指标分析方法为例,具体阐述绩效考评指标体系设计的过程。

第一步,组织需要寻找使其成功的关键领域或模块,即 KPI 维度,也就是要明确获得优良业绩目标所必需的条件。

寻找组织成功的关键领域,基本上会涉及三方面的问题:(1)该组织为什么成功,过去的成功依赖于哪些因素;(2)分析在过去那些成功要素中,哪些能使组织持续成功,哪些已经成为组织持续成功的障碍;(3)面向未来,根据组织的战略规划分析其未来所追求的目标是什么,需要哪些要素保证其未来的成功。

第二步,需要找出关键成功要素。关键成功要素是对组织的成功起关键作用的某个模块的定性描述,是设计和制定关键绩效指标的依据。

第三步,确定关键绩效指标。一个要素可能有众多反映其特性的指标,但根据 KPI 分析方法的要求,同时也是为了便于考评人员的实际操作,必须对众多指标进行筛选,最终确定具有可操作性的 KPI。某些指标如果不能直接量化,还需选取上述所说的"标志",即能代表某一隐性指标的显性表现形式,并且适当划分标度。

第四步,选取好考评指标之后,更为重要的是如何根据组织的需要,对于不同指标根据其重要性和特点进行合理赋分和加权,使得整个绩效考评指标体系更为合理,并且反映组织需要。

以某公司 KPI 选择为例。市场领先是该公司业绩突出的关键领域,市场拓展力、市场竞争力、品牌知名度是该公司的关键成功要素,后边的指标用于衡量关键成功要素。事实上,或许很多公司的基本 KPI 体系都是如此,但不同类型、不同发展阶段的公司具体的 KPI 比重是不同的。比如初创型的公司或许在更重视市场拓展力,而处于平稳发展期的公司或许在品牌影响力方面的指标权重更高。

三、个人绩效考评的方法

同样,组织绩效考评与个人绩效考评都需要进行绩效考评方法的选择。绩效考评的方法是绩效考评的核心内容所在。任何一种考评方法都有优点和缺点。美国著名的人力资源专家韦恩·卡肖(Wayne F. Cascio)指出:"多少年来,有些人事管理专家一直在煞费苦心地寻找一种'完美无缺'的绩效考评方法,似乎这样的方法是万能药,它能医治好组织的绩效系统所患的种种顽疾。不幸的是这样的方法并不存在……总而言之,工作绩效考评过程是一个同时包含人和数据资料在内的对话过程。这个过程既涉及方法问题,又牵连着人的问题。"[①]可见,任何一种绩效考评都不是十全十美的,加上考评过程中出现的各种主客观方面的问题,这种不完美程度就会更高。

(一)个人绩效考评方法的基本类型及特点

绩效考评方法可以从不同的角度加以分类:从绩效考评的时间上来看,可以分为日常考评、半年考评、年终考评、届中考评、届期考评等。从绩效考评的主体来看,可以分为上级考评、同级考评、下级考评、群众考评和360度考评。从绩效考评的客观性上来看,主要是客观绩效考评法与主观绩效考评法两大类。

客观绩效考评法主要是对客观的、定量的指标进行考评,例如领导负责的经济指标、职工出勤率等,注重的是工作成果,而不考虑被考评者的工作行为,注重短期效果。但是,只注重成果有时也会有失公允。因为影响工作绩效的因素很多,其中被考评者自身不可控的环境性因素占据很大比重,比如宏观经济形势对组织个人工作绩效就有着相当大的影响,而客观考评法却不能关照到这些深层次的问题,使其可信度大打折扣。而且,从事复杂脑力劳动的职位,其绩效很难有效量化为直接可测指标。因此,这种方法常作为主观考评法的一个补充。

主观绩效考评法主要是由考评者依据一定的标准或设计好的标准维度对被考评者进行主观评价。评价的内容包括个人品质、工作行为和工作成果等与工作绩效有关的方方面面。这类考评需凭考评者的主观判断,易受心理偏差的左右,但可通过精心设计的程序,从不同角度仔细测评被考评者创造绩效所必

---

① 参见王福新编著:《人力资源管理》,石油工业出版社2001年版,第192页。

需的各种重要工作行为,使可能出现的偏差尽可能地减少。此方法比较现实可行,适用于管理与专业职位的考评。

主观考评法又可进一步分为两类:

(1) 相对考评法。这是较传统的考评法,是使被考评者与别人相对照而评出顺序或等级的办法,所以又可统称为比较法。

(2) 绝对考评法。这类方法不做人际比较,而是单独地直接根据被考评者的行为及表现来进行评定。这类考评法在实践中使用得最为普遍,并开发演变出多种不同的形式。

根据绩效考评方法设计的基础和步骤的差异,又可以把绩效考评方法分为三类:

(1) 素质型。这种考评比较细致,通常要做维度分解,从各个不同维度分别进行评价。它主要是衡量被考评者拥有某些素质(如创造性、自主性和领导能力)的程度,而这些素质通常被认为对完成岗位工作是非常重要的。由于素质也需借助于一定的行为表现出来,行为特征法因其容易接受而得到广泛使用。但如果没有在工作分析的基础上做详细设计,行为特征法会产生很大的偏见和主观性。行为特征法包括图示考评法、多重标准尺度法、强迫选择法和书面法等。

(2) 行为型。这种考评更加细微,不但多维,而且每个维度都设计了一个标准的尺度以供定量性的测定,根据一种工作范围和尺度来对行为进行描述。通过描述,考评者可以比较容易地评判被考评者在工作范围内的成绩。行为型法包括关键事件法、行为核对表法、固定行为等级法和行为观察等级法等。为提高信度,可将一定行为的描述语和某一刻度联系起来,这可以提高考评的操作性。这种类型的考评较适合于绩效难以量化、以脑力劳动为主的管理干部和工程技术等专业工作者的考绩。

(3) 结果型。这种方法是根据被考评者的工作结果而不是特征或行为表现来衡量其绩效的,着眼于"干出了什么"而不是"干什么",它虽然也是多维度分解,但考评的重点在产出和贡献,不在行为与活动。这种方法可以避免主观判断,能够减少产生偏差的可能性;而且,结果法促使被考评者对其结果负责,因此使被考评者在选择完成任务的方法上较为谨慎。最常见的结果型考评法是目标管理中的考评方法。但这种考评只注重结果,不问手段,具有短期性、表面性等特点。一线职工,尤其是从事具体生产操作的体力劳动者,多用此类考评方式。

表 7-6 是上述三类方法的优缺点比较。

表 7-6　不同类型考评方法优缺点比较一览表

方法	优点	缺点
素质型	1. 费用不高 2. 使用有意义的衡量标准 3. 使用方便	1. 很有可能产生等级错误 2. 考评结果比较模糊 3. 不适合薪酬分配 4. 不适合提升决策
行为型	1. 使用特定的工作标准 2. 易被上级和被考评者所接受 3. 适合于提供反馈 4. 对薪酬和提升决策较公平	1. 费时 2. 成本较大 3. 有可能产生等级错误
结果型	1. 很少有主观偏见 2. 易于被上级和被考评者所接受 3. 将工作与组织工作相连 4. 鼓励共同制定目标 5. 适合于薪酬和提升决策	1. 费时 2. 可能鼓励短期行为 3. 考评标准不够精准 4. 可能使用有缺陷的标准

资料来源:〔美〕亚瑟·W. 小舍曼、乔治·W. 勃兰德、斯科特·A. 斯耐尔:《人力资源管理(第十一版)》,张文贤主译,东北财经大学出版社 2001 年版,第 255 页。

(二) 常用的个人绩效考评工具与方法

1. 强迫选择量表

强迫选择量表(Forced-Choice Scales, FCS)以多项选择问题的形式给出与工作绩效相关的个性特征或行为,要求选择出最能反映或是最不能反映被考评者的行为选项。考评者不知道什么样的选项能得高分。换句话说,考评者并不知道各选项的分值。因此在考评过程中,客观性得到保证而主观性受到控制。

2. 混合型标准量表

与强迫选择量表相似,混合型标准量表(Mixed Standard Scales, MSS)不让考评者知道所考评的标准是什么,考评者只需根据行为指标评价被考评者的表现,是优于(+)、等于(=)还是差于(-)行为指标描述的内容。这种量表的主要目的是减少诸如晕轮误差和过宽/过严误差等问题。

3. 自我鉴定法

自我鉴定法也常称为"述职报告"。这使被考评者有机会陈述自己对工作绩效的看法,而他们也的确是最了解自己行为的人。自我鉴定法能使被考评者感到受重视,满意感增强,减少对考评活动的抵制,从而利于工作的改进。但是,每个各人对考评内容、考评标准的理解可能与上级不一致,这主要缘于归因时的偏差和过高或过低的自我鉴定。在实际应用中,应该将自我鉴定的内容进一步扩展到请被考评者对其工作环境(人、事、政策等)进行评价,并使自我鉴定的内容标准化、程序化。

4. 关键事件法

关键事件法一般是由被考评者的直接领导制作一本"考绩日记"或"绩效记录",对每一个有关被考评者的关键事件进行记载。所记载的事件既可能是好事,也可能是坏事;所记载的必须是较突出的、与工作绩效直接相关的事件,而不是一般的、琐碎的、生活细节方面的事;所记载的应是具体的事件与行为,而不是对某种品质的评判。事实上,如果所选择的事件并非具有代表性的绩效,那么这种方法也无法做到公正与真实。

5. 行为尺度评定量表

行为尺度评定量表(Behaviorally Anchored Rating Scales, BARS)即行为锚定等级评分法,由美国学者 P. C. 史密斯(P. C. Smith)和 L. M. 肯德尔(L. M. Kendall)提出,其实质是把关键事件法和量表评分法结合起来,将关于特别优异或特别劣等的绩效的叙述加以等级定量化,从而使绩效考评更公正,评价效果更好。史密斯和肯德尔发现,大多数考评误差并不能归咎于考评者的故意歪曲,而是在于考评者之间缺乏一个统一的考评标准。解决方法是用具体行为特征的描述来表示每种行为标准的程度差异。行为尺度评定量表可解释为给考评者直接提供了具体行为等级与考评标准的量表。行为尺度评定量表最突出的特点是每个尺度或示例都向考评者直接说明了什么样的表现是优秀,什么样的表现令人满意,什么样的表现不合格,从而为考评提供了客观依据。[①]

6. 行为观察量表

行为观察量表(Behavioral Observation Scales, BOS)是将行为加总的考评量表,考评者只要把那些表示被考评者具体行为发生频率的数字简单相加就可以了。行为观察量表将注意力从行为期望中转移出来,但上级和被考评者在考评之前必须清楚地知道被考评者在工作中应该做些什么,以及上级应该观察什

---

① 参见 P. C. Smith and L. M. Kendall,"Retranslation of Expectation: An Approach to the Construction of Unambiguous Anchors for Rating Scales," *Journal of Applied Psychology*, Vol. 47, No. 2, 1963, pp. 149-155。

么。通过具体的考评活动还能起到辅导、指导和开发被考评者的作用。

7. 目标管理考评法

目标管理的实质就是上级对被考评者完成预期目标(工作绩效)的情况进行考评。它既是一种有效的绩效考评方式,也是一种有效管理的手段,因为上级与被考评者都清楚自己的目标和组织的总目标,有助于上级将每个人的具体活动统一到组织目标上来。

8. 全方位的绩效考评法

全方位的绩效考评法俗称"360度考评",就是向所有了解被考评者工作的有关人员,例如上级、同事、下级乃至其他部门的工作人员等,征求意见或让他们直接量化打分,然后综合评定被考评者绩效的一种方法。这种方法由于考评主体的多元化,有效避免了上级主管单方考评的主观片面性,提高了考评信度与效度,并增强了工作人员的参与意识与考评透明度。但数据收集和处理成本较高,操作难度较大,且易引起不同考评主体考评结果的冲突,甚至因操作不当引发彼此的钩心斗角或阿谀奉承,使考评结果失真,考评流于形式。

此外,还有印象考评法、相对比较考评法、因素分解综合考评法、常模参照考评法、效标参照考评法等,这里不再一一介绍。

第四节　我国公务员的绩效考评与管理

公务员的绩效考评[①]是指国家行政机关根据法定权限对组织工作人员完成岗位目标的过程进行考察,并对其成绩和贡献做出评价,考评的内容主要包括工作态度、工作数量、工作质量和工作能力等。与其他部门一样,绩效考评同样是公共部门人力资源管理的"中枢",是公共部门工作人员录用、晋升、工资福利、奖惩等的基础和依据,并可为人事决策的科学化和改进人事制度提供指导。客观公正的考评有利于促进公平,提高效率,保证廉洁。

一、我国公务员的考核制度

尽管我国现在的公务员考核制度是在借鉴我国古代和国外的经验基础上,根据现代政府机关工作的特点而建立起来的,已形成了一套相对完整的体系,但是,严格说来,我国公务员的考核制度还处于从传统考评向绩效考评过渡的

---

① 根据我国发布的相关文件,公务员的绩效考评目前主要以"考核"表述,故本节介绍相关内容时,一律保持原文表述。

阶段，传统色彩还相当浓厚，制度框架还较为粗犷。

公务员是国家公职人员，不可避免地受到公共部门某些特点的影响，比如具有垄断性、目标多元性、产品的非商品性以及互动复杂性等，因此公务员的考核势必更为复杂。一方面要着重考察其作为公职人员的许多"德性"方面的要素，另一方面又要以适当的标准考察其服务能力方面的内容，两方面缺一不可。

具体来说，我国公务员考核制度主要包括考核内容、考核原则、考核类型、考核方法和考核程序等。

（一）考核内容

作为公共部门的人员，从宏观上来看，在行政级别上按照国家行政机构的标准统一设置，具有相似之处；但是，从微观上来说，由于从事不同的工作岗位，对组织产生的绩效也是不一样的。针对公共部门的特殊性与普遍性特征，对公共部门工作人员的指标设计应包括两个部分：一类指标是通用类指标，具有普遍性的特征，是所有公共部门工作人员必须进行考核的指标，即通常所谓的"德、能、勤、绩、廉"五个方面[①]；另一类指标是专用性指标，主要是根据不同岗位的差异性而制定的具有针对性的指标。

1. 德

德是指公务员的政治品德、职业道德、社会公德、家庭美德与个人品德。主要考核学习贯彻习近平新时代中国特色社会主义思想，坚定理想信念，坚守初心使命，忠于宪法、忠于国家、忠于人民，增强"四个意识"、坚定"四个自信"、做到"两个维护"的情况；带头践行社会主义核心价值观，恪守职业道德，遵守社会公德、家庭美德和个人品德等情况。

2. 能

能是指公务员从事本职工作所需具备的基本能力和应用能力。主要考核适应新时代要求履职尽责的政治能力、工作能力和专业素养，重点了解政治鉴别能力、学习调研能力、依法行政能力、群众工作能力、沟通协调能力、贯彻执行能力、改革创新能力、应急处突能力等情况。

3. 勤

勤是指公务员的事业心、工作态度和勤奋精神。主要考核精神状态和工作作风，重点了解忠于职守，遵守工作纪律，爱岗敬业、勤勉尽责，敢于担当、甘于

---

① 2005年颁布的《中华人民共和国公务员法》提出要全面考核公务员的"德、能、勤、绩、廉"，并重点考核工作实绩。2018年修订的《公务员法》在考核重点中增加了对政治素质的考核，在考核方式上增加了专项考核。2020年修订的《公务员考核规定》明确规定了"德、能、勤、绩、廉"的具体内容。

奉献等情况。

4. 绩

绩是指公务员的工作实绩,包括完成工作的数量、质量、效率和所产生的效益。主要考核坚持以人民为中心,依法依规履行职位职责、承担急难险重任务等情况,重点了解完成工作的数量、质量、效率和所产生的效益等情况。

5. 廉

廉是指公务员廉洁自律等方面的表现。主要考核遵守廉洁从政规定,落实中央八项规定及其实施细则精神等情况,重点了解秉公用权、廉洁自律等情况。

6. 专用指标

专用指标主要是根据岗位的分工和特征来选择,不同的岗位应具备不同的专用指标。在实际操作中,既可以将某一岗位的专用指标单独列出进行考核,也可归纳到"能"和"绩"的考核范畴中综合评价。

(二) 考核原则、考核类型和考核方法

1. 考核原则

2020年12月中共中央组织部发布的《公务员考核规定》应坚持以下原则:注重实绩、群众公认;客观公正、精准科学;分级分类、简便易行;奖惩分明、有效管用。具体来说,注重实绩、群众公认原则要求考核坚持群众观点和群众路线,在政绩考核中反映群众感受,体现群众评价,逐步建立起上评下、下评上、左右评的"360度"评价体系,让考核结果经得住群众和历史的检验。客观公正、精准科学是指对公务员的考核,必须从被考核者的德、能、勤、绩、廉等方面的实际表现出发,综合政治素质和工作实绩,严格按照考核标准,实事求是、精准负责地确定考核结果。分级分类、简便易行是指实行科学有效的考核指标体系,能量化的指标进行量化,对于公务员的考核设立详细的考核指标、权重和分值,让不同等次设定能够准确反映实际情况。奖惩分明、有效管用是指将考核结果与公务员职级职位与待遇挂钩,使得考核结果能够切实对公务员的行为进行反馈,提高不同等次的奖惩差别,督促被考核者积极改进自身不足,学习进步。

公务员考核还要坚持严格考核原则。首先,要有严肃认真的考核态度,即在考核中,必须公道正派,要摒弃按照个人好恶或带着主观臆断去考核的倾向,严禁徇私舞弊、断章取义、隐瞒真实情况等违纪行为。其次,要有明确严格的考核标准,即考核的具体要素和标准必须明确、客观、合理。最后,要有科学合理的考核方法。

2. 考核类型

《公务员考核规定》把公务员的考核类型分为平时考核、专项考核和定期考核等方式。平时考核是对公务员日常工作和一贯表现所进行的经常性考核,一般按照个人小结、审核评鉴、结果反馈等程序进行。专项考核是对公务员完成重要专项工作,承担急难险重任务和关键时刻的政治表现、担当精神、作用发挥、实际成效等情况所进行的针对性考核,可以按照了解核实、综合研判、结果反馈等程序进行,或者结合推进专项工作灵活安排。定期考核以平时考核、专项考核为基础;定期考核采取年度考核的方式,是对公务员一个自然年度内总体表现所进行的综合性考核,在每年年末或者翌年年初进行。

3. 考核方法

公务员考核的基本方法主要是领导与群众相结合,平时、专项、定期等多次考核相结合。操作流程包括自我总结述职、群众民主测评、部门了解核实、领导审核评鉴与组织确定等次。

领导与群众相结合的考核方法要求将领导人员考核与群众参与考核结合起来。首先,公务员考核要在有关行政领导人员的主持下进行,他们对考核结果拥有最后决定权。领导人员主持考核工作是行政首长负责制原则的具体体现,是最基本、最主要的考核形式。其次,公务员考核还必须走群众路线,让群众参与考核。具体来讲,就是有关行政领导人员在考核公务员时,要通过不同形式向群众了解公务员的有关表现,听取群众的意见和要求。多次考核相结合的考核方法,要求对公务员既要进行平时考核和专项考核,又要进行定期考核,定期考核以平时考核和专项考核为基础,力求考核结果的全面公正。

(三) 考核的工作机构和程序

1. 工作机构

国家行政机关在年度考核时必须设立非常设性的考核委员会或考核小组作为考核的工作机构。该机构由党委(党组)承担考核工作主体责任,组织(人事)部门承担具体工作责任。该机构由行政机关所属各工作部门的负责人直接领导,专门负责本部门公务员的年度考核工作。

作为非常设性机构,它一般在年度考核工作开始前成立,随工作的结束而解散。

2. 程序

公务员考核程序是指年度考核程序,平时考核没有程序的要求。

《公务员考核规定》对于公务员年度考核的基本程序是:

(1) 总结述职。公务员按照职位职责、年度目标任务和有关要求进行总结，在一定范围内述职，突出重点、简明扼要填写公务员年度考核登记表。

（2）民主测评。对担任机关内设机构领导职务的公务员，在一定范围内进行民主测评。根据需要，可以对其他公务员进行民主测评。

（3）了解核实。采取个别谈话、实地调研、服务对象评议等方式了解核实公务员有关情况。根据需要，听取纪检监察机关意见。

（4）审核评鉴。主管领导对公务员表现以及有关情况进行综合分析，有针对性地写出评语，提出考核等次建议和改进提高的要求。

（5）确定等次。由本机关负责人或者授权的考核委员会确定考核等次。对优秀等次公务员在本机关范围内公示，公示时间不少于5个工作日。考核结果以书面形式通知公务员，由公务员本人签署意见。

（四）考核等次的划分

各国公务员制度对考核等次的规定不尽相同。但纵览世界各国，大致可分为两类：一类如英国、法国、日本等国，规定为五个考核等级。英国的分别是特别优异、甚为良好、满意、普通和不良；法国的分别为较标准非常低劣者、较标准低劣者、合乎标准者、较标准优良者和较标准非常优良者；日本的分别是出类拔萃、特优、优、良、劣。其等次区分比较精细。另一类如美国，规定的考核等级为三级，分别是不满意、满意和特别优异。

概括说来，三级制和五级制各有利弊。例如，三级等次制的各等级范围相对宽泛，空间较大，在考核中比较简单易行，可减少考核中的人事冲突。但是，在三级等次中，优秀者和不合格者所占比例一般都很少，大多数公务员集中在中线水平上，三级等次无法体现中间这部分人的差异性，容易形成大平台，难以起到奖优罚劣的激励作用。而五级等次制在具体运作中优秀与较优秀者、不合格与较不合格者的区分界限又不太明晰，且实行起来较为复杂。

我国《公务员考核规定》指出，公务员年度考核结果分为优秀、称职、基本称职和不称职四个等次，对于每个等次的考核，都有具体标准规定，更具操作性。概括起来讲，优秀是指公务员在德、能、勤、绩、廉五个方面都表现出色，圆满地完成了各项工作任务，成绩显著；称职是指公务员在德、能、勤、绩、廉等方面都能达到所任职务的要求，能够完成或者比较好地完成工作任务；基本称职是指公务员在德、能、勤、绩、廉等方面勉强达到任职要求，勉强完成工作任务；不称职是指公务员在政治思想表现、道德品质、专业知识水平、工作能力等方面达不到所任职务的要求，组织纪律性差，工作责任意识淡薄，不能按照有关规定或要求完成工作任务。

在实际执行中,各个等次的具体标准,各省、自治区、直辖市与单位还可以根据公务员的不同类别、不同部门、不同层次和不同岗位加以具体化,分别做出规定,使之更具针对性。

(五)考核结果的使用

定期考核结果是否反馈给被考核者,各国做法不一。法国规定,考核分数通知被考核者,并由本人签字;评语的基本评价也告知本人,但不给他看评语的具体文字。英国只有在评语为劣等时,才通知本人,并说明理由。日本则不把考核结果通知本人。我国《公务员法》规定,定期考核结果应当以书面形式通知本人。这体现了公务员权利保障原则和考核的公开性,使公务员能够了解机关对自己的基本评价,看到自身的优点和不足,明确今后的努力方向。此外,为了保障公务员的合法权益,防止因个别人的好恶恩怨、单纯主观印象或其他原因而造成考核结果不公平不合理,《公务员法》还赋予公务员对考核结果申请复核和申诉的权利。

《公务员考核规定》指出,公务员年度考核结果作为调整公务员职位、职务、职级、级别、工资以及公务员奖惩、培训、辞退的依据。

考核结果的使用主要包括:

(1)行政级别的调整。公务员年度考核确定为优秀等次的,晋升上一职级所要求的任职年限缩短半年。连续三年确定为优秀等次的,记三等功;晋升职务职级时,在同等条件下优先考虑。

(2)职务升降。公务员年度考核确定为称职以上等次的,本考核年度计算为晋升职务职级的任职年限,同时符合规定的其他任职资格条件的,具有晋升职务职级的资格。

(3)奖惩。根据考核结果,有相应的奖惩措施。比如公务员年度考核确定名称职以上等次的,可以享受年度考核奖金。连续两年确定为不称职等次的,予以辞退。

(4)工资调整。公务员年度考核连续两年被确定为称职以上等次的,在所定级别对应工资标准内晋升一个工资档次。同时,晋升职务和晋升级别的公务员,相应提高职务工资和级别工资。对于不称职等次的公务员则要降低相关的工资。

(5)培训。公务员主管部门和公务员所在机关应当根据考核状况,有针对性地对公务员进行教育培训,帮助公务员改进提高。对于外派学习考察的人选,同样要考虑公务员的考核结果等次。

（6）奖金。在我国,公务员年度考核确定为称职以上等次的,可以享受年度考核奖金。

（7）公务员档案管理。公务员年度考核的结果是被存入其个人档案的。一方面它可以客观记录和评价公务员的行为,另一方面可以督促公务员积极进取,不断进步。

二、我国公务员考核制度中存在的问题

在实践中,我国公务员考核制度仍存在一些问题：

（1）考核内容过于抽象和划一,标准过于笼统。尽管《公务员考核规定》做了较为详尽的阐释,但普遍没有针对组织及职位特征建立具体的考核指标。由于各部门、各职位之间工作性质、工作特点差异大,部门之间、被考核者之间缺乏可比性,考核者往往无所适从。

（2）只重视年度考核,而忽视平时考核,致使公务员考核结果不准确、不真实。尽管《公务员考核规定》明确规定"定期考核以平时考核、专项考核为基础",但目前,有关部门对公务员的平时考核如何进行并没有明确具体的规定,许多单位和部门也不太重视平时考核,自行制定的一些平时考核方法要么比较烦琐,难懂难记,加重了工作负担,要么与年度考核相脱节,不能为其提供有效的依据,致使年度考核考之无据,缺乏权威性。

（3）考核人的选择没有针对不同的组织、职位区别对待。除了对担任机关内设机构领导职务的公务员,在一定范围内进行民主测评外,对其他公务员可根据需要进行民主测评。该规定较为笼统,并没有对不同类型组织、不同职位的公务员应选择哪些考核主体及考核主体相应的权重做出明确规定。在目前考核实践中,一般采用自我评价、同事考核与上级考核的综合方式进行。但有时会出现领导说了算、以群众测评为结果甚至以个人小结为结果等现象,有些部门对优秀等次实行轮流坐庄,论资排辈,搞平衡。

（4）考核方法较为单一,绝大多数采用的都是"写评语"的定性考核方法,主观性随意性较强,很难保证考核的客观性。《公务员考核规定》中有关公务员考核结果等次的基本标准规定得比较笼统。一些单位和部门在公务员考核过程中,也不愿花费太多的精力去进行调查研究,结合本单位、本部门的实际对各种考核要素进行量化,制定科学的考核指标体系,而是靠拍脑袋,随便定几条,停留在定性的基础上,缺乏操作性,致使年度考核失真,难以对各个公务员的德才表现和工作实绩进行客观公正、实事求是的评价。

（5）考核的执行主体非专门化，导致考核结果失真。《中华人民共和国公务员法》第三十七条规定："非领导成员公务员的定期考核采取年度考核的方式。先由个人按照职位职责和有关要求进行总结，主管领导在听取群众意见后，提出考核等次建议，由本机关负责人或者授权的考核委员会确定考核等次。"可见，对公务员的考核主要由本单位内的领导或上级主管领导组成考核小组成员，这种考核的非专门化直接导致考核流于形式——考核组成员或是情面观念重，不愿得罪人；或因不具备考核工作所需的专业技术知识，导致考核结果失真。单位考核还使被考核者的参与意识、危机意识普遍降低，对考核工作重视不够，容易敷衍了事。

（6）考核频繁带来考核疲惫，导致考核走样。《中华人民共和国公务员法》第三十六条规定："公务员的考核分为平时考核、专项考核和定期考核等方式。定期考核以平时考核、专项考核为基础。"事实上，考核是一项专门性、复杂性强的艰巨任务，需要充足的人力、物力和财力。年年考核变成泛考核，导致单位和部门很难保证将考核任务落到实处。"考核年年搞，哪有精力搞？"实践中，多数单位和部门把公务员考核等同于年终评比，对优秀等次实行轮流坐庄，搞平衡、搞照顾或者搞论资排辈；有的单位领导虽然表面上履行了考核的规定程序，但考核中并不认真听取群众意见，而是个人说了算，凭个人的好恶搞内定，考核工作走过场；有的单位领导碍于情面，怕得罪人，将优秀等次的确定交由群众无记名投票表决，结果使一些政绩突出而平时不太注意人际关系的人榜上无名，相反，一些政绩平平但"人缘好"的人却被评为优秀。

三、我国公务员考核与管理的发展方向

（一）引入第三方考评主体

第三方评估指的是通过政府机构与行政相对人（人民群众）以外的非直接利益相关者来对政府绩效进行评估的活动。在这里，"第三方"强调的是它与政府和作为行政相对人的人民群众的利益不相关性，以及由利益的不相关性衍生的独立自主性。[1] 尼古拉斯·亨利（Nicholas Henry）在总结了世界范围政府绩效第三方评估的成就后，得出了"为了制衡起见，由外部机构或是第三方来进行

---

[1] 参见尚虎平、孙静：《失灵与矫治：我国政府绩效"第三方"评估的效能评估》，《学术研究》2020年第7期。

评估是可取的"结论。① 西方发达国家已将第三方评估机构参与政府绩效评价纳入了制度化、法制化的轨道,如美国 1993 年制定的《政府绩效与结果法》及《以绩效为基础的组织典范法》中都对第三方评估机构的地位予以了明确。2018 年 7 月,习近平总书记主持召开了中央全面深化改革委员会第三次会议,会议审议通过了《关于推进政府购买服务第三方绩效评价工作的指导意见》,提出由各级财政部门负责政府购买服务第三方绩效评价制度建设和业务指导,必要时可直接组织第三方机构开展绩效评价工作。积极引入第三方机构对于购买服务的经济性、规范性、效率性和公平性进行评价,确保评价工作的专业性、独立性和权威性。② 同时,为了第三方评估模式的有效推行,政府也应该对评估机构进行积极的规划和谨慎的挑选,提升政府信息公开力度,避免信息不对称,使得第三方评估机构能够全面了解政府行政过程。政府与第三方机构的合作也可以探索"互联网+"的模式,转变工作思路,创新工作方式,降低人为因素对评估过程的干扰,提升绩效信息获取的匿名性、主动性、准确性和及时性。③ 引入第三方对公共服务项目进行绩效评价,可能对推动政府绩效改革,乃至提升公务员绩效评价水平具有一定促进作用。

(二) 建立科学的考核与管理指标体系

指标体系是考核与管理工作的评价依据,确立科学的考核与管理标准至为关键,应当以公共部门工作人员的权利和义务作为制定考核与管理标准的基本依据,从德、能、勤、绩、廉五个方面,确定合适的考核与管理标准,做到定量考核与定性考核相结合,能够量化的尽可能量化。而且,应根据不同的考核与管理目的、考核与管理对象及其工作性质,因事制宜,设计不同的考核与管理标准。如晋升考核和年度考核的标准应有很大不同:前者目的是晋升,主要考核公共部门工作人员的政策理论水平、工作潜力、领导能力等;后者主要是考察公共部门工作人员的年度工作表现。

(三) 变单纯的考核为绩效管理,提高绩效考评的功用

目前我国公共部门的考核工作仍处于初级阶段,单纯为考核而考核,还没

---

① 参见〔美〕尼古拉斯·亨利:《公共行政与公共事务》,张昕等译,中国人民大学出版社 2002 年版,第 36 页。

② 参见财政部:《关于推进政府购买服务第三方绩效评价工作的指导意见》,《交通财会》2018 年第 9 期。

③ 参见马佳铮:《政府绩效第三方评估模式的实践探索与优化路径——以中国(上海)自贸区为例》,《上海行政学院学报》2016 年第 4 期。

有上升到绩效考评乃至绩效管理的阶段。而且考核结果的使用虽与被考核者的升、降、奖、惩紧密挂钩,但并非科学合理。在考核中要充分注意到公共部门工作人员作为人的社会价值追求和高层次的精神需求,要从公共部门工作人员自身的需要来制定考核的政策与标准,把公务员的潜能开发、绩效提高与个性发展引入考核目的,最大限度地发挥激励竞争机制在考核中的作用。

(四)按照管理权限,实行分级分类考核与管理

公务员考核与管理工作应当按公务员的等级分级进行,一级考一级,上级考下级,把同一级公共部门工作人员放到一块考核与管理,既可增加可比性,又能强调主管领导在考核与管理中的责任。这样可以有效避免把不同级别公务员放到一起考核与管理而产生无法比较的现象。同时,公务员考核与管理工作还应当实行分类考核与管理,按照不同的工作和业务、考核与管理目的进行分类。这样才能克服不顾考核与管理目的、一味追求全面的问题,从而增强考核与管理的有效性。

总之,尽管各国都在强调绩效考评与绩效管理的正面作用,并不断在管理中进行各种各样的实践,但不管考核与管理体系有多么完美,它"仍然在很大程度上被认为至好只是一件令人讨厌的事情,至坏则是一个必要的错误"[①]。

这是因为从雇员角度来看,他们并不都关心生产力,而是更关心福利、工作条件和工作量的公平性;从管理者的角度看,考评者并不希望从考评中获得多少正面的结果。大多数管理者知道谁是有效率的,正式考评与管理程序只是重复了主管已做过的工作。

同时,组织中绩效反馈也存在着多种渠道,正式的考评与管理体系只是其中之一,组织成员还不断地接收他人的暗示,而这些暗示对于他们行为的影响也不可小视。

为避免陷入麻烦,考评者常倾向于在考评中高抬贵手,让大多数雇员的考评结果至少为满意。而主管在考评方面经验越多,就越不希望绩效考评复杂化。这一现实也许会让那些绩效考评的忠实拥护者感到些许失望。然而,完美无缺的制度并不存在,制度的创新与演进总是在困难中前行。绩效考评也必然如此。事实上,如今的绩效考评并不像它的文字表征那样,只包含"绩效"一项内容,它实际上已经吸收了人格考评的内核。各类不同特征的制度融合在一起,取长补短,这也许是绩效考评与管理的未来。

---

① 参见〔美〕罗纳德·克林格勒、约翰·纳尔班迪:《公共部门人力资源管理:系统与战略(第四版)》,孙柏瑛等译,中国人民大学出版社2001年版,第419页。

本章小结

绩效考评与管理包括组织与个人两个层面。在一个组织内,绩效可以表现为不同的层次、不同的工作主体,其绩效的含义是不一样的,比如一个生产或运作过程、一个职能部门、一个工作团队层次都有各自的绩效,而人力资源所关注的则是组织绩效与个人绩效。绩效应当具有三效性,即效果性、效率性和效益性。绩效考评是人力资源管理的核心职能之一,是指考评者运用科学的方法、标准和程序,对被考评者有关的绩效信息(业绩、成就和实际表现等)进行观察、收集、整合,并尽可能做出准确评价的过程。

绩效管理与绩效考评具有一定的关联性,绩效管理是包含了绩效考评内容在内的一个综合性的系统工程。绩效考评相对于管理者来说,可以说是一种手段,而绩效管理就是管理本身。

绩效考评的程序一般分为横向程序与纵向程序两种。绩效考评的方法是绩效考评的核心内容所在。绩效考评方法可以从不同的角度加以分类,任何一种考评方法都有优点和缺点。绩效考评过程是一个同时包含人和数据资料在内的对话过程。这个过程既涉及方法问题,又牵连着人的问题。

公务员考核是公共部门工作人员考评制度的重要内容,它是国家行政机关根据法定权限对组织工作人员完成岗位目标的过程进行考察,并对其成绩和贡献做出评价的过程。考评的内容主要包括工作数量、工作质量和工作能力等。与其他部门一样,绩效考评同样是公共部门人力资源管理的"中枢",是公共部门工作人员的录用、晋升、工资福利、奖惩等内容的基础和依据,并可为人事决策的科学化和改进人事制度提供指导。客观公正的考评有利于促进公平,提高效率,保证廉洁。在现实中,绩效考评的作用非常有限。事实上,它经常遭到各方面的批评。管理人员认为它复杂麻烦,容易得罪人,因而常常放宽标准谋求皆大欢喜的结果;而员工则往往认为考评结果过于主观、缺乏公正。这些都是绩效考评活动在现实中所必须面对的挑战。

第八章　薪酬管理

教学目标与方法建议

通过本章教学,应该掌握以下内容:
1. 薪酬的含义、形式与功能以及薪酬的基本构成;
2. 薪酬管理的含义、目标、内容与原则;
3. 薪酬设计中的主要环节:薪酬调查、职位评价、薪酬结构设计的主要内容与方法;
4. 公共部门薪酬的特点、设计原则等;
5. 我国公共部门薪酬制度改革的成绩、问题与发展方向。

教学方法建议:建议采用课堂讲授、案例分析和实地考察相结合。

如何吸引和留住人才,如何处理好组织绩效和员工分配之间的关系,是任何组织都必须面对的课题。作为人力资源管理中最为重要的激励手段,薪酬管理的合理运用有利于解决上述问题,进而加强组织的凝聚力,促进组织的发展。

第一节　薪酬概述

一、薪酬的含义及功能

薪酬有广义薪酬和狭义薪酬之分。广义的薪酬是指员工在组织中通过工作而获得的所有回报的总和,它不仅包括外在薪酬,即货币及可折算成货币的实物等物质报酬,也包括内在薪酬,即非物质的回报,如表扬、晋升、决策的参与、名誉地位等带来的心理满足。狭义的薪酬通常仅指外在薪酬,它可以分为两种形式:一种是直接薪酬,即以工资、奖金、股票期权、利润分享等形式支付的直接经济报酬;一种是间接薪酬,即以保险以及带薪休假等各种福利形式支付的间接经济报酬。本章中的薪酬除非特别注明,皆指狭义的薪酬。

薪酬一般具有以下三方面的功能:
(1)补偿功能。员工在劳动过程中要消耗体力和脑力,员工通过劳动得到薪酬,就可以用它满足衣食住行所需,从而保证劳动力的生产和再生产,使工作继续进行下去。同时,员工还可以将部分薪酬用于自我教育开发,提高自身素质和能力,从而实现劳动力的价值增值。另外,员工大多还承担着抚养孩子和赡养老人的责任,薪酬还可用于家庭的开支。

(2) 激励功能。薪酬不仅可以满足员工的物质精神需求,还是激励员工的最为重要的手段。合理而公平的薪酬体系就像风向标,指引鼓励员工不断提升自己,努力工作,以获取更高的报酬。这种激励功能是基础性的,是其他激励手段无法替代的。

(3) 调节功能。薪酬的差异可以促进人力资源的合理流动和配置。在组织内部,不同部门、不同岗位之间由于工作不同,客观存在着劳动强度、工作条件、工作性质上的差别,往往会出现一些部门或岗位劳动力供不应求而另一些部门或岗位劳动力供大于求的现象。为了消除这个现象,组织可以通过调整内部薪酬水平来引导人员流动,实现人力资源的合理配置。另外,组织还可以利用报酬的差异从市场上吸引急需的人才。

总之,薪酬是影响人们工作选择的重要因素。为了能够吸引和留住有价值的员工,调动员工的积极性,使之以出色的绩效回报组织,雇主必须保证薪酬制度具有合理的竞争力。

二、薪酬的基本构成

薪酬的构成是指薪酬的各种组成成分及其在薪酬总量中的比重。一般说来,薪酬主要由基本薪酬、可变薪酬(奖金)和福利三个部分组成。为了更好地体现按劳付酬原则,实现对工作人员的激励,薪酬的各个成分各有侧重地发挥着不同的功能。

(一) 基本薪酬

基本薪酬是员工收入的主要部分,通常依据员工所在职位情况及本人的资历条件计付,能够较全面地发挥工资的各项功能,促使工作人员完成各项工作任务。

在西方国家,传统上来讲基本薪酬分为薪水(salary)和工资(wage)两种类型。薪水是管理人员和专业人员(即白领职员)的劳动报酬,一般实行年薪制或月薪制。工资是体力劳动者(即蓝领员工)的劳动报酬,一般实行小时工资制、日工资制或月工资制。在中国,薪酬没有上述两种类型之分。

通常情况下,基本薪酬常常包含津贴部分。津贴是给予在特殊环境下工作的员工的一种货币报酬,其目的是补偿员工在特殊环境下工作的健康和精神损失,保护员工的身心健康,稳定特殊岗位的员工队伍,并且充分发挥导向作用,吸引更多的人来从事该项工作。

津贴一般分为地区津贴和岗位津贴。每种津贴都有特定的补偿目标,具有单一性和均等分配的特点,其发放的主要依据是工作环境的优劣,而非员工个人的工作表现。

(二) 可变薪酬(奖金)

奖金属于可变薪酬,是根据组织的整体绩效或个人业绩而发给员工的物质奖励,是直接经济性报酬。作为薪酬的重要组成部分,奖金是对劳动者超过定额劳动或做出显著成绩的物质鼓励,反映了劳动差别,更好地贯彻了按劳付酬的原则,有助于更好地调动组织员工的积极性,提高工作效率,更有效地实现组织目标。

(三) 福利

福利是指为满足员工生活方面的共同需要或特殊需要,组织给予所有员工的间接经济性报酬。一般说来,福利可分为法定福利和自主福利两种类型。法定福利是根据国家政策法律而提供的福利,具有强制性和保障性的特点,如基本养老保险、医疗保险、失业保险、工伤保险、法定休假等。自主福利是组织根据自身情况而提供的福利,具有个性化和激励性的特点,如各种带薪休假、补充保险、托儿服务等。

作为薪酬的重要组成部分,福利具有以下特点:第一,福利具有刚性的特点,一般说来,一旦设立,就难以随便取消,或者说如若减少或取消,它所遇到的抵触会相当大;第二,与直接薪酬不同,它往往采用实物支付或是延期支付等形式,支付方式多种多样,不限于货币或是当期支付;第三,一般说来,福利,特别是法定福利,与个人能力和绩效无关,是面向全体员工平均分配的。

近年来,福利在薪酬中所占的比例越来越高,究其原因,主要有以下几点:一是相关法律的颁布与实施,要求雇主必须为员工提供社会保险等相关福利;二是多数福利是以非现金形式支付的,可以使员工既得到实惠,又不必交税;三是福利的激励作用越来越受重视,一些雇主强调设计出具有吸引力的福利计划,以获得人才竞争的优势。

三、薪酬类型

一般说来,独立的薪酬类型主要有以下四种(参见表 8-1):

表 8-1　四种薪酬类型比较

薪酬类型	特点	优点	缺点
技能工资	根据工作技能确定工资	有利于提高员工素质及内部交流	对工作本身关注不够,不易实现同工同酬
职位工资	根据职位性质、责任等确定工资	较好地贯彻了同工同酬原则,比较公正	无法反映员工的能力和工作贡献的差异
年功工资	根据工龄经历等确定工资	鼓励员工为组织长期工作,操作简单	不利于年轻有为的员工成长
绩效工资	根据绩效确定工资	激励效果明显	易助长员工短期行为及恶性竞争

（一）以技能或知识为基础的薪酬类型

这是一种以雇员的工作技能、知识为基础的薪酬类型,它依据工作人员的知识类型、技能水平和熟练程度等确定其薪资水平。对于一个组织来说,这种制度有利于建立一支训练有素且灵活性强的员工队伍,有利于促进组织目标的达成而不是关注职位本身,有利于激励工作人员提高自身素质和组织内部的交流。这种薪酬类型比较适合于对工作技能和熟练程度要求较高并且工作内容不固定的组织;它的不足之处在于对于工作本身的关注相对较少。

（二）以职位和责任为基础的薪酬类型

这是一种根据组织工作职位的特点与工作价值和责任的大小,决定薪资标准的薪酬类型。职位和责任薪酬类型的基础是职位评价,一般依据该职位对工作人员的知识和技能需求、工作复杂程度、责任大小及工作环境等因素来确定工资标准。也就是说,同一岗位的员工工资相同,不考虑不同员工的经验、知识、技能及其他方面的能力因素。它的优点是较好地贯彻了同工同酬原则,比较公正;缺点是无法反映员工的能力和工作贡献的差异。

（三）以年功为基础的薪酬类型

这种薪酬类型以员工的工作年限为基础来设定薪资标准,工作时间长的员工工资高,工作时间短的员工工资低。这种制度的优点是鼓励员工为组织长期工作,标准明确,操作比较简单;缺点是不利于年轻有为的员工成长。

（四）以绩效为基础的薪酬类型

这种薪酬类型是将薪酬与特定的绩效目标相联系,也就是说,员工的薪酬不是事先固定的,而要根据其工作表现及预定绩效目标的完成状况来确定。从理论上说,这种制度能够激励员工改进绩效,从而促进组织目标的实现。但是在实践中,绩效工资制使用不当也会产生一些负面作用,例如,容易导致员工过分注重短期绩效而忽视长期绩效,容易导致员工之间的恶性竞争等。

事实上,上述薪酬类型只是最基本的四种类型,它们各自具有不同的特点,并且每一种都不是完美无缺的。在现实生活中,上述类型很少单独使用,薪酬体系的设计常常是以一种基本的薪酬类型为基础,同时兼具其他薪酬类型的特征。例如,美国联邦政府公务员实行的薪酬制度就是以一种以职位和责任为基础的薪资体系,它按照工作性质、工作环境等因素对职位进行分类,确定不同的职等和职级,并在此基础上,给予每一职等和职级不同的工资标准。但是雇员的职等和职级的确定也参考其知识与技能水平,在升职提薪的问题上则实行考绩制。员工的绩效决定他能否加薪提职,考绩成绩为满意者升一级,不满意者不得升级,成绩优异可以越级提升。

第二节 薪酬管理

薪酬管理是指组织根据自身的发展战略和目标,依据国家政策与法律,并综合各方面的因素,确定组织的薪酬策略、薪酬制度等并付诸实施的整个过程。

一、薪酬管理的目标

作为人力资源管理的一项重要职能,完善的薪酬管理能够帮助组织实现下列目标:

(1)帮助组织吸引和留住组织需要的优秀员工。组织支付的薪酬是员工主要的生活来源,能够确保和维持员工的基本生活需要。对绝大多数员工来说,薪酬是促使他们工作、努力工作的最大诱因。薪酬制度对员工的态度和行为都有很大影响,它是吸引和保留组织需要的员工的最为重要的手段。

(2)鼓励员工提高工作所需要的素质和技能,并增进员工工作绩效。完善的薪酬制度和有效的薪酬管理具有较强的导向作用,能够激励员工不断地提高自身素质和工作技能,改善自身的工作绩效,从而使组织的整体绩效得到提升。

(3)协助组织完成整体人力资源管理的策略目标与组织整体战略目标。薪酬制度是实现整体人力资源管理策略乃至组织整体战略目标的强有力工具。通过薪酬管理的有效实施,可以把员工的兴趣、工作的行为和组织的目标结合起来。

（4）控制组织成本。薪酬是组织的主要成本，薪酬管理的一项重要任务就是合理控制这项成本，保证组织既能在劳动力市场上具有竞争能力，又能在产品和服务市场上立于不败之地。

二、薪酬管理的内容

具体而言，薪酬管理的主要内容包括薪酬策略的制定、薪酬制度的设计与实施、薪酬预算与审计、薪酬调整等。

（一）薪酬策略的制定

薪酬策略，是指组织依据战略规划、工作任务、组织文化等，对薪酬管理活动所制定的总体原则和方向，这是一个组织薪酬管理工作的出发点和依据。薪酬策略包括确定薪酬支付的依据、薪酬的公开与保密、薪酬水平策略、薪酬结构策略等。

1. 确定薪酬支付的依据

确定薪酬支付的依据，也就是确定凭什么付酬。对于基本薪酬来说，组织一般需要确定是对人付酬还是对职位付酬。对人付酬就要对人的知识、技能与能力进行评价，而对职位付酬则应当进行职位评估。前者强调人的价值，衡量标准是员工个人能做什么；后者则关注职位本身，衡量标准是岗位对员工的要求。

可变薪酬一般是以绩效为付酬依据的，组织需要确定的是依据个人绩效支付奖金，还是依据团队绩效支付。一般说来，以个人绩效为基础的绩效工资方案在促进个人绩效方面比团队方案更有效。但个人绩效方案不利于员工间的合作，容易产生恶性竞争。

与此相关的薪酬策略还有基本薪酬与可变薪酬以及福利之间的比率。基本薪酬比重高，则薪酬稳定性强；可变薪酬比重高，则薪酬弹性强，激励作用明显。采用何种支付策略需要根据不同职位和不同的组织战略来确定。一般地，管理人员的基本薪酬比重低一些，可变薪酬比重高一些，而基层员工的基本薪酬比重高一些，可变薪酬比重低一些。

2. 薪酬的公开与保密

雇员薪酬保密制度主要是为了减轻一线管理人员的负担。很多组织因为担心薪酬公开会导致员工间相互攀比，给管理带来不必要的麻烦，所以坚持实行严格的薪酬保密制度。但是，在保密制度下，员工们无法判定组织是否真正实现了同工同酬，这无疑损害了员工的知情权，似乎与以人为本的理念背道而驰。近年来,已有越来越多的公司改变策略,实行薪酬公开制。①

3. 薪酬水平策略

薪酬水平策略是组织在薪酬管理中要做的重要决策之一。尽管对于个人来说,薪酬是越高越好,但对组织而言,不管是将薪酬视为运行成本或生产成本,还是人力资本的投资,薪酬都不能无限上升,否则这个组织能否存续就会成为一个问题。但在市场经济的激烈竞争中,对人力资源尤其是高级人才的争夺日益激烈,组织间以高薪战略争夺人才的现象广泛存在。而组织为了留住人才,避免过于频繁的人事流动,又不得不支付较高的人工成本,因而如何确立一个组织能够承受又具有竞争力的薪酬总额就成为一个重要问题。

企业在进行薪酬水平的决策时主要面临两方面的压力:一是产品市场竞争,二是劳动力市场竞争。产品市场竞争要求企业尽可能地降低成本,以薪酬为主要内容的劳动力成本是企业成本的重要部分,因而产品市场竞争决定了薪酬的上限;劳动力市场竞争则要求企业提供具有竞争力的薪酬水平,以便能够将劳动力从对手那里吸引过来并长期保留,从这个意义上讲,劳动力市场竞争决定了薪酬的下限。

除了受产品市场和劳动力市场竞争情况的影响外,企业薪酬水平决策还与组织发展的战略密切相关。不同的组织发展战略决定着不同的薪酬水平,表8-2列举了不同的组织发展战略对薪酬水平的影响。

表8-2 组织发展战略对薪酬水平的影响

发展战略	薪酬政策	薪酬水平
扩张战略	刺激发展	高水平,贡献奖,中等福利
维持战略	奖励内部管理改革	中等水平,标准福利,绩效工资
收缩战略	着重成本控制,鼓励节约	低水平,标准工资,节约有奖

4. 薪酬结构策略

薪酬结构策略是指组织在薪酬设计时有关薪酬级差的决策,包括最高薪酬水平与最低薪酬水平之间的差距,以及相邻薪酬级别之间的差距。薪酬结构策略与组织文化和经营理念密切相关。一般说来,美国企业的薪酬级差相对较大,强调各级各类不同工作之间工作内容、工作责任、所需技能、工作贡献等的

---

① 参见[美]雷蒙德·A.诺伊等:《人力资源管理基础》,雷丽华译,中国人民大学出版社2005年版,第366页。

差异,激励员工勇于承担重任。例如,有的公司认同重要员工管理理论,即组织中20%的员工创造了80%的利润,因而其薪酬策略的一项重要内容就是要偏重对重要员工的激励,它的具体薪酬制度就体现了这一原则,薪酬比较率(员工的平均薪酬水平/行业同层次员工的平均薪酬水平)明显地随级别升高而递增;而日本企业的薪酬级差相对较小,强调员工的平等,期待通过公平地对待员工,激发员工的团队意识和献身精神,从而促进整个组织的绩效提高。

任何组织的薪酬策略都不是一成不变的,它与组织内外的各种因素密切相关,并且必须随着这些因素的变化而变化。例如,企业的薪酬策略必须随着企业自身发展阶段的变化适当进行调整,因而薪酬策略的调整也是薪酬管理的一项重要工作。

(二)薪酬制度的设计与实施

薪酬制度是指组织依据薪酬策略,对自身的薪酬水平、薪酬构成、薪酬结构、薪酬支付等相关内容所做规定的总称。薪酬水平指组织内部各类职位以及整体平均薪酬的高低状况。薪酬构成则是指不同类型的薪酬的组合方式,如高基薪、低奖金或是中等基薪、高福利等。薪酬结构指组织内部各个职位之间薪酬的相互关系。薪酬支付指组织将薪酬发放到每一位员工的时间、程序、方法等。例如,有的企业规定年终奖金于年终固定日期发放,而有的企业则规定年终奖金逢雇员入职纪念日发放。

薪酬制度一经制定,需要不折不扣地贯彻实施。在实施过程中,首先应当注意的是与员工的沟通,这是薪酬管理的一项重要内容。员工的理解与支持是组织中任何制度落实的基础和保障,特别是在薪酬制度做出重大调整时,沟通就更为必要,沟通不够往往会损害员工工作积极性,甚至导致员工离职。其次,薪酬制度的制定与实施必然涉及权责分配、流程设计、违规处理等问题,因而将与之相关的运行规则制度化也是薪酬管理的重要内容。

(三)薪酬预算与审计

在薪酬管理中,薪酬计划常以薪酬预算的形式出现,这是薪酬管理的重要环节。一般来说,薪酬预算不超过两年,包括当前财政年度和即将到来的下一个财政年度。超过两年的薪酬预算往往不够准确,很难付诸实施。

薪酬预算一般经过"三上二下"的过程。首先是自上而下地传达组织下一年度财务方针(一上),各级主管在这一方针的指导下完成一份本部门的预算建议(一下),报送组织最高管理层汇总调整(二上),调整统一后的方案再下发给所有相关部门,各部门对预算中分歧部分提出意见(二下),然后预算方案再次上报最高管理层,形成最终方案(三上)。

薪酬审计是组织对薪酬预算执行情况进行的审查,通过分析薪酬计划支出及实际支出间的差异,适时控制薪酬总体支出。一般说来,劳动密集型企业,劳动力成本占生产成本比重较高,薪资支出是现金流动计划的重要组成部分,薪酬审计宜每月一次。而其他类型的组织,薪酬审计一个季度一次即可。

（四）薪酬调整

员工的基本薪酬一般具有一定的稳定性,但这种稳定性是相对的。员工薪酬不可能一成不变,随着组织内外部环境的变化以及员工个人能力和工作情况的变化,员工的基本薪酬也需相应调整。否则,薪酬的激励作用就会大大降低,从而影响到员工的工作绩效。

薪酬调整一般分为两个层次:一是整体性调整,二是个体性调整。

整体性调整是针对组织所有员工所进行的薪酬调整。调整的原因主要有以下几个方面:社会物价水平发生变化;基本生活费用发生变化;市场平均薪酬水平发生变化;组织薪酬策略发生变化;组织经济效益发生变化等。整体性调整一般有三种方式:第一种是等比式调整,即所有员工的基本薪酬都在原有基础上增加一个百分比。等比式调整保持了薪资结构内在的相对级差,但是工资偏高的调升绝对值幅度较大,很容易使薪酬偏低的员工产生"不公平"的怨言。第二种是等额式调整,即全体员工不论原有薪酬的高低,一律予以同等金额的调升。这样做会使得原有级差比缩小。第三种是薪资指数化,即薪资与物价直接挂钩,员工薪资用指数表示,实际薪资收入等于薪资指数乘以最低生活费,最低生活费则依物价的变动而变动。薪资指数化就是为了消除物价波动对员工薪资水平的影响。它与等比式调整的差别在于薪资指数化是不间断的动态调整。

个体性调整的对象是员工个体,它是个别性的薪酬调整,不是"普调"。个体性调整主要出于以下几个原因:职位等级或技能等级的变化、工作绩效、工作年限等。

三、薪酬管理的原则

组织在实行薪酬管理时,应当遵循公平性、竞争性、激励性、经济性、合法性等原则。

（一）公平性

组织员工对薪酬分配的公平感,也就是对薪酬发放是否公正的判断与认识,是设计薪酬制度和进行薪酬管理时考虑的首要因素。在组织中,要根据员工贡献大小、工龄、职务的重要性等因素付给员工薪酬,使组织的员工有公平感,多劳多得,否则会挫伤员工的积极性,甚至导致员工流失。

薪酬的公平性可以分为三个层次:外部公平性、内部公平性和个人公平性。外部公平性指同一行业或同一地区或同等规模的不同组织中类似职务的薪酬应当基本相同。内部公平性指同一组织中不同职位所获薪酬应与其对组织的贡献度成正比。个人公平性指同一组织中相同或相似岗位的员工所获薪酬应当与其对组织的贡献度成正比。

为了保证组织薪酬制度的公平性,应当注意以下几点:

第一,组织的薪酬制度要有明确一致的原则做指导,并有统一的、可以说明的规范做依据。

第二,薪酬制度要有民主性与透明性。当员工能够了解和监督薪酬政策、制度的制定和管理过程,并能对政策有一定参与和发言权时,不公平感也会显著降低。

第三,领导要为员工创造机会均等、公平竞争的条件,并引导员工把注意力从结果均等转到机会均等上来。

(二)竞争性

竞争性是指在社会上和人才市场中,组织的薪酬水平要有吸引力,才能在人才竞争中胜出,招到所需要的优秀人才。组织要视自身的财力、所需人才可获得性程度等具体条件,具体设定其薪酬标准,但一般不应低于市场平均水平。

(三)激励性

激励性是指要通过薪酬管理,对员工真正起到激励的作用,真正体现按贡献分配的原则,从而提高员工的工作热情,为组织做出更大的贡献。

(四)经济性

薪酬既可以被视为成本,也可以被当作资本,是成本就要进行成本效益分析,是资本就要考虑其投资回报率。提高组织的薪酬水准,固然可提高其竞争性与激励性,但却不可避免地会导致人力成本的上升,所以薪酬管理必须考虑经济性问题,既要考虑组织的实际承受能力,也要考虑人力资源的投资是否能够得到回报。

(五)合法性

合法性是指组织的薪酬制度必须符合现行的国家政策和法律。

在薪酬管理的过程中,只有综合考虑以上要求,灵活地制定出最有效的薪酬方案,才能为组织的发展吸引到最优秀的人才,使组织在竞争中立于不败之地。

第三节 薪酬设计

在薪酬管理中,很重要的一项任务就是薪酬设计工作。在进行薪酬设计时,需要考虑的因素很多。一方面要关注组织外部环境,如国家的政策法规、地区经济的发展状况、行业的薪酬水平等。比如,组织的薪酬制度必须符合《中华人民共和国劳动法》《中华人民共和国劳动合同法》等相关法律的规定,组织必须根据每年公布的所在城市最低工资标准为员工调整工资,否则就是违法。再比如,薪酬设计还需要关注外部劳动力市场的薪酬水平,在设计前做薪酬调查,为薪酬水平决策提供依据。另一方面也要研究组织内部因素,如组织的战略、支付能力、岗位的差异及个人能力的不同等。比如,薪酬制度是为组织战略服务的,不同的战略目标应当辅之以不同的薪酬制度。(参见表8-2)

应该说,薪酬设计是一项复杂的系统工程。在这一系统工程中,最为重要的几项工作就是薪酬调查、职位评价、薪酬结构的确定。薪酬调查帮助组织确定薪酬水平;职位评价明确组织的职位结构,为薪酬在组织内部的分配提供依据;而薪酬水平与职位结构则一起构成了薪酬结构。组织需要平衡内外部信息,并依据自身战略,制定出一套公平且具有激励作用的薪酬体系。

一、薪酬调查

薪酬调查是指收集相关组织各类岗位的薪酬信息,从而确定市场薪酬水平的过程。薪酬调查主要包括下列步骤:

(一)确定要收集什么信息

在薪酬调查中,需要收集的最主要的信息是被调查职位的薪金数量,它包括制度中的薪金范围(从最低到最高)、实际的薪金范围(当前所付的最低和最高薪金)、平均起薪、当前支付的平均薪金水平、中间值等。

薪酬调查也收集关于每个公司的总体薪酬的信息,如基本薪资、奖金、福利组合情况,奖金的形式(当期现金发放或股票期权等)、福利的提供项目,加班工资的发放,以及薪酬地区间差异,等等。

此外,薪酬调查还要收集与薪酬政策相关的所有信息,如了解组织收益与员工人数及劳动力成本间的比率,以便弄清企业如何通过投资劳动力而获取收益。

薪酬调查还应当注意数据的动态性,既收集当期的薪酬数据,也要掌握过去几年的数据资料,以便更好地确定市场薪酬水平。

(二)选择调查的岗位

组织在做一项薪酬调查时,通常不收集所有工作的信息,因为这样做成本太高而且浪费时间。调查者只能针对典型性、代表性的岗位进行调查,然后再将调查数据推广运用到其他岗位上。选择调查岗位时应当注意,所选岗位必须有清楚明确的工作说明书,组织之间的岗位情况应当具有相似性,且该项工作在本组织应包括相当数目的雇员。

(三)选择调查的对象

调查对象一般选择产品和劳动力市场上相类似的组织。当市场中相关组织特别是竞争对手数目非常少时(例如,数目少于20个),往往要对所有组织做调查;而当相关竞争对手较多时,往往选择有代表性的样本进行调查。

(四)调查结果的分析

薪酬调查的最后阶段是对调查结果进行分析。在分析中,应当注意剔除无效或错误信息,在确认数据全面、真实、准确的基础上,选择相关的统计方法对资料进行加工处理,分析市场当前薪酬水平,进而确认组织自身薪酬水平在市场中的位置。

二、职位评价

职位评价,也称为工作评价,是根据一定的评价方法,按每项工作对组织的贡献的大小,确定其具体价值的过程。如果说薪酬调查是确定组织中职位的绝对价值的话,职位评价则是对组织内部职位相对价值的确认,职位最终所得到的评价分数本身是不具有绝对意义的,但职位评价对薪酬方案的设计却具有极其重要的作用。

职位评价的方法主要有四种:排列法、分类归级法、评分法与要素比较法。其中应用最广的是评分法,具体内容参考第三章。

三、确定薪酬结构

通过薪酬调查和职位评价,组织确定了各个职位的薪酬水平及相对价值,接下来的工作就是确定薪酬结构。一般说来,确定薪酬结构有两种方法:一是建立薪酬曲线,二是建立薪酬等级。

(一)建立薪酬曲线

薪酬曲线又称薪酬政策线,是所调查职位的市场薪酬水平和职位评价点数之间的关系曲线。

根据职位评价所得出的职位点数以及外部市场薪酬调查得到的相应职位的市场薪酬水平,我们可以画出类似图8-1的散点图,其中纵轴表示职位的市场平均薪酬水平,横轴表示职位评价点数。根据图中代表目前薪酬的一系列散点,可以画出一条薪酬曲线。

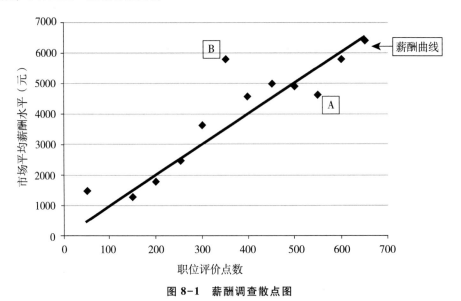

图8-1 薪酬调查散点图

对于那些非调查职位来说,只要获知其职位评价点数,根据薪酬曲线就可以得出其薪酬金额来。

在建立薪酬曲线时,组织并非一定要用一条直线来适应职位评价和薪资调查所得到的数据。它可以根据自身的薪酬策略对薪酬曲线进行调整,曲线可以向上或向下平移,或是用曲线加以代替。

(二)建立薪酬等级

在薪酬曲线中,每一项工作根据其相对价值都有一个对应的薪酬值,但在实际生活中,给每一项工作都制定一个薪资水平过于复杂,成本过高,特别是对于那些有着成百上千个职位的大型组织来说。因此,人们常常把多种类型工作对应的薪酬值归并组合成若干等级,建立一个薪酬等级系列。

建立薪酬等级首先应当根据职位评价的结果,将工作价值和工作内容相似的职位组合在一起,形成不同的等级。处在同一等级的员工领取相同薪资。

薪酬等级的数量取决于多种因素,如组织的大小、职位的多少、职位特点及组织的薪酬政策等。

为了能在确定薪酬时具有更强的灵活性,组织通常都会为每一薪酬等级建立一个薪酬区间,也就是说,每一个薪酬等级所对应的不是一个固定的薪酬,而是设定一个空间,在最低和最高薪资之间浮动。参见图 8-2。

一职等	二职等	三职等	四职等	五职等	六职等	七职等	八职等	等级
						1500		25
						1440		24
						1380		23
						1320	1320	22
						1260		21
						1210		20
					1160	1160		19
					1100			18
					1050			17
				1000	1000			16
				950				15
				900				14
			860	860				13
			810					12
			760					11
		720	720					10
		670						9
		620						8
	580	580						7
	530							6
	480							5
440	440							4
390								3
340								2
300								1
1.00	1.05	1.10	1.20	1.30	1.40	1.55	1.60	薪酬调整系数

图 8-2 薪酬区间示意图

薪酬区间的建立方便了薪酬管理。如图 8-1 所示,图中大部分散点都分布在薪酬曲线周围,但也可能存在 A、B 点这样的情况。这说明 A 和 B 职位特殊,市场薪酬水平与组织内部职位评价结果不相匹配,这时就可以通过建立薪酬区间来解决问题。在决定具体薪资的问题上,通常应根据外部薪酬水平来进行调整。

目前流行的宽带薪酬制,就是改变以往僵硬的薪酬等级体系,将薪资等级融入工资变化范围更大、范围更宽的薪资带中,以增强薪资制度的灵活性。这种制度赋予管理者更大的自主权,管理人员有权自行决定新雇员的起薪,也有权根据组织目标自行决定如何给雇员加薪。这样既简化了对薪资的管理,也有助于招募到优秀人才,并能有效地激励雇员。目前许多发达国家政府都在高级雇员的薪资中实行这种制度。

第四节 公共部门的薪酬管理

公共部门薪酬是对公共部门工作人员所付出劳动的物质和精神回报。在我国,公务员的报酬也被看作是公务员个人的劳动所得。

一、公共部门薪酬管理的特点

由于公共部门的特殊地位和作用,与企业薪酬制度相比,公共部门薪酬也具有一定的特殊性。比如,企业中常用的股票期权等薪酬形式,一般说来,在公共部门并不适用。总的来看,由于公职人员的薪酬来源主要是政府财政收入,因而其薪酬表现出更强的规范性和稳定性特征。具体来说,公共部门的薪酬制度具有如下特点:

(一)薪酬制度规范性强、透明度高

公共部门的薪酬制度一般是国家依据有关法律制定的,其等级、标准、发放规则等都相对固定,而且公开透明,任何单位和个人都无权任意改变,因而它具有很强的规范性和很高的透明度。这与私营部门经常使用的背对背发放工资的做法形成鲜明对照。

(二)薪酬水平相对稳定

私营部门雇员的薪酬往往与经营业绩紧密相连,因而波动较大。而政府与私营组织的状况有所不同,一般说来,国家财力要比私营部门雄厚得多,并且收入来源稳定性强,因此,公共部门工作人员的薪酬水平可保持相对稳定,很少出现大起大落的情况。

(三)直接薪酬相对较低,其他薪酬相对较高

与私营部门相比,公共部门的直接薪酬一般相对较低,这主要体现在公共雇员的工资水平一般低于私营组织,且往往差距较大。例如,美国联邦政府和

私人部门之间的薪资差距曾经达到30%。20世纪90年代几经改革后,政府部门的工资虽有较大幅度的提高,但公私部门间仍然存在10%左右的薪资差距。[①]

与私营部门相比,公共部门的其他类型的薪酬则要相对高些。尽管在近年来的政府改革中,公务员制度所一贯强调的永业制受到了挑战,但相比而言,公务员职位的稳定性与安全性还是相当高,福利、保险等间接薪酬也较有保障。更为重要的是,公务员是代表国家执行公务,个人因为工作常常可以获得很强的荣誉感、成就感等心理收益,较高的内在薪酬(非物质回报)是公共部门吸引人才的一个重要因素。

二、公共部门薪酬的设计原则

(一)公共部门薪酬设计的传统原则

良好的薪酬策略必须与组织的目标与特征相契合,为了保证公共部门薪酬的竞争性、公平性、灵活性,并易于管理和实施,在确定公共部门薪酬时,一般考虑以下几项原则:

1. 按劳付酬原则

按劳付酬原则,即按劳动量付酬,就是在确定公共部门工作人员薪酬时,应以其工作职责和贡献大小为基本依据,并适当考虑年功资历、受教育程度和地区环境等因素。《公务员法》第七十九条明确规定:"公务员工资制度贯彻按劳分配的原则,体现工作职责、工作能力、工作实绩、资历等因素,保持不同领导职务、职级、级别之间的合理工资差距。"

2. 效率优先、兼顾公平的原则

在确定公共部门工作人员薪酬时,应当坚持效率优先、兼顾公平的原则。也就是说,应当保证公共部门工作人员的薪酬与其所负责任相一致,真正做到责、权、利相结合,通过薪酬与贡献挂钩,保持合理的薪酬差距,激励公共部门工作人员积极进取;同时,要保证薪酬制度的公平性,对公共部门工作人员薪酬进行严格的宏观管理,增加薪酬的透明度,防止地区间、行业间、岗位间收入差距过大和两极分化。

3. 正常增薪原则

正常增薪,是指依据有关法律规定,根据社会经济发展水平和政府财政预算,由国家定期增加公共部门工作人员的薪酬。正常增薪被许多国家视为公务

[①] 〔美〕罗伯特·登哈特等:《公共行政:一门行动的学问》,谭功荣译,北京大学出版社2013年版,第243页。

员薪资制度的主要原则,一般通过以下三条途径得以实现:一是通过职务、职级的晋升获得待遇的提高。二是根据年度考核结果获得年功晋升。例如,美国规定,联邦政府一般职序列(GS)的公务员,绩效评定达到"良好",可获得晋升工资资格。其中,1—3职等每年可晋升一级;4—6职等每两年晋升一级;7—9职等每3年晋升一级。① 三是基本工资标准的调整。我国的《公务员法》明确规定国家建立公务员工资的正常增长机制。国务院颁布了与之配套的《公务员工资制度改革方案》,于2006年7月1日正式实施。该方案规定:公务员年度考核称职及以上的,一般每五年可在所任职务对应的级别内晋升一个级别,一般每两年可在所任级别对应的工资标准内晋升一个工资档次。公务员的级别达到所任职务对应最高级别后,不再晋升级别,在最高级别工资标准内晋升级别工资档次。

4. 平衡比较原则

平衡比较原则是指在确定公共部门工作人员薪酬时,应当以私营部门的薪酬水平作为参照系,力求使公共部门与私营部门的薪酬水平大体平衡,使公务员的工资水平与社会经济发展水平相适应。

这一原则意在保持公共部门的吸引力和凝聚力,稳定公务员队伍,吸引优秀人才加盟。《公务员法》第八十一条规定:"公务员的工资水平应当与国民经济发展相协调、与社会进步相适应。国家实行工资调查制度,定期进行公务员和企业相当人员工资水平的调查比较,并将工资调查比较结果作为调整公务员工资水平的依据。"

5. 法律保障原则

公共部门工作人员的薪酬都有明确的法律规定,强调依法管理。与公共部门工作人员享有的其他权利一样,领取薪酬的权利是基于公共部门工作人员的身份发生的,并受国家法律的保障。《公务员法》规定,公务员工资应当按时足额发放。除国家法律、法规和政策规定外,任何机关不得以任何形式提高或者降低公共部门工作人员的工资、福利和保险待遇。任何单位和个人随意扣减或拖欠公务员的工资,公务员有权提出申诉,并追究法律责任。

(二)公共部门薪酬设计原则的新趋向

近年来,随着各国政府改革的推进,组织的扁平化、团队运作模式、人力资本等新理念逐步被公共部门所接受,并在实践中得到了应用。这在某种程度上也影响了公共部门的薪酬管理,一些新的原则也开始为公共部门所重视。

---

① 参见姜海如:《中外公务员制度比较》,商务印书馆2013年版,第272页。

1. 团队激励原则

传统的薪酬设计原则更多地关注对个人的激励作用。随着公共组织管理目标和策略的变革,传统的严格的等级官僚制遭到了更多的批判,而在私营部门中应用较为广泛的团队运作模式被引入公共部门。团队模式更加强调合作及组织目标的达成,因而在薪酬设计上也强调进行团队激励,个人的薪酬取决于整个团队的绩效水平。尽管从激励的直接效果来看,团队激励的效果比个体激励的效果要弱,但团队激励能够鼓励团队成员间的精诚合作,减少相互间的摩擦与猜忌,避免因薪酬差距问题引发成员间的不满情绪,从而促进组织绩效的提高。目前这种激励方式已经被公共组织所接受,但在实践中更多地运用在绩效奖金的发放上,且应用范围有限。

2. 权力下放原则

传统的公共福利理论认为,公务员是为政府服务的,而政府代表全体国民,政府通过法律形式确定公务员的报酬,就代表了全体的意思,没有必要再与少数人(公务员)通过缔订协议确定报酬,否则就违背了公共福利原则。因此,从理论上说,政府(尤其是中央政府)是公务员薪酬的决策者,各政府部门乃至公务员本身并没有发言权。

近年来,随着政府改革的不断深入,传统政府观已受到了极大的冲击,政府组织不再是国家事务管理与社会事务管理的唯一权力中心。这意味着,非政府组织、非营利组织、社区组织等第三部门以及私营机构乃至公民个人,将与政府一起承担起管理公共事务、提供公共服务的责任。与此相联系,政府部门,特别是中央政府,集决策、管理与服务等多种责任于一身的局面也有所改变,政府管理职能和权限也不断向地方或部门政府转移。在薪酬制度方面,中央政府一般保有制定总体薪酬政策和准则的权力,而具体的薪酬管理权力则下放给部门和地方,在中央政策的框架下,这些下级机构有权自定薪酬政策。

三、中国公务员的薪酬制度

我国《公务员法》规定,公务员薪酬制度包括工资、福利、保险三个基本部分。

(一) 工资

《公务员法》规定,我国公务员工资包括基本工资、津贴、补贴和奖金。公务员按照国家规定享受住房、医疗等补贴、补助。

1. 基本工资

基本工资是公务员基本生活的重要保障,是确定公务员退休金、抚恤金等项目的主要依据。我国目前实行全国统一的公务员基本工资制度、政策和标准。基本工资由职务(职级)工资和级别工资构成。职务(职级)工资主要体现公务员的工作职责大小。一个职务(职级)对应一个工资标准,领导职务和职级对应不同的工资标准;级别工资体现人员的工作实绩和资历。每一职务(职级)层次对应若干个级别,每一级别设若干个工资档次。公务员根据所任职务(职级)、德才表现、工作实绩和资历确定级别和级别工资档次,执行相应的级别工资标准。为了提高薪酬制度的激励效果,更好地体现按劳分配的原则,《公务员法》实施以后,公务员的级别由原有的15个调整为27个。

2. 津贴

公务员津贴是对公务员在特殊劳动条件下或工作环境下付出额外劳动消耗和生活费支出所给予的适当补偿。公务员津贴分为两大类:地区津贴和岗位津贴。

(1) 地区津贴。地区津贴又分为两类:地区附加津贴和艰苦边远地区津贴。地区附加津贴主要反映地区间经济发展水平、物价消费水平等方面的差异。实行地区附加津贴,可以使不同地区的公务员工资与经济发展联系起来。艰苦边远地区津贴主要是根据自然地理环境、社会发展等方面的差异,对在艰苦边远地区工作生活的工作人员给予适当的补偿。通过实行地区津贴制度,国家可以有效控制地区间的公务员工资差距,防止差距过大,损害薪酬制度的公平性。

(2) 岗位津贴。岗位津贴是根据公务员的岗位性质及工作条件确定的,主要发给那些在苦、脏、累、险等特殊岗位上工作的公务员。公务员离开上述岗位时,相应的岗位津贴即行取消。国家对岗位津贴实行统一管理,由国务院和国务院授权的人事部门、财政部门负责。

3. 补贴

公务员的补贴,是国家适应职务消费、福利等改革的需要,为了保证公务员实际工资和生活水平不因改革或外界因素的影响而下降,补偿其生活费用的额外开支,或者鼓励工作人员长期在本组织工作而设置的补助性工资。我国现行的补贴主要有住房补贴、医疗补贴、公务交通补贴等。

4. 奖金

公务员的奖金是对公务员工作表现和工作业绩的奖励。目前我国实行年终奖励制度,即根据公务员定期考核情况,对年度考核称职及以上的工作人员,发放年终一次性奖金,奖金标准为本人当年12月份的基本工资。此外,公务员还可由于立功受奖获得奖金,即获得嘉奖、记三等功、记二等功、记一等功以及授予称号的公务员可获得一次性奖金。总体来看,由于额度及金额较少,我国公务员奖金制度的激励作用有限。

(二)福利

根据相关法律规定,我国公务员的福利主要包括休假、住房、医疗等方面。

1. 休假制度

公务员现行的休假有法定节假日、年休假、探亲假、产假、婚假、丧假、病假、事假等。

其中,探亲假是为了解决公务员与分居两地的配偶、父母团聚问题而设立的。凡在公共部门工作满1年以上,与配偶不住在一起且不能在公休假日团聚的,可以享受探望配偶的待遇,与父母都不在一起且不能在公休假日团聚的,可享受探望父母的待遇。

年休假是国家为保护公务员身体健康,每年安排公务员集中一段时间轮休的制度。2007年12月7日国务院颁布的《职工带薪年休假条例》规定,公务员累计工作已满1年不满10年的,年休假5天;已满10年不满20年的,年休假10天;已满20年的,年休假15天。

此外,《公务员法》还规定,公务员执行国家规定的工时制度。公务员在法定工作日之外加班的,应当给予相应的补休,不能补休的按照国家规定给予补助。

2. 优抚制度

《公务员法》规定:"公务员因公牺牲或者病故的,其亲属享受国家规定的抚恤和优待。"这是公务员福利制度的重要组成部分。

3. 其他福利

目前,我国主要的公共部门工作人员福利设施有:

(1)为满足公务员共同需要、减轻公务员的家务劳动、方便生活并使公务员获得优惠服务而建立的集体福利设施,如食堂、托儿所、幼儿园、浴室、理发室、疗养院等。

(2)为满足公务员文化生活需要,提高其身体、文化素质而建立的文体福利设施,如文化宫、俱乐部、图书馆、游艺厅、体育场、游泳池等。

（三）保险

《公务员法》第八十三条规定："公务员依法参加社会保险,按照国家规定享受保险待遇。"目前我国公务员保险的社会化正在推进过程中,具体内容请参考第十章第二节的内容。

四、中国公务员薪酬制度改革与发展方向

（一）2006年以来公务员工资制度改革

随着《公务员法》的颁布与实施,我国公共部门薪酬制度发生了较大变化。2006年,吸取各地实施"阳光工资"的经验,中央启动了全国范围内的公务员工资制度改革,建立职务与级别相结合的工资制度,并在2019年颁布《公务员职务与职级并行规定》,深化公务员分类改革。从总体上看,改革取得了明显成效,主要体现在以下方面：

（1）公务员薪酬体系得到优化。改革之前,很多地方和部门公务员薪酬总收入中,基本工资比重较小,其保障和激励作用发挥有限；而津贴、补贴、福利等所占比重较大,用去的资源往往占薪酬总额的一半左右,政府部门的负担沉重。改革之后,以职务工资和级别工资为主的基本工资,即固定收入,在总收入中的比重大为提高,形成了一个以基本工资为基础、以津贴补贴为补充的薪酬体系,提高了公务员薪酬的稳定性,有利于激励公务员积极上进、努力工作。

（2）公务员的薪酬构成得到统一、简化。长期以来,虽然国家明文规定公务员工资的制度、政策统一,但现实生活中,各地方各部门公务员工资的构成项目不统一,奖金、补助、津贴、补贴等名目繁多,且发放中的平均主义较强,随意性大,造成了薪酬管理的混乱。改革之后,中央和地方政府明确了工资收入各个部分的项目与标准,整合或取消了多种津贴、补贴、奖金项目,为公务员工资实现阳光化管理打下了一个良好的基础。

（3）地区间、部门间公务员收入差距缩小。长期以来,不同部门、不同地区公务员之间收入差距过大的现象一直存在,有些岗位公务员的收入差距甚至高达两到三倍。通过改革,公务员薪酬体系在一定程度上得以优化统一,地区间、部门间公务员收入的非正常差距被明显缩小,基本上实现了同级同酬。

（4）"小金库"现象得到一定程度的解决。"小金库"的存在是公务员工资不够"阳光"和部门间收入不平衡的主要原因。改革后,过去的"小金库"被纳入财政部门统一管理、统一分配,有利于防止政府部门和个人寻租行为的发生。

（5）公务员职级的激励作用得到提升。长期以来,公务员的待遇主要与职务挂钩,级别只与基本工资中的级别工资挂钩,激励作用不大。而公务员中能够担任领导职务的毕竟是少数,大量公务员特别是基层公务员职务晋升空间有限,待遇提高有难度。职务与职级并行制度的实行,形成了职务与职级两个晋升通道,公务员也可以通过晋升职级提高待遇,这有利于调动和提高公务员的工作积极性,稳定基层干部队伍。

(二)中国公务员薪酬管理中存在的问题

中国公务员薪酬制度还在逐步完善的过程之中,目前仍然存在的问题主要有以下几个方面:

(1)薪酬的激励作用还有待进一步发挥。这主要表现在以下几个方面:一是公务员工资难以体现绩效差异,激励作用弱化。改革后,一些地区的公务员工资中有绩效奖金一项,但在实际工作中,绩效奖金并非依照公务员的绩效评估结果发放,而是按照职务、资历等标准套发,没有起到奖勤罚懒的作用。二是年度奖金额度少,发放具有平均化倾向。目前我国实行年度奖金制度,对年度考核称职(合格)及以上的公务员,一次性发放年终奖金,奖金为当年12月份的基本工资,奖金额度小,激励效果有限。

(2)科学化管理的程度不够。尽管公务员薪酬制度改革已初有成效,但是,在一定程度上,薪酬管理尚处于经验管理阶段,缺乏科学管理的基础,工作分析、职位评价制度还未实行,工资调查制度尚在建立之中,因此薪酬制度还不健全,管理体制尚需完善。

(3)监督和保障机制有待加强。在薪酬制度的执行过程中,一些地方仍然存在县级以下特别是乡镇一级拖欠公务员工资的现象。一些地方的薪酬管理仍然缺乏有效监督,公务员工资的公开透明程度仍然不够。

(三)中国公务员薪酬制度的发展方向

近年来,西方国家在政府改革中也不断加大薪酬改革的力度,有些国家(如新西兰)推行较激进的改革,有些国家(如加拿大)则推行渐进性的改革。总的说来,国外公共部门薪酬制度改革主要集中在以下几个方面:一是下放薪酬管理职能,让各部门按照自己的需要,根据财务负担能力,依据工作人员的表现,决定各个职级的薪酬水平和增幅;二是减少对公务员薪酬与企业薪酬对比关系的注重,而转为以财务负担能力为主要的衡量准则;三是倾向采用弹性薪幅,以及简化的薪酬制度,以便提高部门的运作弹性;四是采用绩效薪酬制。

中国公务员薪酬制度改革需要借鉴国外经验,同时更要立足于本国的实际情况,加以规划,认真部署,谨慎实施。具体来说,要从以下几个方面推进:

（1）加快薪酬立法，确保薪酬管理工作有法可依。世界各国都很重视公共部门薪酬立法，不仅在公务员总法中对薪酬问题做了具体规定，而且还制定了专门的薪酬法规。我国也应以法律法规的形式对公务员的薪酬进行规范，克服传统薪酬管理中的人为因素，切实保障公务员的合法权益。

　　（2）改革薪酬管理体制，给地方一定的自主权。首先，要建立健全有效的宏观调控体系，形成运用经济、法律手段和必要的行政手段进行调控的工资分配宏观调控体系，加强宏观管理。其次，在全国经济发展不平衡的情况下，要适当放权给地方。这样有利于解决高度统一的薪酬管理体制与地区间差异的矛盾，也有利于调动各地区的积极性。

　　（3）改革薪酬制度，加大绩效工资比例。在传统人事制度下，尽管各国实行职位分类与品位分类的职级依据不同，但按级付酬，即同一级别的公务员获得相同的报酬，是普遍遵循的原则。近几十年来，绩效原则已越来越受到人们的重视。参照私营部门根据工作结果确定奖励等做法，已被越来越多的国家所采用。

　　（4）科学合理地确定并调整公务员的薪酬水平。公务员薪酬水平的确定，应当纳入国家关于增加人民收入、启动消费、拉动经济增长的大背景中考虑，并加紧建立与企业同类人员薪酬的动态平衡比较机制。

　　（5）改革保险福利制度。改革公务员的保险与福利制度，是形势发展的客观要求。对于住房、医疗、养老等各项改革，应在福利上给予补偿；保险制度的社会化改革应当积极稳妥推进，保证公务员生活水平和生活质量。

　　一般而言，薪酬改革的推行需时多年，必须按部就班，才能降低风险；同时，它的成功也有赖于其他领域的配套改革。例如，建立健全绩效考评和绩效管理机制，建立完善的公共部门人力资源规划及工作分析制度等，这些都是确保薪酬管理制度有效运作的基础性工作。从本质意义上讲，劳动报酬是对人工成本与员工需求之间进行权衡的结果。在完善和实施公共部门薪酬制度和政策的过程中，及时的沟通、宣传和培训也是保证改革成功的因素之一。只有这样，才有可能逐步建立起与社会主义市场经济体制相适应的薪酬管理体制。

本章小结

　　薪酬管理作为人力资源管理的重要内容，越来越受到人们的重视。本章从薪酬的含义、功能以及薪酬的基本构成入手回答了如何客观、公正、公平、合理地补偿为组织做出贡献的劳动者，从而既有利于组织的发展，又能保证员工获得经济上和心理上的满足。

薪酬是员工在组织中通过工作而获得的一切物质和非物质的回报,一般具有补偿、激励、调节三方面的功能。薪酬是影响人们工作选择的重要因素。为了能够雇用和留住有价值的员工,并使之以出色的绩效回报组织,雇主必须使其薪酬制度具有合理的竞争力。为了更好地体现按劳付酬原则,实现对工作人员的激励,薪酬的各个成分各有侧重地执行着不同的薪酬职能。狭义的薪酬主要由基本薪酬、可变薪酬(奖金)和福利三个部分组成。

薪酬管理是指组织根据自身的发展战略和目标,依据国家政策与法律,并综合各方面的因素,确定组织的薪酬策略、薪酬制度等并付诸实施的整个过程。薪酬管理是一个复杂的过程,主要内容包括薪酬策略的制定、薪酬制度的设计与实施、薪酬预算审计、薪酬调整等。

薪酬对组织而言既是一种成本要素,又是一种激励手段。近年来,市场上对人力资源尤其是高级人才的争夺日益激烈,确立一个较为合理的薪酬水平就成为一个亟待解决的难题,为此,各类组织大多采用薪酬调查的方式来确立薪酬水平。职位评价对薪酬方案的设计具有极其重要的意义。职位评价是根据一定的评价方法,按每项工作对组织的贡献的大小,确定其相对价值的过程。

公共部门薪酬是对公共部门工作人员所付出劳动的合法的物质和精神回报。由于公共部门的特殊地位和作用,与企业薪酬制度相比,公共部门薪酬也具有一定的特殊性。随着整个社会经济的发展和各项改革的深入,我国公共部门薪酬制度的改革已经取得了很大成绩,但是仍然需要进一步深化,以化解现阶段依然存在的问题。

第九章　聘用合同管理

教学目标与方法建议

通过本章教学,应该掌握以下内容:
1. 聘用合同的概念,聘用合同管理的概念、作用与特点;
2. 聘用合同的内容与合同管理的步骤;
3. 我国公共部门进行聘用合同管理的现状与问题;
4. 我国公共部门聘用合同管理的发展与建议。

教学方法建议:建议采用课堂讲授、问题讨论与案例分析的方式进行。

中国已经实行改革开放四十余年,新公共管理理念的引入与经济体制改革的逐步深入,引起了经济生活、政治生活、社会生活、工作方式、社会利益结构以及人们的思维方式、思想观念和精神状态等方面的一系列深刻变化,这些变化必然引起公共组织领域的深刻转变,越来越要求把竞争机制引入公共部门,引进企业先进的人事制度和管理经验。近年来,公共部门开始借鉴企业及其他营利组织的管理方式,在调整劳动关系方面,聘用合同管理也成为公共部门人力资源开发与管理的一个重要部分。尤其是我国的事业单位改革已有四十年,急需一套强有力的人事管理制度来推进事业单位管理体制的全面改革。因此,本章就我国公共部门的聘用合同管理的概念、内容、步骤及其实践中的问题与建议进行介绍与分析。

第一节　聘用合同管理及其作用与特点

当某一个人员从组织外通过招聘程序进入某一组织工作时,受聘者一方(受雇者)需要向组织(雇主)提供劳动力以从事某种工作,在这一过程中应该明确双方的权利和义务,以便有效调节相关的工作内容与行为,在现代市场经济中通行的做法是双方签订约束劳动条件、劳动报酬等内容的协议来实现管理,即进行聘用合同管理。

一、聘用合同和聘用合同管理的概念

(一)聘用合同

在现代经济社会的实务活动中,常见的合同类型有劳动合同、雇佣合同、劳务合同和聘用合同这几类。下面我们来看一下这几类合同的区别与联系。

劳动合同是劳动者与用人单位确立劳动关系、明确双方权利和义务的协议。例如依照我国相关法律法规,判定劳动关系成立的要件有以下三项:第一,用人单位和劳动者符合法律、法规规定的主体资格;第二,用人单位依法制定的各项劳动规章制度适用于劳动者,劳动者受用人单位的劳动管理,从事用人单位安排的有报酬的劳动;第三,劳动者提供的劳动是用人单位业务的组成部分。

大陆法系各国一般都对雇佣合同设有明确的规定,例如《法国民法典》《德国民法典》等;英美法系国家中的英国也有成文法对雇佣合同进行规定。但是我国法律并没有进行明确的规定,我国《最高人民法院关于适用〈中华人民共和国民事诉讼法〉的解释》《民事案件案由规定》《最高人民法院关于审理人身损害赔偿案件适用法律若干问题的解释》对涉及雇佣合同纠纷时的诉讼主体、民事案由及赔偿原则进行了规定。结合现有法律体系对雇佣合同的解释,我们可以将雇佣合同定义为雇佣人与受雇人约定,由受雇人为雇佣人提供劳务,雇佣人向受雇人给付报酬的合同。[①] 雇佣双方主体签订雇佣合同以及确认相应的合同管理内容,受雇人有着为雇佣人提供事先通过雇佣合同约定的劳务的义务,而雇佣人也应向受雇人支付劳动报酬,包括工资和保险福利待遇,并且向受雇人提供劳动保护和劳动条件。如果提供的劳动保护和劳动条件不符合雇佣合同的约定,雇佣人应当向受雇人承担违约责任,一旦出现纠纷,则依照雇佣合同的签订条款进行调整。

劳务合同在实务活动中经常发生,但在我国的法律条文和司法解释中没有规定。一般认为劳务是指以活动形式提供给社会的服务,通常表现为一种灵活劳动形态的劳务关系。广义的劳务合同包括民法典中以提供劳务为标的的消费服务合同等,比如承揽合同、基本建设承包合同、运输合同、技术服务合同、委托合同等,而狭义的劳务合同只包括雇佣合同。

聘用合同从本质上来说是聘用关系的法律表现形式。单单从聘用关系和

---

① 参见孙颖、郭才森:《劳动合同、雇佣合同与劳务合同浅析》,《理论学习》2004年第5期。

劳动关系来说,聘用合同可以看作是一种特殊劳动合同。目前在我国,企业中实行的是劳动合同,政府机关推行的是公务员聘任合同,而事业单位、社会团体等公共部门中实行的是聘用合同。本章主要探讨公共部门调节用人关系的合同管理,为了表述方便统一使用"聘用合同"这一说法。广义上聘用合同不仅包含了政府机关公务员的聘任合同,还包含了事业单位等组织实行的聘用合同,而狭义上"聘用合同"专指工作在事业单位、社会团体的聘用制人员所实行的聘用合同。我们可以从以下几个方面去理解此概念:

(1) 聘用合同的主体是受聘者与用人单位。聘用合同的主体中受聘者一方指的是自然人,而另一方,根据法律规定,可以是自然人、法人、合伙人,但在本章的范畴内,主要探讨的还是目前我国境内的公共部门用人单位(政府机关、事业组织、社会团体等)。

(2) 聘用合同的主要内容是规定受聘者与用人单位双方的责任、权利和义务。受聘者作为用人单位的一员,要承担特定岗位的工作,遵守用人单位的规章制度,完成一定的劳动任务;而用人单位要为受聘者提供一定的劳动条件,并按受聘者所提供的劳动量向其支付相应的报酬,保障受聘者享有法定的经济、政治权利。

(3) 订立聘用合同是为了确立受聘者与用人单位之间的聘用(劳动)关系。"劳动关系,是指为了实现劳动过程而在受聘者与用人单位之间所发生的关系。"①聘用合同是确立聘用(劳动)关系的法律形式,受聘者和用人单位都必须按照聘用合同的规定行使权利和履行义务,否则必须承担相应的法律责任。

(二) 聘用合同管理

聘用合同管理,是指依据国家与地方的有关法规,主管部门、组织与个人各方对聘用合同的订立、续订、履行、变更、终止和解除的各个环节,进行协商、履行、监督并依法追究聘用合同当事人法律责任等的一系列管理活动。其目的是建立正常的聘用合同运行秩序,建立和谐、顺畅的劳动关系,规范聘用合同行为。聘用合同管理的体系包括人力资源和社会保障行政部门管理、社会管理和用人单位内部管理。

人力资源和社会保障行政部门是政府中专门对劳动工作实行统一管理和综合管理的部门。世界上许多国家的劳动法律只规定人力资源与社会保障行

---

① 参见董保华:《劳动关系调整的法律机制》,上海交通大学出版社 2000 年版,第 21 页。

政部门监督管理的对象是用人单位,即对用人单位订立、续订、履行、变更、终止与解除合同进行管理,而没有规定在上述过程中对受聘者进行管理。这样的规定符合对受聘者这一相对弱势群体加强保护的立法目的。

聘用合同的社会管理主要是指由劳动就业服务机构等社会机构和工会、行业协会、企业协会等社会团体,在各自的业务或者职责范围内,对聘用合同运行的特定环节或特定方面进行管理。在社会管理中,应当强调的是用人单位工会的作用。

用人单位对聘用合同的内部管理活动,是用人单位在聘用合同的订立、续订、履行、变更、终止和解除过程中,自己检查自己是否存在违反聘用合同的情况。用人单位的聘用合同管理是组织劳动过程的必要手段。

二、聘用合同管理的作用

在市场经济环境下,用人单位一般采用聘用合同管理的用人形式。一方面,订立聘用合同是用人单位完成一定的生产劳动过程所必需的条件;另一方面,订立聘用合同是受聘者参与劳动过程、完成劳动任务并获得相应劳动报酬的保障。

聘用合同管理的作用具体可以体现在以下五个方面:

(1) 保障受聘者实现劳动权利。聘用合同管理的前提是用人单位与受聘者双方订立了法律文书形式的聘用合同,因此在法律上对受聘者的劳动权利进行了有效的保障。在市场经济条件下,主要是通过受聘者与用人单位平等自愿协商订立聘用合同的途径来实现。

(2) 维护受聘者的合法权益。聘用合同管理保证了聘用合同签订的合法性和有效性,明确约定了受聘者与用人单位双方的权利义务。一旦用人单位违反聘用合同,侵犯受聘者权益,受聘者可以以聘用合同为据,通过法律途径获得救济,因此保护了作为弱势一方的受聘者的权益。

(3) 用人单位择优录用其所需要的受聘者。通过聘用合同管理,用人单位打破了职工在一个岗位上终身工作的现状,引入了竞争意识,加快了人员的流动。用人单位可以自由选择与谁订立聘用合同,订立多长期限的聘用合同,从而可以根据本单位的需要聘用相应的受聘者。

(4) 提高劳动生产率。实行聘用合同制以后,受聘者会增强竞争意识,不断提高自身的综合素质,以获得更好的工作机会和劳动待遇;对于用人单位来说,也会努力创造良好的劳动条件,吸引更优秀的受聘者来服务。这无形中推动了劳动生产率的不断提高。

（5）预防和减少劳动争议的发生,降低用人单位的交易成本。聘用合同管理一切依照法律、法规程序执行,时时对受聘者与用人单位之间的权、责、利进行约束,双方都会尽可能履行义务,以免承担责任,纠纷亦随之减少。

三、聘用合同管理的特点

作为一种合同管理,聘用合同管理具有一般合同管理的共同特征：合同管理的主体地位平等；聘用合同是主体双方协商一致达成的法律结果,聘用合同管理是一种合法的法律行为。

此外,聘用合同管理还具有以下特点：

（1）聘用合同管理的主体具有特定性,合同的一方当事人是受聘者,另一方是用人单位,用人单位与受聘者个人之间是契约关系,并以此来确认聘用双方的责任、义务和权利,不存在从属或依附关系。

（2）聘用合同管理应该体现出对双方当事人权利和义务的管理。受聘者和用人单位双方都负有义务,且各方所负义务是与各自所享受权利相对应的；受聘者一方向用人单位提供劳务,而用人单位一方向受聘者支付劳动报酬,反映出一种交换关系。

（3）聘用合同管理在一定条件下还要涉及与受聘者有关的第三人的物质利益关系。在一般情况下,用人单位有义务帮助受聘者解决子女的教育、住房等问题；在受聘者生病、年老、工伤等情况下,用人单位有义务负担其社会保险,给予其经济帮助。

（4）聘用合同管理必须按法定程序执行。聘用合同的正式签订,须经过用人单位公布招聘标准、受聘者报名、测评、录用等程序,涉及的内容十分复杂。聘用合同的更改、终止等也必须依照相应的法定程序执行,否则任何环节产生纰漏和疏忽都有可能成为今后争议的来源。因此,按法定程序进行聘用合同管理对于受聘者和用人单位来讲都具有重大意义。

（5）聘用合同管理基于现代人力资源管理理论,是一种自由、平等的新型用人管理方法。它把受聘者当作一种资源,当作平等的另一方,为人本管理提供了法律保障。

第二节　聘用合同的内容结构与管理

一、聘用合同的内容结构与分析[①]

聘用合同内容,即聘用合同的条款,是指对聘用合同中合同双方当事人的权利、义务的具体规定。具体包括以下内容:

(一)合同主体

这里指签订合同双方当事人的基本情况。包括用人单位的名称,主要负责人姓名、地址、联系方式等。受聘人员的姓名、性别、出生日期、身份证号码、专业技术资格(职业资格)、经常居住地、联系方式等信息。我国一些机关试点地方还规定了首次聘任公务员的资格条件。例如,深圳市规定应聘聘任制公务员应当具备下列基本资格条件:(1)具有中华人民共和国国籍;(2)年满18周岁,公开招聘的,一般不超过35周岁;(3)拥护中华人民共和国宪法;(4)具有良好的品行;(5)具有正常履行职责的身体条件;(6)具有符合职位要求的文化程度和工作能力;(7)具备拟任职位所要求的资格条件;(8)法律、法规规定的其他条件。其中对年龄的规定都很具体。

(二)合同种类

聘用合同可以分为固定期限聘任合同、无固定期限聘任合同和以完成一定工作任务为期限的聘任合同。我国事业单位还规定了特殊照顾的聘用合同,所谓特殊照顾的聘用合同是指对在本单位工作已满25年或者在本单位连续工作已满10年且年龄距国家规定的退休年龄已不足10年的人员,提出订立聘用至退休的合同的,聘用单位应当与其订立聘用至该人员退休的合同。

(三)合同期限

聘用合同的期限是指合同签订双方约定的合同起始到合同终止的时间,是双方聘用关系存在履行权利义务,具有法律效力的时间。具体时间长短应根据职位特征、工作内容、单位属性来具体设定。在我国公共部门的实践中,固定期限的聘用合同期限一般不低于3年。领导职务的聘任期限相较于普通职位会更延长些到3—5年,试用期1—12个月不等,试用期包含在聘任期内。

[①] 参见《事业单位人事管理条例》(2014年发布)、《深圳市行政机关聘任制公务员管理办法》(2017年发布)。

（四）职位及职责要求

聘用合同内会写明职位及职责要求，职位职责规范的内容应当包括职位名称、工作职责、工作流程和程序、任职资格条件、工作标准等。聘任制公务员在聘期内一般不得变动职位。

（五）权利和义务

权利和义务需要从双方角度来看待，受聘人所享有的权利即是聘用单位的义务，同时受聘人所必须履行的义务即是聘用单位的权利。举例来说，受聘人的权利指的是受聘人在工作过程中依法应该享有的权益，比如获得劳动报酬、取得福利保险待遇、享受休息休假等，有权要求聘用单位提供相应的工作条件和工作权限等；受聘人的义务指的是遵照聘用单位要求履行工作职责和完成工作任务，做出行为的规范和约束。如果受聘人不能依法履行工作职责，聘用单位有权依法解除合同，辞退受聘人甚至提出赔偿要求。

（六）工作条件和工作纪律

工作纪律指受聘人在工作过程中必须遵守的规则和秩序，包括工作时间纪律、办事规则、专业技术要求、保密纪律等。工作条件是指聘用单位为受聘人提供的工作条件。比如办公用品、办公环境和场所、工作设施等。

（七）薪酬保险待遇

聘用合同应写明工资、福利、保险待遇等。工资一般按月支付，也可以实行年薪制等特殊工资政策，工资水平是综合考虑市场同类人员和本单位其他人员工资水平等因素进行制定与调整，并按照国家有关规定参加基本养老保险和职业年金、基本医疗保险、工伤保险、失业保险、生育保险。至于具体的待遇水平可以根据职位的特点，依照相关的法律法规和政策的规定，通过双方协商一致来确定。

（八）合同变更、解除和终止的条件以及违约责任条款

聘用合同一般还需要约定合同变更、合同解除和合同终止的条件，具体的内容可以按照相关法律法规的要求规定。当然，也可以在双方协商一致的基础上进行约定。

（九）其他条款

聘用单位与所聘人员根据需要可以约定聘用合同补充条款。比如聘用单位出资培训了受聘人后可能会约定一个服务期限条款，内容主要是受聘人服务期限和违约金标准等。只要在不违反相关法律法规的前提下，双方协商一致就

可以进行约定,作为聘用合同补充条款。

以我国目前实行的三种合同为例,它们的合同内容及结构有所差别,见表 9-1。

表 9-1　三种合同对比分析一览表

	劳动合同	聘用合同	聘任合同
法律依据	《中华人民共和国劳动法》(2018)、《中华人民共和国劳动合同法》(2012)	《事业单位人事管理条例》(2014)	《中华人民共和国公务员法》(2018)、《聘任制公务员管理规定(试行)》(2017)
合同作用	确定用人关系的根本依据,明确了双方的权利义务及合同的签订、变更、解除、终止等争议处理方式等内容。体现了身份管理向契约管理转换	确定用人关系的根本依据,明确了双方的权利义务及合同的签订、变更、解除、终止及争议处理方式等内容。体现了行政任用向平等协商转变	确定用人关系的根本依据,明确了双方的权利义务及合同的签订、变更、解除、终止及争议处理方式等内容。体现了行政任用向平等协商转变
主体	劳动者与企业、个体经济组织、民办非企业等组织,事业单位、国家机关、社会团体	劳动者与事业单位(公益类或营利类)	劳动者与行政机关
理念	地位平等,利益均衡,保护劳动者的指导思想	地位平等,利益均衡,保护弱者的指导思想	地位平等,利益均衡,保护弱者的指导思想
原则	合法公平、平等自愿、协商一致、诚实信用	平等自愿、协商一致	平等自愿、协商一致
内容	主要保护劳动者利益,兼顾企业利益	体现公益性,涉及公法干预因素	体现公共利益,公法干预
期限	固定期限 无固定期限 以完成一定任务为期限	固定期限 签订之日到退休 以完成任务为期限	固定期限 1—5 年 以完成任务为期限
休息休假制度	有明确规定	无明确规定	无明确规定
是否可续签	可以	可以	无统一明确规定

(续表)

	劳动合同	聘用合同	聘任合同
争议处理	劳动仲裁或诉讼	人事仲裁或诉讼	人事仲裁
合同的变更、解除和终止	详细地规定了相应要件	规定了相应要件	规定了相应要件
经济补偿	满一年支付一个月工资,不足6个月支付半个月工资,满6个月不足一年按一年计	违约责任赔偿金双方协商	满一年支付一个月工资,不足一年按一年计

资料来源:赵德军:《聘任制公务员合同管理若干问题探析》,《劳动保障世界》2017年第1期。有修改。

以上比较中发现,三种合同的作用、理念和主体都具有同质性;在具体的内容要素中大多数具有一致性,如合同期限、工作内容、工作纪律、工作报酬、违约责任等必备要素都做了具体规定;但在适用对象、合同期限、合同内容、争议处理等方面还存在着差异。如聘用合同和聘任合同都没有明确规定工作时间和休息休假,劳动合同还特意规定了劳动保护、劳动条件和职业危害防护,其他两种合同未规定;《中华人民共和国劳动合同法》明文规定了劳动合同中用人单位裁员等法定情形,聘任合同和聘用合同未涉及。

二、聘用合同管理的目的与任务

(一)降低组织用人成本,提高用人效率

聘用合同管理有助于降低组织用人成本,可以依照职位种类和岗位职责要求从社会上直接招聘合格人员,免去了前期严格的考试录用和长期培养。同时,随着聘用合同到期后双方聘用关系随之终止,如果要继续留用可以再续签合同,这种方式打破了之前人才"只进难出"的困局,从而大大降低了组织的用人的成本。

组织实行聘用合同管理还有助于提高工作效率。因为要签约合同之前,需要进行工作分析,根据不同职位的性质、责任、特征等进行任务分类,因事设岗、因岗用人、岗位职责清楚、任职条件明确,有利于调动聘用人员的积极性、创造性,从而也有利于提高组织的工作效率。

(二) 提高组织工作人员的服务精神

聘用合同管理使组织用人方式更加科学合理,更加人性化、弹性化。政府组织引入顾客导向,以公众为中心,重新定位政府组织与社会民众之间的关系和地位,引入市场机制,激化竞争,打破终身雇佣制,实行合同聘用制,辅助以绩效考评的方式,激化竞争意识,增强职业危机感,以此促进政府组织工作人员积极主动地提高自身素质、提高业绩、提高服务质量,促进政府组织向服务型的转变。

(三) 明确组织用人双方的权利和义务

在双方协商一致,公平公正的前提下,聘用合同的签订明确了用人双方的权利和义务。受聘人员的各项权益在合同中明确约定,是从根本保障了受聘人员的合法权益。同时,当法律在设定受聘人员的权利时,必须设定相应的义务做保证。尤其是组织受聘人员是依法执行公务人员,行使国家行政权力,必须要设定一些义务性的条款进行约束和管理。

三、聘用合同管理的步骤与内容

聘用合同管理可以分为以下几个阶段:

(一) 合同订立前的审查

审查的基本内容包括三个方面:

(1) 合同内容合法性的审查。聘用合同的内容必须符合国家有关法律、法规和政策的规定,特别是合同中双方另行约定的有关内容,也必须是合法的,不能因为是双方的自愿行为,而侵犯国家利益或者受聘者的合法权益。

(2) 合同双方主体资格合法性的审查。如果主体双方不符合我国现行法律的规定,聘用合同文本同样是无效的。

(3) 聘用合同签订程序合法性的审查。签订聘用合同应遵循平等自愿、协商一致的原则,不能采取欺骗、胁迫等手段。参考企业劳动合同的签订一般应提前七天将劳动合同文本交给签合同的受聘者,必要时还应对其中有些条款加以说明解释,以免产生误解。如双方必须约定有关的内容,应该经过认真的商讨,在取得一致意见后方可写上。

(二) 合同的订立

聘用合同的订立是指作为聘用合同主体双方的受聘者和用人单位就各自的权利和义务进行协商谈判,使双方的意志协调一致,从而签订对双方具有约束力的聘用合同。

聘用合同的订立应遵循两点原则:一是遵守国家法律和法规,这是订立聘用合同的基础,违反现行法律、法规的聘用合同都是无效的;二是平等自愿、协商一致,这是订立聘用合同的前提。

一般来说,一份具有法律意义的劳动合同内容必须包括明确规定受聘者和用人单位之间义务和利益的条款。一份合格的聘用合同通常应包括合同期限、劳动内容、工作条件、工资和福利待遇、工作纪律、聘用合同终止条件、违反聘用合同的责任等。除了以上的条款内容外,聘用合同还可以包括经过双方当事人自愿协商而形成的条款内容。比如受聘者与用人单位将协商解决受聘者的住房问题、子女入托和上学问题等。

(三) 合同的履行

合同的履行,是指合同的双方当事人按照法律的规定或者合同的约定,在劳动过程中行使各自的权利、承担各自的义务的行为。合同在履行过程中应遵循的原则是亲自履行原则、全面履行原则和合作履行原则。[①]

(四) 合同的变更

合同依法签订后,订立合同的双方必须全面履行合同规定的各项义务,任何一方不得擅自变更合同内容。受聘人员年度考评或者聘期考评不合格的,聘用单位可以调整该受聘人员的岗位或者安排其离岗接受必要的培训。同时,对聘用合同内容做出相应的修改。当然,这些做法也是必须建立在平等自愿、协商一致的原则上的。

(五) 合同的解除与终止

在聘用合同终止之前,受聘者与用人单位经过双方协商一致可以解除聘用合同,此时聘用合同即时失效。但是如果一方不同意,双方经协商未达成一致时,则不能解除聘用合同。如果一方擅自解除聘用合同,其解除劳动合同无效,不受法律保护。用人单位对被解除聘用合同的受聘者应依照国家有关法律、法规给予一定的经济补偿。

聘用合同的终止,指聘用合同双方当事人在聘用合同中约定的期限届满或当事人约定的合同终止条件出现,合同立即停止履行。合同期满后,受聘者可以根据自己的个人意愿决定是否继续留任,用人单位也可以根据受聘者过去几

[①] 参见杜波:《劳动合同研究与实践》,煤炭工业出版社 2003 年版,第 124—125 页。

年的工作表现,决定是否继续聘用该受聘者,这涉及合同续订的问题。①

以上只是根据合同订立与终止的流程划分的阶段内容,实际上,在日常的管理中,合同管理还有许多工作要做。如一些单位会建立受聘者合同的台账管理,日常的申报、审批、更改等,一些单位将合同管理实行信息化管理,使得效率和效果大大提高。此外,聘用合同是确定双方主体劳动关系的法律形式,在合同执行的过程中,出现任何人事争议、人事纠纷都需要严格按照订立的聘用合同内容与国家的相关法律、法规进行处理。同时,合同管理的范畴还包括平时对合同执行的监督管理问题,出现争议后的解决善后问题的工作等。

第三节 我国公共部门的聘用合同管理

随着我国经济体制的改革的深入与发展,聘用合同管理的工作已出现在我国的公共部门的某些岗位管理中,因此我们有必要专门来研究一下公共部门的聘用合同管理问题。

一、我国公共部门进行聘用合同管理的作用和意义

(一)满足公共部门的用人需求

在信息化、全球化和政府活动日益复杂化的形势下,现代社会对政府公共服务的要求越来越高,由于知识和视野的限制,公共部门现有人员无法满足需求,再加上公共部门人事制度比较僵化,激励不足造成队伍中具有专业技术的人才流失(如在中央国家机关,外语、国际经济、国际法、国际金融、国际贸易、涉外审计等涉外专业人才流失严重),这两大因素导致公共部门的人才资源结构性矛盾比较突出。而推行聘任制能够弥补政府专业人才的不足,优化公共部门的人才结构,形成多层次的人才队伍。

(二)健全机关用人机制,促进公务员制度进一步改革

聘用制使机关单位的用人方式更加科学合理,更加人性化和弹性化。传统的公务员制度很难使机关单位面向社会,不能随时从社会上吸收更多的优秀人才和吸收多样的思维方式、专业技能,不能满足政府公共管理对专业人才的需求,导致公务员队伍人员结构的固化与僵化,造成公务员制度缺乏灵活性与新

---

① 参见关怀、林嘉主编:《劳动法(第四版)》,中国人民大学出版社2012年版,第105页。

陈代谢机制不畅等诸多弊病。公务员聘任制打破了传统公务员制度用人"唯资历论""唯亲疏论"的观念,将政府公务员职位的常任制与非常任制结合起来,使政府用人观念更加合理化、理性化。公务员聘任制拓宽了机关选人、用人的渠道,改善了机关的用人方式,解决了公务员能进不能出、能上不能下的人事制度上的弊端,使人才流动更加合理,健全了用人的机制,并且为我国公务员制度的未来改革指明了方向,将促进我国公务员制度的进一步改进。

(三)聘任制合同管理使公共部门人员的整体素质得到提升

聘任制合同管理可以提高公共部门人员整体的素质和业务水平,一是招聘单位都比较注重招聘的人员是否具有较高的文化知识水平和高超的专业技能,弥补以前相应工作岗位缺乏专业人才的局面。接受合同管理使聘任制人员更有责任感,他们更为关注工作内容的实现程度,加上其具有较高的综合能力,能够解决公共部门中出现的种种问题,因此工作也更具有效率和质量。而合同到期后(任职期满)即离开,改变了以前那种只进不出、出口僵化、缺乏活力的状况,从而激活了公共部门人员队伍,有利于增强公务员整体的责任感和危机感,有利于公共部门人力资源的优化组合,减少行政成本,提高行政效率,更有利于政府公共服务的提供。二是引入聘任制公务员可以推进公务员的分类管理,部分地区在面向社会招考聘任制公务员时,需要的是特定专业、拥有特定技能的人员,所以在招考规定中已经明确了招考人员的岗位序列和工资等级,这样一来对所招聘的公务员就直接进行了分类,免去了在原来公务员制度下出现的晋升空间狭窄及由此带来的待遇等问题,这势必大大提升招聘公务员的素质,刺激其工作积极性,进而使整个公务员队伍的素质得到提升。

(四)适应社会主义市场经济体制改革

传统干部人事制度实行单一的委任制,是与计划经济体制相适应的。社会主义市场经济体制的建立,不仅要求在干部管理上打破过去的计划管理模式,根据政企分开、政事分开的原则,实行分类管理,而且要求实现用人单位和个人双向选择,以促进公开、平等、竞争的市场机制的形成。同时,由于社会发展和原来利益平衡格局的变化,机关、企业、事业之间的人才流动大量增加,仅靠组织调动来委任,已不适应需要,更多的是工作人员根据本人的意愿和市场规律,自主选择,因此聘任制是更为适应社会主义市场经济体制的人事制度。目前企业普遍推行全员合同制,如果公共部门还继续实行行政手段进行委任,则不利于改革的协调配套。

二、聘用合同管理的现状与问题

（一）聘用合同管理的现状

20世纪80年代以来，为了配合市场经济的发展，我国公共部门在人事制度上也进行了大刀阔斧的改革。

我国曾长期处于计划经济时期，在这长达三十多年的时间里，全国实行生产资料公有制的经济制度，国家效仿苏联等社会主义国家实行计划经济体制，在人事管理上实行的是干部人事管理制度。那时候，国有单位的职工是国家的"主人翁"，所有职工身份仅有"干部"和"工人"的区别，受聘者进入单位后，就成为永久受雇的职工，即一般意义上的"固定工"制度。所谓固定工系指由劳动人事部门分配、安排和批准招收录用，与用人单位保持长期劳动关系的职工，亦称为长期职工。无论国有企事业单位还是国家机关职工均采用固定工的形式进行管理，职工与单位之间不存在用工关系或者说劳动关系，而只是受聘者与国家之间存在聘用联系。

1. 公务员聘任制合同管理

可以说，公务员聘任制对中国来说本不是新鲜事物。20世纪80年代初期，为了解决原干部人事制度不能从农村直接招收干部，以致乡镇干部来源不足的问题，很多地区开始在乡镇实行干部聘任制，通过契约合同来管理干部。甘肃省是先行者。甘肃省分别于1984年和1987年为乡镇党政机关补充了4800余名招聘干部，还有一些地、县自行招聘了一部分干部。虽然地方已经有"先行者"，但国家层面真正出台法规是在1993年。1993年，中华人民共和国国务院公布的《国家公务员暂行条例》中，明确规定了可对公务员部分职位实行聘任制。2002年，中共中央下发的《党政领导干部选拔任用工作条例》也规定了党政机关部分专业性较强的领导职务实行聘任制。遗憾的是，这些规定都没有明确规定公务员聘任的适用范围和具体办法。这个"疏漏"直到2006年才补上。2005年4月27日通过、2006年1月1日生效的《公务员法》在第十六章中专门规定了公务员聘任的适用范围、聘任方式、管理方式以及纠纷解决机制，正式在法律上确认了公务员职位聘任制度。之后实行的《新录用公务员试用期管理办法（试行）》《公务员职务任免与职务升降规定（试行）》《公务员奖励规定》《公务员考核规定》《公务员录用体检通用标准（试行）》《行政机关公务员处分条例》《公务员申诉规定（试行）》等法律法规都对公务员制度进行了规定和完善。2018年重新修订的《公务员法》在职位聘任制度上作出了进一步规定。

《公务员法》第四十条规定:"公务员领导职务实行选任制、委任制和聘任制。公务员职级实行委任制和聘任制。"从2011年1月28日《聘任制公务员管理试点办法》印发,到2017年9月19日《聘任制公务员管理规定(试行)》发布实施(同时废止之前的《试点办法》),公务员聘任制日臻完善,这一试行规定算是目前对聘任制管理最为详细的管理办法了。

制度出台后,第一个"吃螃蟹"的是深圳。2007年起,深圳开始试水公务员聘任制。2010年深圳市全面启动公务员分类管理改革,所有公务员被分为综合管理、行政执法、专业技术三类,一类又分几个职级,委任制、聘任制公务员统一按职级升迁。所有新进公务员一律为聘任制公务员,签订劳动合同,购买社会养老保险。深圳还对养老金进行了调整。自深圳推行公务员聘任制,引发国内各地公务员制度改革的连锁反应。上海2007年于浦东开放了6个专业性较强的公务员职位进行公开招聘[1],自2010年起对全市行政机关新进公务员(含参公人员)一律实行聘任制。可以认为公务员聘任制试点呈现出两种模式,即"浦东模式"和"深圳模式"。据不完全统计,2007年以来,共计有20个省、自治区、直辖市或副省级城市所属的30多个部门开展了公务员聘任制试点,且大多数试点在2011年之后开始。[2] 2013年,江苏、湖北、河南、北京等地均试点了聘任制公务员制度。四川达州宣汉县2012年试点招聘的首批4名聘任制公务员,在一年后的考评中均为优秀,并且实际工作业绩得到了肯定和赞赏。2013年引进人才试点的义乌市有关负责人表示,聘任制公务员没有行政级别,5年聘期结束后,也有可能不再续签。在待遇方面,将按照合同实行协议工资,各岗位的指导年薪不低于30万元。2014年有更多地区加入实行聘用制的队伍中,北京启动了第二批聘任制公务员招聘,3名聘任制公务员岗位分布在环保、安监、地税领域,均为政府部门高级主管,年薪不低于20万元。

2. 事业单位聘用制合同管理

事业单位是具有中国特色的法人社会组织,最早产生于新中国成立之初,我国宪法和相关法律都明确将其划归为社会组织。改革开放以来,随着社会主义市场经济体制的建立和各项公益事业的不断发展,事业单位的范围不断扩大,举办主体开始呈现多元化,与其他社会组织的界限也逐渐模糊。为了加强政府对事业单位的管理和监督,1998年国务院发布《事业单位登记管理暂行条

---

[1] 参见《静安试行国家公职人员聘用制》,https://news.sina.com.cn/o/2004-09-20/10553716802s.shtml,2021年9月15日访问。

[2] 参见罗升鸿、钟云华:《公务员聘任制试点现状研究》,《中国人事科学》2019年第7期。

例》,首次从法律上将事业单位定义为:"国家为了社会公益目的,由国家机关举办或者其他组织利用国有资产举办的,从事教育、科技、文化、卫生等活动的社会服务组织。"从这个定义可以看出,广义上一些群众团体也是可以划归在事业单位组织范围内的。国外是没有"事业单位"这一名词的,如果一定要参照国外的定义,那么国外公共部门涵盖的"非营利组织"(NPO)应该与我国的"事业单位(群众团体)"的性质比较贴近。

四十余年来,我国事业单位人事制度改革经历了由单项到综合、由点到面逐步深化的过程,具体概况为以下几个阶段①:

(1) 初步探索阶段(1978—1987年)。这一阶段主要是顺应教育、科技体制改革的要求,恢复职称评审,扩大事业单位人事管理自主权,对聘用制进行初步探索。为满足事业单位改革和发展的需要,一些事业单位开始探索聘用合同制,这在一定程度上缓解了事业单位急需人才的矛盾,调动了一部分优秀人才的积极性。

(2) 深入发展阶段(1988—1992年)。这个阶段改革的主要内容是下放权力,扩大事业单位人事管理自主权,聘用制实施范围逐步扩大。实行聘用制的不单纯局限于补充新干部,而是扩大到事业单位的各类人员。事业单位行政领导人员、专业技术人员、管理人员等都试行了各种形式的聘用制度,一些改革力度比较大的地区还对事业单位的全体人员进行了聘用合同制的尝试。

(3) 建立适应社会主义市场经济的人事管理体制阶段(1993—1998年)。党的十四大明确提出,要按照机关、企业和事业单位的特点,建立分类管理的人事制度。1995年人事部和中编办召开了新中国成立以来的第一次事业单位人事制度改革会议——郑州会议,启动事业单位人事制度改革试点工作。在总结前一阶段事业单位聘用制经验的基础上,把聘用制作为事业单位的一项基本用人制度,制定出台事业单位聘用制管理办法。到1998年底,全国已有上海、江苏、安徽以及文化部、北京市科委系统和文化系统、中科院等十几个地方和部门出台聘用制管理规定,大部分地区的事业单位都不同程度地实行了聘用制度。

(4) 建立符合事业单位特点的人事管理制度的新阶段(1999—2012年)。这个阶段国家全面研究在机关、事业单位、企业建立分类管理的人事制度问题,全面推进事业单位人事制度改革。1999年,人事部在天津召开事业单位人事制度改革会议,初步确定了改革的目标任务。2000年《深化干部人事制度改革纲

---

① 参见陈慧:《浅议中国事业单位管理体制改革》,《经济师》2011年第7期。

要》出台,明确以推行聘用制度和岗位管理为重点的事业单位人事制度改革方向和总体要求。随后,中组部、人事部下发《关于加快推进事业单位人事制度改革的意见》,对改革进行了具体部署。2002年7月,国务院办公厅转发《关于在事业单位试行人员聘用制度的意见》,为事业单位试行聘用制度提供了政策依据。针对各地各部门在试行聘用制度改革中的实际问题,制定了试行聘用制度的政策解释和与之相配套的工资待遇处理意见。2003年底,中央召开的全国人才工作会议进一步明确了事业单位人事制度改革的总体要求。2004年3月,人事部选择确定了地域上各具代表性、行业上具有典型性、改革内容上各具特点的15个试点联系点。2006年7月,人事部出台了《事业单位岗位设置管理试行办法》。2008年3月,国务院印发《事业单位工作人员养老保险制度改革试点方案》,并在5个省市开展事业单位工作人员养老保险制度改革试点,事业单位人事制度改革进入攻坚阶段。

(5)深化变革阶段(2012年至今)。党的十八大以来,党中央高度重视事业单位制度改革。2014年4月,国务院发布《事业单位人事管理条例》,这是中国第一部系统规范事业单位人事管理的行政法规,2014年7月1日正式施行。为适应事业单位改革需要,该条例的内容包括岗位设置、公开招聘、竞聘上岗、聘用合同、考核培训、奖励处分、工资福利、社会保险、人事争议处理及法律责任,确立了事业单位人事管理的基本制度,工资福利、养老保险制度开始并轨。2015年1月,国务院发布《关于机关事业单位工作人员养老保险制度改革的决定》,2015年3月发布配套措施《机关事业单位职业年金办法》,规定从2014年10月1日起实施机关事业单位职业年金制度,这是事业单位人事制度改革实质性和关键性的一步。这些规定的出台都为事业单位实施聘用制度提供了坚实必要的配套保障。① 在"十三五"时期,事业单位人事制度改革稳步推进,人事管理体制机制不断健全完善。为了进一步激发事业单位活力、提升事业单位治理能力现代化,国务院办公厅及中组部、科技部、教育部、财政部、人力资源和社会保障部(以下简称"人社部")等部门围绕进一步扩大事业单位自主权,相继出台相关支持性政策,广东、上海等地也在陆续开展试点工作。此外,还完善公开招聘制度,特别是在新冠肺炎疫情期间出台支持政策,解决招聘过程中的难点问题。"十三五"期间还制定和出台各项制度和文件,完善高校和科研院所岗位管理,建立职员等级晋升制度,进行中小学校长职级制改革,以及拓宽基层人

---

① 参见俞贺楠:《我国事业单位人事制度相关改革发展历程》,《人事天地》2015年第4期。

员晋升空间等。同时推进收入分配制度改革,并且深化评价制度改革,这一系列改革都是推行事业单位聘用制合同管理的有效措施和办法。进入"十四五"时期,事业单位着重要解决公开招聘、岗位设置、聘用合同管理以及人员激励、考核评价、行政监督等领域的一系列问题。①

(二)聘用合同管理实践中的问题

我国公共部门引入聘用合同管理应注意以下问题:

(1)公职人员的稳定性、连续性与公平性受到一定影响。公务员是指国家公职人员,是代表国家从事社会公共事务管理、行使职权、履行国家公务的人员。这就意味着公务员的行为是代表国家的行为。从世界其他国家来看,公务员具有工作稳定性的特点,这是保障公共政策的稳定性、连续性以及提高政府效率的客观要求。聘用制的执行在一定程度上破坏了这种稳定性和连续性。并且公务员队伍中人员中,因为聘请方式不一,可能有些单位还出现了同工不同酬的现象。

(2)观念陈旧,根深蒂固的旧思想仍然存在。我国传统的干部人事制度严重缺乏优胜劣汰的竞争机制,人人都稳稳地端着"铁饭碗",安于现状、不思进取的现象严重存在。突然打破了稳定的常规,职位和工作均变得具有不确定性,公职人员难免在心理上、思想上存在接受困难。

(3)配套制度不完善。聘用合同的推行依赖于聘用单位建立和完善相关的考评、薪酬、奖惩制度等。公务员奖惩机制不完善,干好干坏差别不大,使得那些不尽职尽责工作、完不成本职任务的公务员仍然被继续留用,对公务员身份没有影响,造成合同管理的执行流于形式。一些人担心聘任制改革成了换了外套的"铁饭碗"。针对"聘任制公务员只进不出"的怪相,针对"年薪30万聘请公务员",一些人提出疑问:打破"铁饭碗"的聘任制,能否真正实现高薪引才、有进有出?

(4)缺乏相应的法律法规的保障。实行聘用合同管理基本上能解决公职人员"出口"的问题,但涉及公职人员未聘、解聘或者未续聘后的其他相关问题,如再就业时工作年限计算问题、档案及党(团)组织关系管理问题、失业保险及人事争议发生的费用问题等缺乏相应的制度规定。

(5)并行双轨制度的管理问题。我国正处于经济转轨时期,公共部门目前

① 参见丁晶晶:《新时代事业单位人事制度改革的回顾与展望》,《中国人事科学》2021年第8期。

的用工制度存在双轨的制度,一个是公务员制度,一个是正在推行的聘用制度,两套制度并存,需要处理好两种制度交叉管理的问题,特别是分别适用于两种制度下的人员管理的问题。

三、关于改进聘用合同管理工作的相关建议

纵观我国经济体制改革已经深入攻坚阶段,长期以来国家机关、事业单位、广大企业都实行不同的人事管理制度和办法,这一方面造成了管理的混乱和复杂,另一方面也从制度上天然地给人才流动和发展设置了一道人为障碍。这些问题势必要随着经济社会的发展得到纠正与改变,因此提出以下相关建议:

第一,完善人事争议仲裁制度。

人事争议仲裁具有准司法性质的特点决定了它必须运用法制化、程序化的方式来解决人事管理过程中发生的争议,前提是要有法可依。但是现行的人事争议仲裁制度还存在一些明显不足,要采取有针对性的解决措施。一是提高现有人事争议仲裁法律法规的立法层次。目前我国人事争议仲裁工作的依据,主要是《事业单位人事管理条例》《中华人民共和国劳动争议调解仲裁法》《公务员法》,这些法律法规对人事争议虽有涉及,但并没有非常明确的法律规定。实践中发生人事争议案件时,只能依据立法层次较低的法规、部颁规章,影响了人事争议仲裁处理的法律权威性,也缺乏普遍的法律约束力。二是拓宽人事争议仲裁案件的审理范围。当前经济快速发展,人事关系多样化,人事争议案件不断增多,投诉渠道狭窄会造成大量案件投诉无门。三是制定完整的实体规定体系,保证人事争议案件处理决议的最终落实。

第二,建立完善的退出机制。

《中华人民共和国劳动合同法》(以下简称《劳动合同法》)依据员工退出的原因,作出了不同的补偿甚至赔偿的明确规定。但是公共部门的合同管理在退出机制上相关的政策文字非常模糊。《事业单位人事管理条例》中的规定只涉及聘用合同解除后人事关系终止,但缺乏解除聘用合同后的利益补偿机制。此外,条例规定,事业单位与工作人员的人事关系自聘用合同依法解除、终止之日起终止,对事业单位与工作人员对人事关系终止后社会保险关系如何转移,户口档案手续什么期限办完,解除后的违约责任怎么承担却没有规定。[①] 公务员

---

① 参见陈敏:《论人事聘用合同与劳动合同的并轨——兼谈〈事业单位人事管理条例〉的弊端》,《政治与法律》2015年第2期。

聘任合同也有此种问题。如此,需建立对于合同解除、违约等事项后的经济补偿金或赔偿金的标准、条件和期限。例如事业单位的聘用合同可以参考劳动合同相似地方的规定内容,通过扩大劳动合同的人员适用范围,或者依照劳动合同相关规定来修订事业单位工作人员的特殊条款,通过这些手段和方案来完善退出机制。

第三,健全相关法律法规。

在《中华人民共和国劳动法》出台以后,2008年陆续出台了《劳动合同法》《中华人民共和国就业促进法》《中华人民共和国社会保险法》等一系列法律法规来调整我国劳动关系,保障劳动力市场的平稳发展。这提示我们要加快公共部门合同管理的相关法律法规的立法速度。目前公共部门缺乏成熟配套法规来配合合同管理的实施,以致大量的合同管理只能依靠各地出台的实施细则,既复杂混乱又法律效力低下,导致很多人事争议案件得不到妥善处理。应对公共部门的合同管理进行专门的立法研究,确立一套体系统一、便于实施又方便推行的法律法规和管理制度。在现有的法律法规基础上,借鉴企业界劳动合同管理的经验,配合公共部门合同管理改革试点推进的工作需要,健全各项法律法规及配套的实施细则,在法律法规的规范下进行改革操作,以保障受聘人员的基本权益。

第四,事业单位聘用合同管理应该与企业劳动合同管理逐步并轨。

2011年先后出台了《中共中央、国务院关于分类推进事业单位改革的指导意见》《中共中央办公厅、国务院办公厅关于进一步深化事业单位人事制度改革的意见》以及实施条例,推动我国事业单位人事制度的改革。目前学术界基本持有事业单位用人与企业管理模式实现统一的观点,而现实用工实践中也提出了这一客观要求。事业单位工资制度实行了改革,养老金已实现并轨,日后逐步实现医疗保险并轨,做到了整个社保制度与企业并轨。①

第五,行政机关公务员聘任合同应该继续扩大范围。

我国《公务员法》第一百零二条规定,"机关聘任公务员,应当按照平等自愿、协商一致的原则,签订书面的聘任合同"。这是从立法上正式确认了公务员聘任合同制度。公务员聘任合同试点工作较早。2007年,深圳市和上海浦东新区开始公开招聘聘任制公务员,成为我国率先推行公务员聘任制的两大试点地

---

① 参见陈敏:《论人事聘用合同与劳动合同的并轨——兼谈〈事业单位人事管理条例〉的弊端》,《政治与法律》2015年第2期。

区,目前深圳市新进公务员是全员聘任制。自党的十八届三中全会以来,已有十多个省、自治区、直辖市出台并实行了公务员聘任制管理,部分公务员职位招聘人员并签订了公务员聘任合同。现在学者们普遍认为公务员聘任制是大势所趋,从长远来看,如果公务员聘任制的顶层设计、实施细则能够制定得更加完善,并且在实施过程中严格操作,是能够在未来打破公务员终身制这一"铁饭碗"的,未来应会是全面铺开实行。[①]

总之,聘用合同制在公共组织的应用随着公共组织改革的推进将逐步深化,当然,受中国传统文化和体制的影响,我国公共组织人事制度的改革必须是渐进式的,还有很长的路要走。

本章小结

本章主要介绍了聘用合同管理在我国公共部门中应用的基本情况,包括聘用合同的概念,聘用合同管理的概念、作用与特点,以及我国公共部门推行聘用合同管理的具体实践内容。

在市场经济中,用人单位和受聘者之间的劳动关系一般是通过一种特殊的现代契约制度——聘用合同的形式来加以确定和形成的。在不同的组织形态里,针对不同的受聘者,聘用合同表现出不同的形式,如企业组织与受聘者签订的劳动合同、政府部门推行的聘任合同等,其实都是在聘用合同的范畴中的。

本书讨论的聘用合同管理实际上指的是人事管理范畴中的聘用合同管理,即指以组织中的人事部门为主要管理部门,通过对聘用合同内容的设计、组织订立、合同变更、合同终止等项目的管理,来进一步地支持和辅助人员选拔、考评、培训、薪酬、福利等人事管理各模块功能的开展。

我国从前长期处于计划经济体制下,在用工制度方面一直实行的是国家"统分统配"的"大一统"模式,伴随着市场经济体制的改革步伐,对公共部门自身发展和用人制度方面也提出了新的要求。自 2006 年《公务员法》正式实施后,一些地区开始了聘用制公务员试点。我国的事业单位数量众多,经过三十多年一步步的改革,2014 年来全国事业单位全面施行聘用合同管理。

聘用合同管理按阶段可以分为合同订立前的审查、合同的订立、合同的履行、合同的变更、合同的解除与终止,要始终在遵守国家法律和法规的前提下坚

---

① 参见王春业:《行政公务员全员聘任制改革研究》,人民出版社 2013 年版,第 67 页。

持平等自愿、协商一致的原则。合同订立前要对合同内容的合法性、合同双方主体资格的合法性以及聘用合同签订程序的合法性进行审查。对合同的内容进行条款上的约定,合同的变更以及合同的解除与终止均应依照法律的程序依法办理。

聘用合同管理在公共部门的应用伴随着公共部门改革的步伐将逐步深化,虽然推行起来困难重重,但对于克服传统人事管理的种种弊端,建立科学规范、充满生机和活力的人事管理制度,具有十分重要的意义。

第十章　社会保障

教学目标与方法建议

通过本章教学,应该掌握以下内容:
1. 社会保障的内涵、外延和特点;
2. 现行公部门社会保障制度的主要内容及目前存在的主要问题;
3. 公共部门社会保障制度改革的必要性和社会保障制度一体化趋势;
4. 公共部门社会保障管理的内容与方法;
5. 通过案例分析的课后训练方式,发现与思考改革过程中的现实问题。

教学方法建议:建议采用课堂讲授、问题讨论与案例教学的方式。

社会保障是现代人力资源管理的重要内容,也是人本管理思想的具体体现。这一章我们将具体介绍社会保障的概念、内容与途径,以及公共部门社会保障管理的内容与方法。

第一节　社会保障概述

现代社会保障制度是工业化的产物,较为普遍的观点认为,它以 19 世纪 80 年代德国制定并实施有关社会保险的法令为起始标志。经过 20 世纪的发展,现代社会保障制度作为一个由多个子系统构成并同时得到发展的体系,随着社会经济等诸多影响因素的发展变化,在各国先后步入改革、发展与完善阶段。

一、社会保障的基本概念、特点和功能

(一) 基本概念

"社会保障"(social security)一词最初是 1935 年在美国的《社会保障法》(Social Security Act)中使用的,该法仅仅涉及老年、死亡、残病和失业等内容。虽然早期"社会保障"一词涵盖的内容范围较小,但它表达了人们深切而广泛的愿望,从而迅速获得世界范围内的重视。1948 年,《世界人权宣言》第二十二条

规定:每个人,作为社会的一员,有权享受社会保障,并有权享受他的个人尊严和人格的自由发展所必需的经济、社会和文化方面各种权利的实现,这种实现是通过国家努力和国际合作并依照各国的组织和资源情况。

此后,"社会保障"一词被相关国际组织及多数国家接受,用以表述由政府机构或社会组织实施的社会福利计划。国际劳工组织(ILO)给"社会保障"下的定义是:"社会通过一系列公共设施,为其成员提供保护,以防止因疾病、产期、工伤、失业、年老和死亡致使停止工作或大量减少收入造成的经济和社会困难;提供医疗;为有子女的家庭提供补助金。"由于各国不同的政治、经济、文化背景的影响,社会保障制度的设计不尽相同,研究者的研究视角与价值观选择也存在差异,因此国际上对社会保障概念的界定没有形成统一的认识。

综合考察各国社会保障的发展实践以及各种有关概念界定,可以归纳出社会保障含义的主要层面:

(1) 社会保障的实施主体是国家或社会;

(2) 社会保障是现代社会应对不确定风险的制度;

(3) 社会保障的目标是防止因疾病等风险导致的工作停止或收入的大量减少造成的经济和社会困难,为社会成员的基本生活权利提供保障,从而稳定社会;

(4) 社会保障必须通过一系列公共设施来实现,国家财政是其基本的经济后盾;

(5) 社会保障是通过国民收入再分配的形式实现的;

(6) 社会保障制度的具体设计受各国的经济社会环境影响,其项目设计、给付水平存在差异。

我国的制度设计与研究偏向于"大社会保障"概念,认为社会保障由社会救助、社会保险、社会福利和社会优抚四个部分组成,是国家通过立法并依法采取强制手段对国民收入进行再分配,对暂时或永久失去劳动能力及因各种原因造成生活困难的社会成员提供基本生活保障,以保证劳动力再生产、社会安定、经济有序进行的措施、制度和事业的总称。

(二) 特点

社会保障的内涵决定了它具有强制性、基本保障性、互助互济性及社会性。

强制性是指社会保障制度由政府通过立法形式强行建立和实行。一旦国家立法确定各项社会保障计划的范围,其范围内所有的企业和劳动者必须参加该计划。

基本保障性是指社会保障制度是用来满足劳动者基本生活的,它既要保证劳动者不因为遭遇风险而陷入贫困,又要确定适当的水平,防止劳动者对社会保障制度形成依赖,削弱其劳动积极性。基本的生活需要受历史和道德的因素的影响,必须根据不同国家和地区的实际情况来确定其给付范围。而且基本生活需要的标准不是固定不变的,它将随着生活内容的变化而变化,因此给付标准也应适时加以调整。

互助互济性是指通过社会保障制度分散风险,使人们在社会生活中相互帮助。互助互济性贯穿社会保障计划的全过程,表现为在保障计划范围内进行地区间、企业间或者各收入阶层、各年龄阶层之间的调剂与收入再分配。

社会性是指社会保障制度的实施范围广泛,可以涵盖劳动者普遍面对的风险。社会保障制度的目标是在全社会范围内普遍实施,保证所有社会成员都能得到保障。随着社会的发展,社会保障(特别是社会保险)的覆盖面从职业劳动者扩展到全体公民。

(三) 功能

社会保障制度的建立与完善,无论是对劳动者个人,还是对经济和社会的发展,都有重要且积极的作用。

第一,各项社会保障计划保证了劳动者的基本生活。风险具有突发性、破坏性等特性,对人类正常生活有很大威胁。在没有建立社会保障制度前,由于风险的分散发生,个人若无足够的积蓄,一旦遭遇收入中断,生活就会陷入贫困状态。而建立了社会保障制度后,劳动者、雇主平时按照各项社会保障计划的要求缴费,与政府的资助共同组成社会保障基金,在劳动者遭遇风险时,依靠良好的社会共济的模式,给予个人一定的保险津贴,保证其基本生活。

第二,统一的社会保障制度促进了劳动力的合理流动。在分散的企业自保的情况下,劳动者如果离开原来的工作企业,就必须考虑改变保险条件带来的损失,劳动者难以流动;而建立统一的社会保障制度,就有利于不同企业乃至不同地区间的劳动力流动,从而支持经济的发展。

第三,社会保障是社会运行的"安全网"和"减震器"。社会保障通过收入再分配机制,可以有效地缩小贫富差距,缓和社会矛盾,消除社会不稳定因素,促进社会的安定。第二次世界大战后,经济危机此起彼伏,一些国家和地区的失业率一直保持在较高水平,但社会一直比较稳定,其中社会保障起了积极重要的作用。实践证明,社会保障能够维护社会的稳定,从而为社会运行创造良好的环境。

第四，社会保障计划特别是社会保险所积累的资金可以对经济发展起到一定的支撑作用。社会保险具有储蓄性的特点，规模巨大的社会保险基金收入成为影响一国经济运行不可或缺的力量。社会保险制度的运行对储蓄、投资、财政金融状况以至国际经济活动均会产生重要的影响。强化社会保险基金的管理，提高其投资经营效果，注重投资方向与结构的调整，将有利于促进经济发展，促进国家基础产业的成长，促进金融市场的发展与完善。

第五，在我国特定的制度背景下，人们对消除后顾之忧具有特殊的心理情结。社会保障制度这种互助互济的模式促进了在公共道德标准上集体主义的演进，同时相互依赖的经济现实无疑又将促进人类自身的社会化程度和群体内的和谐相处。

二、社会保障制度体系

社会保障是一项公共福利计划，是由国家通过立法和行政措施设立的保证社会成员尤其是那些丧失劳动能力以及需要特殊帮助者基本经济生活安全的项目的总称。作为各个既相互独立又相互联系的社会保障项目构成的总体，社会保障体系有以下特征：

第一，各国社会保障体系中的一些基本项目是相同的。为了应对社会生活中普遍存在的老龄、疾病、残疾、工伤、失业、死亡等风险，各国社会保障体系都设立了相应的退休养老、医疗保健、残疾补贴、工伤补偿、失业保障、遗属抚恤等项目。这些项目都是一个社会保障体系中所必需的，其中最主要的是社会保险、社会救助和社会福利三大项。

第二，由于各国社会保障模式选择上的不同，在应对相同风险时，社会保障项目也可能不尽相同。例如，美国是"市场与政府混合型"社会保险模式，其社会保障体系包括：退休保险；遗嘱保险；残疾保险；失业保险；老年、残疾者住院与医疗保险等。而法国的社会保障模式结合了德国"社会保险"模式与英国"福利国家"模式的特点，由社会保险、社会补贴及公务员福利待遇三大部分构成，其具体项目包括：养老保险；疾病与工伤保险；失业保险；住房补贴；家庭补贴；失业补贴等。美国与法国的社会保障体系中都有社会保险、需经家庭经济情况调查的津贴以及对特定行业的特殊保障等项目，但具体设置各不相同，体现了各国在应对相同风险建立社会保障项目方面的自主选择。

第三，随着经济的发展与社会的进步，各国社会保障体系的项目会不断变化、整合，逐步完善。如我国最初的社会保障包括社会保险、社会救助、社会福利、公共医疗卫生事业和对残疾人实行社会保障等多个项目。1993年11月中国共产党十四届三中全会通过的《关于建立社会主义市场经济体制若干问题的决定》中第二十六条指出,社会保障体系包括社会保险、社会救济、社会福利、优抚安置和社会互助、个人储蓄积累保障。目前,我国的社会保障体系整合为包括社会保险、社会救助、社会优抚、社会福利四大项目近二十个子项目的基本体系。

三、社会保障管理

社会保障管理属于社会政策管理,作为国家上层建筑的组成部分,它既是社会保障法制的自然延伸,也是对社会保障法制的强化。它能够将社会保障法律制度细化并促使其得到贯彻落实,能够通过社会保障计划或方案的制订来主导社会保障制度的长期发展,能够监控和纠察社会保障的具体实践以保证其健康有序地运行。

社会保障的管理内容分为以下三大类:

(1) 立法管理:包括社会保障法律、体系的建立、修改及调整;

(2) 行政管理:包括社会保障法的实施、监督、检查、组织机构的设置、管理人员的选拔使用、行政纠纷的调解与仲裁等内容;

(3) 业务管理:主要包括社会保险资格条件的登记,如工龄或就业年限、缴费金额和年限,保险基金的征缴与运用,保险待遇的计算、审核及给付,以及相关的各项社会服务等。

世界各国的社会保障管理体制由于政治、经济、文化、历史背景和民族传统不同有很大差异,但总的说来,主要有以下三种:

(1) 集中管理模式:是把养老保险、失业保险、医疗保险、工伤保险以及其他社会保障项目全部统一在一个管理体系内,建立统一的社会保障管理机构,集中对社会保障各项基金营运、监督等实施统一的管理。

(2) 分散管理模式:是不同的社会保障项目由不同的政府部门管理,各自建立一套保障执行机构、资金营运机构及监督机构,各个保障项目之间相互独立,资金不能相互融通使用。

(3) 集散结合管理模式:是指将社会保障共性较强的项目集中起来,实行统一管理,而将特殊性较强的项目单列,由统一的社会部门分散管理。最普遍的是将养老保险、工伤保险交由地方劳动部门管理。

四、社会保障法制化

现代意义的法制是指,在一个政治国家中,把国家的事务制度化、法律化,严格依法办事的一种原则。在法制的原则下,要求国家立法机关制定较为完备的法律,做到有法可依、有法必依、执法必严、违法必究。法制的目的在于让管理的规范性提升到法律层面。

社会保障要实现法制化首先必须做到有法可依,立法是法制化的最坚实基础。法律的稳定性有利于明确社会保障主体的权利、义务和职责;法律的正义性有利于实现社会保障公平合理的目标;法律的明确性有利于增强社会保障项目的可操作性及提高操作的规范程度。新中国的社会保障法制建设走过了半个多世纪的历程,并制定过多部社会保障方面的法规和少数法律,它们对于维系以往社会保障制度的运行起到了不可或缺的作用,并为以后的社会保障法制建设奠定了一定的基础。特别是2010年10月《中华人民共和国社会保险法》(以下简称《社会保险法》)的出台,标志着我国首次以法律形式对作为社会保障制度主体的社会保险进行规范,是我国社会保障法制化建设中的重大突破。随后,2014年国务院公布实施了《社会救助暂行办法》。2020年9月,《中华人民共和国社会救助法(草案征求意见稿)》全文公布,征求社会各界意见。社会救助相关法规的出台,弥补了我国在社会救助事务方面缺乏统一法规指导的缺陷,为完善社会救助体系提供了相对完整的制度框架。

但是,从法规制度的完善性及实施过程中的情况来看,我国社会保障的法制建设还存在着一些问题。

第一,社会保障立法严重滞后,仍存在较多空白。到目前为止,我国仍没有由全国人民代表大会通过的社会保障基本法,导致现行的社会保障领域相关法律法规缺乏统一性和稳定性,甚至出现相互矛盾的情况,损害了法律的权威性。另外,除了缺乏综合性的总法规,我国在社会保障单行法律中也存在较多空白,社会福利、社会优抚等制度至今未有法律保障。总之,立法行动总是滞后于制度建设,处于一种被动状态,严重制约着我国社会保障制度的发展。

第二,现有的社会保障法律法规立法层次低,缺乏较高的法律效力和必要的法律责任制度。社会保障工作在许多方面只能靠政策规定和行政手段推行,没有法律责任和制裁措施的法律规范是有严重缺陷的,因此无法发挥法律规范的强制性功能。

第三,社会保障法规存在局限性,缺少与经济相适应的法律规范。成熟的市场经济体系需要健全的社会保障体系为支撑。随着社会经济的发展,人们对社会保障的需求将更加强烈,而目前的法律保障体系难以与之适应。

第四,《社会保险法》存在一定的不足,且缺乏及时的更新。现行的《社会保险法》规范了社会保险关系,维护了公民的社会保险权益,促进了社会保障法制化,但仍存在一些不足,例如:原则性条款过多,大大降低了可操作性,导致依法实施和监管困难;制度安排仍是城乡分割,而在实践中,城乡的居民养老保险和基本医疗保险在大部分地区已经实现合并。条例中的农村养老保险、城镇居民养老保险、新型农村合作医疗保险、城镇居民医疗保险均已成为历史概念。

此外,社会保障的立法是通过制度的具体实施来发挥作用的,在加大立法工作力度的同时,必须重视执法问题。而目前我国社会保障法规的实施机制和监督机制较为薄弱,特别是社会保障的管理主要由政府行政部门来承担,社会保障监督机构没有与管理机构严格划分开来,有的甚至由一个部门兼任双重职能,严重阻碍了我国社会保障的法制化进程。

第二节 我国公共部门社会保障的主要内容

由于计划经济体制下"单位办社会"的格局,在初期的社会保障制度设计方面,我国的机关事业单位与企业之间存在很大差异。随着社会保障制度的不断完善,二者之间的区别正在逐步减少。

一、公共部门社会保障的特点

公共部门[①]的社会保障主要呈现以下特点:

第一,公共部门社会保障制度尚未走向规范化和法律化,制度不规范,缺乏明确的标准和依据。目前,尚未出台公共部门社会保障的统一办法,在具体执行过程中,由于没有明确的依据和标准,容易造成混乱,影响保险制度的执行效果,并阻碍了其功能的有效发挥。

第二,公共部门中党政机关与事业单位的保障水平高于企业。在养老保险替代率、工伤保险、医疗保险待遇等方面,党政机关与事业单位的保障水平都明显高于企业。这种情况容易引起企业人员的不满,不利于社会稳定。

第三,政府作为公共部门的"雇主",在社会保险项目中承担了公共部门就业人员的单位缴费的责任。

第四,公共部门的社会保障改革相对滞后。考虑到公共部门的相对稳定有助于保障国家管理的有序和高效、经济发展的持续和平稳、社会的稳定和协调等,公共部门与企业社会保障制度改革采取区别考虑、分步推进的思路。以养

---

① 此处所指公共部门不包括国有企业。

老保险制度为例,长期以来,公共部门养老金大多依赖国家和各级财政部门,而城镇企业职工的养老保险早在1991年就开始改革了,形成了社会统筹与个人账户相结合的模式。企业与机关事业单位两种养老金制度并行的"双轨制"持续多年,直到2015年才开始实施企业和机关事业单位养老金并轨。

二、公共部门的养老保险制度

养老保险是国家和社会根据一定的法律和法规,为解决和保障劳动者在达到国家规定的解除劳动义务的劳动年龄界限或因年老丧失劳动能力退出劳动岗位后的基本生活而建立的一种社会保险制度。它是社会保障制度的重要组成部分,是社会保险五大险种之一。

(一)公务员和事业单位养老保险制度的历史沿革

公务员和事业单位养老保险制度的发展经历了较为漫长的过程。1950年,政务院财经委员会发出了《关于退休人员处理办法的通知》,这是新中国成立后由政府颁布的首个关于退休养老方面的政策法规,适用人群主要包括机关、铁路、海关等部门的职工。这标志着国家开始承担职工的退休养老保障事务。1955年,国务院颁布《国家机关工作人员退休处理暂行办法》《国家机关工作人员退职处理暂行办法》《关于处理国家机关工作人员退职、退休时计算工作年限的暂行规定》等法规。国家机关、事业单位的养老保险制度由此初步建立。随后经历了动荡的十年"文化大革命",养老保障制度受到严重冲击。直到1978年才开始恢复,国务院颁布了《关于安置老弱病残干部的暂行办法》和《关于工人退休、退职的暂行办法》,暂行办法面向企业和机关事业单位,内容涉及退休条件、待遇、丧葬事宜等相关政策。1986年,《国营企业实行劳动合同制暂行规定》《国营企业招用工人暂行规定》《国营企业辞退违纪职工暂行规定》和《国营企业职工待业保险暂行规定》发布,其中首次指出合同制工人参加养老保险的问题。国家机关及事业单位应参照执行。1992年1月下发的《关于机关、事业单位养老保险制度改革有关问题的通知》中提出要逐步改变退休金实行现收现付、全部由国家包下来的做法。从1994年开始,福建、江苏等地区相继开展了机关及事业单位的养老保险改革试点工作,但由于改革具体措施差异较大等原因导致试点失败。之后,国务院于2008年初通过了事业单位的养老保险改革方案,开展只在事业单位进行的试点工作,同时与事业单位的分类改革配套实施。经过长时间的酝酿,2015年1月《国务院关于机关事业单位工作人员养老保险制度改革的决定》印发,其中明确提出实行社会统筹与个人账户相结合的基本养老保险制度。至此,养老金的双轨制开始逐步走向并轨。机关事业单位和企业的养老金在制度形式上完成了初步统一。

(二)现行机关事业单位养老保险制度

现行的机关事业单位养老保险制度主要是以2015年改革之后的政策为依据,具体内容如下:

适用范围:按照公务员法管理的单位、参照公务员法管理的机关(单位)、事业单位及其编制内的工作人员。

筹资模式:社会统筹与个人账户相结合。基本养老保险费由单位和个人共同负担。单位缴纳基本养老保险费的比例为本单位工资总额的20%(2019年已降为16%),个人缴纳基本养老保险费的比例为本人缴费工资的8%,由单位代扣。按本人缴费工资8%的数额建立基本养老保险个人账户,全部由个人缴费形成。个人工资超过当地上年度在岗职工平均工资300%以上的部分,不计入个人缴费工资基数;低于当地上年度在岗职工平均工资60%的,按当地在岗职工平均工资的60%计算个人缴费工资基数。

个人账户储存额只用于工作人员养老,不得提前支取,每年按照国家统一公布的记账利率计算利息,免征利息税。参保人员死亡的,个人账户余额可以依法继承。

计发办法:参加工作、个人缴费年限累计满15年的人员,退休后按月发给基本养老金。基本养老金由基础养老金和个人账户养老金组成。退休时的基础养老金月标准以当地上年度在岗职工月平均工资和本人指数化月平均缴费工资的平均值为基数,缴费每满1年发给1%。个人账户养老金月标准为个人账户储存额除以计发月数,计发月数根据本人退休时城镇人口平均预期寿命、本人退休年龄、利息等因素确定。

养老金调整机制:根据职工工资增长和物价变动等情况,统筹安排调整,逐步建立兼顾各类人员的养老保险待遇正常调整机制,分享经济社会发展成果,保障退休人员基本生活。

三、公共部门的医疗保险制度

医疗保险是由国家负责建立的,为解决全体国民因为疾病和非因工负伤而丧失劳动能力后的治疗和生活问题,给予物质帮助的一种社会保险制度。经过不断健全与完善,目前我国已形成了企业和机关事业单位统一的城镇职工基本医疗保险制度,为免除职工患病的后顾之忧发挥了重要作用。

(一) 公务员和事业单位医疗保险制度的历史沿革

我国传统的职工医疗保险制度于20世纪50年代初建立起来,主要由公费医疗和劳保医疗两部分构成。随着改革开放后中国经济和社会的迅速变革,公费医疗、劳保医疗制度面临医药费用激增的挑战,传统医疗保障制度的弊病日益暴露。针对传统医疗保障制度的弊端,自20世纪80年代初,各地先后开始了初步改革,尝试公费及劳保医疗费用和个人负担相挂钩、对医药费用实行定额管理以及大病医疗费用社会统筹等新办法,且都取得了一定的成效。但是由于缺乏统一的政策规定以及改革上的不配套,这些尝试没能触及传统医疗保障制度的根本性缺陷,医疗费用增长过快的势头仍未被有效遏制。

在认真总结各地改革经验的基础上,1993年中国共产党第十四届三中全会通过了《关于建立社会主义市场经济体制若干问题的决定》,提出"城镇职工养老和医疗保险金由单位和个人共同负担,实行社会统筹和个人账户相结合",逐步开始探索建立统筹医疗基金和个人医疗账户相结合,简称"统账结合"的新模式。为了推动职工医疗保障制度改革的深入,1994年初国务院决定选择江苏省的镇江市和江西省的九江市进行试点。1996年,在总结这两个中等城市的医疗保险制度改革经验的基础上,国务院又在全国范围内选择了50多个城市进行医疗保险制度改革扩大试点。

"统账结合"试点城市的工作为进一步改革积累了丰富的经验,从1997年下半年开始,国务院就组织有关部门在总结经验的基础上,着手制定适用于全国的职工医疗保险制度,经过多次调研及反复修改讨论,1998年底,颁布了《国务院关于建立城镇职工基本医疗保险制度的决定》,其主要内容包括以下七个方面:一是明确了改革的任务和原则;二是确定了覆盖范围、统筹层次和缴费的控制比例;三是制定了医疗保险统筹基金和个人账户相结合的主要政策;四是规范了基本医疗保险基金的管理和监督机制;五是提出了配套推进医疗机构改革和加强医疗服务管理的要求;六是规定了有关人员的医疗待遇;七是提出了对改革工作组织领导者的具体要求。该决定旨在建立统一的城镇职工医疗保险制度,同时也为职工医疗保险制度的发展奠定了基础。

(二) 现行机关事业单位医疗保险制度

我国的基本医疗保险体系主要由城镇职工基本医疗保险和城乡居民基本医疗保险构成,机关事业单位职工适用于城镇职工基本医疗保险,制度内容主要包括以下几点:

适用范围:城镇所有用人单位,包括企业(国有企业、集体企业、外商投资企业、私营企业等)、机关、事业单位、社会团体、民办非企业单位及其职工,都要参加基本医疗保险。

筹资模式:基本医疗保险费由用人单位和职工共同缴纳。用人单位缴费率应控制在职工工资总额的6%左右,职工缴费率一般为本人工资收入的2%。随着经济发展,用人单位和职工缴费率可作相应调整。基本医疗保险基金由统筹基金和个人账户构成。职工个人缴纳的基本医疗保险费,全部计入个人账户。用人单位缴纳的基本医疗保险费分为两部分,一部分用于建立统筹基金,一部分划入个人账户。根据2021年发布的《国务院办公厅关于建立健全职工基本医疗保险门诊共济保障机制的指导意见》,改进个人账户计入办法。在职职工个人账户由个人缴纳的基本医疗保险费计入,计入标准原则上控制在本人参保缴费基数的2%,单位缴纳的基本医疗保险费全部计入统筹基金。调整统筹基金和个人账户结构后,增加的统筹基金主要用于门诊共济保障,提高参保人员门诊待遇。

医疗保险待遇:起付标准原则上控制在当地职工年平均工资的10%左右,最高支付限额原则上控制在当地职工年平均工资的4倍左右。起付标准以下的医疗费用,从个人账户中支付或由个人自付。起付标准以上、最高支付限额以下的医疗费用,主要从统筹基金中支付,个人也要负担一定比例。超过最高支付限额的医疗费用,可以通过商业医疗保险等途径解决。统筹基金的具体起付标准、最高支付限额以及在起付标准以上和最高支付限额以下医疗费用的个人负担比例,由统筹地区根据以收定支、收支平衡的原则确定。

四、公共部门的失业保险制度

失业保险是指通过国家立法手段,强制建立保险基金,对有劳动能力并有就业愿望的人员,在其因各种非自愿原因失去就业机会而无法获得必要生活来源时,给予基本的物质帮助的社会保险制度。

(一)失业保险制度的建立和发展

我国的失业保险制度初创于1986年,以当年7月12日国务院颁布的《国营企业职工待业保险暂行规定》为标志;1993年4月12日国务院发布了《国有企业职工待业保险规定》,进一步完善了失业保险制度;1999年1月22日国务院发布并实施《失业保险条例》,将失业保险范围由原来的国有企业职工扩大到城镇各类企业、事业单位职工。

我国公共部门的失业保险制度呈现出分割状态。事业单位拥有较完整的失业保险体系,制度设计与企业相一致,而公务员却没有失业保障。新中国成立以来,我国传统社会保障制度对国家机关工作人员无偿提供充分、完善的国家保险和就业保障,国家机关工作人员长期处于只进不出的状态。我国的失业保险制度至今没有将公务员的失业纳入其范围。

(二)事业单位的失业保险制度

《失业保险条例》将事业单位纳入了失业保险的范畴,为解决事业单位参加保险的具体问题,1999年8月30日,劳动和社会保障部、财政部和人事部联合颁发了《关于事业单位参加失业保险有关问题的通知》,对条例做了补充性规定。事业单位的失业保险制度正式确立,其主要内容包括以下几个方面:

适用范围:事业单位在单位所在地进行社会保险登记,按时申报并足额缴纳失业保险费。

资金来源:失业保险基金来源于单位和个人缴费。事业单位缴纳失业保险费所需资金在其支出预算中列支。此项基金收支要在失业保险基金收支中单独反映,并在保证事业单位失业人员失业保险待遇的前提下统筹使用。从2017年起失业保险总费率降至1%,在省(自治区、直辖市)行政区域内,单位及个人的费率应当统一,个人费率不得超过单位费率。具体方案由各省(自治区、直辖市)研究确定。

享受条件:事业单位职工失业后,应到当地经办失业保险业务的社会保险经办机构办理失业登记,对符合享受失业保险待遇条件的,由经办机构按规定支付失业保险待遇。

具备下列条件的失业人员可以领取失业保险金:按照规定参加失业保险,所在单位和本人已按照规定履行缴费义务满1年的;非因本人意愿中断就业的;已办理失业登记,并有求职要求的。

失业人员在领取失业保险金期间有下列情形之一的,停止领取失业保险金,并同时停止享受其他失业保险待遇:重新就业的;应征服兵役的;移居境外的;享受基本养老保险待遇的;被判刑收监执行的;无正当理由,拒不接受当地人民政府指定的部门或者机构介绍的工作的;有法律、行政法规规定的其他情形的。

待遇给付:失业保险金的标准,按照低于当地最低工资标准、高于城市居民最低生活保障标准的水平,由省、自治区、直辖市人民政府确定。失业人员失业前所在单位和本人按照规定累计缴费时间满1年不足5年的,领取失业保险金的期限最长为12个月;累计缴费时间满5年不足10年的,领取失业保险金的期限最长为 18 个月；累计缴费时间 10 年以上的,领取失业保险金的期限最长为 24 个月。重新就业后,再次失业的,缴费时间重新计算。再次失业领取失业保险金的期限与前次失业应领取而尚未领取的失业保险金的期限合并计算,最长不得超过 24 个月。

五、公共部门的工伤保险制度

机关事业单位工伤保险制度指:国家通过法律、法规和政策规定,对机关事业单位工作人员工伤保险方面相关原则、条件、标准、对策、办法、范围、资金来源及管理等一系列问题做出的具体规定。这些规定是国家或原单位在机关事业单位工作人员因公负伤、致残、死亡情况下实施物质帮助时的法律和政策依据。

（一）工伤保险制度的建立和发展

我国机关事业单位的工伤保险制度,长期以来一直是与高度集中的计划经济体制相适应的。国家机关、事业单位的"公伤"与企业的"工伤"仅一字之差,但实行不同的管理办法。新中国成立后,由政务院批准,内务部于 1950 年 12 月 11 日公布了《革命残废军人优待抚恤暂行条例》,1988 年 6 月 28 日又经国务院第十一次常务会议通过了《军人抚恤优待条例》,1989 年 4 月 15 日民政部公布的《革命伤残军人评定伤残等级的条件》再次明确其优抚对象待遇。国家机关工作人员、人民警察、民兵民工均参照上述条例执行。2003 年由国务院出台了《工伤保险条例》,标志着我国以法律形式确立了企业职工享有劳动保护的权益。直到 2005 年,我国开始对事业单位的工伤制度进行改革,逐步建立起工伤保险制度。2010 年国务院对《工伤保险条例》进行了修订,其中提出:中华人民共和国境内的企业、事业单位、社会团体、民办非企业单位、基金会、律师事务所、会计师事务所等组织和有雇工的个体工商户应当依照本条例规定参加工伤保险,为本单位全部职工或者雇工缴纳工伤保险费。工伤保险适用范围进一步扩大。在公务员工伤保障方面,国家积极支持鼓励各地将公务员纳入工伤保险范围。截至 2018 年,全国已有 18 个省份出台了文件,将公务员整体纳入了工伤保险制度,另有 12 个省份的部分地市也开展了公务员参加工伤保险试点工作。

（二）事业单位的工伤保险制度

事业单位参加工伤保险起步于 2005 年。当年 12 月,劳动保障部、人事部、民政部、财政部四部门联合发出了《关于事业单位、民间非营利组织工作人员工伤有关问题的通知》。此后,许多省市都先后出台了事业单位参加工伤保险的办法。在 2010 年经过修订并于 2011 年正式施行的《工伤保险条例》中,明确将事业单位纳入为工伤保险参保对象,事业单位应按规定为本单位全部职工缴纳工伤保险费,其职工有依照工伤保险条例的规定享受工伤保险待遇的权利。

资金来源:用人单位应当按时缴纳工伤保险费,职工个人不缴纳工伤保险费。用人单位缴纳工伤保险费的数额为本单位职工工资总额乘以单位缴费费率之积。工伤保险费根据以支定收、收支平衡的原则,确定费率。国家根据不同行业的工伤风险程度确定行业的差别费率,并根据工伤保险费使用、工伤发生率等情况在每个行业内确定若干费率档次。行业差别费率及行业内费率档次由国务院社会保险行政部门制定,报国务院批准后公布施行。

认定条件:
(1)职工有下列情形之一的,应当认定为工伤:在工作时间和工作场所内,因工作原因受到事故伤害的;工作时间前后在工作场所内,从事与工作有关的预备性或者收尾性工作受到事故伤害的;在工作时间和工作场所内,因履行工作职责受到暴力等意外伤害的;患职业病的;因工外出期间,由于工作原因受到伤害或者发生事故下落不明的;在上下班途中,受到非本人主要责任的交通事故或者城市轨道交通、客运轮渡、火车事故伤害的;法律、行政法规规定应当认定为工伤的其他情形。(2)职工有下列情形之一的,视同工伤:在工作时间和工作岗位,突发疾病死亡或者在 48 小时之内经抢救无效死亡的;在抢险救灾等维护国家利益、公共利益活动中受到伤害的;职工原在军队服役,因战、因公负伤致残,已取得革命伤残军人证,到用人单位后旧伤复发的。(3)职工符合上述两条规定,但是有下列情形之一的,不得认定为工伤或者视同工伤:故意犯罪的;醉酒或者吸毒的;自残或者自杀的。

保险待遇:工伤保险待遇包括医疗康复待遇、伤残待遇、死亡待遇。职工因工作遭受事故伤害或患职业病进行治疗,可享受工伤医疗康复待遇,包含医疗费、伙食补助费、辅助器具费等并从工伤保险基金支付,若需暂停工作接受工伤医疗的,在停工留薪期内,原工资福利待遇不变,由所在单位按月支付,停工留薪期一般不超过 12 个月。工伤职工已经评定伤残等级的,可按照不同等级标准享受伤残待遇,主要包括一次性伤残补助、伤残津贴和生活护理费。职工因工死亡,其近亲属按照规定从工伤保险基金领取丧葬补助金、供养亲属抚恤金和一次性工亡补助金。

(三)公务员的工伤保障制度

目前大部分地区已经将公务员纳入工伤保险制度覆盖范围。其余部分地

区仍沿用单独的"公伤"保障福利制度,参照军人抚恤办法。具体规定如下:

认定条件:(1)因公致残。即在执行公务中致残,经医疗终结,符合评残条件的。具体包括:一是在从事军事训练、施工、生产等任务和上下班途中,遭到非本人责任和无法抗拒的意外致残;二是在执行任务中被犯罪分子致残的;三是在维护社会治安,抢救保护人民生命、国家和集体财产,被犯罪分子致伤或遭意外伤害致残的;四是因患职业病致残的;五是因医疗事故致残的,也按因公致残对待。(2)因公牺牲。一是在执行任务或上下班途中,遇到非本人或无法抗拒的意外事故死亡的;二是因战致残,医疗终结,评残发证一年后因伤口复发死亡的;三是因公残疾医疗终结评残发证后因伤口复发死亡的;四是因患职业病死亡的;五是在执行公务中因病猝死的;六是因医疗事故死亡的,也按因公牺牲对待。

伤残等级:现役军人因战、因公负伤致残,依其丧失劳动能力及影响生活能力的程度评定伤残等级。伤残等级共分为四等六级,即特等、一等、二等甲级、二等乙级、三等甲级、三等乙级。每一等级都有若干条相应的条件。

抚恤待遇:伤残保障待遇分两大类。第一类是国家抚恤,包括伤残抚恤金和伤残保健金两种。伤残抚恤金属于特殊的社会补偿性质(含生活、营养保健),伤残保健金属于营养保健性质。伤残抚恤金和伤残保健金的标准根据伤残性质和伤残等级、参照全国一般职工的工资标准、按照一定比例确定,从评残发证之日起计发。退出现役没有参加工作的革命伤残军人,由民政部门发给伤残抚恤金;退出现役后参加工作,或享受离休、退休待遇的革命伤残军人,由其户口所在地的民政部门发给伤残保健金。第二类是社会、团体和群众优待,即依据国家有关法规,通过各种途径帮助解决某些生活需要。例如,退伍后未参加工作的二等乙级以上(含二等乙级)革命伤残军人,享受公费医疗待遇;三等伤残军人不享受公费医疗待遇的,伤口复发所需医疗费由当地政府解决。

(四)将公务员纳入工伤保险制度的改革

随着制度不断发展与完善,工伤保险的覆盖范围在持续扩大。2010年修订的《工伤保险条例》将事业单位、社会团体等纳入保障范围。这意味着除国家机关和参照公务员管理的事业单位外,其他类型的用人单位均被覆盖。公务员的工伤保障问题日益凸显。

1950年《革命工作人员伤亡褒恤暂行条例》和1951年《中华人民共和国劳动保险条例》使机关工作人员的工伤保障与企业职工劳动保险制度呈差异化发展,并逐步形成了公务员工伤医疗费由单位承担,工伤抚恤由民政部门管理的参照军人抚恤优待的工伤保障制度。然而,这种保障模式存在适用性不强、统筹层次低、执行成本高、基金管理模糊等问题。公务员群体得不到有效的工伤保障,将公务员纳入工伤保险范围亟待提上日程。2012年《社会保障"十二五"规划纲要》中提出要研究明确公务员和参照公务员法管理事业单位人员工伤保险政策。截至2014年5月底,全国已有10个省份结合本地实际,先行出台文件,将公务员和参公事业单位人员纳入了工伤保险制度。截至2018年8月,全国已有18个省份出台了将公务员整体纳入工伤保险制度的文件,此外,有12个省份的部分地市也开展了公务员参加工伤保险试点工作。将公务员群体纳入工伤保险制度既是推进制度统一的必由之路,也是维护公务员基本权益的必然选择。目前,各地区仍在积极推进改革工作,工伤保险制度日趋健全与完善。

六、公共部门的补充保险制度

我国力求建立统一的社会保障制度,其统一性主要体现在基本社会保障方面。由于公共部门岗位的特殊性,同时也为了吸引、留住优秀人才在公共部门服务,有必要为公共部门的工作人员建立补充保险制度。

(一)机关事业单位补充养老保险制度

公务员养老保险制度改革目标包括三个层次的内容:一是基本养老金;二是补充养老金;三是个人储蓄养老金。补充养老金的费用由单位负责缴纳,个人不用负担。2015年《国务院关于机关事业单位工作人员养老保险制度改革的决定》中明确提出要建立职业年金制度。职业年金是机关事业单位在参加基本养老保险的基础上为职工提供的补充制度,以期提升职工的退休金水平。职业年金的建立不仅保障了职工退休后的生活水平,也对在职职工形成了福利激励。同时,进一步推动了多层次养老保险制度体系的完善,促进了社会公平。制度的筹资模式和发放条件如下:

筹资模式:按本单位工资总额的8%缴费,个人按本人缴费工资的4%缴费。由单位代扣。单位和个人缴费基数与机关事业单位工作人员基本养老保险缴费基数一致。根据经济社会发展状况,国家适时调整单位和个人职业年金缴费的比例。职业年金基金采用个人账户方式管理。单位缴费按照个人缴费基数的8%计入本人职业年金个人账户;个人缴费直接计入本人职业年金个人账户。职业年金基金投资运营收益,按规定计入职业年金个人账户。

领取条件:工作人员在达到国家规定的退休条件并依法办理退休手续后,由本人选择按月领取职业年金待遇的方式。可一次性用于购买商业养老保险产品,依据保险契约领取待遇并享受相应的继承权;可选择按照本人退休时对应的计发月数计发职业年金月待遇标准,发完为止,同时职业年金个人账户余额享有继承权。本人选择任一领取方式后不再更改。出国(境)定居人员的职业年金个人账户资金,可根据本人要求一次性支付给本人。工作人员在职期间死亡的,其职业年金个人账户余额可以继承。

(二)公务员医疗补助

公务员医疗补助是在城镇职工基本医疗保险的基础上实施的医疗补助办法。2000年5月,国务院办公厅转发了劳动保障部、财政部《关于实行国家公务员医疗补助意见的通知》,决定对国家公务员实行医疗补助以保证其医疗水平不降低。补助实施的范围包括:符合《国家公务员暂行条例》和《国家公务员制度实施方案》规定的国家行政机关工作人员和退休人员;经人事部或省、自治区、直辖市人民政府批准列入依照公务员制度管理的事业单位的工作人员和退休人员;经中共中央组织部或省、自治区、直辖市党委批准列入参照公务员制度管理的党群机关,人大、政协机关,各民主党派和工商联机关,以及列入参照公务员管理的其他单位机关工作人员和退休人员;审判机关、检察机关的工作人员和退休人员。同时,该通知对公务员补充医疗补助的实施办法作出了相应的规定:

(1)医疗补助的原则。补助水平要与当地经济发展水平和财政负担能力相适应,保证公务员原有医疗待遇水平不降低,并随经济发展有所提高。

(2)医疗补助的经费来源。按现行财政管理体制,医疗补助经费由同级财政列入当年财政预算,具体筹资标准应根据原公费医疗的实际支出、基本医疗保险的筹资水平和财政承受能力等情况合理确定。医疗补助经费要专款专用、单独建账、单独管理,与基本医疗保险基金分开核算。

(3)医疗补助经费的使用。医疗补助经费主要用于在基本医疗保险统筹基金最高支付限额之上,符合基本医疗保险用药、诊疗范围和医疗服务设施标准的医疗费用补助;在基本医疗保险支付范围内,个人自付超过一定数额的医疗费用补助;中央和省级人民政府规定享受医疗照顾的人员,在就诊、住院时按规定补助的医疗费用。补助经费的具体使用办法和补助标准,由各地按照收支平衡的原则作出规定。

(4)公务员医疗补助的管理办法。社会保险经办机构负责医疗补助的经办工作,要严格执行有关规章制度并建立健全各项内部管理制度和审计制度。

劳动保障部门要加强对社会保险经办机构的考评与监督管理;财政部门要制定医疗补助经费的财务和会计管理制度,并加强财政专户管理,监督检查补助经费的分配和使用;审计部门要加强医疗补助经费的审计。

此外,原享受公费医疗待遇的事业单位工作人员、退休人员,可参照公务员医疗补助办法,实行医疗补助,具体单位和人员由各地劳动保障和财政部门共同审核,并报同级人民政府批准。原享受公费医疗经费补助的事业单位所需的医疗补助资金,仍按原资金来源渠道筹措,需要财政补助的由同级财政在核定事业单位财政拨款时给予安排;对少数资金确有困难的事业单位,由同级财政区别不同情况给予适当补助。

(三)事业单位补充医疗保险

事业单位补充医疗保险是在职工基本医疗保险之外对医疗费用的进一步报销,是保障水平得到提升的体现。目前我国尚未出台统一的事业单位补充医疗保险制度,由各地区在政策指导下自行建立与完善医疗保险体系。补充医疗保险制度是建立成为完善医疗保险制度,构建多层次医疗保障体系的重要举措。

以北京市为例,早在 2001 年就出台了《北京市大额医疗费用互助暂行办法》,旨在提高职工和退休人员的医疗保障水平,减轻个人负担。适用范围包括本市参加基本医疗保险的职工和退休人员。享受国家公务员医疗补助的人员不在此范围之内。大额医疗费用互助资金用于支付职工和退休人员的大额医疗费用。该大额医疗费用指的是职工和退休人员在一个年度内累计超过一定数额的门诊、急诊医疗费用和超过基本医疗保险统筹基金最高支付限额(不含起付标准以下及个人负担的部分)的住院医疗费用以及恶性肿瘤放射治疗和化学治疗、肾透析、肾移植后服抗排异药的门诊医疗费用。在筹资方面,大额医疗费用互助资金由用人单位及其职工和退休人员共同缴纳。大额医疗费用互助资金不足支付时,财政给予适当补贴。由用人单位缴纳全部职工缴费工资基数之和的 1%,职工和退休人员个人按每人每月 3 元缴纳,政府再给予适当补贴。在待遇保障方面,门诊和住院根据事业单位职工在职及退休状态等标准设定了不同的起付线、报销比例和封顶线,并随着经济社会发展及时做出了相应调整。

此外,一些地区的事业单位职工还享受由工会组织主办的职工补充医疗保险,保险资金筹集通常来源于职工自愿为本人和家属缴纳的互助医疗保险费、各级行政部门给予的补助、工会的资助以及利息等。各地区的互助医疗保险形式和名目多样,不同的互助医疗保险项目待遇支付办法也存在差异。总之,补充医疗保险为事业单位职工提供了更高层次的保障水平,在基本医疗保险之外发挥了重要补充和辅助作用。

第三节 公共部门社会保障的法制与管理

公共部门社会保障的管理与一般意义中的社会保障管理在方法与步骤上基本一致。社会保险是社会保障的重要组成部分之一,公共部门社会保障以社会保险为主体,因此,本节着重介绍社会保险法制化与管理相关内容。

一、社会保险立法

社会保险立法为社会保险管理法制化奠定了重要基础。为规范社会保险关系,保障公民参加社会保险和享受社会保险待遇的合法权益,2010 年 10 月《社会保险法》出台,并于 2011 年 7 月开始实施。该立法明确了社会保险的发展总则,并分别规范了基本养老保险、基本医疗保险、工伤保险、失业保险、生育保险项目的相关内容,同时对社会保险费征缴、社会保险基金、社会保险经办和监督以及法律责任进行了阐释。对于促进公民共享发展成果、推动社会和谐具有重要意义,成为社会保障法制建设过程中的里程碑。2018 年《社会保险法》得到修改与完善,进一步推动了社会保险制度的发展。

《社会保险法》是社会保险的基本法,具有综合性的特征,更多的是原则性、原理性框架。如在社会保险基金管理方面规定,除基本医疗保险基金与生育保险基金合并建账及核算外,养老保险基金等其他各项社会保险基金按照社会保险险种分别建账,分账核算。社会保险基金执行国家统一的会计制度。社会保险基金专款专用,任何组织和个人不得侵占或者挪用。通过预算实现收支平衡。县级以上人民政府在社会保险基金出现支付不足时,给予补贴。社会保险基金预算、决算草案的编制、审核和批准,依照法律和国务院规定执行。社会保险基金存入财政专户,具体管理办法由国务院规定。社会保险基金在保证安全的前提下,按照国务院规定投资运营实现保值增值。不得违规投资运营,不得用于平衡其他政府预算,不得用于兴建、改建办公场所和支付人员经费、运行费用、管理费用,或者违反法律、行政法规规定挪作其他用途。社会保险经办机构应当定期向社会公布参加社会保险情况以及社会保险基金的收入、支出、结余和收益情况。此外,还包括其他一些规定,均为社会保险的管理提供了重要指导。

《社会保险法》作为社会保障法中的主体性法律,为规范公共部门社会保险的管理提供了重要参考,意义重大且影响深远。首先,《社会保险法》的出台和实施对于促进社会保险制度全面进入法制化轨道具有重要推动作用,进一步强化了社会保险管理。其次,《社会保险法》的实质在于确权与赋权,从而维护了国民的合法权益,缓解了国民养老、患病等后顾之忧。最后,从法律层面破除了人才自由流动的部分阻碍,创设了良好的就业环境,使得人力资源的合理配置得到有效推进,促进了经济发展、社会和谐与稳定。

二、公共部门社会保险管理

(一) 社会保险管理的目标

法制化是社会保险管理的目标与准则,同时,社会保险管理也是对社会保障法制的强化,在实践中要受到社会生产力和社会经济制度及现代各国行政架构的制约。"执法必严"是法制的中心环节,社会保险在各个环节均须严格按照现行法律、法规与政策的"肯定的、明确的、普遍的"规范运行,并接受社会公开监督。依法管理作为对社会保险管理的一项基本要求,既是为了避免因管理职责紊乱致使制度在运行中出现非正常状态,也是为了确保社会保险管理的权威性。因此,社会保险管理对社会保险的法制化具有重要意义。

(二) 社会保险管理的体制

社会保险管理体制是指国家为实施社会保险制度而建立的从中央到地方的各种社会保险管理机构、管理原则、管理内容和管理方式的总和。主要包括社会保险行政管理和业务管理的组织制度、各级社会保险管理机构的分类、各级行政和经办机构的职责权限的划分及其相互关系。我国的养老保险、失业保险和工伤保险交由各级地方人社部门管理,医疗保险和生育保险由各级地方医保部门管理。其显著特征是根据社会保障项目的不同,把集中统一管理和分散自主管理有机地结合起来。

这种管理体制的主要优势在于:一是既能体现社会保险社会化、一体化的要求,又能兼顾个别项目的特殊要求;二是有利于调动各方面的积极性,提高工作效率,降低管理成本,更好地促进社会经济发展。但必须注意的是,这种模式的顺利实施需要较为有利的内外部条件和管理环境。因此,提升社会保险制度管理是一项相互关联的、整体性的措施,需要各环节的互相配合与支撑。

（三）社会保险管理的内容

1. 社会保险的行政管理

社会保险管理的关键前提是有法可依。制定并完善社会保险法律至关重要。在社会保险立法和司法的框架之下，相关行政部门再依法实施社会保险政策，依法筹集资金、管理运营资金、对受益人发放给付基金等，使社会保险制度行之有效。因此，社会保险的行政管理要求以社会保险法律以及各项单独法律规定为依据对各个环节实施依法管理，并及时更新与调整，提升管理效率。

2. 社会保险的基金管理

社会保险的基金管理包括：筹集社会保险基金，基金来源一般为国家、单位、个人按一定比例缴纳，私人和社会团体捐助等；支付社会保障待遇，即对享受者支付养老保险金、医疗补助、工伤保险金、失业期间社会保险补助、各种救济金、困难补助金等；管理、运用社会保障基金，即妥善地保管社会保障基金，安全可靠地运用这笔基金，使其保值增值。

社会保险基金一般由专门的机构进行管理。事实上，社会保险基金管理机构应由国家、单位、享受者的代表组成。理由是：首先，社会保障基金一般由国家、单位、享受者承担，作为基金所有权的自然延伸，三方均拥有当然的管理权。其次，社会保险作为现代文明国家的一项社会政策，政府具有无可推卸的管理责任和义务；把各单位的积极性调动起来，有利于细致地甄别享受者的条件、控制社会保险基金的发放；享受者不仅拥有享受社会保险待遇的权利，而且有缴纳社会保险金的义务和管理基金的责任，社会保险基金距离享受者越近，越有利于建立公民的保障意识，越有利于社会保险基金的管理。因此，社会保险基金管理组织应区别于政府行政机构和以营利为目的的企业或商业组织，成为一个由三方代表共同组成的事业性的公共机构。

3. 社会保险对象的管理

社会保险对象的管理是为享受对象提供一系列必要的保障服务。社会保险对象的管理工作，从总体上说，属于群众性服务工作。由于它涉及各个方面，所以需要由政府协调和制定政策；另一方面，由于它所涉及的工作烦琐复杂，具体问题需要发动社会力量解决，应特别注意发挥工会、社会组织的作用，使专业人员和群众相结合，真正实现社会保险的社会化，提升社会保险管理效率。

社会保险管理的上述三个方面是紧密相连、不可分割的。行政指挥系统履行立法职能，并对业务管理机构实施监督；社会保险基金管理确保社会保险的平稳运行，是执行系统的组成部分；对社会保险对象的管理，则形成与社会保管理不可分割的服务系统。三个方面有机结合,形成了完备的社会保险管理体系。

4. 社会保险业务管理

社会保险基金管理是社会保险业务管理的重要内容。依据社会保险基金的来源与流向,社会保险业务管理分为缴费核定、费用征集、费用记录处理、待遇审核、待遇支付、基金会计核算与财务管理六个基本环节。社会保险基金从筹集到支付的这六个环节,形成了社会保险业务管理的程序。各级社会保险基金经办机构应按业务管理的基本环节设置相应的管理岗位。

(1) 缴费核定。第一,及时建立和调整所辖地区单位和职工的基础档案资料。为保证社会保险费收支的准确性,单位和职工基础资料应全面、翔实。第二,于本缴费年度初,根据上年度各单位各项社会保险的缴费、支付情况,制定本年度的各项社会保险费征集计划;并依据情况变化,适时提出调整缴费比例的建议。单位和职工缴纳各项社会保险费比例按当地政府批准的缴费比例执行。第三,根据社会保险业务开展情况,参照单位和职工基础档案资料制定相关报表,在审核单位报送的各项社会保险情况表时,应确认其在开户银行账号上结存的资金,足够缴纳当月各项社会保险费。第四,对各单位上报的各类报表,应重点审核单位及职工缴费工资基数、缴费金额以及其他变动项目。第五,对新建单位及应参加而未参加社会保险的单位和职工,督促其尽快参加社会保险。第六,单位补缴单位和职工以往欠缴月份的社会保险费时,应审核是否填报参加社会保险人员社会保险费补缴核定单。第七,职工在同一统筹范围内流动,业务人员应按规定审核转移其社会保险关系;职工跨统筹范围流动时,业务人员除按规定办理社会保险关系的转移外,还应同时审核转移其养老及医疗保险费,并填写相关表格。

(2) 费用征集。第一,根据缴费核定环节提供的单位和职工的基础档案资料,整理、掌握单位开户银行、账号、账户名称、联系人、负责人姓名及联系电话等有关情况,并与单位建立业务联系。第二,依据缴费核定环节提供的社会保险费征集数据,开具委托收款及其他结算凭证,通过银行或直接征集社会保险费,必要时也可直接到单位征集。第三,采用支票或现金结算方式征集社会保险费时,在收妥款项的同时必须开具"社会保险费收款收据",并妥善保存收妥的款项、结算凭证及"社会保险费收款收据"存根,按要求办理款项和收据的交接手续。第四,及时了解社会保险费征集落实情况,对因单位名称、账号变更或账户存款不足等原因造成社会保险费欠收,督促其尽快缴齐欠缴的社会保险费,并办理征集手续。第五,对于符合缓缴条件的单位,按规定办理缓缴手续,并要求缓缴单位制定出补缴计划。第六，通知费用记录处理环节，对欠缴及经批准缓缴养老、医疗保险费的单位在其欠缴及缓缴期内暂停记载职工个人账户，也不计算职工缴费年限，待其补齐缴费本金和利息后，及时通知下一环节补记职工个人账户。第七，向本部门和有关领导报告社会保险费征集情况，提出加强社会保险费征集工作的意见和建议。

（3）费用记录处理。第一，根据缴费核定环节提供的单位和职工基础档案资料，业务人员应及时在计算机中为每个单位和职工建立基础档案库。第二，根据基础档案库资料及单位和职工缴费情况，及时建立职工参加养老、医疗保险个人账户。第三，根据其他各业务管理环节提供的统计资料，随时调整单位和职工各项社会保险基础数据，并确保数据记录的真实准确和安全。第四，根据费用征集环节提供的数据，将实际征集到的社会保险费按规定分配到各项目下。根据待遇支付环节提供的数据，记载职工养老、医疗保险个人账户的实际支出情况，并按有关规定计算和登记职工养老保险、医疗保险个人账户的本息和职工缴费年限。第五，对流动职工，随时向缴费核定环节提供职工社会保险基础资料和个人账户有关情况。第六，整理、汇总、分析社会保险各类统计数据，按要求上报各类统计报表及相关报告。第七，接待和办理单位及职工财务缴费情况及个人账户记录情况的查询。对缴费记录中出现的差错，经与相关业务管理环节核对后，及时予以调整。第八，每一缴费年度初向单位和职工公布上一缴费年度单位缴费情况表和职工个人账户情况表，并发放对账单，以接受单位和职工的监督。

（4）待遇审核。第一，制定各项《社会保险待遇审批表》，单位在申报职工享受养老保险、医疗保险、工伤保险、生育保险待遇时，业务人员应指导单位按要求填写《社会保险待遇审批表》并要求提供相关的证明。第二，根据单位填报的《社会保险待遇审批表》及有关证明，结合缴费记录处理环节所提供的单位和职工基础档案资料，依据社会保险有关法规、政策，逐项予以审查、核准。第三，对申请不同保障待遇的人员需审核其提供相关的证明。第四，对需一次性支付待遇的人员，需审核单位及职工填写的《社会保险待遇一次性支付审批表》。第五，根据有关政策，对享受社会保险待遇人员待遇标准的调整予以审核认定。第六，为确保职工应享受的社会保险待遇准确无误，设专人对审查核准的《社会保险待遇审批表》及相关证明进行复核，认定无误后，方可转入下一个环节办理。第七，根据各单位所报材料，结合单位和职工基础资料，业务人员应随时建立离退休（职）人员档案、职工医疗保险档案等，并定期调查离退休（职）人员及享受遗属津贴人员现状，定期审核、调整其应享受的待遇标准。第八，对取得医疗保险定点服务资格的医院、药店等医疗服务机构执行医疗保险政策的有关情况进行监督检查,适时提出改进管理及调整医疗服务机构的意见。第九,负责接待和办理单位及有关人员关于享受社会保险待遇问题的来信、来访与咨询事宜。

(5)待遇支付。第一,对待遇审核环节提供的单位及其职工享受社会保险待遇的有关资料予以确认,编制享受社会保险待遇人员名册与台账。第二,根据有关规定,确定享受社会保险待遇人员社会保险待遇的具体支付方式和时间。第三,及时填制社会保险待遇拨付通知单,按确定的时间办理支付手续,通过银行或其他方式,将应支付的社会保险待遇发放给享受对象。第四,对各项社会保险待遇的支付情况,及时登记并妥善保管有关凭证和资料。第五,与银行、代办所、社区或单位等承担待遇支付的部门建立并保持经常性的业务联系,适时协调相互间的工作关系,保证社会保险待遇支付渠道的畅通。第六,对各项社会保险待遇落实情况进行跟踪调查,发现不落实问题,配合有关部门及时查明原因予以纠正,并对纠正情况实施监督。

(6)基金会计核算与财务管理。第一,按照会计制度认真审核整理原始凭证,并依据审核后的原始凭证及时编制社会保险费收入和支出记账凭证,同时按规定对各项社会保险费的实际收支进行审核。第二,定期汇总记账凭证,填制记账凭证科目汇总表,试算平衡后登记总账,并将明细账金额分别与总账进行核对,无误后进行结账。第三,每月与开户银行对账并编制银行存款余额调节表,及时调整未达账项;对因银行退票等原因造成的社会保险费欠收,及时通知费用征集环节,查明原因,采取措施使社会保险费收缴到位。第四,根据有关规定按期计算、提取各项费用,并编制凭证。第五,根据基金实际结存情况,在满足周转需要的前提下,按规定和要求及时办理购买国债或基金存储手续;建立银行定期存款和各种有价证券备查账,掌握银行存款及有价证券的存储时间与金额,按时办理银行存款及有价证券的转存、兑付及保管工作。第六,定期清理基金应收暂付款和基金应付暂收款,及时收回和偿付。第七,按照《中华人民共和国会计法》(以下简称《会计法》)的要求妥善保管、发放、收回、销毁各种结算凭证、账簿以及其他有关财务管理资料。第八,按上级主管部门的规定和要求,定期编制报送各种会计报表,正确反映基金的收支结存情况,并适时做出基金筹集、使用、管理等情况的分析报告,提出加强基金会计核算与财务管理的建议。第九,根据上年预算执行情况和本年度收支预测,年终分别编制年度预算草案和决算草案,报有关部门审核备案。遇有特殊情况需调整预算时,按要求编制调整方案,并报有关部门核准后执行。第十,以《会计法》为依据,结合本单位实际制定内部基金财务管理制度,充分发挥会计的反映、监督职能。

三、公共部门社会保险监督

(一) 社会保险监督体系

社会保险监督体系是以确保社会保险制度正常运行为目的而建立的一系列监督和管理制度安排。完善的社会保险监督体系是及时发现并纠正制度运作过程中存在问题的前提,也是保障全体社会成员合法权益的关键,对于促进社会保险制度的高效与可持续发展具有重要意义。

具体而言,社会保险监督的主体即社会保险的监督者应由行政管理部门、专门经济监督部门以及利益相关者三种主体构成。主要对社会保险管理过程和结果进行监督、评审和鉴定。通过及时纠正、制止社会保险业务活动中的违纪违规行为,确保政策的高效执行,完善社会保险制度。其根本目的在于促使社会保险的管理合法化,切实保障劳动者的基本权益。社会保险监督体系的作用主要体现在三个方面:一是制约社会保险管理者的行为。社会保险制度是保障社会成员基本生活需要的制度安排,不仅受到法律保护,也受到法律约束,从而保证社会保险管理者的行为合法合规,避免社会成员的基本权益受到侵害。二是及时反馈制度运行信息。社会保险制度的建立与健全过程极其漫长,相关法律法规与政策需要在长期的实践中检验并不断修正与完善,当制度运行中出现问题时,需要社会监督体系及时获取信息并客观反馈给相应部门做出处理,避免问题扩大化。三是对社会保险管理结果的公证作用。社会保险的实施效果很难全部通过客观指标去衡量,社会保险监督体系能够相对客观地评价社会保险的管理水平和结果,同时起到公证作用,从而推动社会保险制度的健康可持续运行。

总之,社会保险监督体系贯穿于社会保险运行全过程,能够降低社会保险制度实施过程中的不确定性,是社会保险制度健康运行必不可少的支撑要素,也是保障参保职工的基本权益的必要条件。健全的社会保险监督体系意味着符合法制建设要求、与我国经济社会发展相匹配、分工明确、协调统一、具备较强的操作性。积极推动社会保险监督体系的健全与完善既是促进社会保险制度持续发展的要求,也是提升社会保障效果的必由之路。

(二) 社会保险监督内容

社会保险监督内容主要根据监督主体的不同划分为行政监督、审计监督、财政监督和社会监督四种类型。具体内容如下:

1. 行政监督

行政监督是政府相关行政管理部门以各自的管理权限和职能为依据,对社会保险制度的运行过程进行监督,监督内容主要为社会保险的合法性。《社会保险法》中明确提出:县级以上人民政府社会保险行政部门应当加强对用人单位和个人遵守社会保险法律、法规情况的监督检查。社会保险行政部门实施监督检查时,被检查的用人单位和个人应当如实提供与社会保险有关的资料,不得拒绝检查或者谎报、瞒报。社会保险行政部门对社会保险基金的收支、管理和投资运营情况进行监督检查,发现存在问题的,应当提出整改建议,依法作出处理决定或者向有关行政部门提出处理建议。社会保险基金检查结果应当定期向社会公布。社会保险行政部门对社会保险基金实施监督检查,有权采取下列措施:查阅、记录、复制与社会保险基金收支、管理和投资运营相关的资料,对可能被转移、隐匿或者灭失的资料予以封存;询问与调查事项有关的单位和个人,要求其对与调查事项有关的问题作出说明、提供有关证明材料;对隐匿、转移、侵占、挪用社会保险基金的行为予以制止并责令改正。

2. 审计监督

审计监督由专门从事审计业务的部门完成,是一种外部监督,具有执行的独立性、专业性以及目标的单一性。监督内容主要包含社会保险基金的筹集、投资运营、给付等环节的真实性、合法性及效益性。审计机关应按照部门职责,对社会保险基金的收支、管理和投资运营情况实施有效监督。各级审计机关定期或不定期对各项社会保险基金的收支情况进行审计监督,内容包含征收基金存储、会计凭证、账簿报表及单位是否按照规定缴费等。当发现问题时,应及时依法提出审计处理意见。

3. 财政监督

财政监督是由财政部门实施的对社会保险管理的监督行为,主要针对社会保险管理部门的遵守财政法纪与财务会计制度情况进行监控。监督内容具体包括社会保险收支的年度预算执行情况、中长期计划执行情况、发展水平是否与国家社会经济水平相适应、社会保险基金的财务管理和会计核算等。财政部门通常以审核社会保险基金的财务报表的方式为主,必要时审查社会保险基金的收支情况。严格控制社会保险管理部门的预算是财政监督的主要手段之一。

4. 社会监督

社会监督是由社会保险相关利益者代表等组织发起的委员会监督社会保险政策实施情况、基金管理与运行状况等。《社会保险法》中关于社会监督的内容表述为:统筹地区人民政府成立由用人单位代表、参保人员代表,以及工会代表、专家等组成的社会保险监督委员会,掌握、分析社会保险基金的收支、管理和投资运营情况,对社会保险工作提出咨询意见和建议,实施社会监督。社会保险监督委员会发现社会保险基金收支、管理和投资运营中存在问题的,有权提出改正建议;对社会保险经办机构及其工作人员的违法行为,有权向有关部门提出依法处理建议。社会监督对于充分调动社会力量,提升监督效率具有重要作用。

本章小结

通过本章,我们可以看到早期的公共部门社会保障设计有其独特性,随着制度体系的不断完善,公共部门与其他单位之间的差异逐渐减少。本章从一般的角度介绍了社会保障的概念、内容与方法。社会保障含义的主要层面包括六个方面:

(1) 社会保障的实施主体是国家或社会;

(2) 社会保障是现代社会应对不确定风险的制度;

(3) 社会保障的目标是防止因疾病等风险导致的工作停止或收入的大量减少造成的经济和社会困难,为社会成员的基本生活权利提供保障,从而稳定社会;

(4) 社会保障必须通过一系列公共设施来实现,国家财政是其基本的经济后盾;

(5) 社会保障是通过国民收入再分配的形式实现的;

(6) 社会保障制度的具体设计受各国的经济社会环境影响,其项目设计、给付水平存在差异。

其次,本章以公共部门为例,具体介绍了社会保障的主要内容,包括养老保险、医疗保险、失业保险、工伤保险、补充保险等不同制度及其改革的情况。

最后,本章通过社会保险管理,介绍了公共部门社会保障管理相关内容。社会保险立法是开展社会保险的管理的依据,不同监督形式成为确保社会保险制度平稳运行的保障。

教师反馈及教辅申请表

北京大学出版社本着"教材优先、学术为本"的出版宗旨,竭诚为广大高等院校师生服务。为更有针对性地提供服务,请您认真填写完整以下表格后,拍照发到 ss@pup.pku.edu.cn,我们将免费为您提供相应的课件,以及在本书内容更新后及时与您联系邮寄样书等事宜。

书名		书号	978-7-301-	作者	
您的姓名				职称、职务	
校/院/系					
您所讲授的课程名称					
每学期学生人数	_____人_____年级			学时	
您准备何时用此书授课					
您的联系地址					
联系电话(必填)				邮编	
E-mail(必填)				QQ	
您对本书的建议:					

我们的联系方式:

北京大学出版社社会科学编辑室
北京市海淀区成府路 205 号,100871
联系人:韩月明
电话:010-62753121 / 62765016
微信公众号:ss_book
新浪微博:@未名社科-北大图书
网址:http://www.pup.cn

更多资源请关注"北大博雅教研"